W9-BEM-887

ALLONS VOIR

les Français et les Francophones...!

MANUEL de CLASSE

Jeannette D. Bragger
The Pennsylvania State University

Donald B. Rice
Hamline University

HH Heinle & Heinle Publishers
A Division of Wadsworth, Inc.
Boston, Massachusetts 02116 USA

Publisher: Stanley J. Galek
Editor: Petra Hausberger
Project Coordinator: Anita L. Raducanu/A+ Publishing Services
Assistant Editor: Amy Jamison
Copy Editor: Cynthia Westhof
Editorial Production Manager: Elizabeth Holthaus
Senior Production Editor: Barbara Browne
Manufacturing Coordinator: Lisa McLaughlin
Internal Design: Bonnie McGrath
Cover Design: Marsha Cohen/Parallelogram
Illustrator: Devera Ehrenberg

Copyright © 1992 by Heinle & Heinle Publishers.

All rights reserved. No part of this publication may be reproduced or transmitted in any form or by any means, electronic or mechanical, including photocopy, recording, or any information storage and retrieval system without permission in writing from the publisher.

Manufactured in the United States of America.

ISBN: 0-8384-2136-9

Heinle & Heinle Publishers is a division of Wadsworth, Inc.

10 9 8 7 6 5 4 3 2 1

TABLE DES MATIERES

Préface xv

Unité 1 Allons voir les Français et les Sénégalais... à table! 2

Ouverture Qu'est-ce qu'ils mangent? 4

ECOUTEZ ET REGARDEZ!

LA FRANCE GASTRONOMIQUE

PROFIL: Le Sénégal

ECOUTEZ!

Chapitre 1 C'est un dîner extraordinaire! 9

EN AVANT!
- Ecoutez!
- Pour parler de la nourriture
- Pour communiquer: Offrir un cadeau / Remercier
- Ce que mangent les Sénégalais

STRUCTURE: Comment représenter les personnes
- Rappel: Les pronoms personnels
- Présentation: Les pronoms disjoints

ENSUITE!
- Pour parler de la table
- Pour communiquer: Offrir à boire / Offrir à manger / Faire resservir
- Une recette du Sénégal

STRUCTURE: Comment faire agir quelqu'un
- Rappel: L'infinitif et le présent du subjonctif avec les expressions de nécessité
- Présentation: Autres moyens de faire agir quelqu'un (le négatif des expressions de nécessité; l'impératif; le conditionnel)

C'EST A VOUS MAINTENANT!
- Ecoutez!
- Parlons!

Intermède 23

LECTURE: «Un dîner de seize couverts» (Marguerite Duras)

L'ART DE LA COMPOSITION: On trouve des mots et des idées

L'ART DE LA DISCUSSION: On parle par circonlocutions

Chapitre 2 *Qu'est-ce que vous recommandez?* 28

EN AVANT!

Ecoutez!

Pour lire la carte

Pour communiquer: Proposer de faire quelque chose ensemble / Inviter quelqu'un / Accepter la suggestion ou l'invitation / Régler les détails

A table au Sénégal

STRUCTURE: Comment représenter les choses

Rappel: Les pronoms **le, la, les, y** et **en**

Présentation: Les pronoms **le, y** et **en** / L'ordre des pronoms objets / Expressions avec **y** et **en**

ENSUITE!

Pour parler des plats

Pour communiquer: Dire qu'on a faim / Dire qu'on n'a pas faim / Commander / Apprécier / Souhaiter quelque chose à quelqu'un / Demander l'addition

Un restaurant sénégalais

STRUCTURE: Comment parler du présent

Rappel: Le présent de l'indicatif

Présentation: Changements d'orthographe au présent de l'indicatif / Quelques verbes irréguliers au présent de l'indicatif / Les expressions **être en train de, être sur le point de, venir de** et **depuis**

C'EST A VOUS MAINTENANT!

Ecoutez!

Parlons!

Chapitre 3 *«Dis-moi ce que tu manges, je te dirai qui tu es.»* 49

EN AVANT!

Lecture: «Les mythes aujourd'hui — le vin et le lait, le bifteck et les frites» (Roland Barthes)

D'UN AUTRE POINT DE VUE

Lecture: «L'art culinaire sénégalais» (Abdoul Khadre Beye)

C'EST A VOUS MAINTENANT!

Discutons!

Ecoutez et regardez!

Unité 2 Allons voir les Français et les Camerounais... à la maison! 56

Ouverture Où habitent-ils? 58

ECOUTEZ ET REGARDEZ!

LA FRANCE: L'urbanisation / La population rurale et urbaine / La chaleur du foyer

PROFIL: Le Cameroun

ECOUTEZ!

Chapitre 4 Qu'est-ce que tu penses de cet appartement? 65

EN AVANT!

Ecoutez!
Pour lire les publicités de logement
Pour communiquer: Demander l'avis à quelqu'un / Donner son avis
Le Cameroun: Situation démographique

STRUCTURE: Comment faire des comparaisons

Rappel: Le comparatif et le superlatif
Présentation: Le comparatif / Le superlatif / Expressions qui utilisent une comparaison

ENSUITE!

Pour décrire un logement
Pour communiquer: Porter un jugement sur quelque chose / Exprimer son accord / Exprimer son désaccord
Les Camerounais, comment sont leurs logements?

STRUCTURE: Comment exprimer les sentiments

Rappel: L'emploi de l'infinitif et du présent du subjonctif avec les expressions d'émotion
Présentation: Les expressions d'émotion + le passé du subjonctif / Les expressions d'émotion + le passé de l'infinitif

C'EST A VOUS MAINTENANT!

Ecoutez!
Parlons!

Intermède 82

LECTURE: «La vie dans les H.L.M.» (Christiane Rochefort)

L'ART DE LA COMPOSITION: On développe une idée

L'ART DE LA DISCUSSION: On exprime son accord et son désaccord

Chapitre 5 Faites comme chez vous! 88

EN AVANT!

Ecoutez!

Pour parler du mobilier de la chambre

Pour communiquer: Accueillir quelqu'un / Que dire quand on ne connaît pas le nom de quelque chose / Que répondre pour donner le nom ou la fonction de quelque chose

Soyez les bienvenus au Cameroun

STRUCTURE: Comment exprimer la certitude et le doute

Rappel: L'indicatif et le subjonctif avec les expressions de certitude et de doute

Présentation: Le subjonctif pour exprimer le doute

ENSUITE!

Pour parler du mobilier de la maison

Pour communiquer: Parler du fonctionnement de quelque chose

Le Cameroun: L'hébergement pour touristes

STRUCTURE: Comment décrire les choses et les personnes

Rappel: L'accord et la place des adjectifs

Présentation: Le sens des adjectifs / Les pronoms relatifs

C'EST A VOUS MAINTENANT!

Ecoutez!

Parlons!

Chapitre 6 «Un petit chez soi vaut mieux qu'un grand chez les autres.» 106

EN AVANT!

Ecoutez et regardez!

Lecture: «Logement et environnement» (Roland Castro et François Lautier)

D'UN AUTRE POINT DE VUE

Lecture: Extraits d'*Une vie de boy* (Ferdinand Oyono)

C'EST A VOUS MAINTENANT!

Discutons!

Ecoutez et regardez!

Unité 3 Allons voir les Français et les Martiniquais... aux heures de loisir! 114

Ouverture Que font-ils aux heures de loisir? 116

ECOUTEZ ET REGARDEZ!

LA FRANCE: La civilisation des loisirs

PROFIL: La Martinique

ECOUTEZ!

Chapitre 7 Mes passe-temps préférés 123

EN AVANT!

Ecoutez!
Pour parler des loisirs
Pour communiquer: Indiquer ce qu'on aime faire / Indiquer ce qu'on n'aime pas faire
Les sports à la Martinique

STRUCTURE: Comment se renseigner

Rappel: Les questions d'information; les pronoms interrogatifs **qui** et **que**
Présentation: L'adverbe d'affirmation **si;** les expressions interrogatives **quel** et **lequel,** les expressions interrogatives et les prépositions, l'interrogation (registres de langue)

ENSUITE!

Pour parler des livres, des films et d'autres distractions
Pour communiquer: Demander l'avis / Porter un jugement favorable (défavorable, ambivalent)
Une semaine culturelle à Fort-de-France

STRUCTURE: Comment parler du passé (1)

Rappel: Le passé composé et l'imparfait
Présentation: Le passé composé — quelques cas spéciaux / L'emploi du passé composé et de l'imparfait

C'EST A VOUS MAINTENANT!

Ecoutez!
Parlons!

Intermède 143

LECTURE: «Une vieille femme qu'on abandonne» (Albert Camus)

L'ART DE LA COMPOSITION: On relie des phrases et des idées

L'ART DE LA CONVERSATION: On donne des exemples

Chapitre 8 *Qu'est-ce qu'on va faire ce week-end?* 148

EN AVANT!

Ecoutez!

Pour parler de la ville

Pour communiquer: Proposer de faire quelque chose / Fixer un rendez-vous

Le week-end à la Martinique

STRUCTURE: Comment exprimer les conditions futures

Rappel: Le futur

Présentation: Quelques verbes irréguliers au futur / Les conjonctions **si, à condition que, pourvu que** et **à moins que**

ENSUITE!

Pour parler de son état physique

Pour communiquer: Suggérer / Accepter une suggestion / Refuser une suggestion

Le Carnaval à Fort-de-France

STRUCTURE: Comment parler du passé (2)

Rappel: Le plus-que-parfait (conjugaison)

Présentation: L'emploi du plus-que-parfait / Les expressions **être en train de, être sur le point de, venir de** et **depuis**

C'EST A VOUS MAINTENANT!

Ecoutez!

Parlons!

Chapitre 9 *«L'oiseveté est mère de tous les vices.»* 163

EN AVANT!

Lecture: «De la gravité des Américains, et pourquoi elle ne les empêche pas de faire souvent des choses inconsidérées» (Alexis de Tocqueville)

D'UN AUTRE POINT DE VUE

Lecture: «Le cinéma à Fort-de-France» (Joseph Zobel)

C'EST A VOUS MAINTENANT!

Discutons!

Ecoutez et regardez!

Unité 4 Allons voir les Français et les Suisses... à l'école! 170

Ouverture Quelle est leur formation? 172

ECOUTEZ ET REGARDEZ!

LES JEUNES EN FRANCE: Adolescents plus tôt, adultes plus tard / L'organisation générale des études secondaires / Les choix de l'après-bac / L'instruction insuffisante et inégale

PROFIL: La Suisse

ECOUTEZ!

Chapitre 10 Moi, j'étais au lycée polyvalent du Mirail 180

EN AVANT!

Ecoutez!
Pour parler de son éducation
Pour communiquer: Décrire ses liens avec les autres / Décrire les personnes
Portrait des Suisses

STRUCTURE: Comment différencier les personnes et les choses

Rappel: Les adjectifs possessifs et démonstratifs
Présentation: Les pronoms possessifs et démonstratifs

ENSUITE!

Pour parler de sa formation
Pour communiquer: Dire qu'on se souvient (ou pas) de quelque chose ou de quelqu'un
Le système éducatif suisse: ses caractéristiques

STRUCTURE: Comment relier les idées logiquement

Rappel: Les mots **et, mais, parce que, pour**
Présentation: Les prépositions et les conjonctions pour exprimer la cause, la conséquence et le but

C'EST A VOUS MAINTENANT!

Ecoutez!
Parlons!

Intermède 196

LECTURE: «J'aimais l'école... » (Emilie Carles)

L'ART DE LA COMPOSITION: On fait un plan

L'ART DE LA DISCUSSION: On enchaîne

Chapitre 11 *La vie à la fac* 200

EN AVANT!

Ecoutez!
Pour parler des études
Pour communiquer: Se reprocher une action passée / Désapprouver les actions d'une autre personne
La Suisse: Les hautes écoles et les écoles supérieures spécialisées

STRUCTURE: Comment mettre en relief l'objet d'une action

Rappel: Les verbes pronominaux
Présentation: La voix passive

ENSUITE!

Pour parler de la vie universitaire
Pour communiquer: Conseiller / Déconseiller
La Suisse: L'Education des adultes

STRUCTURE: Comment qualifier les actions

Rappel: Les adverbes de lieu
Présentation: Les adverbes de manière et de lieu

C'EST A VOUS MAINTENANT!

Ecoutez!
Parlons!

Chapitre 12 *«Une tête bien faite est mieux qu'une tête bien pleine.»* 214

EN AVANT!

Lecture: «Lettre aux étudiants» (Michel Crozier)

D'UN AUTRE POINT DE VUE

Lecture: «Le bon français: Extraits de lettres» (C.F. Ramuz)

C'EST A VOUS MAINTENANT!

Discutons!
Ecoutez et regardez!

Unité 5 Allons voir les Français et les Maghrébins… au travail! 222

Ouverture Qui travaille et pourquoi? 224

ECOUTEZ ET REGARDEZ!

LA FRANCE: 24 millions d'actifs / Les femmes au travail / Image du travail

PROFIL: Le Maghreb

ECOUTEZ!

Chapitre 13 Ceux qui paient 233

EN AVANT!

Ecoutez!
Pour parler des métiers et des professions
Pour communiquer: Demander un service / Demander la permission / Donner la permission
Situation démographique du Maghreb

STRUCTURE: Comment désigner quelqu'un ou quelque chose

Rappel: Les articles définis, indéfinis et partitifs
Présentation: Les mots indéfinis

ENSUITE!

Pour parler des conditions de travail
Pour communiquer: Exprimer son contentement / Exprimer son mécontentement
La situation économique dans le Maghreb

STRUCTURE: Comment exprimer une hypothèse

Rappel: Le présent du conditionnel
Présentation: Le présent du conditionnel — autres emplois / Le passé du conditionnel

C'EST A VOUS MAINTENANT!

Ecoutez!
Parlons!

Intermède 256

LECTURE: «Madame Moreau, chef d'entreprise» (George Perec)

L'ART DE LA COMPOSITION: On écrit des lettres commerciales

L'ART DE LA DISCUSSION: Commencer, faire continuer et terminer une conversation

Chapitre 14 Aujourd'hui... Dans dix ans... 261

EN AVANT!

Ecoutez!
Pour parler des ennuis et des problèmes
Pour communiquer: Exprimer l'irritation et l'exaspération
Tensions en Algérie

STRUCTURE: Comment exprimer la négation

Rappel: Les expressions négatives **ne... pas, ne... jamais, ne... rien, ne... personne, ne... pas encore, ne... plus**
Présentation: D'autres expressions négatives

ENSUITE!

Pour parler de ses rêves et de ses aspirations
Pour communiquer: Dire ce qu'on veut faire / Dire ce qu'on ne veut pas faire
Les travailleurs immigrés en France

STRUCTURE: Comment parler de l'avenir

Rappel: L'emploi du présent pour indiquer le futur
Présentation: Le présent, le futur et le futur antérieur

C'EST A VOUS MAINTENANT!

Ecoutez!
Parlons!

Chapitre 15 «Le travail est souvent le père du plaisir.» 274

EN AVANT!

Lecture: «Le métier d'écrivain» (Philippe Labro)

D'UN AUTRE POINT DE VUE

Lecture: «Le cousin Achour» (Michel Tournier)

C'EST A VOUS MAINTENANT!

Discutons!
Ecoutez et regardez!

Unité 6 Allons voir les Français et les Québécois... en voyage! 280

Ouverture Où vont-ils? 282

ECOUTEZ ET REGARDEZ!

LA FRANCE TOURISTIQUE

PROFIL: Le Québec

ECOUTEZ!

Chapitre 16 Aux environs de Paris 289

EN AVANT!

Ecoutez!
Pour parler d'un voyage
Pour communiquer: Proposer de faire quelque chose / Dire son enthousiasme / Dire son manque d'enthousiasme
Le Québec: Ville historique

STRUCTURE: Comment exprimer les rapports temporels (1)

Rappel: Les adverbes de temps **(hier, aujourd'hui, demain,** etc.)
Présentation: Les adverbes de temps **(ce jour-là, la veille, le lendemain,** etc.)

ENSUITE!

Pour parler d'un lieu historique
Pour communiquer: Pour porter un jugement / Pour exprimer l'admiration / Pour exprimer des réserves
Les Québécois en voyage

STRUCTURE: Comment exprimer la volonté

Rappel: L'emploi de l'infinitif et du subjonctif avec les verbes **vouloir** et **préférer**
Présentation: D'autres expressions de volonté

C'EST A VOUS MAINTENANT!

Ecoutez!
Parlons!

Intermède 302

LECTURE: «Un voyage de Paris à Rome» (Michel Butor)

L'ART DE LA COMPOSITION: On résume un texte

L'ART DE LA DISCUSSION: On discute

Chapitre 17 A l'ère de la technologie 308

EN AVANT!

Ecoutez!

Pour parler de la technologie

Pour communiquer: Pour demander des renseignements pratiques / Pour dire qu'on ne peut pas donner le renseignement demandé

Le Québec et la technologie: Hydro-Québec

STRUCTURE: Comment exprimer les rapports temporels (2)

Rappel: Quelques prépositions de temps **(pendant, pour, en, dans, il y a)**

Présentation: Les prépositions et les conjonctions de temps

ENSUITE!

Pour parler des produits électroniques

Pour communiquer: Désigner un objet / Désigner une personne

Le Québec: L'avenir d'une province

STRUCTURE: Comment présenter quelqu'un ou quelque chose

Rappel: Les expressions **c'est (ce sont), voici, voilà** et **il y a**

Présentation: **C'est/Il est** / Quelques constructions présentatives

C'EST A VOUS MAINTENANT!

Ecoutez!

Parlons!

Chapitre 18 «Qui n'avance pas recule.» 328

EN AVANT!

Lecture: «Scénario pour un monde» (Joël de Rosnay)

D'UN AUTRE POINT DE VUE

Lecture: «Un monde futuriste» (Claude Jasmin)

C'EST A VOUS MAINTENANT!

Discutons!

Ecoutez et regardez!

Indice A: Pour communiquer 335

Indice B: Fiches lexicales 337

Indice C: Structures 339

Credits 345

Préface

To the Student

Allons voir! is a comprehensive intermediate French program designed to follow up on the beginning French course(s) you have taken either in high school or in college. It builds and expands upon what you have already learned *to do* with the French language. The primary goals of the **Allons voir!** program are to:

- refine your listening, speaking, reading, and writing skills;
- provide you with strategies that will allow you to communicate more effectively;
- review previously learned grammatical structures and to acquire new structures and uses;
- give you a better understanding of French and Francophone culture.

The program builds on themes, structures, vocabulary, and skills learned earlier; however, it aims at moving you to a more abstract level of language usage, where you will work with more extended discourse and will deal with the cultural and sociological (as well as practical) aspects of the topics you will study.

For you, there are four major components of the **Allons voir!** program. You will need to work in a systematic manner with all four of these tightly-integrated components.

- **Manuel de classe:** the in-class textbook,
- **Audio Tapes** (optional): in-class and out-of-class listening practice,
- **Manuel de préparation:** out-of-class assignments,
- **Contrôle des connaissances:** out-of-class grammar review.

The **Manuel de classe** is the book that determines classroom activity. Its focus is to provide you with practice in the development of effective oral communication skills (speaking and listening). The large and small group activities will allow you to integrate topical vocabulary, communicative strategies, and new and previously learned grammatical structures with information about yourself and the French-speaking world. In many instances, your conversations and discussions will be stimulated either by literary and non-literary texts reproduced in the **Manuel de classe** or by conversations recorded on the Audio Tapes. The **Manuel de préparation** and the **Contrôle des connaissances** provide homework preparation for and follow-up to the work done in class.

Building on the French you already know, the **Allons voir!** program provides you with skills and knowledge to deal with everyday topics both on a practical and an intellectual level. Much of the work in class will involve you in open-ended communicative activities that ask you to express your ideas and attitudes. You will learn to speak at greater length and to interact more extensively with your conversational partners. To participate successfully in these activities, it is important for you (1) to be willing to take risks with the language without being inhibited by the fear of making errors, (2) to find ways to express yourself without resorting to English, and (3) to make every effort to use and reuse consistently new and previously learned vocabulary, expressions, structures, and strategies. If you do so, the **Allons voir!** program will help you become an independent user of the language — someone who is able to express in French his or her own ideas, experiences, attitudes, and feelings.

Acknowledgments

This program has been several years in the undertaking. Shortly after the publication of the first edition of **Allons-y!** (in 1984), instructors began asking us when there would be a second-year follow-up text. Two years later we began mapping out the first version of what has now become the **Allons voir!** program. We are very pleased to have created these materials that articulate tightly with **Allons-y!** and at the same time fit nicely with other first-year programs.

There are, of course, many people who have contributed greatly to the development of **Allons voir!** First, we would like thank the guiding forces of Heinle and Heinle, Charles Heinle and Stan Galek, who continue to allow us the freedom to try out our ideas. Over the course of the five years we have been developing **Allons voir!**, we have had the chance to work with three different editors. We would like to acknowledge the contributions of Chris Foley and Kristina Baer as well as the great help and encouragement provided by our current editor, Petra Hausberger.

The publisher and authors would like to thank those professional friends who participated in reviewing the manuscript.

Jan Solberg	*Kalamazoo College*
Barbara Blackbourn	*Georgia Tech*
Robert Headrick	*Culver-Stockton College*
Janet JoynerNorth	*Carolina School of the Arts*
Weber Donaldson	*Tulane University*

Many people have contributed to the production of the program: Cynthia Westhof, copy editor; Bonnie McGrath, designer; Florence Boisse-Kilgo, native reviewer; and Esther Marshall, proofreader and native reviewer. We would like to reserve a very special thanks, however, for our project coordinator, Anita Raducanu. Her ability to grasp quickly and thoroughly the intricacies of the program, her creative imagination, and her **gentillesse** in the face of pressure have played a major role in the project.

Finally, we wish to thank Baiba and Mary, who as always have patiently encouraged and supported us during the preparation of this project. As for Alexander (age 8) and Hilary (age 3), it is with both interest and consternation that they watch as the shelf of French books awaiting their use grows longer and longer.

J.D.B. **D.B.R.**

ALLONS VOIR!

ALLONS VOIR LES FRANÇAIS

ET LES SENEGALAIS...

A TABLE!

Unité 1

In this unit you will learn:

- to talk about food and dining
- to extend an invitation; to offer food and drink
- to avoid repetition; to influence others to act; to talk about present time
- to use circumlocution
- to generate ideas and vocabulary in writing

Ouverture	Qu'est-ce qu'ils mangent?
Chapitre 1	C'est un dîner extraordinaire!
Intermède	Lecture: «Un dîner de seize couverts» (Marguerite Duras)
Chapitre 2	Qu'est-ce que vous recommandez?
Chapitre 3	«Dis-moi ce que tu manges, je te dirai qui tu es.»

OUVERTURE
Qu'est-ce qu'ils mangent?

Ecoutez et regardez!

The **Ouverture** section is designed to provide an introduction to the context and subject matter of the unit. Your instructor may do all or parts of this section with you in class. However, if, due to time constraints, your instructor chooses not to work with the **Ouverture**, you may wish to read the material on your own.

Vidéo

The first segment of Program 1 of the **Vidéo** contains three parts: Part 1 shows food in a variety of French contexts; Part 2 traces a food product (tomatoes) from the field to various destinations (a **marché**, a supermarket, a restaurant, a home); and Part 3 follows a French woman as she prepares a quick supper for her family.

As you read the texts in this section, you are likely to encounter words you don't know. Try to guess the meaning of a word if you feel that it's essential for understanding the gist of the text. In many cases, you'll be dealing with cognates (i.e., words that look the same in English and French).

La France est renommée dans le monde entier pour sa cuisine. Si les habitudes culinaires des Français sont en voie de *(in the process of)* transformation — moins de temps et d'argent consacrés à la préparation des repas, plus d'attention aux préoccupations diététiques — la cuisine joue néanmoins un rôle important dans la vie française. Le bon repas partagé avec la famille ou les amis est (après la télévision) l'activité de loisirs la plus répandue *(widespread)*.

Les grands chefs Français vous diront que l'excellence de leur cuisine dépend surtout de la qualité et de la fraîcheur des produits qu'ils utilisent. Le climat de la France se prête bien à la culture des légumes et des fruits. Les grandes coopératives agricoles se chargent de les transporter rapidement jusqu'aux marchés en gros *(wholesale)*, où ils sont mis à la disposition des commerçants, des restaurateurs et des particuliers.

MEMORIZE

De tous les légumes cultivés en France, la tomate est probablement celui qui a la préférence des Français.

qui - verbe
que - nom

use of celui, ceux, celles, etc

MEMORIZE

dishes

La tomate entre dans la composition de nombreux **plats** et on en fait une consommation abondante **quelle que soit la saison.**

no matter what

raw (crude)

seasoned

On la prépare le plus souvent **crue** en salade, **assaisonnée** d'huile et de vinaigre.

LA FRANCE GASTRONOMIQUE

Les Français mangent-ils moins ou moins bien?

Eat less or less well?

En une vingtaine d'années, les Français ont complètement bouleversé° leurs habitudes de consommation et donc de vie, annonce une récente étude de l'INSEE.° En effet, ils dépensent de moins en moins d'argent pour l'alimentation et de plus en plus pour leur logement, les transports, la santé et les loisirs.

En 1988, chacun des quelque 55 754 000 habitants de la France a disposé en moyenne d'un revenu annuel brut de 69 339F, sur lequel il a épargné 8 312F (soit 12,2%) et consommé le reste, soit 61 018F.

Si en 1970, l'alimentation était le premier poste de dépense (24,5% du budget), elle a chuté° spectaculairement à la deuxième place en 1988 et ne représente plus que 18,5%, soit 11 339F.

Pour la première fois, le budget réservé à l'alimentation a été dépassé par le logement qui représente 11 503F par an et par personne (soit 18,8%).

Journal français d'Amérique

°changed drastically

°Institut national de la statistique et des études économiques (Gallup poll people)

save

food/groceries

°fell

l'argent - allowance

Les Français et l'alimentation

Les conserves, produits déshydratés et autres plats préparés avaient déjà facilité la vie des Français. Surtout celle des femmes, chargées le plus souvent de la préparation des quelque 30 000 repas d'une vie conjugale. En contrepartie d°'un gain de temps appréciable, ces produits étaient généralement moins bons que s'ils avaient fait l'objet d'une fabrication «maison». Cet inconvénient est résolu avec les produits surgelés, dont l'usage se développe rapidement, parallèlement à l'équipement des foyers° en congélateurs° (62% des foyers équipés). L'arrivée du four à micro-ondes, complément naturel du congélateur, accélère encore ce mouvement. [...]

Le pain et les pommes de terre avaient longtemps constitué la base de la nourriture. L'augmentation de leur pouvoir d'achat a permis aux Français de s'affranchir° en partie de ces produits, dont l'image est associée pour beaucoup à la guerre et aux privations. On consomme aujourd'hui moins d'aliments de base (pain, pommes de terre, sucre) et plus de viande (bœuf, porc, volaille°), de poisson et de produits laitiers.

L'évolution de la consommation des différents groupes de produits alimentaires, telle qu'elle est mesurée [...]

- En fort développement (par ordre décroissant°): glaces et surgelés, conserves diverses, charcuterie, produits laitiers frais.
- En moyen développement: boissons non-alcoolisées, volailles, produits de la mer, épicerie sèche, fromage.
- Stables ou en régression: viandes de boucherie, boissons alcoolisées, corps gras.°

On constate enfin une tendance à un rapprochement° des menus-types et des produits consommés entre les différents pays industrialisés, en particulier en Europe. Le ketchup, les céréales du petit déjeuner, l'eau minérale, le vin de table, etc., sont des produits dont la consommation déborde° largement leurs frontières initiales. Les grandes sociétés alimentaires internationales constatent de moins en moins de différences entre les types de consommation des divers pays. Une tendance qui ne concerne pas d'ailleurs que° l'alimentation.

Gérard Mermet, *Francoscopie 1989.*
Paris: Librairie Larousse, 1989.

combined
In exchange for
frozen
households / freezers
to free themselves
poultry
descending
glycerides (fatty substances)
coming closer together
goes beyond
not only

A. Qu'est-ce que vous avez compris? Utilisez ce que vous avez appris en lisant les deux articles pour indiquer pourquoi vous êtes d'accord ou non avec les déclarations suivantes.

1. Les Français d'aujourd'hui donnent moins d'importance à ce qu'ils mangent.
2. Les produits surgelés ont bouleversé les habitudes de consommation des Français.
3. Les Français mangent moins bien aujourd'hui qu'autrefois.
4. L'alimentation entre aussi dans la création d'une nouvelle Europe.

B. Les meilleures tables de la France. Les très bons restaurants — les restaurants une et deux étoiles — offrent souvent des spécialités régionales. En consultant la carte gastronomique de la France, associez le restaurant à la spécialité régionale qu'on devrait y goûter.

1. (☆) Le Chardonnay (à Reims, en Champagne)
2. (☆) Chez Camille (à Arnay-le-Duc, en Bourgogne)
3. (☆) Le Galion (à Concarneau, sur la côte bretonne)
4. (☆☆) Le Petit Nice (à Marseille)
5. (☆) La Plage (à Ste-Anne-le-Palud, en Bretagne)
6. (☆) Pujol (à Toulouse)
7. (☆) Rôtisserie de St-Pancrace (près de Nice)
8. (☆) Zimmer (près de Strasbourg, en Alsace)

a. Bouillabaisse
b. Cassoulet
c. Crêpes farcies
d. Crevettes vapeur au vinaigre de Champagne
e. Fricassée de langoustines homardine
f. Lasagnettes d'escargots aux champignons
g. Poisson du pays rôti à l'huile d'olive
h. Saumon et lotte au Riesling

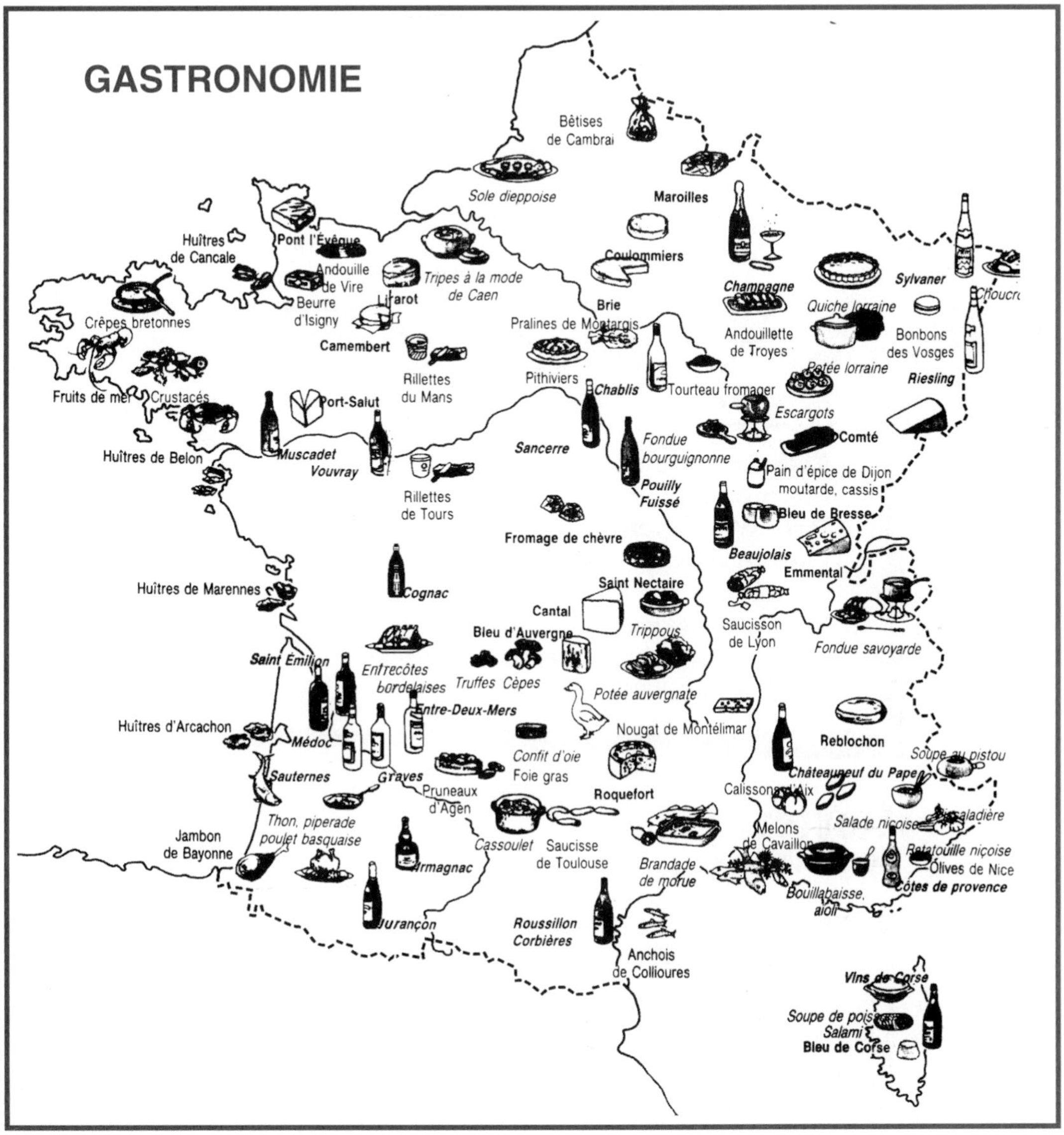

C. Et nous? En utilisant comme point de départ vos réponses à l'exercice III dans le **Manuel de préparation,** discutez avec vos camarades de classe des questions suivantes.

1. En général, qu'est-ce qui est plus important pour les Américains — l'alimentation ou le logement?
2. Où et quand est-ce que les Américains font les courses?
3. Est-ce que les habitudes alimentaires des Américains sont en train de changer?
4. Les Américains vont-ils souvent au restaurant?
5. Est-ce qu'il y a des cuisines régionales aux Etats-Unis?

Profil: Le Sénégal

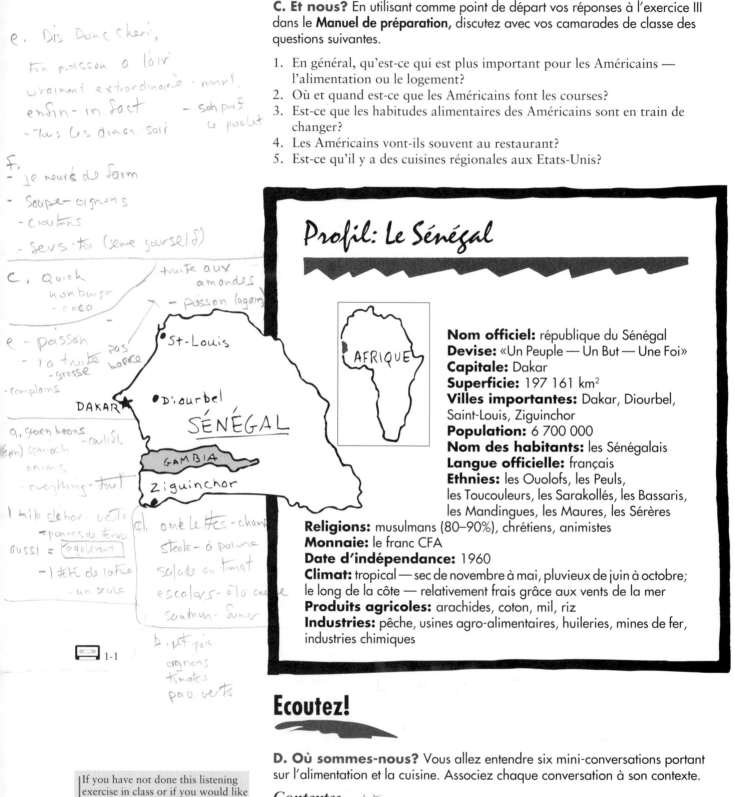

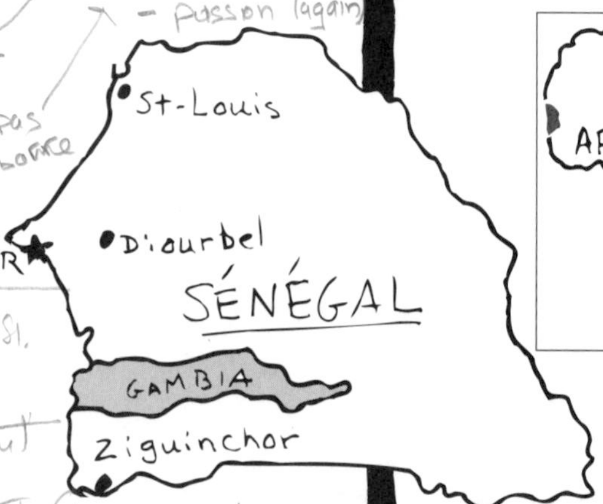

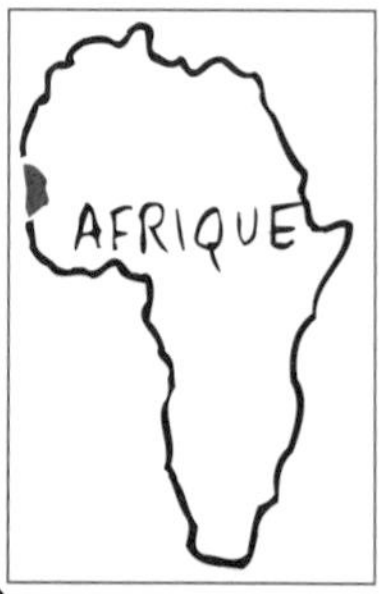

Nom officiel: république du Sénégal
Devise: «Un Peuple — Un But — Une Foi»
Capitale: Dakar
Superficie: 197 161 km^2
Villes importantes: Dakar, Diourbel, Saint-Louis, Ziguinchor
Population: 6 700 000
Nom des habitants: les Sénégalais
Langue officielle: français
Ethnies: les Ouolofs, les Peuls, les Toucouleurs, les Sarakollés, les Bassaris, les Mandingues, les Maures, les Sérères
Religions: musulmans (80–90%), chrétiens, animistes
Monnaie: le franc CFA
Date d'indépendance: 1960
Climat: tropical — sec de novembre à mai, pluvieux de juin à octobre; le long de la côte — relativement frais grâce aux vents de la mer
Produits agricoles: arachides, coton, mil, riz
Industries: pêche, usines agro-alimentaires, huileries, mines de fer, industries chimiques

1-1

Ecoutez!

D. Où sommes-nous? Vous allez entendre six mini-conversations portant sur l'alimentation et la cuisine. Associez chaque conversation à son contexte.

If you have not done this listening exercise in class or if you would like to listen again to the conversations, you can work with this listening material on your own.

Contextes

a. au marché en plein air
b. au supermarché
c. dans un fast-food
d. dans un restaurant une étoile
e. chez une famille: le repas du soir
f. à la maison: un dîner de réception

Chapitre 1

C'est un dîner extraordinaire!

En avant!

ECOUTEZ!

1-2

Claude Letourneur, étudiant de droit à Paris, est invité à dîner par des amis de ses parents, M. et Mme Beaudoin. Claude amène sa petite amie, Geneviève Santel. Les deux jeunes personnes arrivent chez les Beaudoin vers huit heures du soir.

«Bonjour, Mme Beaudoin. Bonjour, M. Beaudoin. Ça va?»

«Je vous ai apporté des fleurs aujourd'hui.»

«Vous allez bien reprendre d'épinards.»

If you have not done this listening exercise in class or if you would like to listen again to the conversations, you can work with this listening material on your own.

POUR PARLER DE LA NOURRITURE

A. Qu'est-ce qu'on a pris pour le dîner? En vous inspirant des dessins, indiquez ce que chaque personne a mangé.

1. Patricia

2. Ralph

3. Jeremy

4. Martine

5. William

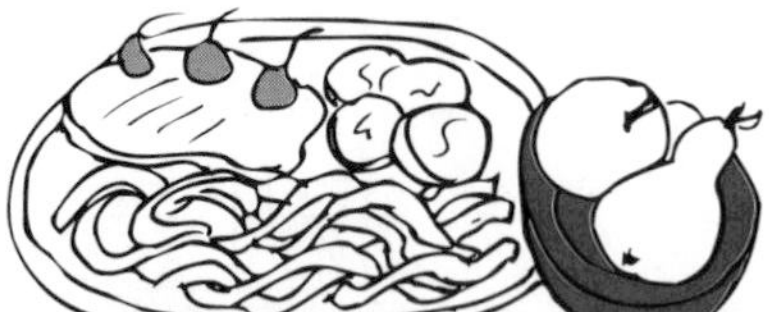

6. Et vous, qu'est-ce que vous avez mangé?

POUR COMMUNIQUER

Offrir un cadeau

Voilà (un petit cadeau) pour vous.
Je vous ai apporté (des fleurs).
C'est pour vous, (Madame).
Tenez, j'ai (un petit cadeau) pour les enfants.

(Ce livre), c'est pour toi.
Tiens, j'ai apporté (un petit quelque chose).

Remercier

C'est très gentil, merci.
Oh, il ne fallait pas! Mais je vous remercie.
Oh, merci bien. C'est vraiment très gentil de votre part.

Oh, merci! Tu es très gentil(le)!
C'est chouette, ça! Je te remercie.

B. Un petit cadeau. Choisissez une expression que vous pourriez utiliser dans chacune des situations suivantes.

1. Vous êtes invité(e) à dîner chez la directrice de votre programme d'échange en France et son mari. Vous leur apportez des fleurs comme cadeau.
2. Vous êtes invité(e) à passer le week-end dans la maison de campagne d'un(e) ami(e) français(e). Vous offrez à vos hôtes un petit cadeau, quelque chose de typiquement américain.
3. Vous êtes invité(e) à dîner avec des amis français. Vous offrez une bouteille de vin à la personne chez qui vous vous retrouvez.
4. C'est l'anniversaire d'un(e) ami(e) français(e). Vous lui avez acheté un petit cadeau.
5. C'est votre anniversaire. Un(e) ami(e) français(e) vous donne un petit cadeau.
6. Vous venez de passer quelques mois chez une famille française. Le jour de votre départ, vos parents français vous font cadeau d'un livre sur l'art français.

C. L'arrivée. Avec deux ou trois camarades de classe, jouez les scènes suivantes. N'oubliez pas de vous saluer, de faire des présentations (s'il le faut) et d'offrir un cadeau (si c'est convenable).

1. Vous êtes invité(e) à dîner par les parents d'un(e) ami(e) français(e). Vous sonnez et les parents vous ouvrent la porte.
2. Vous êtes invité(e) à dîner chez des amis français de vos parents. On vous a demandé d'amener un(e) ami(e) américain(e). Vous sonnez et vos hôtes français vous ouvrent la porte.
3. Vous êtes invité(e) chez des étudiants français. Vous y allez seul(e) ou avec un(e) ami(e), comme vous voulez. C'est un des étudiants qui vous accueille.

Ce que mangent les Sénégalais

La cuisine sénégalaise est constituée principalement de poulet, de poisson et de crustacés. Les plats sont élaborés à base d'huile de palme ou d'arachide. On ajoute aux éléments de base des légumes (carottes, oignons, navets, choux, aubergines, poireaux, manioc — *cassava)*, du riz ou du mil, de l'ail et du piment. Parmi les plats les plus connus sont le poulet au yassa (préparé avec du jus de citron), le tiéboudienne (riz au poisson) et le dem à la Saint-Louisienne (mulet farci).

Comme dessert, on prend souvent des fruits: oranges, bananes, papayes, mangues. Après le repas, on boit du thé à la menthe, qui se boit d'habitude en trois étapes: le premier verre est un peu amer *(bitter)*, le deuxième un peu plus sucré et le troisième très sucré.

Question A quelle(s) autre(s) cuisine(s) ressemble la cuisine sénégalaise?

STRUCTURE: Comment représenter les personnes

When referring to people, it is not always necessary to use nouns. You can avoid repetition by using personal pronouns to represent the people you are talking to or about. You have already studied subject pronouns (**je, tu, il, elle, on, nous, vous, ils, elles**), direct object pronouns (**me, te, le, la, nous, vous, les**), indirect object pronouns (**me, te, lui, nous, vous, leur**), and reflexive pronouns (**me, te, se, nous, vous, se**). In this section, following a brief review exercise, you will study more extensively an additional set of personal pronouns, **les pronoms disjoints**.

RAPPEL Les pronoms personnels

Grammar: If you did not have a passing score on the **Repêchage** test in the **CC** or if you feel that you're still unsure about the basic use of personal pronouns, you should let your instructor know.

D. Je voudrais bien connaître... Posez des questions à un(e) camarade de classe au sujet de quelques personnes qui jouent un rôle important dans sa vie. Au début, imitez le modèle, puis essayez d'improviser. Faites particulièrement attention à l'emploi des pronoms personnels.

1. un(e) ami(e)
   s'appeler / habiter / voir / parler / téléphoner / écrire / envoyer / retrouver (rencontrer) / donner / manquer / revoir

   MODELE *Comment s'appelle ton ami(e)? Où est-ce qu'il/elle habite? Tu le/la vois souvent? Quelle est la dernière fois que tu l'as vu(e)?* etc.

2. ses parents, ses grands-parents, son oncle et sa tante préférés, ses frères, etc. (Le sujet doit être au pluriel.)

PRESENTATION Les pronoms disjoints

Disjunctive pronouns (sometimes called stress pronouns, **pronoms accentués**) are a set of personal pronouns that are not connected directly to the subject–verb group. Unlike object pronouns, which are placed inside the subject–verb group (**je te cherchais**) or are formally attached to the verb (**attendez-les**), the disjunctive pronouns can be used alone (**Toi aussi?**) or can be placed in positions within the sentence that are outside the subject–verb combination (**Moi, je veux bien y aller avec eux.**).

The disjunctive pronouns in French and the subject pronouns to which they correspond are as follows:

je	**moi**	nous	**nous**
tu	**toi**	vous	**vous**
il	**lui**	ils	**eux**
elle	**elle**	elles	**elles**

The situations in which a disjunctive pronoun must be used fall into three basic groups. Each group has many special cases.

1. After a preposition

J'aimerais bien aller au cinéma **avec toi.**	I'd love to go to the movies *with you.*
Ce cadeau est **pour lui?**	This present is *for him?*
On va dîner **chez eux.**	We're going to eat (dinner) *at their house.*
Tu as vraiment peur **d'elles?**	Are you really afraid *of them?*
Ce stylo est **à toi?**	Is this pen *yours?* (Does it belong *to you?)*

After a preposition *other than* **à,** a disjunctive pronoun is always required.

The preposition **à** and a person is usually replaced with an indirect object pronoun: **Il nous a montré le livre. Je lui ai parlé récemment.** However, a disjunctive pronoun is used after **à** in the following situations:

a. After the expression **être à,** to indicate possession:

Ces papiers sont **à eux,** non?

b. After a possessive adjective and a noun, for clarity or for emphasis:

A mon avis, **sa maison à lui** est beaucoup plus jolie que **sa maison à elle. Nos amis à nous** n'ont pas eu la même difficulté.

The English equivalents of these expressions often use no preposition *(to address, to trust)* or a different preposition *(to think **about**, to dream **about**).*

c. After certain verbs, such as: s'**adresser à, se fier à** *(to trust),* **penser à, rêver à.**

Je pense très souvent **à toi.**

2. Without a verb

— Qui veut commencer? — **Moi.**	Who wants to start? *I do.*
Elle parle plus couramment que **lui.**	She speaks more fluently than *he (does).*

A disjunctive pronoun is used in situations where there is no verb. The most frequent cases involve one-word answers and comparisons where the pronoun is not followed by a verb.

Qui est là? C'est **toi?** — Who's there? Is that *you?*
Les gagnants? C'est **vous.** — The winners? *You* are.
C'est **moi** qui ai répondu la première fois. — *I'm the one* who answered the first time.
C'est **nous** qui voulons les billets. — *We're the ones* who want the tickets.
Ce sont **eux** qui seront heureux. — *They're the ones* who will be happy.

> **Grammar: Ce sont** is only used with **eux** and **elles.** All other disjunctive pronouns (including **nous** and **vous**) are preceded by **c'est.** Notice also that in the construction **c'est** (**ce sont**) + *disjunctive pronoun* + **qui** + *verb,* the verb agrees with the disjunctive pronoun: **c'est moi qui suis..., c'est vous qui devez...,** etc.

Do Pg 10 + 11 + 13
- purple - box

A disjunctive pronoun is also used after the expressions **c'est** and **ce sont.**

3. For emphasis

Moi, je ne veux pas attendre. — *I* (for one) don't want to wait.
Qu'est-ce qu'il veut, **lui?** — What does *HE* want?
Nous les avons vus, **eux,** au concert. — We saw *THEM* at the concert.
Tu dois le faire **toi-même.** — You have to do it *YOURSELF.*

As already mentioned, disjunctive pronouns are also called stress pronouns (**pronoms accentués**) and are used to emphasize the person(s) you are talking about. They can be placed at the beginning or at the end of the sentence.

Lui et moi, nous pouvons le faire. — *He and I* can do it.
Toi et ta sœur, où est-ce que vous allez passer l'été? — Where are *you and your sister* going to spend the summer?
Georges et elle préfèrent rester à la maison. — *She and George* prefer staying home.
Je vous ai vues, **toi et ta sœur,** au match de foot, non? — I saw *you and your sister* at the soccer game, didn't I?
Vous leur avez parlé, **à elle et à son amie?** — Did you speak *to her and her friend?*

Disjunctive pronouns are also used when the subject or the object of a verb is compound, i.e., includes the word **et** (or **ou**).

E. Les préparatifs. Vous participez à la préparation d'un dîner pour vingt personnes. Vous vous réunissez avec quelques camarades pour distribuer le travail. Utilisez des pronoms accentués pour indiquer qui sera responsable de chaque tâche.

MODELES choisir le menu
Nous, on peut choisir le menu.
faire les courses
Marie et toi, vous pouvez faire les courses.
acheter des fleurs
Jean-Jacques, lui, il peut acheter des fleurs.

1. polir l'argenterie
2. laver les serviettes et les nappes
3. mettre la table
4. préparer la salade
5. éplucher les pommes de terre
6. faire rôtir la viande
7. découper les carottes
8. préparer le dessert
9. servir le repas
10. faire la vaisselle

F. Ah, c'est lui qui va... ! Maintenant expliquez à un membre d'un autre groupe comment votre groupe a distribué le travail. Cette autre personne va vérifier ce qu'elle a entendu en utilisant l'expression **C'est (Ce sont)... qui...** et un pronom accentué.

MODELES — *Pierre, Jeanne et moi, nous allons choisir le menu.*
— *Ah, c'est vous qui allez choisir le menu.*

— *Jean-Jacques va acheter des fleurs.*
— *Ah, c'est lui qui va acheter des fleurs.*

G. Pour vous connaître un peu mieux. Vous voudriez connaître un peu mieux un(e) camarade de classe; vous lui posez donc des questions au sujet de sa famille et de ses amis. Utilisez d'abord les verbes suggérés, puis ceux de votre choix. Employez des pronoms autant que possible.

MODELE — *Tu as des frères et des sœurs?*
— *Oui, j'ai trois frères.*
— *Tu t'entends bien avec eux?*
— *Oh, oui. Mes frères et moi, nous nous disputons de temps en temps, mais en général, je m'entends bien avec eux,* etc.

1. avoir des frères et des sœurs / s'entendre / se disputer / aider tes parents à préparer les repas / ...
2. voir tes ami(e)s du lycée / écrire à / téléphoner à / aller... avec / ...

Ensuite!

POUR PARLER DE LA TABLE

H. Une petite leçon. Le fils / La fille des amis français de vos parents vous rend visite. Votre mère lui demande de mettre la table et vous lui donnez des conseils. MOTS UTILES: **à côté de, sur, sous, au-dessus de, à gauche, à droite.**

MODELE *D'abord tu mets les assiettes. A gauche de chaque assiette tu mets une fourchette,* etc.

1. C'est un dîner habituel. Il y aura seulement les membres de votre famille et votre «frère»/«sœur» français(e).
2. C'est un dîner spécial. Vos parents ont invité deux couples pour un repas gastronomique.

POUR COMMUNIQUER

Offrir à boire

Vous prendrez bien l'apéritif? / Tu prendras bien un petit apéro?
Je peux vous (te) servir un apéritif?
Je peux bien vous (t')offrir quelque chose à boire?

Volontiers.
Oui, avec plaisir.
Oui, je veux bien.

Non, merci. Ça va très bien comme ça.
Merci. Je viens de prendre quelque chose.

Qu'est-ce que je vous (t')offre?
Qu'est-ce que vous voulez (tu veux) boire?
Qu'est-ce que je vous (te) sers?

Je prendrais bien (un Dubonnet).

Offrir à manger

Tenez, je vous sers. / Tiens, je te sers.
Je peux vous (te) servir (du porc)?
Servez-vous. / Sers-toi.

Oui, merci. Ça a l'air délicieux (très bon, excellent).

Faire resservir

Vous prenez (Tu prends) encore (de la salade)?
Encore un peu de fromage?
Vous en voulez (Tu en veux) encore un peu?
Vous allez (Tu vas) bien reprendre de (viande)?

Oui, avec plaisir (volontiers). C'est délicieux (très bon, excellent).
Non, merci. (Merci.) J'ai déjà très bien mangé.
Non, merci. C'est vraiment délicieux, mais je ne peux plus (je n'ai vraiment plus faim).

I. A table. Donnez une réponse appropriée aux propositions suivantes.

1. Je peux vous offrir un apéritif?
2. Qu'est-ce que je vous sers?
3. Tu veux quelque chose à boire?
4. Voilà. Je vous sers un peu de rôti.
5. Bien, voici des champignons à la grecque. Servez-vous.
6. Je peux te servir des carottes?
7. Vous voulez bien reprendre de viande?
8. Vous voulez encore du vin?
9. Allez. Tu en veux encore? Juste un tout petit peu?

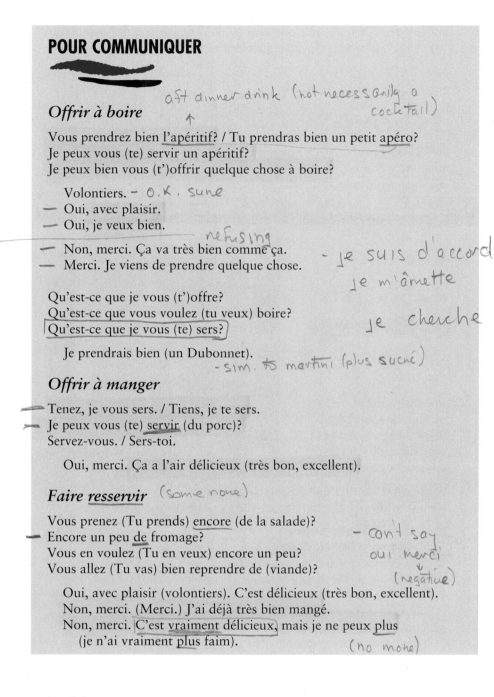

J. C'est à vous. Jouez le rôle de l'hôte ou de l'hôtesse dans les situations suivantes. Trois camarades de classe joueront le rôle de vos invité(e)s.

1. Vous offrez l'apéritif à des gens que vous ne connaissez pas très bien.
2. Vous offrez l'apéritif à des ami(e)s.
3. Vous servez des côtelettes de porc et des haricots verts à des gens que vous ne connaissez pas très bien.
4. Vous servez un rôti de bœuf et des pommes de terre à des ami(e)s.
5. Vous voulez resservir de la salade et du fromage à des gens que vous ne connaissez pas très bien.
6. Vous voulez resservir de la tarte et du café à des ami(e)s.

Une recette du Sénégal

Une des vedettes de la cuisine sénégalaise est le poulet au Yassa, spécialité du sud du pays. En voici la recette:

Matière d'œuvre: un poulet, 3 citrons verts, 3 gros oignons, 25 cl (centilitres)d'huile d'arachide, sel, poivre, 1 piment frais, ail.

Méthode de fabrication:

1. Couper le poulet en morceaux.
2. Emincer les oignons et couper le piment en morceaux.
3. Mariner le poulet pendant plusieurs heures avec l'huile d'arachide, le jus et le zeste des citrons, les oignons émincés, le piment, de l'ail, du sel et du poivre.
4. Egoutter les morceaux du poulet et les faire sauter de tous les côtés.
5. Faire revenir les oignons égouttés dans de l'huile d'arachide, laisser cuire doucement.
6. Rajouter la marinade, les morceaux du poulet, et ajouter un verre d'eau. Laisser mijoter 30 mn.
7. Servir avec du riz.

On peut aussi faire ce plat avec d'autres viandes ou du poisson. Dans ce cas, les Sénégalais aiment griller la viande ou le poisson avant de les faire revenir dans de l'huile.

Rémy, *Le Sénégal aujourd'hui.*
Paris: Les Editions du Jaguar, p. 226.

Questions Comment prépare-t-on le poulet chez vous? Comment expliquez-vous les différences entre un plat au poulet typiquement américain et le poulet au Yassa?

The terms **matière d'œuvre** and **méthode de fabrication** come from a Senegalese cookbook. In France, one would more likely find the terms **ingrédients** and **préparation.**

STRUCTURE: Comment faire agir quelqu'un

When trying to convince someone to do something, the French often use expressions of necessity: **il faut, il est important,** etc. There are, however, other structures and expressions that can be used to make someone act and that are either more polite or stronger and more direct. Following a brief review exercise on the use of the infinitive and the present subjunctive with expressions of necessity, we will study three additional ways to get someone to do something.

RAPPEL L'infinitif et le présent du subjonctif avec les expressions de nécessité

Grammar: If you did not have a passing score on the **Repêchage** test in the CC or if you feel that you're still unsure about the basic use of the infinitive and the subjunctive with expressions of necessity, you should let your instructor know.

K. Ce qu'il faut faire. Certain(e)s de vos camarades de classe sont en train de faire des projets. Vous et vos ami(e)s leur donnez des conseils. En vous inspirant de vos réponses à l'exercice XIII de votre **Manuel de préparation,** faites la distinction entre idées générales et suggestions spécifiques.

MODELE (Sarah) part en vacances dans une région très chaude.
— *Il faut réserver une chambre d'hôtel bien à l'avance.*
— *Il est important qu'elle achète de la crème solaire.*
— *A mon avis, il vaut mieux qu'elle s'achète un grand chapeau,* etc.

1. (nom) part en vacances. Il/Elle va au bord de la mer.
2. (nom) part en vacances. Il/Elle va dans les montagnes.
3. (nom) a invité des ami(e)s à dîner chez lui/elle.
4. (nom) va bientôt finir ses études et veut trouver du travail.
5. (nom) *[activité de votre choix]*

PRESENTATION Autres moyens de faire agir quelqu'un

1. Expressions of necessity in the negative form

Je vais aller prendre les billets tout de suite.	I'm going to go get the tickets right away.
Il n'est pas nécessaire d'y aller aujourd'hui.	*You don't have (It isn't necessary) to* go today.

J'irai chercher les billets la semaine prochaine.	I'll go get the tickets next week.
Attention! **Il ne faut pas** attendre trop longtemps.	Be careful! *You must not* wait too long.

Grammar: The expressions **Défense de** (+ *infinitive*) and **Il est interdit de** (+ *infinitive*) are formal equivalents of **Il ne faut pas.** They are often found on signs and posters: **DEFENSE D'AFFICHER** *(POST NO BILLS)*; **Il est interdit de se pencher dehors.** *(It is forbidden to lean out [of the train].)*

Although **il faut** and **il est nécessaire** are synonyms in the affirmative, they have different meanings in the negative. **Il ne faut pas** indicates that something is forbidden, illegal, or should not be done. **Il n'est pas nécessaire** indicates that something is not necessary.

2. The imperative

Prenez vos affaires et **sortez!**	*Take* your things and *get out!*
Donne-moi ton livre.	*Give* me your book.
Allons faire un petit tour (en voiture).	*Let's go* for a ride.

Grammar: The imperative form is still used among adults with certain very common fixed expressions, such as: **Entrez. Asseyez-vous. Sers-toi. Vas-y!** In addition, it is frequently used in the **nous**-form, where it does not have such an authoritative tone: **Allons voir ce qu'il y a. Faisons un petit tour à pied.**

The imperative form of the verb is used to order someone to do something (first and second persons) or to suggest that someone (or several people) join you in doing something. It is a very harsh and authoritative way of getting someone to do something. Consequently, it is used primarily by adults to talk to children. When talking to other adults, it is common to use structures that are less abrupt and more polite.

In some instances, you can use the present tense and the expression **s'il vous (te) plaît** to soften the force of the command.

Tu me passes le pain, s'il te plaît.	*Please pass* the bread.
Vous attendez à l'extérieur, s'il vous plaît.	*Please wait* outside.

In many cases, you can use the future (or immediate future) to explain to someone what to do.

Tu vas aller à l'épicerie et **tu vas acheter** une boîte de riz, d'accord?	*Go* to the store and *buy* a box of rice, OK?
Avant de sortir, **vous fermerez** les fenêtres.	*Close* the windows before you go out.

3. Use of the conditional to make requests or suggestions

Vous pourriez me passer le sel, s'il vous plaît?	*Would you please* pass the salt?
Tu devrais attendre ici.	*You should* wait here.
Vous feriez mieux d'y aller toute seule.	*You would be better off* going by yourself.
Pourquoi (**est-ce que**) **vous ne** leur **téléphoneriez pas** ce soir?	*Why not call* them tonight?

The conditional tense of certain verbs and expressions is used to make requests (**pouvoir**) and suggestions (**devoir, faire mieux de, pourquoi... ne... pas**).

Un restaurant sénégalais à Orléans

L. On va organiser un dîner sénégalais. Avec quelques camarades, vous organisez un dîner où vous allez servir du poulet au Yassa. Utilisez des structures et des expressions variées (impératif, futur, futur immédiat, **pouvoir** au conditionnel) pour indiquer aux autres ce qu'il y a à faire avant la soirée.

MODELE inviter les gens
(Alain), tu vas inviter les gens, d'accord? Téléphone d'abord à (Marilyn). Tu pourrais lui demander de t'aider. Il ne faut pas oublier d'inviter (Françoise). etc.

1. faire les courses
2. préparer le poulet au Yassa
3. mettre la table

M. Des suggestions. Avec des camarades de classe, faites une liste de suggestions, de conseils et d'ordres que vous pourriez donner dans les situations suivantes. Variez les structures que vous utilisez: expressions de nécessité (affirmatives et négatives), impératif, futur ou futur proche, conditionnel.

1. Votre camarade de chambre a eu de mauvaises notes dans deux de ses cours. Aidez-le/la à réorganiser sa façon d'étudier.
2. Vos parents ont décidé de faire un voyage en Europe. Ce sera la première fois qu'ils auront quitté les Etats-Unis. Donnez-leur de bons conseils.
3. Votre petit frère / petite sœur ne se tient pas très bien à table. Il/Elle mange avec les doigts, il/elle laisse tomber de la nourriture partout, il/elle ne mange pas ses légumes, il/elle veut se lever de table avant la fin du repas, il/elle se sert toujours le/la premier(ère), etc. C'est à vous d'améliorer son comportement.
4. Votre ami(e) est déprimé(e). Il/Elle s'ennuie à l'université. Essayez de lui remonter le moral.

C'est à vous maintenant!

1-3

ECOUTEZ!

C'est la fin du dîner. Claude Letourneur et Geneviève Santel remercient les Beaudoin d'un merveilleux repas et leur disent au revoir.

«C'était absolument délicieux... On vous remercie beaucoup. C'était vraiment gentil de nous avoir invités tous les deux.»

If you have not done this listening exercise in class or if you would like to listen again to the conversations, you can work with this listening material on your own.

PARLONS!

Make an effort to use expressions from the **Pour communiquer** sections while carrying out your conversations.

N. Un dîner. Vous avez invité deux ou trois ami(e)s à dîner chez vous. Avec des camarades de classe et en vous inspirant du menu et des sujets de conversation que vous avez préparés **(Manuel de préparation,** exercices XV et XVI), recréez les différents moments de la soirée:

1. l'arrivée des invité(e)s
2. le repas (plat principal + conversation)
3. la fin du repas et le départ des invité(e)s

INTERMEDE

LECTURE: «Un dîner de seize couverts» (Marguerite Duras)

Marguerite Duras (1914–   ) is one of the leading post-war French writers. She is the author of numerous novels *(18h30 du soir un jour d'été, L'Amant)*, screenplays *(Hiroshima mon amour, India Song)*, and plays.

In this and subsequent reading selections, you will encounter literary verb tenses that may be unfamiliar — the **passé simple,** the **imparfait du subjonctif,** the **plus-que-parfait du subjonctif.** For further information about these tenses, see the Appendix in the **Manuel de préparation.**

Dans Moderato cantabile, *Marguerite Duras raconte les rapports étranges entre Anne Desbaresdes, la femme d'un riche industriel, et Chauvin, un ancien ouvrier de son mari. Accompagnée de son fils, Anne retrouve Chauvin plusieurs jours de suite dans un café, où ils ont été tous deux témoins d'un crime passionnel. Un soir, Anne rentre avec une heure de retard pour un dîner qu'offre son mari.*

Sur un plat d'argent à l'achat duquel trois générations ont contribué, le saumon arrive, glacé dans sa forme native. Habillé de noir, ganté de blanc, un homme le porte, tel un enfant de roi, et le présente à chacun dans le silence du dîner commençant. Il est bienséant° de ne pas en parler.

De l'extrémité nord du parc, les magnolias versent leur odeur qui va de dune en dune jusqu'à rien. Le vent, ce soir, est du sud. Un homme rôde,° boulevard de la Mer. Une femme le sait.

Le saumon passe de l'un à l'autre suivant un rituel que rien ne trouble, sinon la peur cachée de chacun que tant de perfection tout à coup ne se brise° ou ne s'entache° d'une trop évidente absurdité. Dehors, dans le parc, les magnolias élaborent leur floraison funèbre° dans la nuit noire du printemps naissant. [...]

Des femmes, à la cuisine, achèvent de parfaire° la suite, la sueur° au front, l'honneur à vif,° elles écorchent° un canard mort dans son linceul° d'oranges. Cependant que, rose, mielleux,° mais déjà déformé par le temps très court qui vient de se passer, le saumon des eaux libres de l'océan continue sa marche inéluctable° vers sa totale disparition et que la crainte d'un manquement quelconque° au cérémonial qui accompagne celle-ci se dissipe peu à peu.

Un homme, face à une femme, regarde cette inconnue. Ses seins° sont de nouveau à moitié nus. Elle ajusta hâtivement sa robe. Entre eux, se fane° une fleur. Dans ses yeux élargis, immodérés, des lueurs° de lucidité passent encore, suffisantes, pour qu'elle arrive à se servir à son tour du saumon des autres gens.

A la cuisine, on ose enfin le dire, le canard étant prêt, et au chaud, dans le répit qui s'ensuit, qu'elle exagère. Elle arriva ce soir plus tard encore qu'hier, bien après ses invités.

Ils sont quinze, ceux qui l'attendirent tout à l'heure dans le grand salon du rez-de-chaussée. Elle entra dans cet univers étincelant,° se dirigea vers le grand piano, s'y accouda,° ne s'excusa nullement.° On le fit à sa place.

— Anne est en retard, excusez Anne.

proper
wanders (lurks)
break
become blemished
funereal flowering
to make perfect / sweat
on edge / skin / shroud
sickly sweet
inescapable
slightest lapse
breasts
is fading
glimmers
sparkling
leaned on it / not in the least

(Le dîner continue. Les invités dévorent le saumon, Anne boit deux verres de vin. Elle a du mal à suivre la conversation; on est obligé de répéter pour elle. L'homme quitte le boulevard de la Mer, fait le tour du parc qui entoure la maison des Desbaresdes, retourne sur la plage. On sert le canard à l'orange.)

Anne Desbaresdes vient de refuser de se servir. Le plat reste cependant encore devant elle, un temps très court, mais celui du scandale. Elle lève la main, comme il lui fut appris, pour réitérer son refus. On n'insiste plus. Autour d'elle, à table, le silence s'est fait.

— Voyez, je ne pourrais pas, je m'en excuse.

Elle soulève une nouvelle fois sa main à hauteur de la fleur qui se fane entre ses seins et l'odeur franchit° le parc et va jusqu'à la mer.

— C'est peut-être cette fleur, ose-t-on avancer, dont l'odeur est si forte?

— J'ai l'habitude des fleurs, non, ce n'est rien.

Le canard suit son cours. Quelqu'un en face d'elle regarde encore impassiblement.° Et elle s'essaye encore à sourire,° mais ne réussit encore que la grimace désespérée et licencieuse de l'aveu.° Anne Desbaresdes est ivre.°

On redemande si elle n'est pas malade. Elle n'est pas malade.

— C'est peut-être cette fleur, insiste-t-on, qui écœure subrepticement°?

— Non, j'ai l'habitude de ces fleurs. C'est qu'il m'arrive de ne pas avoir faim.

(On commence à manger le canard. A la cuisine, on est sûr qu'elle est malade, c'est la seule explication possible. Anne continue à boire. L'homme s'approche de la grille qui entoure le parc.)

Quelques-uns ont repris du canard à l'orange. La conversation, de plus en plus facile, augmente à chaque minute un peu davantage encore l'éloignement° de la nuit.

Dans l'éclatante° lumière des lustres,° Anne Desbaresdes se taît° et sourit toujours.

L'homme s'est décidé à repartir vers la fin de la ville, loin de ce parc. A mesure qu'il s'en éloigne, l'odeur des magnolias diminue, faisant place à celle de la mer.

Anne Desbaresdes prendra un peu de glace au moka afin qu'on la laisse en paix.

L'homme reviendra malgré lui sur ses pas. Il retrouve les magnolias, les grilles, et les baies° au loin, encore et encore éclairées. Aux lèvres, il a de nouveau ce chant entendu dans l'après-midi, et ce nom dans la bouche qu'il prononcera un peu plus fort. Il passera.

Elle, le sait encore. Le magnolia entre ses seins se fane tout à fait. Il a parcouru° tout l'été en une heure de temps. L'homme passera outre au parc tôt ou tard. Il est passé. Anne Desbaresdes continue dans un geste interminable à supplicier° la fleur.

— Anne n'a pas entendu.

Elle tente de sourire davantage, n'y arrive plus. On répète. Elle lève une dernière fois la main dans le désordre blond de ses cheveux. Le cerne° de ses yeux s'est encore agrandi. Ce soir, elle pleura. On répète pour elle seule et on attend.

— Il est vrai, dit-elle, nous allons partir dans une maison au bord de la mer. Il fera chaud. Dans une maison isolée au bord de la mer.

— Trésor, dit-on.

— Oui.

crosses over

impassively / to smile

confession / drunk

makes one feel sick surreptitiously

distance

glaring / lights / remains quiet

bays

has covered

to torture

shadows

Alors que les invités se disperseront en ordre irrégulier dans le grand salon attenant° à la salle à manger, Anne Desbaresdes regardera le boulevard par la baie du grand couloir de sa vie. L'homme l'aura déjà déserté. Elle ira dans la chambre de son enfant, s'allongera par terre, au pied de son lit, sans égard° pour ce magnolia qu'elle écrasera° entre ses seins, il n'en restera rien. Et entre les temps sacrés de la respiration de son enfant, elle vomira là, longuement, la nourriture que ce soir elle fut forcée de prendre. [...]

adjoining

without regard
will crush

Marguerite Duras, *Moderato cantabile.*
Paris: Editions de Minuit, 1958, extraits.

A. Le sens du texte. Exprimez votre accord ou votre désaccord avec les conclusions suivantes en faisant allusion au texte que vous avez lu.

1. Dans cette scène il s'agit d'un petit dîner improvisé entre amis.
2. Anne Desbaresdes est contente d'y être ce soir.
3. Anne Desbaresdes aime son mari.
4. Anne Desbaresdes se plaît dans le milieu social où elle se trouve.
5. Les autres personnes comprennent bien la situation d'Anne.
6. Anne se révolte contre son milieu.
7. Anne va probablement quitter son mari et ce milieu.

B. L'art du texte. Répondez aux questions suivantes à propos du texte que vous avez lu.

1. La narration de cette scène utilise une technique, empruntée à la musique, qui s'appelle le **contrepoint,** c'est-à-dire, la superposition de deux ou plusieurs mélodies (ici, décors et actions). Comment cette technique nous aide-t-elle à comprendre la situation d'Anne?
2. Il est impossible de tout raconter. Pourtant, chez Duras, les silences, les absences sont particulièrement importants. Quels aspects du dîner ne sont pas racontés? Quels éléments de la scène ne sont pas expliqués? A quels moments est-ce que le(s) personnage(s) ne parle(nt) pas? Qu'est-ce que nous apprenons de ces absences et de ces silences?
3. Les textes littéraires sont souvent fondés sur les oppositions. Quelle opposition y a-t-il ici entre l'intérieur et l'extérieur? entre le végétal (les magnolias) et l'animal (le saumon, le canard)? Y a-t-il d'autres oppositions que vous pouvez relever *(pick out)?*

L'art de la composition

ON TROUVE DES MOTS ET DES IDEES

After having answered the questions about the content of your classmate's paragraph(s), you might want to re-read his (her) text looking for basic language problems. Are there sentences you can't understand? Are there problems with agreement? (Do all of the verbs agree with their subjects? Do all adjectives agree with the nouns they modify?)

C. Un (Des) repas inoubliable(s). Lisez ce qu'un(e) camarade de classe a écrit en faisant l'exercice VI (p. 000 du **Manuel de préparation**). Puis relisez-le en essayant de répondre *en détail* aux questions suivantes.

1. S'agit-il d'un repas spécifique ou de repas habituels? Comment le savez-vous?
2. Votre camarade de classe, garde-t-il/elle un bon ou un mauvais souvenir de ce(s) repas? Comment le savez-vous?
3. Essayez d'imaginer visuellement la scène du (des) repas. Quels aspects pouvez-vous voir clairement? Quels aspects sont moins clairs? Pourquoi?

L'art de la discussion

ON PARLE PAR CIRCONLOCUTIONS

The first step in moving toward extended discourse involves the willingness to say more, i.e., when answering a question or joining a class discussion, you should try to put forth two sentences instead of one, and then three instead of two, and so on. Speak as well as you can, but above all keep speaking until you have been able to formulate more than a single sentence.

Of course, a major difficulty that presents itself as you try to keep speaking is the problem of vocabulary. This is where **la circonlocution** *(circumlocution,* the ability to express what you want to say without knowing an exact word) comes in. You need to learn how to use what you already know in order to express what is unfamiliar. For example, if you don't know the word for *microwave oven* in French, you might describe it as **ce truc dans lequel on peut mettre des choses à manger et une minute après, elles sont prêtes; on peut les manger.** Or if you can't remember the expression for *to go on a diet,* you might say that **c'est quand tu ne peux pas manger les choses que tu veux; il faut manger les choses que le médecin recommande parce que tu es malade ou parce que tu es trop gros.** In some cases, there are fixed expressions you can use to introduce your circumlocution. Here are a few examples:

Je ne sais pas comment ça s'appelle (en français)... mais...

C'est un truc (un machin) qu'on utilise pour... *(a thing)*
C'est quelqu'un (un homme, une femme) qui... *(a person)*
C'est quand on (tu)... *(an action)*
C'est un endroit où on (tu)... / il y a... *(a place)*

D. La circonlocution. Trouvez un moyen de désigner les choses ou les personnes suivantes sans utiliser le mot ou l'expression exacts.

MODELE part-time work
C'est quand on a un travail, mais qu'on ne travaille pas quarante heures par semaine ou peut-être qu'on ne travaille pas tous les jours. On travaille moins de temps qu'un travailleur normal. Et on est moins bien payé!

1. homemaker
2. household chores
3. home (as opposed to house)
4. to raise the children
5. to support someone (financially)
6. to support someone (emotionally)
7. to cater to someone's needs
8. to be submissive

E. Les conventions sociales. Dans le texte de Marguerite Duras que vous avez lu, Anne Desbaresdes est victime d'une société qui lui impose certaines conventions sociales. Avec deux ou trois camarades de classe, répondez aux questions suivantes en vous préparant à discuter le rôle des conventions dans notre société. N'oubliez pas d'utiliser des circonlocutions.

1. Quelles conventions sociales Anne Desbaresdes brise-t-elle *(breaks)* au cours de ce dîner? Quelles conventions est-elle incapable de briser?
2. Faites une liste de conventions sociales imposées aux femmes dans notre société. Vous voudrez peut-être penser à votre mère et à d'autres membres de votre famille ou à des femmes que vous connaissez. Utilisez les expressions de nécessité pour désigner ces conventions.

F. Discussion: Les femmes et les conventions sociales. Discutez des questions suivantes avec vos camarades de classe. N'oubliez pas d'utiliser des circonlocutions.

1. Quelles conventions sociales notre société impose-t-elle aux femmes?
2. *Femmes:* Lesquelles de ces conventions sociales voudriez-vous abolir? *Hommes:* Lesquelles de ces conventions sociales voudriez-vous garder?

VOCABULAIRE POUR LA DISCUSSION

«la place de la femme est au foyer»
    faire les travaux ménagers
    s'occuper des enfants
un travail de femme
    être secrétaire / institutrice / professeur de musique (de langues)

être passive
faire preuve de sensibilité *(to show sensitivity)*
ne pas penser logiquement
avoir une tenue correcte (convenable) *(to dress appropriately)*

s'incliner devant les hommes *(to show deference to men)*
se contenter d'un rôle secondaire *(to be satisfied with a supporting role)*
soutenir (appuyer) son mari *(to support, stand behind her husband)*

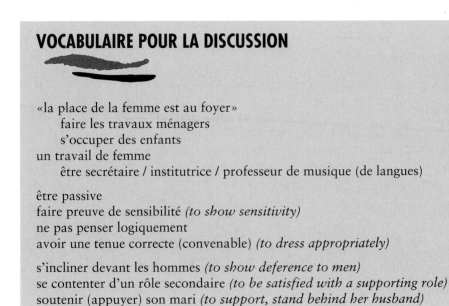

Chapitre 2

Qu'est-ce que vous recommandez?

En avant!

1-4

ECOUTEZ!

Jacques Ternier retrouve sa fiancée, Marie-France Cresson, pour dîner un soir. Ils ont tous les deux travaillé ce jour-là et Marie-France arrive avec un quart d'heure de retard à leur rendez-vous à la sortie de métro Bonne-Nouvelle.

«Moi, je meurs de faim. Où est-ce que tu m'emmènes, chéri?»

«Ça a l'air appétissant, tout ça. Qu'est-ce qui te tente, toi?»

If you have not done this listening exercise in class or if you would like to listen again to the conversation, you can work with this listening material on your own.

POUR LIRE LA CARTE

A. Qu'est-ce que c'est? Vous êtes au restaurant «L'idée grande marmite» avec des amis qui ne parlent pas français. Répondez à leurs questions au sujet des plats qui se trouvent sur la carte du restaurant. Vous devez leur répondre *en anglais*.

1. "I recognize the word for *salad* twice. What's the difference between the two salads?"
2. "What's the **entrée** with tomatoes in it?"
3. "It looks as if you have to pay extra for two of the dishes. What's special about them?"
4. "I'm watching my diet. Are there any chicken dishes?"
5. "I love fish. What can I have?"
6. "Is there a daily special? If so, what is it today?"
7. "What can we have for dessert?"
8. "Is there anything on the menu you can't recognize at all. If so, would you mind asking the waiter (i.e., instructor) about it?"

L'IDÉE GRANDE MARMITE

63 frs
Service compris

LES ENTRÉES

La soupe de Poissons au Chef
La Salade aux Crudités de Saison
Terrine aux trois légumes sur son coulis de Tomates
Salade du Boucher au Bœuf et échalotes
Six Escargots aromatisés à la mode Bourguignonne (supt 6F)

LES RÔTIS

Saucisses aux haricots
Poularde gros sel dans sa marmite
Tripes de Beg Avel au Calvados
Choucroute Paysanne
Mousseline de Pêcheur aux Pâtes Fraîches
Filet de Bœuf grillé et ses purées de légumes (supt 6F)

PLATS du JOUR
LUNDI
Potée au porc et aux choux
MARDI
Bœuf bourguignon
MERCREDI
Côtes de porc en Marmite
JEUDI
La Fondue de Poularde
VENDREDI
Filets de Daurade aux Epinards
SAMEDI
Canard au Poivre vert

LES DESSERTS

Fromage, ou Tarte aux fruits de saison ou Glaces

POUR COMMUNIQUER

Proposer de faire quelque chose ensemble

On va (dîner au restaurant)?
Tu veux (Vous voulez) qu'on dîne au restaurant?
Si on allait (dîner au restaurant)?
Ça te dirait de (dîner au restaurant)?

Inviter quelqu'un

Pourriez-vous dîner au restaurant avec (nous)?
Vous voulez dîner au restaurant? Je vous invite.
Tiens! Tu es libre ce soir? Tu veux dîner avec moi? Je t'invite.

Accepter la suggestion ou l'invitation

Oh, oui. Avec plaisir.
D'accord. Je voudrais (Nous voudrions) bien.
Oh, oui. C'est une bonne idée.
Mais oui. Je vous (te) remercie.

Régler les détails

Où est-ce qu'on va manger?

Je connais un (bon petit) restaurant ..
Je voudrais essayer le (nouveau) restaurant...
J'ai entendu dire qu'il y a un bon restaurant...

Où est-ce qu'on va se retrouver? Et à quelle heure?

On se retrouve (devant le restaurant) à 19h30.
Rendez-vous (au café de la Régence) à 20h.
Je passerai (Nous passerons) vous (te) chercher (prendre) vers 19h.

B. Que dire? D'abord, choisissez une expression que vous pourriez utiliser dans les situations suivantes.

1. Vous voulez proposer à deux ami(e)s d'aller au restaurant ensemble vendredi prochain.
2. Vous voulez proposer à un(e) ami(e) de dîner dans un restaurant ce week-end pour fêter son anniversaire.
3. Les parents de votre petit(e) ami(e) ont été très aimables à votre égard. Vous voulez les remercier en les invitant au restaurant.
4. Vous en avez marre des repas au restaurant universitaire. Vous proposez à un(e) ami(e) de manger ailleurs *(somewhere else)* ce soir.
5. Vous allez sortir dîner avec quelques ami(e)s. Vous voulez dîner dans un restaurant bien précis de votre ville.
6. Vous avez invité un(e) ami(e) à dîner samedi soir. Vous avez une voiture et vous fixez un rendez-vous.

Maintenant, choisissez une expression que vous pourriez utiliser pour répondre aux suggestions ou aux invitations suivantes.

7. *Le père de votre petit(e) ami(e):* «Nous allons dîner au Bec Fin samedi soir pour fêter l'anniversaire de Mme... Est-ce que vous pourriez nous accompagner?»
8. *Votre ami(e):* «Dis donc, ça te dirait de ne pas manger à la cafétéria ce soir?»
9. *Vos amis:* «Bon. C'est décidé. On va dîner en ville. Mais où?»
10. *Vos amis:* «D'accord. Nous voulons bien y aller. Où est-ce qu'on se retrouve?»

C. Des suggestions, des invitations. Avec deux ou trois camarades de classe, jouez les scènes suivantes. N'oubliez pas de fixer tous les détails de votre rendez-vous.

1. Les parents de votre ami(e) français(e) sont de passage *(are passing through)* dans la ville où se trouve votre université. Vous les invitez à dîner au restaurant avec vous (et des amis, si vous voulez).
2. Deux étudiant(e)s français(es) qui font des études dans votre université se plaignent des *(complain about)* repas qu'on sert au restaurant universitaire. Vous leur proposez d'aller dîner au restaurant.
3. Vous allez dîner au restaurant avec votre petit(e) ami(e) et son/sa camarade de chambre. Vous proposez un restaurant, mais c'est l'anniversaire du/de la camarade de chambre et votre petit(e) ami(e) préférerait un meilleur restaurant.

A table au Sénégal

Les touristes qui visitent le Sénégal y trouvent d'excellents restaurants qui servent une cuisine de très bonne qualité. Ils peuvent goûter des spécialités sénégalaises et européennes dans une ambiance agréable où des plantes tropicales et des tissus teints en couleurs vives viennent raviver le décor classique d'un restaurant français.

Chez les jeunes professionnels qui habitent et travaillent à Dakar, on sert aussi un mélange de spécialités sénégalaises et européennes. Dans une salle à manger simple mais confortable, la cuisinière-bonne sert un poulet au Yassa ou une sole meunière. Dans les villages à la campagne, pourtant, on trouve une ambiance très différente. Là, les gens se mettent par terre ou sur des tabourets pour manger. Vu la pauvreté générale et la sécheresse du climat, les repas sont très simples et très peu variés: un ou deux plats (des boules de mil, du riz, des fruits) que l'on mange avec les doigts ou avec des cuillers. Il arrive souvent que les hommes mangent les premiers; les femmes et les enfants se servent après.

Questions Si on vous invitait à prendre un repas avec une famille habitant dans un petit village sénégalais, accepteriez-vous? Pourquoi (pas)? Si vous acceptiez, quelles habitudes seriez-vous obligé(e) de modifier afin d'être un(e) bon(ne) invité(e)? Quelles difficultés les Sénégalais auraient-ils à table avec votre famille?

Quiz - 10/25

Practice #1 10/24 ← Pg 33 - 6
Pg 42 - 6

STRUCTURE: Comment représenter les choses

The subject pronouns (**il, elle, ils, elles**) and the direct object pronouns (**le, la, les**) can be used to substitute for things as well as people. When replacing a noun that functions as an indirect object, however, it is necessary to use two special pronouns (**y** and **en**). After a short exercise reviewing these pronouns with things, we will look at some additional uses of **le, la, les, y,** and **en,** including situations where **en** can be used to replace nouns referring to people. We will then consider the use of two pronouns together.

RAPPEL Les pronoms **le, la, les, y** et **en**

Grammar: If you did not have a passing score on the **Repêchage** in the **CC** or if you feel that you're still unsure about the basic use of **le, la, les, y,** and **en,** you should let your instructor know.

Pink - Pg 93

D. Echange. Posez les questions suivantes à un(e) camarade de classe qui va vous répondre en utilisant autant que possible les pronoms **le, la, les, y, en.**

1. Est-ce qu'on mange beaucoup de légumes frais chez toi? Quel est ton légume préféré? Combien de fois est-ce que tu manges des... par semaine? Tu aimes les... préparé(e)s comment? Et servi(e)s avec quoi? Est-ce qu'on peut acheter des... à *[nom d'un supermarché]?*
2. Tu aimes aller au cinéma de temps en temps? Quel(le) est ton acteur/actrice préféré(e)? Quel est le dernier de ses films que tu as vu? Quand est-ce que tu as vu ce film? Tu l'as aimé? Combien de films avec lui / elle est-ce que tu as vus?
3. Ta famille et toi, vous voyagez beaucoup? Combien de grandes villes américaines avez-vous visitées? Quelle est votre ville préférée? Quel âge avais-tu quand tu as visité... pour la première fois? Quelle est la dernière fois que vous êtes allé(e)s à... ? Combien de temps est-ce que vous avez passé à... ? Est-ce que tu gardes un bon souvenir de ce voyage? Est-ce que tu voudrais retourner à... un jour?

PRESENTATION Les pronoms **le, y** et **en**

The direct and indirect object pronouns have some special uses.

1. The direct object pronoun *le*

Never la or les for a sentence

Est-ce qu'il reste encore des billets pour le concert?	Are there any tickets left for the concert?
Je ne **le** pense pas.	I don't think *so.*
Janine va être en retard; tu **le** sais bien.	Janine is going to be late; you know *(it).*

The direct object pronoun **le** can be used to replace a sentence or phrase.

Grammar: The indirect object pronoun **y** is omitted before the future forms of **aller** (**j'irai, tu iras, elle ira,** etc.) in order to avoid the repetition of the sound [i]: **Vous voulez venir au concert avec nous? Non, nous irons avec Martine.**

2. The indirect object pronoun *y*

Tu tiens à voir l'arrivée du Tour de France? Ah, oui. J'y tiens beaucoup.	Are you anxious to see the Tour de France? Oh, yes. I'm very anxious *(to see it)*.
Elle s'attend à recevoir une lettre de son petit ami? Oui, elle s'y attend.	Is she expecting to get a letter from her boyfriend? Yes, she's expecting *to*.

The indirect object pronoun **y** is used to replace a sentence or a group of words preceded by the preposition **à**. Some common verbs that illustrate this structure include: **tenir à, s'attendre à, s'intéresser à.**

3. The indirect object pronoun *en*

Vous avez des frères? Moi, j'**en** ai deux, mais lui, il n'**en** a pas.	Do you have any brothers? I have two *(of them)*, but he doesn't have *any*.
Il a vu des camarades de classe au théâtre? Il n'**en** a pas vu beaucoup.	Did he see any classmates at the theater? He didn't see very many *(of them)*.
Est-ce que tous les avocats sont riches? Non, j'**en** connais qui n'ont pas beaucoup d'argent.	Are all lawyers rich? No, I know *some* who don't have a lot of money.

Although usually used to refer to things, the indirect object pronoun **en** can replace people, especially with numbers and when the people are referred to collectively (i.e., as a group or sub-group rather than as specific individuals).

PRESENTATION L'ordre des pronoms objets

It is occasionally necessary to use both a direct and an indirect object pronoun in the same phrase.

1. Before the verb

Tu as toujours mon livre? Oui, je **te le** rendrai.	Do you still have my book? Yes, I'll give *it* back *(to you)*.
Est-ce que vous pourriez montrer les timbres à Janine? Oui, je voudrais bien **les lui** montrer.	Could you show Janine the stamps? Yes, I'd be glad to show *them to her*.

Il faut mettre l'assiette dans l'évier?	Should we put the plate in the sink?
Non, ne **l'y** laissez pas.	No, don't leave *it there.*

When the pronouns precede the verb, they are placed in the following order:

me **te** **se** **nous** **vous**	*before*	**le** **la** **les**	*before*	**lui** **leur**	*before*	**y**	*before*	**en**

2. After the verb

Tu vois? J'ai une nouvelle montre.	Do you see? I've got a new watch.
Ah, oui? Montre-**la-moi.**	Oh, yes. Show *me. (Show it to me.)*
Est-ce que Jean-Pierre pourrait avoir de la glace?	Could Jean-Pierre have some ice cream?
Mais oui. Donnez-**lui-en.**	Sure. Give *him some.*

In affirmative commands, the pronouns normally follow the verb. They are placed in the following order:

le **la** **les**	*before*	**me** **te** **nous** **vous** **lui** **leur**	*before*	**y**	*before*	**en**

Notice that **me** becomes **moi** when it is the final pronoun: **Montrez-les-moi.** When followed by **y** or **en, me** and **te** become **m'** and **t': Donne-m'en. Va-t'en.**

PRESENTATION Expressions avec **y** et **en**

- **y être**

Vous **y êtes** ou pas?	Do you *understand* or not?
Il **n'y est pas** du tout.	He d*oesn't get it* at all.

- **y compris** *(invariable)*

J'ai tout perdu, **y compris** mon portefeuille.	I lost everything, *including* my wallet.

- **ça y est**

Ça y est, on peut partir.	*It's all done,* we can leave.
Ça y est? On peut partir?	*Are you finished?* Can we leave?

- **s'en aller**

Si vous continuez comme ça, je **m'en vais.**	If you keep on like that, I'*m leaving.*
Va-t'en!	*Get out of here!*

- **en avoir assez (de)**
- **en avoir marre (de)**

J'**en ai assez de** me lever tous les matins à 6h.	*I've had it with (had enough of)* getting up every morning at 6.
Nous **en avons marre des** devoirs et des examens.	*We've had it with (had enough of)* homework and tests.

- **ne plus en pouvoir**

Qu'est-ce que je suis fatigué! **Je n'en peux plus!**	Boy am I tired! *I've had it! (I can't go on!)*

- **en vouloir à (qqn) (de)**

Je ne veux pas parler à Chantal. Je **lui en veux d'**être sortie avec Bernard.	I don't want to speak to Chantal. I'm *mad at her for* having gone out with Bernard.
Pourquoi est-ce que **tu m'en veux?**	Why *are you mad at me?*(Why *do you hold a grudge against me?)*

E. Un dîner pour honorer une grosse légume. Les Français utilisent l'expression «une grosse légume» pour parler d'une personne importante ou influente. Imaginez qu'avec vos camarades, vous devez préparer un dîner pour honorer une grosse légume. Faites les préparatifs pour ce dîner en vous servant des expressions suggérées et en utilisant, autant que possible, des pronoms. Attention: il sera nécessaire de remplacer des noms de personnes ainsi que des noms de choses.

MODELE faire les courses (aller au supermarché / accompagner / acheter une tarte pour le dessert / ?)
— *Qui va aller au supermarché pour faire les courses?*
— *Moi, je veux bien y aller.* OU
Moi, je peux les faire. Mais qui veut m'accompagner?
— *Georges et moi, nous pouvons t'accompagner, si tu veux.*
— *Et qui va acheter une tarte pour le dessert?*
— *Francine, tu peux en acheter une à la boulangerie qui est près de chez toi,* etc.

1. inviter les gens (établir la liste des invités / téléphoner ou écrire aux invités / indiquer la date et le lieu / ?)
2. faire les courses (aller... / accompagner / acheter... et... / acheter... pour le dessert / s'occuper des boissons / ?)
3. préparer le repas (éplucher... / faire cuire... / faire une salade / ?)
4. mettre la table (trouver... / mettre... / décorer... / ?)

Ensuite!

POUR PARLER DES PLATS

F. Les cuisines exotiques. A Paris on trouve des restaurants qui servent des cuisines exotiques de toutes sortes. Vous pouvez en trouver une liste dans chaque numéro de *Pariscope*. En essayant de choisir un restaurant, parlez avec vos amis des différents restaurants: caractérisez les cuisines, décrivez (si vous le pouvez) les plats et n'hésitez pas à exprimer vos préférences.

MODELE — *On pourrait manger au Djarkata Bali.*
— *Quelle sorte de cuisine est-ce qu'on y sert?*
— *On y sert de la cuisine indonésienne.*
— *De la cuisine indonésienne? Je n'en ai jamais mangé. C'est comment?*
— *Bien, la spécialité, c'est le Rijstafel. On mange du riz et puis une grande quantité de petits plats variés.*
— *C'est très épicé?* etc.

Afrique

BAOBAB (LE), 7, rue de l'Université, **45.61.20.88.** Vous découvrirez ici, toute la cuisine de l'Afrique : Couscous de mil aux arachides, yassah, maffé et buffle mariné. Ambiance musicale folklorique. Env. 140 F t.c.

Allemagne

BAYERN (LE), Place du Châtelet, **42.33.48.44.** Tlj. Sce jsq 2h du mat. Huîtres, fruits de mer, spéc. bavaroises. Orchestre le soir. Env. 140 F t.c.

Amérique

CHICAGO PIZZA PIE FACTORY, 5, rue de Berri, **45.62.50.23.** Tlj. Sce continu de 12h à minuit. Dans une ambiance super-américaine, salades, deep-dish pizzas, gateaux américains. Env. 120 F t.c.

FRONT PAGE, 56 et 58, rue de St-Denis, **42.36.98.69.** Tlj. Sce continu de midi à 1h du mat. Les U.S. branchés au forum des halles, avec chili con carne, T.bone steack, spareribs et brownies. Env. 130 F t.c.

LE STUDIO, 41, rue du Temple (ds la cour), **42.74.10.38.** Tlj. Dîner seul. Sce jsq minuit. Brunch le Dim. (56 et 80 F) de 12h30 à 15h30. Tacos, guacamole et grillades, illustrent la cuisine Tex-Mex qui est proposée ici. Env. 160 F t.c.

Chine

CHAUMIERE DE CHINE (LA), 26, av. Pierre 1er de Serbie, **47.20.85.56.** Tlj. Sce jsq 23h. Un élégant restaurant chinois, qui affiche parmi ses spécialités, des dim-sum, un authentique canard laqué, et la fondue chinoise. Env. 150 F t.c.

PORTE BONHEUR (LE), 19, bd St-Martin (Le), **42.74.72.91.** Tlj. Sce jsq 23h30. Un vaste et élégant restaurant aux spécialités multiples : Chinoises, Thaïlandaises et Vietnamiennes. Salle pour banquet. Env. 150 F t.c. Menu à 65 F s.n.c.

Espagne

AMBASSADES (LES), 130, bd Malesherbes, **47.63.74.11.** Tlj. Sce jsq 23h. Un restaurant classique qui s'est fait une réputation grâce à ses nombreuses variantes de paëllas. Env. 125 F t.c. Menu-paëlla à 86 F s.n.c.

RUDE (LE) AU PETIT DRAGON, 11 av de la Grd.-Armée, **45.00.13.21.** Tlj. Sce jsq 23h. Spécial. franco-espagnoles. Paëlla, zarzuela, gambas à la plancha. Groupes et banquets. Ambiance musicale avec guitare. Env. 120 F. Menu à 68 F s.c.

Grèce

ACROPOLE, 3, rue de l'Ecole de Médecine, **43.26.88.90.** F. Mer. Sce jsq 23h. Une grande et vivante brasserie façon grecque : brochettes d'agneau, kébab de bœuf. Env. 140 F t.c.

Inde-Pakistan

BANANI, 148, rue de la Croix Nivert, **48.28.73.92.** F. Dim. Ouv. jsq 23h. Indien, bengladesh. Spécial. tandoori, curry et plats typiques végétariens. Menu exp. à midi 59 F s.c. et Carte env. 100 F. Cadre agréable, accueil chaleureux.

SIMLA, 180, rue du Fg. Saint-Antoine, **43.56.34.76.** F. Lun. Sce jsq 23h. Une table agréable, avec un bon choix de curries et grillades tandoories. Env. 160 F t.c. Menu à 89 F s.n.c.

Indonésia

DJAKARTA BALI, 9, rue Vauvilliers (M° Louvre), **45.08.83.11.** F. lundi. Le décor est super élégant et la cuisine, agréablement originale : Rijstaffel (grande table de riz accompagnée d'une multitude de petits plats). Menus à 70, 110 et 170 F s.n.c. et 45 F s.n.c. au déjeuner.

Italie

PIZZA LATINA, 94, rue St-Denis, **42.33.75.69.** Tlj. Sce jsq 0h30. A deux pas du Forum des Halles, on vous propose : pizzas, pâtes fraîches maison, de nombreux plats cuisinés et des glaces italiennes. Env. 130 F t.c.

VILLA POMPEIENNE, 125, Fg. St-Honoré (Pl. St-Philippe du Roule), **42.25.34.79.** F. Dim. Le Chef G. Serra a composé une carte raffinée, avec des pâtes fraîches maison, carpaccio et plats cuisinés. Env. 170 F t.c. Menu à 85 F s.n.c. Formule à 58 F s.n.c.

Japon

KATSURA, 63, rue du Clichy, **48.74.83.12.** Tlj. Sce jsq minuit.Shashimis, Sushis, Tempuras, Sukiyakis, Yakitori, barbecue sur table. Baguettes d'or de la Gastronomie Japonaise. Carte : Env. 160 F t.c. Menus de 60 à 210 F s.n.c.

Nord Afrique

TIPAZA (LE), 56 bis, rue du Clichy, **42.81.52.33.** F. Dim. Spécial. de couscous, grillades au feu de bois, méchoui etc. Salle pr. repas d'affaires, banquets 80 places.

Russie

DOMINIQUE, 19, rue Bréa, **43.27.08.80.** Tlj. Sce jsq 22h30. Le plus vieux restaurant russe de Paris, (vente à emporter), avec de belles spécialités : bortch, harengs, blinis et vodkas. Env. 220 F t.c. Menu à 140 F vin et s.c.

Suisse

TAVERNE SUISSE, 45, rue de Ponthieu, **43.59.84.81.** Tlj. Sce jsq 23h. Quelques classiques de la cuisine suisse avec fondue et raclette. Env. 150 F t.c. Menu à 78 F s.n.c.

POUR COMMUNIQUER

Dire qu'on a faim

J'ai très faim.
J'ai une faim de loup.
Qu'est-ce que j'ai faim!
J'ai l'estomac dans les talons.
Je meurs (crève) de faim.

Dire qu'on n'a pas faim

Je n'ai pas très faim.
Je n'ai pas envie de manger grand-chose.

Commander

Qu'est-ce que tu prends (vas prendre)... ?
... pour commencer / comme hors-d'œuvre
... ensuite
... comme légume / comme boisson / comme dessert

Monsieur (Madame, Mademoiselle), vous désirez?
Qu'est-ce que vous désirez... ?
Qu'est-ce que je vous sers... ?

Je voudrais ...
Moi, je prends (vais prendre) ...
Donnez-moi ...

Apprécier

Oh, c'est délicieux.
Ça a l'air vraiment bon.
C'est vraiment appétissant.
Ça me fait venir l'eau à la bouche.

Souhaiter quelque chose à quelqu'un

Bon appétit!
A votre santé!
A la vôtre! (A la tienne!)
Tchin-tchin!

Demander l'addition

L'addition, s'il vous plaît.

G. Que dites-vous? Donnez une réplique qui convient à chacune des situations suivantes.

1. Il est 7h30 du soir. Vous n'avez rien mangé depuis le petit déjeuner.
2. Vous voulez porter un toast à un(e) très bon(ne) ami(e).
3. Vous demandez à votre compagnon/compagne de table ce qu'il/elle veut manger pour commencer le repas.
4. Vous voulez savoir ce que votre compagnon/compagne de table va boire.
5. Vous voulez porter un toast aux parents de votre ami français.
6. Vous avez très faim. En attendant qu'on vous serve, vous remarquez un plat que le garçon apporte à la table voisine. Ce plat vous paraît délicieux.
7. C'est la fin du repas. Vous voulez payer.
8. Vous avez beaucoup mangé au déjeuner. Vos amis insistent que vous dîniez au restaurant avec eux.
9. Vous êtes à table avec des amis. Vous allez commencer à manger.

H. Commandons! Vous et votre ami(e) allez dîner au (nom du restaurant). Ce restaurant vous propose deux menus touristiques (menus à prix fixe). Commandez votre repas en tenant compte de vos préférences culinaires. Un(e) camarade de classe jouera le rôle du serveur / de la serveuse.

L'ANCRE

LOGIS ET AUBERGES DE FRANCE

Menu à 102 frs

galantine de saumon

ou

Avocat sauce crevette

—

Brochet Beurre Blanc

ou

Truite sur lit de Poireaux

Demi. Coquelet grillé à la Diable

ou

Entrecote grillée garnie

plateau de fromage

—

Dessert aux choix

—

Menu à 132.70 fr

Huîtres Marennes

ou

Saumon fumé

—

Escalope de Saumon à l'Oseille

ou

filet de lotte Pomme Vert

—

Entrecote Bordelaise

ou

Carré d'Agneau aux herbes / 2 pers

—

plateau de fromage

—

Dessert aux choix

—

Prix nets

Un restaurant sénégalais

On n'est pas obligé d'aller au Sénégal pour déguster la cuisine sénégalaise. Dans la rue de Bourgogne à Orléans, à 115 kilomètres au sud de Paris, se trouve le restaurant «le Dakar». On y sert, dans un cadre africain, des plats typiquement sénégalais.

RESTAURANT "LE DAKAR"

224, rue de Bourgogne - 45000 ORLEANS

ENTREES CHAUDES

FATAYA SAUCE CURRY ....
PASTEL SAUCE CREVETTE ....
ACCRAS SAUCE PIQUANTE ....
GAMBAS " ILE DE GOREE " ....
SOUPE DE MOULES AUX EPICES FINES ....
CASSOLETTE DE " YOFF " SAFRANE ....
CRABE FARCI CREOLE ....
BOUDIN ANTILLAIS ....

NOS SPECIALITES

TIEBOU DIEUNE (PLAT NATIONAL AU SENEGAL) ....
MAFFE : BOEUF A LA CREME D'ARACHIDE ....
YASSA : POULET MARINE AU CITRON VERT ....
COLOMBO D'AGNEAU ....
ETOUFFE D'AGNEAU DU BAOL ....
PORC CREOLE CARAMELISE AU GINGEMBRE ....
CREPUS DE VERMICELLE AU CURCUMA ....
SOUPOU KANDIA : SAUCE GOMBOS ....
CHATROU AUX POIS ROUGES ....

POISSONS SELON ARRIVAGE

CROUSTILLANT DE THIOF A LA DAKAROISE ....
FILET DE CAPITAINE CASAMANCE ....
ROUGET " DRIANKE EN BOUBOU " ....
FILET DE DAURADE " MATY " ....
DOMODA DE POISSON ....

➤ *Question* Si vous alliez dîner au restaurant «le Dakar», que choisiriez-vous? Pourquoi?

STRUCTURE: Comment parler du présent

You have already learned to conjugate and to use the present tense of regular verbs (**-er**, **-ir**, **-re**) and of several common irregular verbs (**avoir**, **être**, **aller**, **faire**, **vouloir**, **pouvoir**, **devoir**, **mettre**, **prendre**, **sortir**, **venir**, **pleuvoir**, **falloir**, and **valoir**). After a short review exercise, we are going to look at the spelling peculiarities of some regular **-er** verbs, additional groups of irregular verbs, and structures and expressions used for talking about present time.

RAPPEL Le présent de l'indicatif

Grammar: If you did not have a passing score on the **Repêchage** test in the **CC** or if you feel that you're still unsure about the conjugation of the present tense, you should let your instructor know.

I. Les habitudes. Avec quelques camarades de classe, vous discutez des habitudes des Français et des Américains en général ainsi que des vôtres et de celles de vos familles en particulier. Utilisez les verbes suggérés et aussi d'autres verbes réguliers et irréguliers que vous connaissez.

MODELE la télévision (regarder / permettre à... de... / finir)
— *Est-ce que les Français regardent souvent la télé?*
— *Je ne sais pas. Mais je suis sûr(e) que nous autres Américains, nous regardons trop de télévision.*
— *C'est vrai. Ma petite sœur passe des heures devant le téléviseur.*
— *Mes parents ne permettent pas aux enfants de regarder la télévision.*
— *Chez nous, si nous finissons nos devoirs, nous pouvons regarder la télé.*
— *Qu'est-ce que vous aimez regarder à la télé?* etc.

1. les sports (jouer à / faire / savoir)
2. la nourriture (manger / aimer / préparer)
3. la famille (obéir à / se disputer / s'entendre)
4. les transports (prendre / avoir / devoir)
5. l'école (étudier / apprendre / être)
6. les vacances (passer / aller / pouvoir)

PRESENTATION Changements d'orthographe au présent de l'indicatif

Ils se **lèvent** avant 6h30; nous ne nous **levons** pas avant 8h.
Elle **exagère** toujours; nous n'**exagérons** jamais.
Nous ne nous **appelons** pas Michaux; ce sont eux qui s'**appellent** Michaux.
Nous **achetons** quelque chose à manger; lui, il **achète** quelque chose à boire.

Spelling changes in regular **-er** verbs mainly occur in the forms for **je, tu, il/elle/on), ils/elles**, i.e., where the verb ending is not pronounced (**-e, -es, -e, -ent**). Note that the **nous**-forms in the sentences above do not reflect spelling changes.

1. **Verbs with *e* or *é* in the next to last syllable change to *è* before a silent ending.**

je me lève, tu te lèves, il/elle/on se lève, ils/elles se lèvent
but: nous nous levons, vous vous levez

Other verbs include: **mener, amener, emmener, promener, élever**

j'espère, tu espères, il/elle/on espère, ils/elles espèrent
but: nous espérons, vous espérez

Other verbs include: **exagérer, suggérer, posséder, considérer, protéger, préférer, répéter**

Grammar: Only the second é of **préférer** and **répéter** undergo a spelling change: **je préfère, elle répète.**

2. **Most verbs ending in *-eler* and *-eter* double the consonant before a silent ending.**

je m'appelle, tu t'appelles, il/elle/on s'appelle, ils/elles s'appellent
but: nous nous appelons, vous vous appelez

je jette, tu jettes, il/elle/on jette, ils/elles jettent
but: nous jetons, vous jetez

Other verbs include: **rappeler, épeler** *(to spell)*, **rejeter**

The verbs **geler** *(to freeze)*, **peler** *(to peel)*, and **acheter,** however, change **e** to **è** and do not double the consonant.

j'achète, tu achètes, il/elle/on achète, ils/elles achètent
but: nous achetons, vous achetez

3. **Verbs ending in *-ayer, -oyer, -uyer* change *y* to *i* before a silent ending.**

j'essaie, tu essaies, il/elle/on essaie, ils/elles essaient
but: nous essayons, vous essayez

Other verb: **payer**

je nettoie, tu nettoies, il/elle/on nettoie, ils/elles nettoient
but: nous nettoyons, vous nettoyez

Other verbs: **envoyer, employer**

je m'ennuie, tu t'ennuies, il/elle/on s'ennuie, ils/elles s'ennuient
but: nous nous ennuyons, vous vous ennuyez

Other verb: **essuyer** *(to wipe)*

Spelling changes can also occur in the **nous**-form of certain regular
-**er** verbs in order to maintain the consonant sound of the infinitive.

4. **Verbs ending in *-cer* change *c* to *ç* before *-ons*.**

 nous commen**ç**ons *but:* je commen**c**e, vous commen**c**ez

 Other verbs: **avancer, placer, remplacer, lancer** *(to throw),*
 agacer *(to annoy),* **influencer**

5. **Verbs ending in *-ger* change *g* to *ge* before *-ons*.**

 nous mang**e**ons *but:* je man**g**e, vous man**g**ez

 Other verbs: **changer, voyager, nager, ranger, plonger** *(to dive),* **protéger**

Since these changes occur in written French, the exercises on this section are
found primarily in the **Manuel de préparation**.

PRESENTATION Quelques verbes irréguliers au présent de l'indicatif

In addition to the many common irregular verbs you have already
learned, there are numerous other irregular verbs that you will need to
recognize and use. Most of these verbs can be grouped into categories.

A. *Categories of irregular verbs*

1. **Verbs conjugated like *sortir*** *s/s/t (no i or r)*

 je **sors**, tu **sors**, il/elle/on **sort**, nous **sortons**, vous **sortez**, ils **sortent**

 Other verbs: **partir** (je **pars**), **dormir** (je **dors**), **servir** (je **sers**),
 mentir (je **mens**) *courir (to run)*

2. **Verbs conjugated like *venir*** *s/s/t (vien)*

 je **viens**, tu **viens**, il/elle/on **vient**, nous **venons**, vous **venez**,
 ils/elles **viennent**

 Other verbs: **revenir** (je **reviens**), **se souvenir** (je me **souviens**),
 tenir (je **tiens**), **maintenir** (je **maintiens**)

3. **Verbs conjugated like *ouvrir*** *e/es/e*

 j'**ouvre**, tu **ouvres**, il/elle/on **ouvre**, nous **ouvrons**, vous **ouvrez**,
 ils/elles **ouvrent**

 > **Grammar:** The verbs of this group have infinitives ending in **-ir**; they are irregular in that they use the regular **-er** endings.

 Other verbs: **couvrir** (je **couvre**), **découvrir** (je **découvre**),
 offrir (j'**offre**), **souffrir** (je **souffre**), **cueillir** (je **cueille**)

4. Verbs conjugated like *voir*

je **vois**, tu **vois**, il/elle/on **voit**, nous **voyons**, vous **voyez**, ils/elles **voient**

Other verbs: **revoir** (je **revois**), **croire** (je **crois**)

5. Verbs conjugated like *recevoir*

je **reçois**, tu **reçois**, il/elle/on **reçoit**, nous **recevons**, vous **recevez**, ils/elles **reçoivent**

Other verbs: **apercevoir** (j'**aperçois**), **décevoir** *(to disappoint)* (je **déçois**)

6. Verbs conjugated like *connaître*

je **connais**, tu **connais**, il/elle/on **connaît**, nous **connaissons**, vous **connaissez**, ils/elles **connaissent**

Other verbs: **paraître** (je **parais**), **apparaître** (j'**apparais**), **disparaître** (je **disparais**)

7. Verbs conjugated like *craindre (to fear)*

je **crains**, tu **crains**, il/elle/on **craint**, nous **craignons**, vous **craignez**, ils/elles **craignent**

Other verbs: **peindre** (je **peins**), **joindre** (je **joins**), **plaindre** (je **plains**)

B. Verbs that do not fall into groups

1. **boire:** je **bois**, tu **bois**, il/elle/on **boit**, nous **buvons**, vous **buvez**, ils/elles **boivent**
2. **lire:** je **lis**, tu **lis**, il/elle/on **lit**, nous **lisons**, vous **lisez**, ils/elles **lisent**
3. **dire:** je **dis**, tu **dis**, il/elle/on **dit**, nous **disons**, vous **DITES**, ils/elles **disent**
4. **écrire:** j'**écris**, tu **écris**, il/elle/on **écrit**, nous **écrivons**, vous **écrivez**, ils/elles **écrivent**
5. **vivre:** je **vis**, tu **vis**, il/elle/on **vit**, nous **vivons**, vous **vivez**, ils/elles **vivent**
6. **courir:** je **cours**, tu **cours**, il/elle/on **court**, nous **courons**, vous **courez**, ils/elles **courent**
7. **fuir:** *(to flee)* je **fuis**, tu **fuis**, il/elle/on **fuit**, nous **fuyons**, vous **fuyez**, ils/elles **fuient**

PRESENTATION

Les expressions **être en train de, être sur le point de, venir de** et **depuis**

Je suis **en train de** réparer mon vélo.	I *am (in the process of)* fixing my bike.

The present tense of the expression **être en train de** + *infinitive* is used to stress the fact that the activity is going on at the very moment.

Je **suis sur le point de** remplacer la chambre à air.	I *am about to* replace the tire tube.

The present tense of the expression **être sur le point de** + *infinitive* connects an activity to the immediate future by indicating that the action is about to begin. French sometimes uses the present tense in a similar way. (J'**arrive!** I'*m coming!*/I'*ll be* right there.)

Je **viens de** démonter la roue.	I *just took off* the wheel.

The present tense of the expression **venir de** + *infinitive* connects an activity to the immediate past by indicating that the action has just been completed.

J'y **travaille depuis** un bon quart d'heure.	I *have been working* on this *for* at least 15 minutes.

The present tense of a verb used with the expression **depuis** also connects an activity to the past. However, this is not necessarily the immediate past.

Nous **habitons** ici **depuis** plus de 50 ans.	We *have been living* here *for* over 50 years.
Mon grand-père **travaille** chez Renault **depuis** 1955.	My grandfather *has been working* for Renault *since* 1955.

The time expression following **depuis** can indicate either duration (i.e., length of time, **plus de 50 ans**) or a point in time (**1955**).

When asking a question, use **depuis combien de temps** + *a verb in the present* to determine duration and **depuis quand** + *a verb in the present* to determine moment.

Depuis combien de temps es-tu à l'université?	*How long* have you been at the university?
Depuis deux ans.	*For* two years.
Depuis quand es-tu à l'université?	*How long (Since when)* have you been at the university?
Depuis 1992.	*Since* 1992.

7

Il y a
Ça fait — For
Voilà

Il y a une heure que nous attendons.	We have been waiting *for an hour.*
Voilà trois mois que je cherche un appartement.	I have been looking for an apartment *for three months.*
Ça fait dix ans que nous sommes mariés.	We have been married *for ten years.*

The expressions **il y a... que, voilà... que,** and **ça fait... que,** used with a verb in the present tense, are the equivalents of **depuis.** Notice, however, that they can *only* be used to express *duration* (amount of time).

Elle est là **depuis deux heures.**	She has been here *since two o'clock.*
Voilà deux heures qu'elle est là.	She has been here for *two hours. (She arrived at 3:00 and it is now 5:00.)*

Since **depuis** can indicate both duration and moment, it is best to avoid ambiguity by using one of the equivalent expressions to indicate duration with hours.

REMEMBER: Even though in English a past tense of the verb (*has been... -ing)* is used to relate a past action to the present, in French you must use the *present* tense. In this way, you stress the fact that the action is still going on.

However, when an action has *not* occurred for a certain amount of time (and has still not occurred at the present moment), i.e., when the verb is negative, you usually use the **passé composé.**

Je **ne** les **ai pas vus** depuis longtemps.	I *haven't seen* them for a long time.
Ça fait plus de huit jours qu'elle **n'a pas téléphoné.**	She *hasn't called* in over a week.

J. Entre nous. Vous allez poser des questions à des camarades de classe. Ils/Elles y répondront, puis vous comparerez leurs réponses à la vôtre.

MODELE Qu'est-ce que vous buvez avec vos repas?
— *Moi, je bois du lait ou un jus de fruit.*
— *Moi, je ne suis pas comme toi. Je bois du vin ou de la bière.*
— *Moi, je suis comme Charles. Nous buvons tous deux du lait avec les repas. Mais mes parents, eux, ils boivent souvent du vin avec le dîner.*

1. Qu'est-ce que vous buvez avec vos repas?
2. Qu'est-ce qu'on sert comme hors-d'œuvre chez vous?
3. Est-ce que vous voyez souvent vos grands-parents?
4. Est-ce que vous lisez régulièrement le journal?
5. Est-ce que vous écrivez plus de lettres que vous n'en recevez ou bien est-ce que vous recevez plus de lettres que vous n'en écrivez?
6. Connaissez-vous personnellement des célébrités?
7. Est-ce que vous vous rappelez le nom de la première fille / du premier garçon avec qui vous êtes sorti(e)? Comment s'appelle-t-elle/il?

8. Est-ce que vous dormez sur le dos, sur le ventre, sur le côté droit ou sur le côté gauche?
9. Est-ce que vous souffrez de crises de nerfs avant de passer un examen?
10. Qu'est-ce que vous craignez le plus — le ridicule, l'isolement ou la pauvreté?

K. Des bandes dessinées. Complétez la description de ce qui se passe dans les bandes dessinées suivantes en utilisant des expressions telles que **être en train de, être sur le point de, venir de, depuis, il y a (voilà, ça fait)... que.**

1. Il est 10h du soir. François et sa fiancée dînent dans un restaurant très populaire...

2. Il est 8h du soir. M. Beaudoin a invité son patron et sa femme à dîner. Les Beaudoin veulent préparer un repas vraiment extraordinaire...

3. C'est le 19 octobre. Mathilde ne se sent pas très bien...

Il est en train d'offrir qqch. à manger quand elle le refuse

Elle n'a faim pas depuis hier

Il prend la température d'elle,

Il téléphone son docteur après elle est malade depuis 2 jours

L. A enregistrer. Imaginez que vous vous amusez à enregistrer une description de vos activités à plusieurs moments de la journée. Vous utilisez des expressions telles que **être en train de, être sur le point de, venir de, depuis, il y a (voilà, ça fait)... que.**

MODELE midi
Il est midi et je suis au restaurant universitaire. Je suis en train de déjeuner. Je viens de sortir de mon cours de physique et ça fait un quart d'heure que je mange et que je regarde les autres étudiants. Il y a une belle fille / un beau garçon qui me regarde depuis que je suis assis(e) ici. Je suis sur le point de lui demander son nom, mais j'ai peur de sembler ridicule.

1. 7h30 du matin
2. midi
3. 5h de l'après-midi
4. le moment actuel
5. *[un moment de votre choix]*

C'est à vous maintenant!

ECOUTEZ!

1-5

Au «Cochon d'oré» Jacques Ternier et Marie-France Cresson sont en train de dîner. En mangeant, ils parlent de leur journée, de ce qui se passe dans le monde et du repas qu'ils sont en train de déguster.

«Monsieur prend une mousse au chocolat et moi je prends des profiteroles.»

If you have not done this listening exercise in class or if you would like to listen again to the conversation, you can work with this listening material on your own.

PARLONS!

The restaurant menus for this exercise are found on pages 29, 39, and 40 of the **Manuel de classe.**

M. Un dîner au restaurant. Vous avez l'intention de dîner au restaurant avec des amis. En vous inspirant du travail que vous avez déjà fait dans votre **Manuel de préparation,** recréez avec des camarades de classe les moments suivants:

1. l'invitation (préparatifs, choix d'un restaurant)
2. l'arrivée au restaurant (la commande)
3. le repas (la discussion à table)

Chapitre 3

«Dis-moi ce que tu manges, je te dirai qui tu es.»

En avant!

LECTURE: «Les mythes, aujourd'hui — le vin et le lait, le bifteck et les frites» (Roland Barthes)

Dans son livre Mythologies, *Roland Barthes essaie de démystifier quelques «mythes» de la vie moderne en France. Pour lui, un mythe est une parole — un sens, un message communiqué explicitement ou implicitement à propos de ce qui est «naturel.» Comme il l'explique dans les deux essais dont vous allez lire des extraits, pour être Français, il faut manger du steak-frites et boire du vin.*

Roland Barthes (1915–1980) was a major intellectual figure in France during the 1950s, 1960s, and 1970s. His writing focuses on the relationships between language, other sign systems, and ideology.

Le vin et le lait

Le vin est senti par la nation française comme un bien qui lui est propre, au même titre que ses trois cent soixante espèces de fromages et sa culture. C'est une boisson-totem, correspondant au lait de la vache hollandaise ou au thé absorbé cérémonieusement par la famille royale anglaise [...]

(Le vin) est avant tout une substance de conversion, capable de retourner les situations et les états, et d'extraire des objets leur contraire: de faire, par exemple, d'un faible un fort, d'un silencieux, un bavard° [...] Mais ce qu'il y a de particulier à la France, c'est que le pouvoir de conversion du vin n'est jamais donné ouvertement comme une fin: d'autres pays boivent pour se saouler,° et cela est dit par tous; en France, l'ivresse° est conséquence, jamais finalité°; la boisson est sentie comme l'étalement° d'un plaisir, non comme la cause nécessaire d'un effet recherché [...]

Tout cela est connu, dit mille fois dans le folklore, les proverbes, les conversations et la Littérature. Mais cette universalité même comporte un conformisme: [...] en ce sens que la société *nomme*° malade, infirme ou vicieux,

chatterbox
to get drunk
drunkenness / aim
displaying
characterizes as

anyone who / understand *and* include

to know how to

former prime minister of France, who tried to encourage the French to drink more milk
soporific, sleep-inducing / surface
surgical / gives birth / links together

guarantee

In this part of the essay, Barthes chooses examples from two major historical events in French history: World War II (1940–1945) and the Indochinese War (1946–1954).

quiconque° ne croit pas au vin: elle ne le *comprend*° pas (aux deux sens, intellectuel et spatial, du terme). A l'opposé, un diplôme de bonne intégration est décerné à qui pratique le vin: *savoir*° boire est une technique nationale qui sert à qualifier le Français, à prouver son pouvoir de performance, son contrôle et sa sociabilité. [...]

(Le lait), c'est maintenant le véritable anti-vin: et non seulement en raison des initiatives de M. Mendès-France,° mais aussi parce que, dans la grande morphologie des substances, le lait est contraire au feu par toute sa densité moléculaire, par la nature crémeuse, et donc sopitive,° de sa nappe°; le vin est mutilant, chirurgical,° il transmute et accouche°; le lait est cosmétique, il lie,° recouvre, restaure. De plus, sa pureté, associée à l'innocence enfantine, est un gage° de force, d'une force non révulsive, non congestive, mais calme, blanche, lucide, tout égale au réel. [...]

Le bifteck et les frites

of blood

of a bull

rare / slit / very rare
excessive
euphemism (a milder, less harsh expression)
medium well

Le bifteck participe à la même mythologie sanguine° que le vin. C'est le cœur de la viande, c'est la viande à l'état pur, et quiconque en prend, s'assimile la force taurine.° [...] Le sanguin est la raison d'être du bifteck: les degrés de sa cuisson sont exprimés, non pas en unités caloriques, mais en images de sang; le bifteck est *saignant*° (rappelant alors le flot artériel de l'animal égorgé°), ou bleu° (et c'est le sang lourd, le sang pléthorique° des veines). La cuisson, même modérée, ne peut s'exprimer franchement; à cet état contre-nature, il faut un euphémisme°: on dit que le bifteck est *à point,*° ce qui est à vrai dire donné plus comme une limite que comme une perfection. [...]

priest's housekeeper / German *(derogatory)* spy
disguised as an underground fighter

Comme le vin, le bifteck est, en France, élément de base, nationalisé plus encore que socialisé; il figure dans tous les décors de la vie alimentaire: [...] il participe à tous les rythmes; [...] Dans un film ancien *(Deuxième Bureau contre Kommandantur)* la bonne du curé° patriote offre à manger à l'espion boche° déguisé en clandestin° français: «Ah, c'est vous, Laurent! Je vais vous donner de mon bifteck.» Et puis, quand l'espion est démasqué: «Et moi qui lui ai donné de mon bifteck!» Suprême abus de confiance.

French general during the war in Indochina

ethnicity

"Frenchness"

Associé communément aux frites, le bifteck leur transmet son lustre national: la frite est nostalgique et patriote comme le bifteck. *Match* nous a appris qu'après l'armistice indochinois, «le général de Castries° pour son premier repas demanda des pommes de terre frites.» Et le président des Anciens Combattants d'Indochine, commentant plus tard cette information, ajoutait: «On n'a pas toujours compris le geste du général de Castries demandant pour son premier repas des pommes de terre frites.» Ce que l'on nous demandait de comprendre, c'est que l'appel du général n'était certes pas un vulgaire réflexe matérialiste, mais un épisode rituel d'approbation de l'ethnie° française retrouvée. Le général connaissait bien notre symbolique nationale, il savait que la frite est le signe alimentaire de la «francité°».

Roland Barthes, *Mythologies.*
Paris: Editions du Seuil, 1957, pp. 74-79.

A. Le sens du texte. Répondez aux questions suivantes au sujet du texte de Roland Barthes.

1. Dans la mythologie des Français, qu'est-ce que le vin représente?
2. Et le lait? A-t-il les mêmes associations pour les Américains?

3. Comment est-ce que les Français aiment manger leur bifteck? Quelle explication Barthes en propose-t-il?
4. Quel rapport voit-il entre le bifteck et les frites?
5. De retour de la guerre, un général français a commandé pour son premier repas un plat de pommes de terre frites. Si vous reveniez d'un séjour comme prisonnier(ère) ou otage dans un pays étranger, qu'est-ce que vous commanderiez pour votre premier repas? Quelle serait la valeur symbolique de votre geste?

B. Les circonlocutions. Avant de commencer la discussion des idées de Barthes, utilisez la circonlocution pour résoudre les difficultés suivantes.

1. How are you going to express the idea that people who drink a lot of Coke or coffee are often "hyper"?
2. How are you going to explain that many people you know have a "sweet tooth"?
3. How can you get someone to understand what "corn on the cob" is?
4. How can you explain that some foods are highly "addictive"?
5. How can you develop the idea that many things about American society are "repressive"?

C. Discussion: Les signes alimentaires de l'«américanité». Discutez des questions suivantes avec quelques camarades de classe.

1. Quelles sont les boissons préférées aux Etats-Unis? Quelles qualités peut-on y associer? Y en a-t-il une (ou plusieurs) qui joue(nt) un rôle pareil à celui du vin en France?
2. Est-ce qu'il y a un plat américain qui joue le rôle du traditionnel steak-frites en France? Si oui, lequel? Si non, pourquoi pas? Dans quelle mesure est-ce que la réponse à cette question dépend de la région ou du milieu social?
3. Choisissez des mets ou des plats typiquement américains et faites une analyse des mythes qui s'y rattachent, à la manière de Roland Barthes. Quelles fonctions exercent-ils dans la vie américaine? Quelles notions évoquent-ils dans l'inconscient américain?

VOCABULAIRE POUR LA DISCUSSION

représenter
suggérer
symboliser
ressembler à
faire contraste à

l'inconscient
la tradition
les vieilles habitudes
un complexe... d'infériorité
de supériorité
les pauvres / les riches
la sexualité

D'un autre point de vue

This text illustrates, both through the life of its author (written by a native Senegalese who has risen to a place of importance in an administrative hierarchy created by the French) and through its subject matter (the search for an authentic Senegalese cuisine), the problems faced by former colonies as they try to establish their independence and their identity.

LECTURE: L'art culinaire sénégalais (Abdoul Khadre Beye)

Dans son Etude de l'art culinaire sénégambien traditionnel, *Abdoul Khadre Beye, professeur à l'Ecole Nationale de Formation Touristique et Hôtelière à Dakar, insiste sur la nécessité de restructurer la cuisine sénégalaise. Il réclame une cuisine qui allie les produits et traditions du pays aux nouvelles techniques culinaires.*

Il existe deux tendances divergentes entre notre cuisine et la cuisine moderne. La nôtre ne vise qu'à réaliser des mets° succulents° sans tenir compte du facteur santé.

dishes / tasty

Mais les représentants de la nation, conscients de cet aspect de notre cuisine, n'ont pas hésité à mettre en place un institut de recherche alimentaire dont les spécialistes, depuis presqu'une vingtaine d'années, œuvrent inlassablement° pour la reconquête,° le maintien° et la protection de la santé des citoyens par une nourriture répondant aux besoins réels du corps humain. C'est en fait une véritable science.

have been working tirelessly
recovery / maintenance

Certes, nous ne sommes pas pour une suppression pure et simple de notre cuisine traditionnelle, ni pour une cuisine de substitution. Nous voulons seulement que nos mets soient conformes aux critères de l'alimentation.

Ce que visent° les spécialistes de la cuisine moderne, c'est l'équilibre alimentaire: a) Equilibre en calories; b) Equilibre en sels minéraux; c) Equilibre en vitamines. [...]

are aiming at

La cuisine sénégalaise est essentiellement composée de mets élaborés à partir de l'huile de palme ou de l'huile d'arachide. Beaucoup de légumes divers entrent dans leur composition. Les aliments principaux sont: le poisson, la viande, le poisson fumé, le poisson séché. Elle se compose d'une variété de mets vu la diversité des ethnies. [...]

Mais il faut comprendre que notre cuisine (parlant des mets principaux les plus courants) a subi des modifications dues à l'introduction, dès le début du siècle, de produits jusque-là inconnus au Sénégal et même en Afrique de l'Ouest. Il s'agit de l'arachide, de la pomme de terre, des choux, de la carotte, etc., et d'une variété d'épices provenant des pays asiatiques. Mais l'introduction de ces nouveaux produits, loin de favoriser l'amélioration de notre cuisine, c'est-à-dire la création de recettes nouvelles et dérivées de celles existant déjà, n'a en fait servi que les intérêts des colonisateurs.

Comment? Il nous faut donc détailler la politique commerciale des colons.° Certains d'entre eux (quelques familles bordelaises°) ayant créé des huileries,° ont par la suite, à grands efforts de publicité, encouragé la consommation de l'huile d'arachide. Mieux, ils sont allés jusqu'à imposer une recette nationale, élaborée de toute pièce° (n'oublions pas que les Bordelais sont de grands gourmets) par eux-mêmes, avec la collaboration de leurs cuisiniers [...] dans le simple but d'écouler° la production des huiliers. [...]

colonists
from Bordeaux / mills that produce oil (in this case, peanut oil)
completely
move (sell)

Précision: L'utilisation excessive de l'huile d'arachide dans l'élaboration de la plupart de nos mets locaux, parlant des plus courants, constitue un handicap.

Une bonne alimentation repose sur un ensemble de règles culinaires précises sans lesquelles une cuisine, certes, peut être excellente au point de vue goût, mais peut dangereusement nuire à° la santé du consommateur. harm

Cependant, précisons encore que notre cuisine traditionnelle, dans son ensemble, exceptés les plats élaborés à partir de l'huile d'arachide, est compatible avec notre milieu climatique.

Cette cuisine qui a survécu à travers les âges est régie° par un ensemble de règles culinaires très appréciables, vu que les matières grasses: beurre, huiles, crème, etc., ne s'y trouvent pratiquement pas [...] governed

Conclusion: Précisons encore une fois de plus que nos cuisiniers n'exploitent, jusqu'à présent, que° des recettes traditionnelles. Il est alors temps qu'ils se manifestent. only

Ils doivent comprendre que notre cuisine, dans son ensemble, doit être à la dimension de notre tourisme dont l'importance est aujourd'hui incontestable.

Chaque cuisinier qualifié ne doit point négliger la recherche. Mieux, il doit, de temps à autre, procéder à la restructuration de certains mets, afin de mettre à jour des recettes dérivées de ces mets.

Si l'art culinaire du monde occidental a aujourd'hui atteint un très haut niveau, c'est parce que la préoccupation principale des cuisiniers européens est de créer, toujours créer des recettes.

Abdoul Khadre Beye, *Etude de l'art culinaire sénégambien traditionnel.* Dakar.

Femme pliant le mil

Famille autour du bol

D. Le sens du texte. Répondez aux questions suivantes sur ce que vous avez lu à propos de l'art culinaire sénégalais.

1. Selon l'auteur, quels sont les problèmes principaux de l'art culinaire au Sénégal aujourd'hui?
2. A quoi est-ce qu'il attribue l'origine de ces problèmes?
3. Quelles solutions propose-t-il directement et indirectement dans son étude?

E. Discussion: L'art culinaire au Sénégal et aux Etats-Unis. Discutez des questions suivantes avec vos camarades de classe. N'oubliez pas d'utiliser des circonlocutions.

1. L'auteur de cette étude est professeur à l'Ecole Nationale de Formation Touristique et Hôtelière au Sénégal. Aux Etats-Unis il n'existe pas d'écoles nationales comme en France ou dans les pays francophones. Quelles personnes ou quelle institution pourraient faire une pareille étude de l'art culinaire américain?
2. Quelles traditions alimentaires est-ce qu'on est en train de remettre en question aux Etats-Unis?
3. Quelles sont pourtant les différences entre l'état de l'art culinaire au Sénégal et aux Etats-Unis? Qu'est-ce qui explique ces différences?

VOCABULAIRE POUR LA DISCUSSION

suivre un régime *(to [be on a] diet)*
faire attention à sa ligne (sa silhouette)
se préoccuper de sa santé

un régime *(diet)*
des produits... bios *(m.) (organic foods)*
ordinaires *(non-organic foods)*
allégés *(light foods)*
à taux réduit de matières grasses *(low fat)*
basses calories *(low calories)*
hyperprotidiques *(high protein)*
du faux beurre *(butter substitute)*
du faux sucre *(sugar substitute)*
des édulcorants de synthèse *(m.) (artificial sweeteners)*

C'est à vous maintenant!

DISCUTONS!

F. Discussion: Les Américains à table. Parlez des questions suivantes avec vos camarades de classe. N'oubliez pas d'utiliser des circonlocutions.

1. Est-ce qu'il existe une cuisine américaine traditionnelle? En quoi consiste-t-elle? Sinon, pourquoi n'en existe-t-il pas?
2. Est-il vrai que les repas, la nourriture, la cuisine aient très peu d'importance pour les Américains? Pourquoi (pas)?

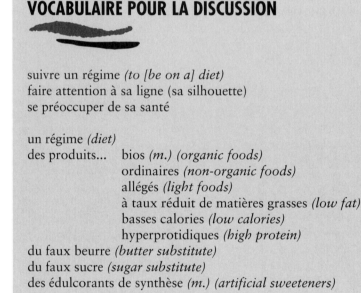

3. Est-ce que les habitudes alimentaires des Américains sont en train de changer? Est-ce une chose positive?
4. Dans quelle mesure est-ce que le gouvernement devrait exercer une influence sur ce qu'on peut et ce qu'on ne peut pas manger?

ECOUTEZ ET REGARDEZ!

Vidéo

The second segment of Program 1 of the **Vidéo** involves interviews with several French people about food.

On a demandé à plusieurs Français: *Où allez-vous pour déjeuner? Quel est votre plat favori? Est-ce que l'on mangeait mieux à l'époque de vos grands-parents? Pouvez-vous imaginer un avenir où tout ce qu'on mange est préparé à l'avance?* Comment répondriez-vous à ces questions?

Raymonde Nguyen
«Et bien, je déjeune au restaurant de mon entreprise qui est un self-service.»

Olivier Faivre
«Mes plats favoris, on a le choix entre le riz, les pâtes et les frites. Moi, je dirais le riz.»

Yvan Rouard
«Je pense qu'on faisait beaucoup plus attention à ce qu'on mangeait... chaque repas était préparé longtemps à l'avance.»

ALLONS VOIR LES FRANÇAIS

ET LES CAMEROUNAIS...

A LA MAISON!

Unité 2

In this unit you will learn:

- to describe housing, things, and people
- to ask for and give advice
- to express comparisons, a judgment, agreement and disagreement, feelings, certainty and doubt
- to welcome someone
- to develop an idea in writing

Ouverture Où habitent-ils?

Chapitre 4 Qu'est-ce que tu penses de cet appartement?

Intermède «La vie dans les H.L.M.» (Christine Rochefort)

Chapitre 5 Faites comme chez vous!

Chapitre 6 «Un petit chez soi vaut mieux qu'un grand chez les autres»

OUVERTURE

Où habitent-ils?

Ecoutez et regardez!

Vidéo

The first segment of Program 2 of the **Vidéo** shows the various types of housing common in France.

En français, le mot «logement» a de nombreuses significations qui varient selon la situation sociale et financière d'un individu. Des H.L.M. (Habitations à loyer *(rent)* modéré) au pavillon *(suburban house)* dans la banlieue *(suburbs)* à la maison en ville ou à la campagne, chaque personne a sa propre définition du foyer *(home)* et du «chez soi». Pour les Français, l'essentiel, néanmoins *(nevertheless)*, c'est que le logement reflète l'individu, qu'il soit confortable et qu'il soit bien adapté aux besoins des habitants.

Les goûts des Français en ce qui concerne leur logement continue à se modifier. Où habitent-ils? Où préfèrent-ils habiter? Quel type de logement symbolise la réussite dans la vie? Préfèrent-ils habiter en ville ou à la campagne? Quels sont les avantages et les inconvénients de chaque type de logement?

Depuis 1945, 4 500 000 habitations à loyer modéré (H.L.M.) ont été construites en France. Plus de 3 000 000 sont des appartements à louer; 1 250 000 sont des appartements qu'on peut acheter.

De plus en plus, les Français préfèrent les maisons individuelles aux résidences collectives (immeubles). Depuis quelques années, la construction de ces maisons dépasse la construction des logements collectifs. Le prix d'une maison dans la banlieue de Paris varie entre 500 000 (cinq pièces) et 1 800 000 francs (six à huit pièces).

Pour la plupart, les appartements en ville sont à acheter plutôt qu'à louer. A Paris, il y a à peu près 450 appartements neufs par an disponibles à la vente. Les appartements anciens de très grand standing peuvent coûter jusqu'à 30 000 francs par mètre carré. Aujourd'hui, la majorité des Français habite les centres urbains et vit donc dans des appartements.

Une famille sur cinq a une maison rurale qui sert de résidence secondaire. Quelquefois, c'est une maison qui est dans la famille depuis des générations et qui est utilisée, aujourd'hui, comme lieu de vacances et de repos. Mais pour certaines familles, c'est une acquisition neuve qui a une double fonction: un excellent investissement qui permet aussi de fuir les problèmes de la vie urbaine.

LA FRANCE: L'URBANISATION

L'urbanisation de la France, amorcée vers la fin du XVIIIe siècle, a été particulièrement forte après la Seconde Guerre mondiale. Les chiffres du recensement de 1982 avaient cependant montré un arrêt de la croissance urbaine et l'attirance croissante des communes rurales, pour la première fois depuis la fin du XIXe siècle. Les villes de moins de 10 000 habitants continuaient de croître à un rythme supérieur à la moyenne. Aujourd'hui, près de la moitié des Français habitent dans une ville de plus de 50 000 habitants.

Dans les années 60, les grandes villes s'étaient vues délaissées au profit des banlieues. Cette situation résultait d'un double mouvement: d'un côté, l'arrivée aux abords de la ville des personnes en provenance des campagnes, peu créatrices d'emploi et offrant une vie sociale et culturelle peu animée; de l'autre, l'éloignement des habitants des centres-villes vers les banlieues, à la recherche d'un jardin et de conditions de vie plus calmes.

Les banlieues se sont ensuite dépeuplées au profit des petites villes et des communes rurales. Ce phénomène, appelé périurbanisation, concernait près de 20% de la population totale au recensement de 1982. Les candidats à cet exode étaient surtout les ouvriers et les membres de catégories moyennes, principaux déçus de la vie urbaine.

Ceux qui n'ont pas trouvé dans les banlieues ou petites communes plus éloignées la qualité de vie qu'ils souhaitaient (emploi, écoles, transports en commun, vie culturelle...) souhaitent aujourd'hui s'installer ou retourner dans les centres des villes. Mais le prix actuel des appartements des grandes villes (surtout Paris), tant à la location qu'à la vente, est souvent dissuasif.

[...] l'effort de réhabilitation des centres des villes, la construction de logements mieux adaptés, l'animation des quartiers peuvent ramener vers les plus grandes villes des ménages qui supportent mal les contraintes de la vie dans les petites communes.

Gérard Mermet, *Francoscopie 1991.*
Paris: Librairie Larousse, 1990, pp. 176–178.

LA FRANCE: LA POPULATION RURALE ET URBAINE

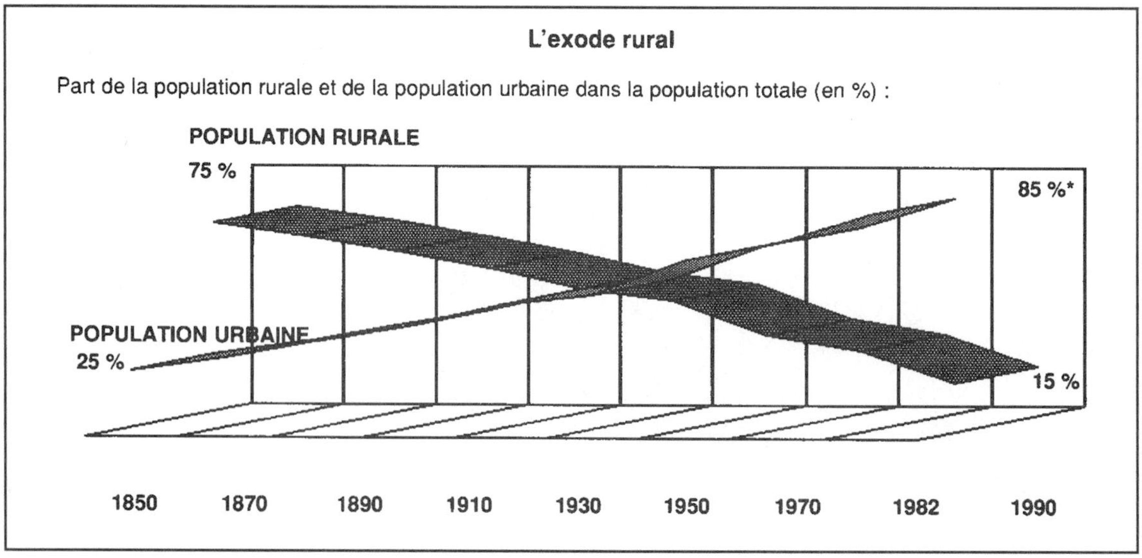

LA RÉPARTITION DE LA POPULATION

La densité de la population par département 1.1.1986

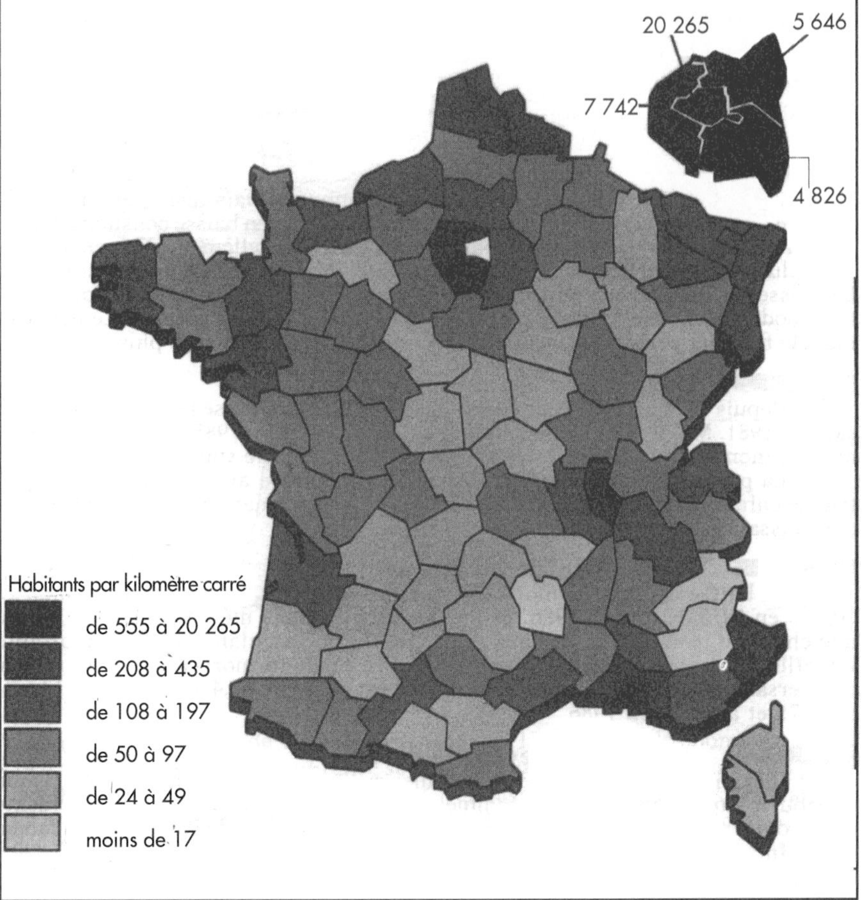

Unités urbaines en 1982		
	Agg.	dont ville
Paris	8 706 963	2 176 243
Lyon	1 220 844	413 095
Marseille	1 110 511	874 436
Lille	936 295	168 424
Bordeaux	640 012	208 159
Toulouse	541 271	347 995
Nantes	464 857	240 539
Nice	449 496	337 085
Toulon	410 393	179 423
Grenoble	392 021	156 637
Rouen	379 879	101 945
Strasbourg	373 470	248 712
Valenciennes	349 505	40 275
Lens	327 383	38 244
Saint-Étienne	317 288	204 955
Nance	306 982	96 317
Grasse-Cannes-Antibes	295 525	172 791
Tours	262 786	132 209
Béthune	258 383	25 508
Clermont-Ferrand	256 189	147 361
Le Havre	254 595	199 388
Rennes	234 418	194 656
Montpellier	221 307	197 231
Mulhouse	220 613	112 157
Orléans	220 478	102 710
Dijon	215 865	140 942
Douai	202 366	42 576
Brest	201 145	156 060
Reims	199 388	177 234
Angers	195 859	136 038
Dunkerque	195 705	73 120
Le Mans	191 080	147 697
Metz	186 437	114 232
Caen	183 526	114 068
Avignon	174 264	89 132
Limoges	171 689	140 400
Mantes-la-Jolie	170 265	43 564
Amiens	154 498	131 332
Thionville	138 034	40 573
Perpignan	137 915	111 669

A. Des comparaisons. Regardez la carte démographique de la France et les chiffres des populations ci-dessus pour répondre aux questions suivantes.

1. Du point de vue répartition de la population, quelle est la différence entre les années 1870 et 1990?
2. Selon les chiffres, qu'est-ce qu'on peut dire sur la mobilité des Français entre 1870 et 1990?
3. Est-ce que vous pouvez donner quelques raisons pour «l'exode rural» qui caractérise les années 1870 à 1990? Imaginez pourquoi les Français ont quitté la campagne pour vivre dans les villes.
4. Comparez la densité de la population de la région du sud et de la région du nord, de la région du centre et de la région de l'ouest, de la région de l'ouest et de la région de l'est.
5. L'agglomération parisienne est la région la plus peuplée de la France. Expliquez ce phénomène en imaginant pourquoi Paris a toujours attiré tant de Français.

LA FRANCE: LA CHALEUR DU FOYER

Logement et profession

Caractéristiques de la résidence principale selon la profession :

	Ménages habitant :		Ménages logés :			Ménages occupant leur logement à titre de :	
	Agglomérations 100 000 ha et +	Communes rurales	En maison individuelle	Dans des immeubles construits Avant 1949	Dans des immeubles construits Après 1974	Propriétaire	Dont accédant
• Agriculteurs	3,9	83,3	94,9	75,9	8,5	74,0	29,0
• Artisans, commerçants	36,5	30,7	69,6	47,2	17,5	63,9	53,2
• Chefs d'entreprises et professions libérales	51,2	16,8	58,0	45,1	19,6	69,8	61,8
• Cadres supérieurs	67,2	11,7	49,0	31,4	26,1	54,7	76,2
• Cadres moyens	55,6	17,4	52,5	28,3	27,4	53,7	80,4
• Employés	58,5	13,8	35,2	32,2	22,9	34,0	66,2
• Ouvriers qualifiés	43,6	23,6	52,6	33,6	24,8	45,1	75,3
• Ouvriers non qualifiés	35,4	30,8	50,1	45,7	15,4	32,1	60,1
• Retraités	40,7	29,6	62,8	57,2	7,9	61,3	14,2
• Autres inactifs	55,1	17,9	41,3	52,2	9,1	36,9	13,3
Ensemble	**46,4**	**24,9**	**54,4**	-	-	**51,2**	**24.4**

Confort pour tous

Proportion de résidences principales disposant de certains éléments deconfort (en %) :

	1970	1973	1978	1984
• **Sans confort :**				
- sans eau	5,7	3,4	1,3	0,4
- eau seulement	27,9	22,9	15,6	7,5
- eau, w.c., sans installations sanitaires*	10,5	8,7	6,0	4,4
- installations sanitaires* sans w.c.	4,5	4,0	4,0	2,8
• **Confort :**				
- w.c., installations sanitaires* sans chauffage central	11,8	11,6	11,0	8,7
- w.c., grande baignoire sans chauffage central	5,3	5,3	5,7	6,6
• **Tout le confort :**				
- w.c., installations sanitaires* et chauffage central	15,3	16,6	17,8	18,5
- w.c., grande baignoire avec chauffage central	19,0	27,5	38,6	51,1
• **Ensemble**	100,0	100,0	100,0	100,0
• **Total** (en milliers)	**16 407**	**17 124**	**18 641**	**20 093**

B. Qu'est-ce que vous avez compris? Répondez aux questions selon ce que vous avez appris des sondages ci-dessus.

1. Où habitent la plupart des chefs d'entreprise et les cadres? Dans les communes rurales ou les agglomérations? A votre avis, comment s'explique ce phénomène?
2. Que préfèrent les retraités? Les communes rurales ou les agglomérations? Pourquoi?
3. Quelle catégorie de profession se répartit presqu'à part égale entre les communes rurales et les agglomérations?
4. Dans quelle sorte de logement se logent la plupart des agriculteurs?
5. Quelle catégorie de profession a changé le moins du point de vue des immeubles construits entre 1949 et 1974?
6. Selon le deuxième sondage, quelle est la définition de «sans confort»? de «confort»? de «tout confort»?
7. En 1984, quel est le pourcentage des Français qui habitait «sans confort»? Quel est le pourcentage qui habitait en «confort»? «en tout confort»?

C. Et vous? En utilisant comme point de départ vos réponses au questionnaire de l'exercice III dans votre **Manuel de préparation,** discutez de votre situation personnelle et celle de votre famille en ce qui concerne le logement. Expliquez les détails aux autres étudiants dans votre groupe et indiquez quel type de logement vous préférez.

Profil: Le Cameroun

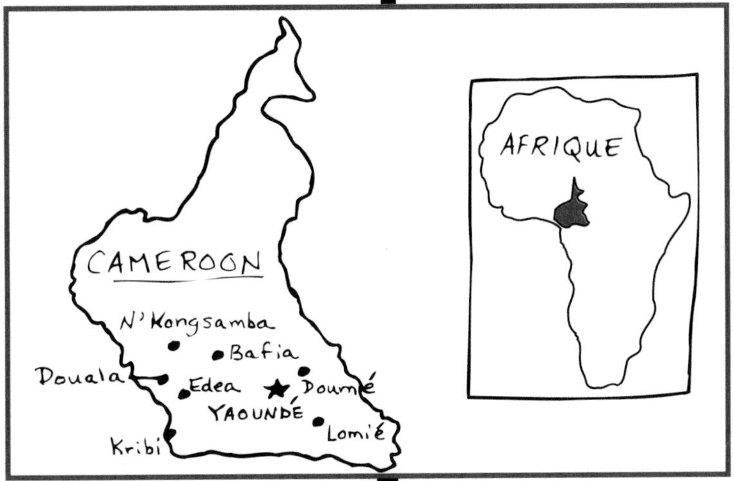

Nom officiel: république unie du Cameroun
Devise: Paix, Travail, Patrie
Situation: dans l'Afrique de l'Ouest, sur l'océan Atlantique
Superficie: 475 442 km^2
Capitale: Yaoundé
Population: 10 447 398 habitants (1986)
Nom des habitants: Camerounais
Villes importantes: Douala, Edea, Kribi, Lomié, Bafia, Maroua, Doumé, N'Kongsamba
Langues officielles: français et anglais
Autres langues: environ 200 langues et dialectes: pidgin, bamiléké, fang, mbang, fouldé, béti, douala, bassa, ewondo
Religions: animistes (45%), catholiques (21%), musulmans (20%), protestants (14%)
Date d'indépendance: le 1er janvier 1960
Unité monétaire: le franc CFA (Communauté Française d'Afrique): 1F CFA = 0,02F français
Climat: pluvieux dans les plaines et les bas plateaux du sud, longue saison sèche (5 à 7 mois) dans le centre, moins pluvieux dans le nord
Tourisme: musée de l'art Africain à Bamenda, réserve de Waza, village reconstruit de Chefferie, plages.
Agriculture: Elle occupe 75% de la population active, contribue 35% au PIB *(Primary Inland Product)* et fournit 70% des recettes d'exportation. Cultures principales: cacao, café, coton, banane, tabac, thé, ananas, arachides, plantes médicinales.
Industries: alimentation, textiles, chaussures, plastique, ciment
Histoire: Quatre périodes historiques: (1) Au Ve siècle, le Carthaginois Hannon découvre le Mont Cameroun en éruption; (2) De 1472 à 1919, le Cameroun est sous l'influence européenne — en 1919, le pays est placé sous la tutelle de la France et de la Grande-Bretagne; (3) De 1921 à 1960, le pays marche vers l'indépendance (janvier 1960; (4) Entre 1961 et 1972, la réunification du Cameroun a lieu.

2-1

Ecoutez!

If you have not done this listening exercise in class or if you would like to listen again to the radio ads , you can work with this listening material on your own.

D. Quelle sorte de logement est-ce qu'ils annoncent? Vous allez entendre des annonces faites par une agence immobilière à la radio. Associez chaque annonce au type de logement.

Logements

a. appartement dans un H.L.M.
b. maison dans la banlieue
c. appartement en centre-ville
d. maison en centre-ville
e. maison rurale

Chapitre 4

Qu'est-ce que tu penses de cet appartement?

En avant!

ECOUTEZ!

2-2

Voici la représentante d'une agence immobilière qui montre un appartement à un jeune couple. D'abord, ils se trouvent devant l'immeuble.

«Ça a été très très bien entretenu... Je crois que le toit a été refait il y a deux ans.»

Maintenant ils sont à l'intérieur de l'appartement et parlent de la salle de séjour.

«Le séjour, comme vous pouvez voir, est quand même immense. Vous pouvez recevoir beaucoup de gens.»

«Je vous ferai voir la cuisine. Ça, c'est le chef-d'œuvre de la maison. Le moins petit gadget y a été ajouté.»

De la salle de séjour, ils passent à la cuisine.

«Est-ce qu'il y a une salle de bains attenante?»

Et enfin, les voilà dans une des chambres à coucher.

If you have not done this listening section in class or if you would like to listen again to the tour of the apartment , you can work with this listening material on your own.

POUR LIRE LES PUBLICITES DE LOGEMENT

domus

Les professionnels de l'industrie de la construction ont décerné aux Condors de l'Atrium (Construction Remo Inc.) le trophée «Domus 1986», en qualité de constructeurs de l'année.

Découvrez pourquoi tant de personnes ont choisi de vivre aux Condors.

SITUATION
Sur Côte St-Luc entre Coronation et Rosedale — à quelques pas des boutiques et des transports

PRIX
Incomparable valeur, qualité/prix. Les Condors reste l'offre la plus intéressante dans le domaine des condos.

COMMODITES
Piscines intérieure et extérieur et bain tourbillon pour la détente. Les Condors offrent également un gymnase, des saunas et salles de réception.

SECURITE
Surveillance audio-visuelle 24 heures par jour de l'entrée principale, la piscine, l'entrée arrière et l'entrée de garage.

CARACTERISTIQUES DE LUXE
Incluant spacieuses terrasses privées, chambres principales avec salles de bain spacieuses, bains romains, éviers piédestals et douches séparées.

QUALITE
Architecture de première qualité, terrains paysagers. Desgin de premier ordre.

Les Condors
de l'atrium

Prix à partir de 90 000$

6950 CÔTE ST-LUC
MONTRÉAL QUÉBEC
***Bureau des ventes:* Louise Ritchie**
Ouvert tous les jours de midi à 18h
FERMÉ LE VENDREDI

484-1234

484-2871

640, av. Clarence-Gagnon, Mtl

Direction: Suivez notre enseigne au 6151, rue Notre-Dame est, 3 rues à l'est de la rue de Cadillac

4 LUXUEUX CONDOMINIUMS

5 ½ grandes pièces, 1 320 pi car.

Inclus:
- ◊ air climatisé
- ◊ balcons avant et arrière
- ◊ cuisinière
- ◊ détecteur de fumée et d'incendie
- ◊ foyer naturel en pierre
- ◊ réfrigérateur 19"
- ◊ emplacement: laveuse, sécheuse
- ◊ lave-vaisselle
- ◊ 1 condo par étage
- ◊ transport en commun (métro Cadillac)
- ◊ terrasse soleil sur le toit
- ◊ espace de rangement spacieux
- ◊ plomberie fonte et cuivre
- ◊ planchers béton, super insonorisés
- ◊ le tout installé, prêt à fonctionner

Prix à partir de 64 5000 $

Représentante: Madame Jocelyne Roch
Heures d'ouverture: Sam. et dim. - 13 h à 17 h
Sur rendez-vous.

671-9132

A. Quel appartement acheter? Vous êtes le/la représentant(e) des deux agences immobilières des publicités ci-dessus. Selon les besoins de vos clients, conseillez-leur d'acheter un appartement dans l'immeuble «Les Condors» ou dans l'immeuble de l'avenue Clarence-Gagnon. Donnez des détails supplémentaires pour convaincre vos clients.

Suggestion: You can invent any details you wish to try to convince the buyer to buy a particular apartment.

MODELE Je cherche un appartement sur Côte St-Luc.
J'ai une situation idéale pour vous. Notre nouvel immeuble «Les Condors» est situé entre Coronation et Rosedale. C'est en plein centre du quartier.

1. Je voudrais être très près des boutiques.
2. Je ne veux pas payer plus de 80 000 dollars.
3. Nous voudrions avoir un bain romain.
4. Mes parents ont besoin de climatisation.
5. J'insiste sur un détecteur de fumée et d'incendie.
6. La sécurité est très importante pour moi.
7. Je fais beaucoup de gymnastique.
8. Il nous faut au moins cinq pièces.
9. Mes enfants aiment nager.
10. Je cherche un appartement avec une cuisine toute équipée.

Suggestion: You probably already know some of the expressions listed here. Pick out the ones you *don't* know and make it a point to add them to your repertoire of expressions. The more of them you use, the more varied and interesting your speaking becomes.

POUR COMMUNIQUER

Demander l'avis à quelqu'un

Comment vous le/la/les trouvez?
Vous trouvez que (c'est cher, intéressant, bon, etc.)?
Qu'est-ce que vous en pensez? (Qu'en pensez-vous?)
Quel est votre avis?
Dites-moi ce que vous pensez.

Notez que la forme familière **tu** peut être utilisée dans toutes ces phrases.

Donner son avis

Je crois que...
Je pense que...
Je trouve que...
A mon avis,...
D'après moi,...
Pour moi,...
J'ai l'impression que...
Il me semble que...
Au contraire! Je pense que...

Suggestion, Ex. B and C: Be sure to use a variety of opinion expressions.

B. Qu'est-ce que vous en pensez? Pour chaque sujet indiqué, utilisez une expression pour demander son avis à votre partenaire. Il/Elle va vous répondre en utilisant une expression pour exprimer son opinion. Inventez des détails et imitez la conversation dans le modèle.

MODELE l'appartement coûte 1 000 dollars par mois
— *Tu trouves que c'est cher?*
— *Ah oui. Je pense que c'est très cher. Moi, je peux payer seulement 200 dollars par mois. Et toi?*
— *Je ne veux pas payer plus de 250 dollars.*

1. la politique
2. la pollution
3. la voiture coûte 27 000 dollars
4. les rapports enfants-parents
5. c'est un nouvel anorak
6. notre professeur de français
7. notre université
8. les pauvres dans nos villes
9. les mathématiques
10. les émissions télévisées

C. Comment trouvez-vous les deux immeubles? Avec un(e) camarade de classe échangez vos avis sur l'immeuble «les Condors» et celui de la rue Clarence-Gagnon (voyez les publicités, pages 66–67).

MODELE — *Comment trouves-tu les appartements aux «Condors»?*
— *A mon avis, ils sont très chers. Qu'est-ce que tu en penses?*
— *Je trouve que...*

Le Cameroun: Situation démographique

Parmi les Etats d'Afrique équatoriale (Cameroun, Centrafrique, Tchad, Gabon, Congo), le Cameroun est celui qui a le plus grand nombre d'habitants. Il compte, en 1986, 10 447 398 habitants. Le nombre des hommes et des femmes est à peu près égal. La densité moyenne est de 22,5 habitants au km^2.

Le taux d'accroissement annuel est d'environ 2,3%, mais les écarts selon les régions sont importants, car la natalité est très variable: du simple au double entre certaines populations du nord et population bamilékée de l'ouest. Grâce à l'action sanitaire, la mortalité a fortement baissé. La population du Cameroun est très jeune. Actuellement, 53% de la population a moins de 20 ans.

En reprenant le tableau des provinces et départements, il est facile de constater que la densité de population est très variable: elle va de 2 habitants au km^2 dans le Boumba-et-Ngoko à 284 dans le Mifi.

Jean Criaud,
Géographie du Cameroun.
Paris: Les classiques africains,
pp. 44–45.

Provinces	Départements	Chefs-lieux	Habitants	Habitants au km²
EXTRÊME-NORD Chef-lieu **Maroua**	Diamaré	Maroua	373 494	80,01
	Kaélé	Kaélé	246 520	48,97
	Logone-et-Chari	Kousséri	194 176	19,06
	Mayo-Danay	Yagoua	297 655	56,12
	Mayo-Sava	Mora	212 315	77,60
	Mayo-Tsanaga	Mokolo	403 381	91,82
NORD Chef-lieu **Garoua**	Bénoué	Garoua	227 697	16,72
	Mayo-Louti	Guider	221 318	5,16
	Faro	Poli	69 135	53,17
	Mayo-Rey	Tcholliré	89 366	2,44
ADAMAOUA Chef-lieu **Ngaoundéré**	Djérem	Tibati	42 252	3,18
	Faro-et-Déo	Tignère	39 084	3,74
	Mayo-Banyo	Banyo	89 787	10,53
	Mbéré	Meiganga	117 252	8,21
	Vina	Ngaoundéré	134 153	8,59
EST Chef-lieu **Bertoua**	Boumba-et-Ngoko	Yokadouma	74 485	2,43
	Haut-Nyong	Abong-Mbang	160 393	4,45
	Kadey	Batouri	123 127	7,73
	Lom-et-Djérem	Bertoua	117 939	4,48
CENTRE Chef-lieu **Yaoundé**	Haute-Sanaga	Nanga-Eboko	78 809	6,65
	Lékié	Monatélé	284 789	95,24
	Mbam	Bafia	231 150	6,99
	Méfou	Mfou	173 445	36,85
	Mfoundi	Yaoundé	653 670	2 553,39
	Nyong-et-Kellé	Eséka	119 807	18,83
	Nyong-et-Mfoumou	Akonolinga	101 891	16,51
	Nyong-et-So	Mbalmayo	109 255	30,51
SUD Chef-lieu **Ebolowa**	Dja-et-Lobo	Sangmélima	137 325	6,91
	Ntem	Ebolowa	176 538	11,03
	Océan	Kribi	92 906	8,23
OUEST Chef-lieu **Bafoussam**	Bamboutos	Mbouda	212 979	181,56
	Haut-Nkam	Bafang	143 139	149,41
	Ménoua	Dschang	275 636	199,73
	Mifi	Bafoussam	333 105	284,70
	Ndé	Bangangté	93 916	61,99
	Noun	Foumban	271 512	35,32
LITTORAL Chef-lieu **Douala**	Moungo	Nkongsamba	424 335	114,31
	Nkam	Yabassi	52 759	8,34
	Sanaga-maritime	Edéa	171 043	18,36
	Wouri	Douala	1 029 731	1 162,22
NORD-OUEST Chef-lieu **Bamenda**	Bui	Kumbo	184 940	84,34
	Donga-Mantung	Nkambe	230 249	53,05
	Mentchum	Wum	244 540	39,92
	Mezam	Bamenda	398 446	134,70
	Momo	Mbengwi	158 304	91,29
SUD-OUEST Chef-lieu **Buéa**	Fako	Limbé	223 068	108,44
	Manyu	Mamfe	216 388	21,51
	Meme	Kumba	279 721	44,25
	Ndian	Mundemba	105 473	16,80

Questions Quelles sont les régions les plus peuplées du Cameroun? Les moins peuplées? Quelles régions (et villes) de votre état sont les plus peuplées? Les moins peuplées? Quels métiers sont le plus souvent pratiqués dans les régions les moins peuplées de votre état?

STRUCTURE: Comment faire des comparaisons

The comparative is used to compare two people, two things, or two groups. Remember that **plus... que, moins... que, aussi... que** are the basic comparison words for adjectives and adverbs. When you compare nouns, use **plus de... que, moins de... que, autant... que**. Remember also that the adjective **bon** becomes **meilleur** and the adverb **bien** becomes **mieux** when you indicate superiority.

The superlative structures are **le plus... de** and **le moins... de**. The superlative is used when you compare one person/thing to a group of persons/things or one group to several groups.

In this section, after a brief review exercise, you will learn additional uses of the comparative and the superlative as well as some expressions that use comparisons.

Grammar: If you did not have a passing score on the **Repêchage** test in the CC or if you feel that you're still unsure about the basic use of comparatives and superlatives, you should let your instructor know.

RAPPEL Le comparatif et le superlatif

D. Des comparaisons. Faites des comparaisons entre les deux éléments donnés. Utilisez le comparatif et le superlatif.

Comparez:

1. vous-même aux autres membres de votre famille (personnalité, traits physiques)
2. votre logement au logement d'un(e) ami(e)
3. votre ville à une autre ville
4. votre état à un autre état des Etats-Unis

Grammar, Le comparatif et le superlatif: The refinements you'll learn in this section are based on the addition of words you already know. Remember that the basic structure of the comparative and superlative doesn't change.

PRESENTATION Le comparatif

Besides the basic structures you've already learned to use, the following rules will help you become even more precise when you express comparisons.

La campagne est **tellement plus** belle **que** la ville.	The countryside is *so much more* beautiful *than* the city.
J'ai **beaucoup moins d'**argent **que** toi.	I have *much less* money *than* you (do).
Il travaille **beaucoup mieux que** moi.	He works *much better than* I (do).
Ces croissants-ci sont **bien meilleurs que** ces croissants-là.	These croissants are *much better than* those croissants.

If you want to stress a big difference between the two people or things being compared, you can add **tellement, beaucoup**, or **bien** to the comparison word.

Nous avons **moins de** neige cette année. — We have *less* snow this year.

Cette émission est **plus** intéressante. — This program is *more* interesting.

When the second part of the comparison is only implied (not actually stated), you eliminate the **que** clause from the sentence.

Vous êtes **plus** sérieux et **plus** studieux **que** Marc. — You're *more* serious and studious *than* Mark.

Cette auto est **plus** rapide et **moins** économe. — This car is *faster* and *less* economical.

When your comparison includes more than one adjective or adverb, repeat the comparative words before each adjective or adverb.

J'ai le **même** livre **que** vous. — I have the *same* book *as* you.

Il a les **mêmes** notes **que** toi. — He has the *same* grades *as* you.

When expressing equality with nouns, you can use **même** + *noun* + **que** as a substitute for **autant**. This expression is particularly useful when comparing singular nouns.

Nous avons gagné 50 dollars **de plus que** vous. — We won 50 dollars *more than* you (did).

J'ai trois cartes **de moins que** toi. — I have three cards *fewer than* you (do).

When the comparison involves numbers, use the expressions **de plus que** and **de moins que**.

PRESENTATION Le superlatif

The following uses of the superlative will help you to be more precise when comparing people and things to a group.

Il a **le moins de** travail **de** tous les étudiants. — He has *the least amount of* work *of* all the students.

J'ai **le plus de** vidéos **de** tous mes amis. — I have *the most* videos *of* all my friends.

When the superlative is applied to nouns, use **le plus de** + *noun* + **de** or **le moins de** + *noun* + **de**.

Je lui ai donné **mon plus** beau livre. — I gave him *my most* beautiful book.

Elle a mis **sa moins** jolie robe. — She put on *her least* pretty dress.

When an adjective precedes the noun, you can use the superlative with a possessive adjective. In that case, the definite article is eliminated.

Voici **la plus** grande boîte.	Here's *the largest* box.
C'est le film **le moins** intéressant.	That's *the least* interesting film.

When the second half of the comparison is only implied (not actually stated), you eliminate the **de** clause from the sentence.

Ce sont les appartements **les plus** spacieux et **les plus** confortables.	They're *the most* spacious and *most* comfortable apartments.
C'est **la moins** grande et **la plus** belle **de** toutes les maisons.	It's *the least* big and *the most* beautiful *of* all the houses.

When your comparison includes more than one adjective, you must repeat the superlative words before each adjective.

PRESENTATION Expressions qui utilisent une comparaison

• **plus... plus, moins... moins, moins... plus, plus... mieux,** etc.

Moins tu écoutes, **moins** tu apprendras.	*The less* you listen, *the less* you'll learn.
Plus il travaille, **plus** il gagnera.	*The more* he works, *the more* he'll earn.
Plus elle danse, **mieux** elle dansera.	*The more* she dances, *the better* she'll dance.

• **faire de son mieux**

Je **fais de mon mieux!**	I'*m doing my best (the best I can)!*
Il n'a pas **fait de son mieux.**	He didn't *do his best.*

• **de plus en plus, de moins en moins**

Je suis **de plus en plus** déçue.	I'm *more and more* disappointed.
Tu travailles **de moins en moins** bien.	You work *less and less* well.

Suggestion: Invent any details you wish for each item of this exercise. For example, for #3, you can say that the prof is less and less (more and more) strict, that you're doing your best to do the work assigned by your prof, that your prof is doing his/her best to help you with any difficulties you have, etc.

E. Des commentaires. Utilisez le comparatif et le superlatif pour faire des commentaires sur les sujets suivants.

MODELE votre ami (Mike)
— *Mike travaille beaucoup mieux cette année.*
— *Oui. Il est plus sérieux.*
— *Il a les mêmes notes que Susan.* etc.

1. le temps qu'il fait cette année
2. votre ami _____
3. votre professeur de français
4. le manuel de français
5. l'argent que vous avez
6. *[sujet de votre choix}*

F. Conséquences logiques! Complétez les phrases à l'aide d'une des expressions suivantes: **plus... plus** (etc.), **faire de son mieux, de plus en plus, de moins en moins.** Ensuite, ajoutez un exemple pour illustrer le sens de l'expression.

MODELE Plus il travaille...
Plus il travaille, plus il gagne. Par exemple, la semaine dernière il a travaillé 30 heures et il a gagné plus de 200 dollars. OU
Plus il travaille, moins il prend des vacances. Par exemple, cette année il a eu seulement huit jours de vacances.

1. Même s'il n'a pas très bien réussi, il...
2. Je suis... content(e) de mon français.
3. Plus j'étudie...
4. Moins nous bavardons en classe,...
5. Plus mes amis sortent,...
6. Elle voyage... souvent.
7. Tu fais des erreurs. Tu...
8. Plus je dors,...

G. Ma famille et moi. Comparez-vous aux autres membres de votre famille. Par exemple, comparez votre apparence physique, votre personnalité, vos attitudes (optimiste, pessimiste, ambitieux, etc.) et vos talents (sports, musique, etc.). Utilisez le comparatif et le superlatif dans vos comparaisons. Vos camarades peuvent vous poser des questions pour avoir plus de détails.

Ensuite!

POUR DECRIRE UN LOGEMENT

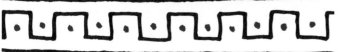

H. Nous cherchons un logement. Vous venez de voir des maisons et des appartements et vous donnez vos réactions à vos amis. Utilisez les faits donnés et ajoutez des adjectifs ou des expressions pour leur donner une meilleure idée de ce que vous avez vu.

MODELE (maison) 7 pièces, 2 salles de bains, coin toilette, cuisine équipée, balcon, jardin, double garage, trois étages
C'est une très grande maison. Elle est spacieuse et elle offre une vue superbe, surtout du dernier étage. La salle de séjour est claire et ensoleillée. Il y a même un balcon. etc.

1. (maison) 7 pièces, 2 salles de bains, coin toilette, cuisine équipée, balcon, jardin, double garage, trois étages, sous-sol, située dans un cul-de-sac
2. (appartement) 3 pièces, 1 chambre, coin cuisine, salle de séjour, rez-de-chaussée, centre-ville, charges comprises
3. (appartement) cinquième étage, 6 pièces, salle de bains, coin toilette, salle de séjour, salon, 3 chambres, salle à manger, cuisine pour le chef, vieil immeuble, près des boutiques
4. (maison) banlieue, 2 chambres, 2 étages, sous-sol, 2 salles de bains, terrasse, garage pour une voiture, jardin entouré d'un mur, arbres
5. (studio) 1 chambre, salle de séjour avec coin cuisine, coin de toilette avec douche au sous-sol

Suggestion: If you wish, you can describe the house or apartment of a friend.

I. J'habite... Maintenant faites la description de la maison ou de l'appartement où habite votre famille. Utilisez les adjectifs et les expressions de la **Fiche lexicale** dans le **Manuel de préparation.** Vos camarades peuvent vous poser des questions.

POUR COMMUNIQUER

Porter un jugement sur quelque chose

J'aime...
J'ai beaucoup aimé...
C'est... (C'était...)
Ce n'est pas... (Ce n'était pas...)
Ça me plaît (beaucoup) mais...
Ça ne me plaît pas (du tout).
Je trouve ça...
Ça a l'air (+ *adjectif*)...

Exprimer son accord

C'est vrai, ça! (Ça, c'est vrai!)
Et comment!
Absolument!
Tout à fait!
C'est sûr (certain)!
Exactement! (Justement!)
C'est exact! (C'est juste!)
Effectivement!
Je suis d'accord.
Vous avez (Tu as) (tout à fait) raison.
Je suis de votre (ton) avis.

Exprimer son désaccord

Je ne suis pas (tout à fait / du tout) d'accord.
Je ne suis pas (du tout) convaincu(e).
C'est à voir.
Je n'en suis pas sûr(e) (certain[e]).
Ce n'est pas vrai.
Absolument pas!
Au contraire!
Pas du tout!

J. Mes réactions. Etudiez les titres des articles de journaux et donnez votre réaction. Exprimez votre jugement, votre accord ou votre désaccord.

MODELE **Bilan de la catastrophe: 2 disparus, 20 blessés**
C'est affreux! OU
Ce n'est pas possible! OU
C'est incroyable!

1. **Bordeaux a gagné la coupe de France**
2. ENFANT TUE SES PARENTS!
3. *INCENDIE DANS LES VIGNOBLES*
4. **LIMITES DE VITESSE IMPOSÉES SUR LES AUTOROUTES**
5. ***Vingt-huit mères de familles nombreuses honorées***
6. **Trois hommes attaquent des passants au couteau**
7. Des lycéens réclament leurs droits
8. **Censure à la télévision?**
9. **Violence contre les vieux**

Suggestion: For some headlines, you'll simply give your reaction (see model). Your partner can then indicate agreement or disagreement (**Je suis d'accord avec toi**, etc.). For other headlines, you can begin by stating your opinion and your partner will follow-up with agreement, disagreement, or a reaction.

K. Qu'est-ce que tu en penses? En groupes de trois, discutez des sujets suivants. La première personne exprime son jugement, la deuxième personne exprime son accord et la troisième son désaccord. Utilisez les expressions que vous venez d'apprendre.

MODELE Ma famille va déménager.
— *Ça ne me plaît pas du tout. Je n'ai pas envie de quitter la région et tous mes amis. Je dois même changer d'université.*
— *Tu as tout à fait raison. Je trouve que c'est très difficile de changer d'université.*
— *Au contraire! A mon avis, c'est une expérience intéressante.*

1. Mon frère est très paresseux. Il ne veut pas trouver de travail.
2. Je ne suis pas du tout content(e) de mon appartement. Il y a toujours quelque chose qui ne marche pas.
3. Je ne vois pas pourquoi je dois suivre des cours de mathématiques.
4. Je préfère vivre dans une région avec un climat variable (tropical).
5. Je ne m'intéresse pas du tout à la mode.

Les Camerounais, comment sont leurs logements?

Au Cameroun, les types de logement varient d'une région à l'autre. Dans les grandes villes, les habitants tendent à se loger dans des maisons, des villas et des appartements au style européen. Pour la plupart, ces logements sont modernes et bien aménagés. Ils sont bien adaptés au climat chaud du Cameroun.

A la campagne et dans les petits villages, le style des cases (des maisons) varie selon la région. On voit, par exemple, des cases à murs ronds avec toit de chaume *(thatched roof)*. Ou, comme dans le village de Pouss, les cases sont construites entièrement de boue *(mud)* séchée. L'intérieur des cases varie, lui aussi, selon les dimensions de la case. Certaines ont plusieurs pièces tandis que d'autres, plus petites, n'ont qu'une ou deux pièces. A cause du climat, une grande partie du travail de la maison se fait à l'extérieur: on fait souvent la cuisine au feu devant la case, les artisans créent leurs œuvres d'art en plein air, on se repose sur un banc sous un palmier ou au soleil. La case, c'est le foyer, bien sûr, mais c'est un foyer entièrement intégré à l'environnement naturel.

Questions Est-ce qu'il y a des styles de maisons qui caractérisent les différentes régions des Etats-Unis? Est-ce qu'il y a des régions où les logements sont bien adaptés à l'environnement naturel?

STRUCTURE: Comment exprimer les sentiments

You have just reviewed the basic rules for using the infinitive or the present subjunctive after an expression of emotion. Following a brief review exercise, you will study the use of the past subjunctive or the past infinitive after expressions of emotion.

RAPPEL L'emploi de l'infinitif et du présent du subjonctif avec les expressions d'émotion

Grammar: If you did not get a passing score on the **Repêchage** test in the CC or if you're unsure about the basics of this grammatical structure, you should let your instructor know.

L. Je suis content(e)... Initiez une conversation en utilisant les éléments donnés (attention à l'infinitif ou au subjonctif). Votre camarade de classe va continuer la conversation en inventant d'autres détails.

MODELE Je suis content(e) que tu...
— *Je suis content(e) que tu ne sois plus malade.*
— *Oh, là là. Moi aussi. Tu sais, ce n'était pas du tout agréable. J'étais au lit pendant trois jours, je n'ai presque rien mangé et je me sentais extrêmement faible.*

1. Je suis content(e) que tu...
2. Je suis heureux(se) de...
3. Je suis étonné(e) que tu...
4. Je suis déçu(e) que tu...
5. Je regrette que tu...
6. Je suis content(e) de...
7. J'ai peur de...

PRESENTATION Les expressions d'émotion + le passé du subjonctif

Grammar, Le passé du subjonctif: Remember that the present subjunctive indicates actions that are *simultaneous* or *future* to the time indicated in the expression of emotion. The past subjunctive refers to a time period *prior* to the time indicated in the expression of emotion.

Je suis content que **tu aies fait** tes devoirs. — I'm happy that *you did* your homework.
Nous sommes fâchés qu'**elle soit rentrée** si tard. — We're angry that *she got in* so late.
Elle est fâchée qu'**il ne se soit pas souvenu** de son oncle. — She's angry that *he didn't remember* his uncle.

Earlier you learned that the present subjunctive stands for an action that is either simultaneous or future to the verb in the expression of emotion.

When you want to express an action that happened *before* the time indicated in the main clause, you use the *past subjunctive.*

The past subjunctive is a compound tense that includes a helping verb and a past participle. To form the past subjunctive, use the present subjunctive of the helping verbs **avoir** or **être** and the past participle of the main verb. All the rules you've learned about compound tenses (i.e., choice of either **avoir** or **être**, agreement of past participle, etc.), remain the same.

Verbes conjugués avec avoir

... que j'aie fait
... que tu aies fait
... qu'il/elle/on ait fait
... que nous ayons fait
... que vous ayez fait
... qu'ils/elles aient fait

Verbes conjugués avec être

... que je sois allé(e)
... que tu sois allé(e)
... qu'il soit allé
... qu'elle soit allée
... qu'on soit allé
... que nous soyons allé(e)s
... que vous soyez allé(e)(s)(es)
... qu'ils soient allés
... qu'elles soient allées

Verbes pronominaux

... que je me sois couché(e)
... que tu te sois couché(e)
... qu'il se soit couché
... qu'elle se soit couchée
... qu'on se soit couché
... que nous nous soyons couché(e)s
... que vous vous soyez couché(e)(s)(es)
... qu'ils se soient couchés
... qu'elles se soient couchées

PRESENTATION Les expressions d'émotion + le passé de l'infinitif

Je suis ravie d'**avoir réussi** aux examens!	I'm thrilled *to have passed* the exams.
Elle est heureuse d'**être allée** au Cameroun.	She's happy *to have gone (that she went)* to Cameroon.
Ils sont contents de **ne pas avoir oublié** les clés.	They're happy *not to have forgotten* the keys.

If the subject of the first clause of the sentence (expression of feeling) is the same as the subject of the second clause, you use **de** + *past infinitive* in the second clause.

The past infinitive is a compound verb structure that combines the infinitive of the helping verb **avoir** or **être** with the past participle of the main verb.

In order to make the past infinitive negative, place **ne pas** directly in front of the verb.

Grammar: These are only partial lists of verbs conjugated with **avoir** and **être** and serve as examples. Remember that the helping verb is selected the same here as for any of the compound tenses such as the **passé composé**.

Formation of the Past Infinitive

1. Verbs conjugated with *avoir*

regarder	d'avoir regardé
choisir	d'avoir choisi
attendre	d'avoir attendu
faire	d'avoir fait
prendre	d'avoir pris
avoir	d'avoir eu
être	d'avoir été

2. Verbs conjugated with *être*

aller	d'être allé(e)(s)
sortir	d'être sorti(e)(s)
venir	d'être venu(e)(s)
rentrer	d'être rentré(e)(s)

3. Pronominal verbs

Since pronominal verbs are conjugated with **être**, the past infinitive is formed with **être** and the past participle. In addition, the reflexive or reciprocal pronoun must agree with the subject of the sentence.

Je suis contente de **m'être couchée** de bonne heure hier soir.
Ils sont déçus de **ne pas s'être vus** pendant le voyage.

M. On déménage. Ajoutez les expressions entre parenthèses et mettez les verbes au passé du subjonctif ou au passé de l'infinitif.

MODELE Nos parents ont trouvé une maison. (nous sommes ravis) (ils sont contents)
Nous sommes ravis que nos parents aient trouvé une maison.
Ils sont contents d'avoir trouvé une maison.

1. Ils ont déménagé. (je suis triste) (ils sont heureux)
2. Ma sœur est allée chez nos grands-parents. (elle est contente) (mes parents regrettent)
3. Je leur ai rendu visite. (ils sont étonnés) (je suis content[e])
4. Mon frère a loué un appartement tout près. (ils sont contents) (il est ravi)
5. Il s'est bien installé. (nous sommes heureux) (il est content)
6. Sa femme s'est déjà fait des amis. (il est surpris) (elle n'est pas surprise)
7. Leurs enfants se sont vite habitués à leur école. (ils sont contents) (leurs parents sont contents)

N. Nous nous installons. Vous venez de déménager et vous exprimez vos sentiments à propos des activités suivantes. Utilisez des expressions d'émotion (bonheur, malheur, déception, surprise, colère) et commencez chaque phrase avec **je.** Complétez la phrase avec le passé du subjonctif ou le passé de l'infinitif selon le sujet indiqué.

MODELES nous / être installés
Je suis content(e) que nous soyons installés.

je / ne pas retrouver toutes mes affaires
Je suis fâché(e) de ne pas avoir retrouvé toutes mes affaires.

1. mes parents / choisir cette maison
2. mon frère / venir avec nous
3. nos amis / nous aider
4. je / oublier ma raquette de tennis
5. je / ne pas changer d'université
6. l'agence immobilière / ne pas nettoyer la maison
7. je / ne pas dire au revoir à mes copains
8. mes amis / venir me voir

Suggestion: The purpose of this exercise is to have a short conversation with your partner. Use the model as an example of the type of conversation you might have.

O. La semaine dernière. Pensez aux événements de la semaine dernière pour compléter les phrases suivantes. Utilisez le passé du subjonctif. Votre camarade de classe va vous poser des questions.

MODELE Je suis content(e) que...
— *Je suis content(e) que mes parents m'aient acheté une voiture. Maintenant j'ai beaucoup plus de liberté et je ne suis pas obligé(e) de dépendre des autres quand je veux sortir.*
— *C'est quelle marque, ta voiture?*
— *C'est une Nissan. Elle est petite mais aussi très économe. Tu sais que je n'ai pas beaucoup d'argent.*
— *Au moins tu as une auto maintenant. Moi, je vais partout à vélo.*
— *Eh bien. Si tu veux, tu peux m'accompagner quand je sors.*
— *D'accord. Ça serait chouette.*

1. Je regrette que...
2. Mes parents sont heureux que...
3. Ma meilleure amie est surprise que...
4. Notre professeur de français est ravi que...
5. Je suis étonné(e) que...
6. Mes amis sont furieux que...
7. Les étudiants du cours de français sont contents que...
8. Mon /Ma camarade de chambre (mon mari, ma femme) est fâché(e) que...

C'est à vous maintenant!

2-3

ECOUTEZ!

Deux amis parlent des appartements qu'ils préfèrent.

If you have not done this listening section in class or if you would like to listen again to the conversation, you can work with this listening material on your own.

PARLONS!

P. Trouvons un appartement. Selon les préférences que vous avez notées dans l'exercice XIV du **Manuel de préparation,** décidez avec votre partenaire de l'appartement que vous allez chercher. N'oubliez pas que vous serez obligé(e) de faire quelques compromis selon les préférences de votre partenaire. Utilisez des expressions d'accord et de désaccord dans votre conversation.

Q. Voici la salle de séjour... Un(e) de vos camarades de classe vous rend visite et vous lui montrez votre maison (appartement). Parlez de la situation de la maison (de l'appartement), combien de personnes l'habitent, et montrez-lui chaque pièce. Chaque fois que vous dites quelque chose, votre camarade de classe fait une comparaison avec son propre logement. Avant de commencer votre conversation, faites un dessin rapide de votre logement.

Suggestion: If you live in a dorm room rather than a house or apartment, create a fictitious house or apartment to show to your partner.

INTERMEDE

LECTURE: «La vie dans les H.L.M. (Christiane Rochefort)

Christiane Rochefort is a very popular French novelist who was born in Paris in 1917. Her first novel *Le repos du guerrier* shocked some readers with its realism. Her next two novels, *Les petits enfants du siècle* and *Stances à Sophie* are widely read books known for their feminist perspective and strong social commentary.

Christiane Rochefort, auteur de cet extrait, est née dans le XIVe arrondissement à Paris. Cet extrait est tiré de son roman Les Petits enfants du siècle *(1961) où elle présente les problèmes de l'urbanisme moderne. Le personnage principal, c'est Josyane. C'est par ses yeux que nous faisons connaissance de la vie dans les résidences collectives.*

Dans ce premier extrait, la famille de Josyane vient de s'installer dans le nouvel appartement.

Maintenant, notre appartement était bien. Avant, on habitait dans le treizième, une sale° chambre avec l'eau° sur le palier.° Quand le coin avait été démoli, on nous avait mis ici; on était prioritaires; dans cette Cité les familles nombreuses étaient prioritaires. On avait reçu le nombre de pièces auquel° nous avions droit selon le nombre d'enfants. Les parents avaient une chambre, les garçons une autre, je couchais avec les bébés dans la troisième; on avait une salle d'eau,° la machine à laver était arrivée quand les jumeaux° étaient nés, et une cuisine-séjour où on mangeait; c'est dans la cuisine, où était la table, que je faisais mes devoirs. C'était mon bon moment: quel bonheur quand ils étaient tous garés,° et que je me retrouvais seule dans la nuit et le silence! Le jour je n'entendais pas le bruit, je ne faisais pas attention; mais le soir j'entendais le silence. Le silence commençait à dix heures: les radios se taisaient,° les piaillements,° les voix,° les tintements° de vaisselles; une à une, les fenêtres s'éteignaient.° A dix heures et demie c'était fini. Plus rien. Le désert. J'étais seule. Ah! comme c'était calme et paisible autour, les gens endormis, les fenêtres noires, sauf° une ou deux derrière lesquelles° quelqu'un veillait° comme moi, seul, tranquille, jouissant de° sa paix!

dirty / bathroom / *here:* in the hallway
to which
room with a shower (bathroom) / twins
put to bed *(fig.)*
were quiet / squawking (of children) / voices
clanging / became dark
except
which / was awake / enjoying

Grâce à° l'allocation familiale,° les parents de Josyane peuvent penser à s'acheter quelque chose quand le nouveau bébé, Nicolas, arrive. Mais quoi acheter?

Thanks to / family allowance

Grâce à Nicolas on pourrait faire réviser° la machine à laver et ça c'était une bonne chose parce qu'autrement les couches,° et j'en avais marre des° couches, marre, marre, marre. On pourrait ravoir° la télé, ce qui m'arrangeait aussi parce que, quand elle était là, on avait bien plus la paix. Après ça, avec de la veine,° on pourrait peut-être penser à la bagnole.° C'était ça qu'ils visaient° maintenant, plutôt que le frigo, la mère aurait voulu un frigo mais le père disait que c'était

to service
diapers / was sick of
get back
luck
car / aimed for

bien son tour d'avoir du bien-être, pas toujours celui de sa femme, et avec la fatigue pour venir d'une banlieue à une autre il commençait à en avoir plein le dos.° La mère pouvait bien aller au marché tous les jours, d'ailleurs° c'était moi qui y allais ils n'avaient pas l'air d'y penser. Ils calculèrent tout un soir pour cette histoire de bagnole, s'il y avait moyen,°... de l'avoir, en grattant° ici et là et compte tenu de la télé en moins... ce qui foutait tout par terre° c'est si on devait acheter un nouveau lit pour Catherine si Nicolas allait dans le berceau,° un lit c'est cher. Ils avaient étalé° les papiers sur ma table, me gênant°; ils me gâtèrent° toute ma soirée, heureusement que ça n'arrivait pas tous les jours.

Finalement avec l'oncle Georges, qui bricolait,° pas comme papa qui ne savait rien faire de ses dix doigts, on monta un petit lit par-dessus celui de Chantal, qui grimperait° d'un étage, tandis que Catherine, quittant le lit du bébé, s'installerait au rez-de-chaussée, et qu'est-ce qu'on ferait après, le plafond° ne serait jamais assez haut si on continuait. Comme ça il n'y avait plus que la paillasse° à acheter.

to have enough / besides

if they had the means / *here:* saving

would destroy all their plans

baby crib

spread out / bothering me / spoiled

did handywork

would climb up

ceiling

mattress

Christiane Rochefort, *Les Petits enfants du siècle.*
Paris: Editions Bernard Grasset, 1961.

VOCABULAIRE POUR LA DISCUSSION

le personnage (principal)	*the (main) character (in a novel or play)*
prioritaire	*to have priority*
l'assistance sociale	*welfare*
l'urbanisme moderne	*modern urbanization*
le bruit	*noise*
une idée principale	*a main idea*
la solitude	*solitude*
être seul(e)	*to be alone*
la paix (paisible)	*peace (peaceful)*
la vie dans les logements collectifs	*life in housing projects*
une vie dure	*a hard life*
bondé	*crowded*

A. Le sens du texte. Relevez les idées principales de la lecture en employant comme guide les questions suivantes.

1. Comparez l'appartement dans le treizième et celui qu'habite la famille de Josyane maintenant. Est-ce que c'est plus ou moins spacieux? Plus ou moins confortable? Plus ou moins bien installé? etc.
2. Pourquoi est-ce que la famille de Josyane avait droit à ce nouvel appartement? Quelles conclusions est-ce que vous pouvez tirer sur le rôle de l'assistance sociale dans les années soixante? Par exemple, pourquoi est-ce que la machine à laver est arrivée à la naissance des jumeaux?

3. Comparez le jour et la nuit dans l'immeuble où habite Josyane. Pourquoi est-ce qu'elle aimait particulièrement la nuit?
4. Comparez l'appartement de Josyane à votre logement familial. Est-ce qu'il y a des différences? Des ressemblances?
5. Quel événement permet aux parents de Josyane de penser à acheter quelque chose?
6. Qu'est-ce qu'il leur faut pour la maison? Que veut le père? Que préfère la mère? Quelles sont les préférences de Josyane?
7. Pourquoi est-ce que Josyane est contente qu'ils puissent faire réparer la machine à laver?
8. Comment est-ce qu'ils ont pu éviter l'achat d'un nouveau lit pour Catherine?

B. L'art du texte. Répondez aux questions suivantes selon vos interprétations de l'extrait de C. Rochefort.

1. Dans le premier extrait il y a deux oppositions importantes: l'opposition entre autrefois et maintenant et l'opposition entre le jour et la nuit. Imaginez quelques détails de la vie de Josyane *autrefois* et *maintenant*. Ensuite, imaginez la vie que mène Josyane quand il fait jour. Parlez de l'ambiance, de la famille, des responsabilités de Josyane selon les petites indications fournies par C. Rochefort.
2. Quelles attitudes de Josyane sont révélées par les deux oppositions?
3. Pourquoi pensez-vous que Josyane apprécie tellement la nuit?
4. Est-ce que vous pensez que la vie dans les logements collectifs est pareille *(the same)* partout dans le monde? Qu'est-ce que les logements collectifs ont en commun?
5. Le deuxième extrait nous donne une meilleure idée des responsabilités de Josyane dans la maison. De quoi est-ce qu'elle s'occupe?
6. Quand Josyane parle de ses parents, elle dit «le père» et «la mère». Quelles attitudes sont révélées par l'emploi des articles définis?
7. A votre avis, pourquoi est-ce que les questions budgétaires n'intéressent pas Josyane?
8. Pourquoi est-ce que Josyane est irritée par cette histoire de frigo, de bagnole et de lit?

L'art de la composition

ON DEVELOPPE UNE IDEE

Suggestion: After you answer the questions, you might read each other's composition and make suggestions for grammatical, vocabulary, and stylistic corrections.

C. Etre à l'aise. Lisez le(s) paragraphe(s) que votre camarade a rédigé(s) en faisant l'exercice IV (p. 73 de votre **Manuel de préparation**) pour répondre aux questions suivantes.

1. Pour votre camarade, qu'est-ce qu'il faut absolument pour être à l'aise dans un logement?

2. Quelle est sa définition de «confort»?
3. Quels exemples est-ce qu'il/elle a donnés pour illustrer ses préférences?
4. Selon sa description du confort, est-ce que vous pouvez faire un portrait de la personnalité de votre camarade?

L'art de la discussion

ON EXPRIME SON ACCORD ET SON DESACCORD

A discussion depends on people responding to each other, countering or agreeing with each other's statements. Expressing agreement and disagreement makes a discussion more interesting and helps to clarify the position a speaker takes on a particular topic.

One way of showing agreement is to use an expression of agreement followed by a supporting example:

— A mon avis, l'assistance sociale ne fait pas assez pour aider les pauvres.
— Je suis tout à fait d'accord avec toi. Par exemple, moi je connais une femme avec trois enfants qui essaie de trouver un poste. Elle n'a pas assez d'argent pour mettre les enfants dans une crèche. Elle ne peut pas à la fois s'occuper des enfants et chercher un travail. Le résultat, c'est qu'elle ne travaille pas, elle a de moins en moins d'argent, elle perd son appartement, et la voilà, dans la rue, sans aucune ressource. C'est vraiment malheureux de vivre dans une société qui ne se charge pas du bien-être de ses citoyens!

Another way of expressing your agreement is to use an expression of agreement and a supporting idea:

— Je pense que les animaux, eux aussi, ont des droits et qu'il faut les protéger.
— Absolument! A mon avis, quelqu'un qui maltraite un animal devrait être puni sévèrement!

A way of expressing disagreement is to use an expression that makes your position clear followed by a supporting example:

— Tu ne trouves pas que nous soyons un peu fanatiques aujourd'hui en ce qui concerne les dangers du tabac?
— Pas du tout! Mon oncle est mort d'un cancer qui a été directement lié au fait qu'il a fumé pendant vingt ans.

Another way of showing disagreement is to use an appropriate expression followed by an explanation to support your point of view:

— J'en ai marre de la manie de l'exercice physique. Je connais des gens qui font du jogging tous les jours et qui se plaignent constamment de leur santé. Ils ont toujours mal partout.
— Je ne suis pas d'accord avec toi. Ton exemple est mal choisi. Bien sûr, il y a des personnes qui font du jogging ou de l'exercice sans consulter le médecin. Si on se décide à se mettre à un régime d'exercice, il faut aussi prendre des précautions.

D. Discussion: D'accord ou pas d'accord? Utilisez des expressions d'accord ou de désaccord pour discuter d'une des idées suivantes. Soutenez votre point de vue avec un exemple, une idée complémentaire ou une explication.

1. Le gouvernement fédéral devrait aider les villes américaines qui ont des difficultés budgétaires.
2. Je ne pense pas qu'on devrait payer tant d'impôts *(taxes)*.
3. Si nous avons des difficultés avec les adolescents dans notre société c'est parce qu'il n'y a pas assez de discipline parentale.
4. Nous, les Américains, nous sommes trop matérialistes. Il nous faut de grandes maisons avec tous les appareils ménagers, plusieurs voitures dans le garage et des loisirs qui coûtent très chers.
5. Les écoles américaines ne sont plus ce qu'elles étaient autrefois. Nous avons des générations d'enfants qui ne savent ni lire ni faire les calculs les plus simples. A mon avis, c'est le gouvernement fédéral qui devrait intervenir pour améliorer la situation.

VOCABULAIRE POUR LA DISCUSSION

les villes américaines

augmenter	*to increase*
réduire / diminuer	*to reduce*
les sans-abris *(m.pl.)*	*the homeless*
un taudis	*slum*
nettoyer	*to clean*
le bien-être	*the well-being*
les impôts *(m.pl.)*	*taxes*
un(e) fonctionnaire	*civil servant*

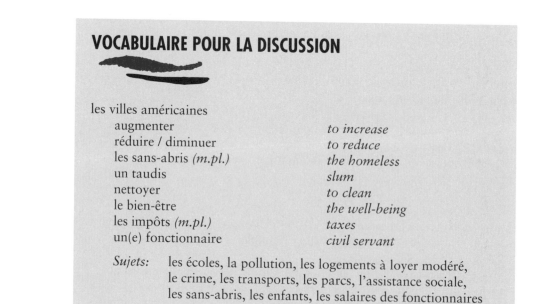

Sujets: les écoles, la pollution, les logements à loyer modéré, le crime, les transports, les parcs, l'assistance sociale, les sans-abris, les enfants, les salaires des fonctionnaires les impôts

augmenter / diminuer	*raise / lower*
imposer	*to impose*
utiliser / employer	*to use*
le chômage	*unemployment*

Sujets: la défense, l'environnement, les écoles, le bien-être des citoyens, l'assistance sociale, l'aide aux personnes âgées, l'aide aux familles, le chômage, l'aide aux enfants

les adolescents

gâté(e)	*spoiled*
mal élevé(e)	*badly brought up*
indépendant(e) / libre	*independent / free*
le malaise	*unease*
sans direction	*without direction*
intelligent(e)	*intelligent*
têtu(e)	*stubborn*
en révolte contre	*in revolt against*
le manque de	*the lack of*
l'incertitude *(f.)*	*uncertainty*

Sujets: la discipline parentale, la drogue, les études, les distractions, l'influence de la télévision (des films, de la musique), la famille nucléaire, les incertitudes devant l'avenir

le matérialisme des Américains

l'argent / le fric	*money*
les objets matériels	*material objects*
le sens de la vie	*the meaning of life*
les valeurs *(f.pl.)*	*values*
la tradition	*tradition*

Sujets: les achats, le standing dans la société, la définition de la valeur de l'individu, le travail, les loisirs

les écoles

un programme	*curriculum*
le matériel pédagogique	*classroom materials*
la crise budgétaire	*budgetary crisis*
la discipline	*discipline*
les notes	*grades*
les devoirs *(m.pl.)*	*homework*
l'emploi du temps	*schedule (classes)*
la pression parentale	*parental pressure*
réussir / échouer	*to succeed (pass) / to fail*

Sujets: le salaire des professeurs, leurs conditions de travail, l'importance des sports, l'administration des écoles, les cours, les écoles dans les quartiers pauvres

Chapitre 5

Faites comme chez vous!

En avant!

ECOUTEZ!

2-4

Kevin Anderson va passer l'année en France pour faire des études commerciales. C'est le jour de son arrivée chez sa «famille» française et son hôtesse lui fait faire un petit tour de la maison.

«Bonjour, Kevin... Bienvenu chez nous. Entrez, je vous en prie.»

«Vous avez ici une petite étagère où vous pouvez mettre vos livres... vous faites comme chez vous.»

«Dans le petit tiroir vous avez le savon, le dentifrice, toutes les choses dont vous pouvez avoir besoin.»

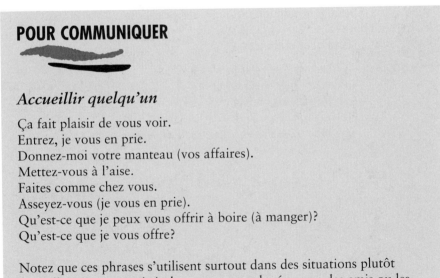

«Vous mettez la cassette dans la fente et puis vous appuyez sur ce bouton.»

If you have not done this listening section in class or if you would like to listen again to the conversation, you can work with this listening material on your own.

POUR PARLER DU MOBILIER DE LA CHAMBRE

A. Qu'est-ce qu'il y a dans la chambre de Philippe? Regardez le dessin à la page 88 et identifiez les objets qu'il y a dans la chambre de Philippe. Indiquez si vous avez dans votre chambre chacun de ces objets.

POUR COMMUNIQUER

Accueillir quelqu'un

Ça fait plaisir de vous voir.
Entrez, je vous en prie.
Donnez-moi votre manteau (vos affaires).
Mettez-vous à l'aise.
Faites comme chez vous.
Asseyez-vous (je vous en prie).
Qu'est-ce que je peux vous offrir à boire (à manger)?
Qu'est-ce que je vous offre?

Notez que ces phrases s'utilisent surtout dans des situations plutôt formelles et ne sont généralement pas employées avec des amis ou les membres de leur famille. Pour indiquer plus de familiarité, utilisez **tu**.

Vocabulary: Note that the words **machin, truc, gadget,** and **ça** are all synonyms of the word **chose,** which you can also use when you don't know the specific word for something.

Que dire quand on ne connaît pas le nom de quelque chose

Il me faut... euh... je ne sais pas comment ça s'appelle, mais...
Qu'est-ce que c'est que ça?
C'est quoi, ça?
Qu'est-ce que c'est que ce truc (ce machin, ce gadget)?
A quoi sert ce truc (ce machin, ce gadget)?
A quoi ça sert? (Ça sert à quoi, ça?)

Que répondre pour donner le nom ou la fonction de quelque chose

C'est un (une)...
C'est pour...
On l'utilise pour...
On s'en sert pour...
C'est un truc (machin, gadget) qui (pour)...
Je pense que c'est un (une)...

B. Soyez les bienvenus! *(Welcome!)* Utilisez une suite de phrases convenables selon les invités que vous accueillez chez vous.

MODELE un(e) camarade de classe
Tiens, salut. Entre. Laisse ton anorak ici. Tu veux quelque chose à boire? Tu veux un sandwich? On regarde la vidéo? etc.

1. votre professeur de français
2. des amis
3. un(e) étudiant(e) français(e) qui arrive chez vous
4. vos voisins
5. des amis de vos parents (vous ne les connaissez pas bien)
6. un(e) ami(e) d'enfance que vous n'avez pas vu(e) depuis des années

C. Qu'est-ce que c'est que ça? Vous venez de recevoir un invité de la planète Mars. Puisqu'il ne connaît pas les noms des choses, il vous pose beaucoup de questions. Pour chaque question, donnez-lui d'abord le nom de l'objet et ensuite expliquez sa fonction.

MODELE — *Qu'est-ce que c'est que ce truc?*
— *C'est un magnétoscope.*
— *A quoi est-ce qu'il sert?*
— *On l'utilise pour regarder des films ou pour copier des émissions télévisées.*

1. 

2. 

3. 

4. 

5. 

6. 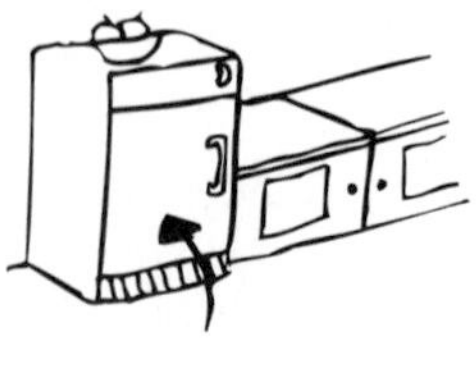

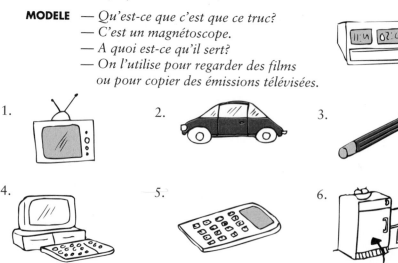

Soyez les bienvenus au Cameroun

Vos hôtes *(Your hosts)*

Le Camerounais est fier, aimable, accueillant et hospitalier.

Il sait répondre à un sourire, à un mot aimable.

Le français et l'anglais sont les deux langues officielles. Posez toujours des questions sur ce que vous voulez savoir, on vous répondra.

Dans les villages, vous serez accueillis par des nuées d'enfants tout souriants et souvent encombrants. Prenez patience.

Les traditions

Grâce à une diversité ethnique extraordinaire, le Cameroun possède une culture riche et variée qui se traduit dans l'art de vivre, les traditions, le folklore et l'artisanat de ses populations.

Le folklore

A chaque région correspond un type de folklore spécifique.

— Au Sud, ce sont par exemple les ballets «Bafia» ou «Bikutsi» et d'autres danses qu'anime le joueur de «Mvet» bantou, conteur et poète épique.

— A l'Ouest, ce sont des danseurs bamilékés avec leurs masques et leurs costumes pittoresques.

— Le Nord est le pays de la «Fantasia» avec ses cavaliers habillés de costumes chamarrés.

L'artisanat

L'artisanat demeure l'une des formes d'expression les plus traditionnelles chez la plupart des populations du Cameroun. Cependant, le touriste trouvera à l'Ouest et au Nord, de véritables hauts lieux de l'artisanat.

Bafoussam, Foumban et Bamenda sont des villes réputées pour leurs masques, costumes brodés, figurines, sièges, trônes, pipes, statuettes, en terre cuite, en bronze ou en bois.

Les Bamoun et les Bamilékés des hauts plateaux sont particulièrement connus pour leurs créations artistiques.

De la célèbre «case bamiléké» aux figurines et masques bamouns se dégage un type d'organisation sociale et une philosophie de l'existence.

Passeport touristique pour le Cameroun, pp. 28, 98.

Question Si des Camerounais venaient vous rendre visite, de quelles traditions ou fêtes américaines est-ce que vous leur parleriez?

STRUCTURE: Comment exprimer la certitude et le doute

In the previous chapter, you learned how to use the subjunctive and the infinitive to express emotions. After a short review of the tenses to be used after some expressions of certainty and doubt, you will learn more about how French allows you to distinguish between a statement that indicates certainty and one that indicates doubt.

Grammar: If you did not have a passing score on the **Repêchage** test in the **CC** or if you feel that you're still unsure about the basic use of the indicative or subjunctive with expressions of certainty and doubt, you should let your instructor know.

RAPPEL L'indicatif et le subjonctif avec les expressions de certitude et de doute

D. J'insiste! Votre partenaire et vous n'êtes jamais d'accord. Quand vous exprimez le doute, votre partenaire, au contraire, est sûr(e) de ce qu'il/elle dit. Utilisez une expression de doute avec le subjonctif (présent ou passé) et une expression de certitude avec le temps approprié de l'indicatif.

MODELE Est-ce que Jean est rentré de France?
— *Il se peut qu'il soit rentré de France, mais je ne suis pas sûr(e).*
— *Je suis sûr(e) qu'il est rentré de France. Je l'ai vu hier.*

1. Le président des Etats-Unis est encore au Cameroun?
2. Nous avons un examen de français la semaine prochaine?
3. Vous avez vu le film?
4. Elle a perdu son portefeuille aux Galeries Lafayette?
5. Est-ce qu'ils vont aller au concert ce week-end?
6. Le train est déjà parti?
7. Vous allez sortir avec nous ce soir?
8. Il est allé chez le dentiste?

PRESENTATION Le subjonctif pour exprimer le doute

You have learned that the subjunctive mood is used whenever you wish to express doubt. Doubt can be indicated by the use of the affirmative form of expressions such as: **il est possible que, il se peut que, douter, il est douteux que,** and **il est impossible que**. Certainty, on the other hand, is indicated by the affirmative of expressions and verbs such as: **il est certain que, je suis sûr(e) que, je pense que,** etc. Note that both certainty and doubt are attitudes taken by the speaker or writer. As you have learned, certainty is reinforced by the use of an indicative tense and doubt is reinforced by the subjunctive mood. Below you will learn four additional ways to express an attitude of doubt.

An attitude of doubt may be expressed by:

1. The negative or interrogative forms of expressions of certainty

Grammar: Note that the basic rule of thumb is that the negative and affirmative forms of expressions of certainty as well as verbs of opinion are usually followed by the subjunctive.

Compare:

Je suis sûr que le train **part** à 10h20.	(affirmative = certainty)
Je ne suis pas sûr que le train **parte** à 10h20.	(negative = doubt)
Es-tu sûr que le train **parte** à 10h20?	(interrogative = doubt)
Il est évident que les ceintures de sécurité **sont** une bonne chose.	(affirmative = certainty)
Il n'est pas évident que les ceintures de sécurité **soient** une bonne chose.	(negative = doubt)
Est-ce qu'il est évident que les ceintures de sécurité **soient** une bonne chose?	(interrogative = doubt)

These two sets of examples illustrate that doubt can be indicated when an expression or verb of certainty is used in the negative or interrogative. For example, in the first set, the affirmative suggests that I'm sure that the train leaves at 10:20. The negative and the interrogative, on the other hand, express that I have some doubt that the train leaves at 10:20. In the second set of examples, the speaker is sure *(It's obvious)* in his/her own mind that seat belts are a good thing. When used in the negative or the interrogative, however, the speaker has some doubts *(It's not obvious)* as to whether seat belts are a good thing. Once doubt is marked in the sentence through the negative or the interrogative, the subjunctive is used in the second clause to reinforce that doubt.

2. Certain verbs of opinion (judgment) or hope

Compare:

Je crois qu'il **est arrivé**.	(affirmative = certainty)
Je ne crois pas qu'il **soit arrivé**.	(negative = doubt)
Croyez-vous qu'il **soit arrivé?**	(interrogative = doubt)
Je trouve qu'elle **a** raison.	(affirmative = certainty)
Je ne trouve pas qu'elle **ait** raison.	(negative = doubt)
Tu trouves qu'elle **ait** raison?	(interrogative = doubt)
Elle espère qu'il **finira** ses études.	(affirmative = certainty [hope])
Espère-t-elle qu'il **finisse** ses études?	(interrogative = doubt)

The three verbs **penser, croire,** and **trouver** express opinions. When used in the affirmative, they indicate that the speaker is sure of his/her opinion and consequently uses an indicative tense to support that attitude. Used in the negative or interrogative, however, an element of doubt is introduced with the use of the subjunctive (past or present) as reinforcement.

The verb **espérer**, used affirmatively and supported by an indicative tense, indicates an attitude of strong hope and probability. Used in the interrogative, an element of doubt is added to **espérer**, an attitude that is reinforced by the use of the subjunctive.

3. The existence or absence of someone or something

Compare:

CERTAINTY

Je connais une personne ici qui sait enseigner le chinois.
(I know that this person exists because I know the person and I know that he/she knows how to teach Chinese.)

Il y a une personne ici qui sait enseigner le chinois.
(It's a fact that there is someone here who knows how to teach Chinese.)

Grammar: Remember that the choice of indicative or subjunctive tends to indicate the attitude of the speaker. For example, if you're looking for someone who knows Chinese and you know for a fact that many Chinese speakers live in your area, you might decide to use the indicative: **Je cherche une personne qui sait le Chinois.**

DOUBT

Je ne connais personne ici qui sache enseigner le chinois.
(I don't know of anyone here who knows how to teach Chinese. But that doesn't mean that such a person doesn't exist. I can't be sure.)

Connaissez-vous une personne ici qui sache enseigner le chinois?
(I have some doubts as to whether there is such a person here, but maybe you know someone.)

Je cherche une personne qui sache enseigner le chinois.
(I'm looking for someone who knows how to teach Chinese, but I'm not sure I'll find such a person.)

Cherchez-vous une personne ici qui sache enseigner le chinois?
(There is no way of knowing if such a person exists here.)

Est-ce qu'il y a une personne ici qui sache enseigner le chinois?
(There is no way of knowing if such a person exists here.)

Whenever you have any doubts about whether a specific person or thing exists, the subjunctive is required. In most cases, these sentences are composed of the principal clause and a relative clause, with the subjunctive used in the relative clause.

Je ne connais personne qui... *(+ subjunctive)*
Est-ce que vous connaissez un professeur qui... ? *(+ subjunctive)*
Je cherche une femme qui... *(+ subjunctive)*
Cherchez-vous un étudiant qui... ? *(+ subjunctive)*
Je cherche une boutique où... *(+ subjunctive)*
Tu cherches une chanson française que... ? *(+ subjunctive)*
Est-ce qu'il y a un ingénieur ici qui... ? *(+ subjunctive)*
Il n'y a pas d'interprète ici qui... *(+ subjunctive)*

4. The superlative or expressions that have a superlative value *(le seul, le premier, le dernier)*

C'est l'étudiante **la moins douée** que je **connaisse.**
(She's the least gifted student I know. But that doesn't mean that there isn't someone less gifted.)

C'est l'histoire **la plus ridicule** que tu **aies** jamais **racontée!**
(That's the most ridiculous story you've ever told [as far as I know]. You may have told more ridiculous stories, but I haven't heard them.)

C'est **le plus grand** bâtiment que j'**aie** jamais **vu.**
(As far as I know, this is the biggest building I've ever seen. I may have seen bigger ones, but I don't remember.)

Baiba est **la seule** lettonne que je **connaisse.**
(I guess she's the only Latvian I know. But I can't be sure.)

Marc est **mon premier** étudiant qui **ait refusé** d'apprendre le français.
(As far as I can remember, he's my first student who refused to learn French.)

La dernière personne qui **ait réussi** à cet examen est Janine.
(As far as I can remember, she's the last person to have passed the exam. But my memory may be faulty.)

Whenever you make a statement that expresses an extreme position (either positive or negative) or an absolute, there is some doubt as to whether you're right. You use the subjunctive, therefore, to acknowledge the fact that you may be wrong, that you're guessing, or that your memory may be faulty.

E. Thomas l'incrédule. (*Doubting Thomas.*) Les personnes dans votre groupe ne sont jamais sûres de rien! Pour chaque affirmation vous montrez votre incrédulité en utilisant une expression de doute. N'oubliez pas le subjonctif et ajoutez un exemple ou un commentaire supplémentaire pour soutenir votre point de vue.

MODELE Je suis sûr(e) que l'alcool est mauvais pour la santé.
— *Eh bien, moi, je ne trouve pas qu'il soit mauvais pour la santé. Par exemple, ma grand-mère boit un seul verre de vin chaque jour et elle a déjà quatre-vingt-quinze ans!*
— *Je pense que tu as raison. Il n'est pas du tout évident que l'alcool soit mauvais pour la santé. Surtout si on le boit en modération.*

1. Nous trouvons que les policiers sont assez payés pour leur job.
2. Je pense que les Américains sont plus matérialistes que les Européens.
3. A mon avis, il y a assez de logements à loyer modéré aux Etats-Unis.
4. Je pense que l'anglais va un jour dominer en Europe.
5. Il trouve que le gouvernement fait assez pour aider les pauvres.
6. Elle est sûre que la pollution va nous tuer.
7. Nous pensons que les guerres sont inévitables.
8. Je suis certain(e) que les jeunes n'ont plus de respect pour les traditions.

F. Je cherche quelqu'un qui... Un membre de votre groupe indique qu'il/elle cherche une personne particulière. Les autres membres du groupe expriment leur avis sur la possibilité de trouver une telle personne. Suivez le modèle.

MODELE une personne / savoir jouer du violon (présent)
— Je cherche une personne qui sache jouer du violon.
— Moi, je ne connais personne qui sache jouer du violon.
— Il n'y a personne ici qui sache jouer du violon.
— Si, si. Moi je connais une personne qui sait jouer du violon.

1. étudiant / comprendre l'arabe (présent)
2. personnes / habiter au Cameroun (passé)
3. famille / pouvoir accueillir une étudiante étrangère (présent)
4. personne / être interprète aux Nations unies (présent)
5. quelqu'un / ne jamais aller à Yaoundé (passé)
6. professeur / faire beaucoup de recherche (présent)
7. groupe / vouloir organiser une fête (présent)

Ensuite!

POUR PARLER DU MOBILIER DE LA MAISON

G. Ma maison d'enfance. Parlez à vos camarades de votre maison (appartement) d'enfance selon la description que vous en avez donnée dans l'exercice VIII de votre **Manuel de préparation.**

POUR COMMUNIQUER

Parler du fonctionnement d

• Comment fait-on pour... ?

Comment fait-on pour faire dé
Il faut appuyer *(to push)* sur ce

• Comment est-ce que je fais p

Comment est-ce que je fais po
Eh bien, tu soulèves *(lift)* le m

• Qu'est-ce qu'on fait pour.

Qu'est-ce qu'on fait pour mettre en marc ... ? On tourne le bouton dans le sens des aiguilles d'une montre *(clockwise)*.

• Qu'est-ce qu'il faut faire pour... ?

Qu'est-ce qu'il faut faire pour faire marcher ce magnétoscope? C'est facile. On le branche *(plug in)* d'abord, ensuite on appuie sur ce bouton, puis on met la vidéo et enfin on appuie ici pour la mettre en marche. Pour avancer et reculer *(rewind)* on appuie ici et là.

• Qu'est-ce que je fais pour... ?

Qu'est-ce que je fais pour mettre la télévision? Voilà la télécommande *(remote control)*. Tu appuies sur ce bouton pour l'allumer et tu utilises ces boutons-ci pour sélectionner la chaîne que tu veux.

Verbes utiles

allumer (le gaz, une lampe, le chauffage) *(to turn on)*
arrêter (un appareil)
éteindre (éteindre le gaz, une lampe, le chauffage) *(to turn off)*
faire démarrer *(to get started)*
appuyer (sur) *(to push [button])*
poser *(to put something down)*
soulever *(to lift)*
fermer (le robinet, une fenêtre, etc.)
ouvrir (le robinet, une fenêtre, etc.)
lâcher *(to let go [of something])*
déplacer *(to move [something])*
tourner
remplir *(to fill)*
vider *(to empty)*
verser *(to pour)*
agiter *(to shake [e.g., shake before using])*
attacher
détacher
brancher *(to plug in)*
débrancher *(to unplug)*
mettre en marche, faire marcher *(to get running, to turn on)*

H. Comment ça marche? Vous venez de déménager. Tous vos appareils ménagers sont débranchés. Utilisez les éléments donnés pour expliquer à votre camarade de classe ce qu'il faut faire pour faire marcher chaque appareil. Changez de rôle pour chaque appareil.

MODELE magnétoscope / brancher au téléviseur / appuyer / avancer / reculer
— *Qu'est-ce que je fais pour faire marcher ce magnétoscope?*
— *Bon. D'abord tu le branches au téléviseur. Voilà, comme ça. Ensuite tu appuies sur ce bouton pour faire avancer et reculer la vidéo.*

1. téléviseur / appuyer / télécommande
2. machine à laver / brancher / mettre du détergent / appuyer / tourner / sélectionner la température
3. sèche-linge / ouvrir / mettre les vêtements / sélectionner la température / mettre le minuteur *(timer)* / fermer / appuyer sur l'interrupteur *(starting switch)*
4. aspirateur / brancher / attacher l'accessoire que tu veux / changer le sac à poussière *(dust bag)* / appuyer sur la pédale de réglage *(height adjustment pedal)*
5. fer à repasser / mettre de l'eau / régler la température / brancher / déplier *(unfold)* la planche à repasser
6. lave-vaisselle / mettre la vaisselle / mettre la lessive dans le distributeur / fermer / sélectionner le programme / appuyer
7. magnétophone à cassettes / mettre des piles *(batteries)* / mettre une cassette / appuyer
8. la lampe / brancher dans la prise de courant *(electrical wall outlet)* / utiliser l'interrupteur mural *(wall switch)*

I. Comment ça marche? Circulez dans la classe et demandez à deux camarades comment marche un objet. Utilisez les phrases et les verbes que vous avez appris pour poser les questions et y répondre.

Le Cameroun: L'hébergement pour touristes

Il y a une hôtellerie en plein essor au Cameroun.

Pour faire face à la rapide évolution du secteur touristique, le gouvernement camerounais a entrepris de doter les principales villes ainsi que certaines régions d'une infrastructure d'accueil adéquate.

Passeport touristique, p. 66

Hôtel MERIDIEN DOUALA
Si vos affaires vous en laissent le loisir...

Hôtel Meridien Douala.
Avenue des Cocotiers, B.P. 3232,
Douala (Cameroun). Télex: 5822.
Tél.: (237) 42.61.36.

Meridien est également présent : Brazzaville, Kigali, Gisenyi, Luanda, La Réunion, Port-Gentil, Dakar, Tunis, Casablanca, Marrakech, Le Caire, Héliopolis-Le Caire, Seychelles Barbaron, Seychelles Fisherman's cove, Maurice Paradis, Maurice Brabant, Khartoum.

Le
MERIDIEN
DOUALA
COMPAGNON DE VOYAGE D'AIR FRANCE
TRAVEL COMPANION OF AIR FRANCE

"Meridien Reservation International" (MRI) à Paris au 42.56.01.01.

novotel

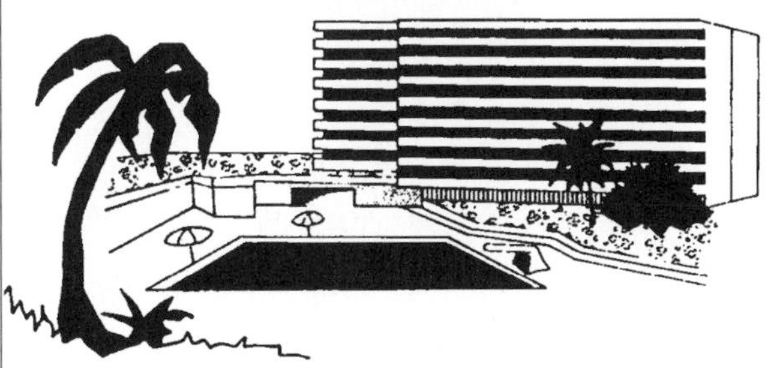

sawa novotel douala

VOTRE HOTEL D'AFFAIRES ET DE LOISIRS A DOUALA

B.P. 2345 Douala Cameroun
Tél. 42-08-66/42-14-70/42-44-41/42-34-37
Télex: 5532 KN - 5693 KN
FAX 42-38-71

RESERVATION CENTRALE FRANCE
Tél. 077.93.00 - Télex 600644 F
AUTOROUTE A6 - C.E. 1405
91019 EVRY CEDEX

Hotel Sofitel
Mont Fébé Yaoundé

Un hôtel international de grand luxe
223 chambres
dont 24 suites climatisées, téléphone direct, radio, T.V., vidéo

Restaurant «Le Fébé» grande carte
«Mbankolo», coffee Shop
«Le Rondo», restaurant plein air, piscine
Discothèque «Le Balafon»
Piscine et tennis, Golf

Hotel Sofitel Mont Fébé
B.P. 711 - YAOUNDÉ
Tél. : 23 40 02 - 23 03 63
Télex : 8263 KN - 8579 KN

VOTRE HOTEL A YAOUNDÉ
★★★★★

HM **HOTEL LE MAKOMBE** ☆☆

ROUTE SOPEDA (ETOUDI) - B.P. 5413
TEL. : 23.38.75 - 22.08.44 - YAOUNDE

Au cœur du quartier présidentiel, 1er tournant, après la Chapelle à 200 mètrtes vient de naître un hôtel luxueux de deux étoiles avec le confort de trois : le "MAKOMBE".
VOUS INVITE A DECOUVRIR :

CHAMBRES TOUT CONFORT
(Singles-Doubles, Suites, Appartements).
- Climatisation individuelle
- Téléphone direct ;
- Télé-Vidéo : 4 chaînes
- Sonorisation : 3 bandes ;
- Salles de bain spacieuses ;
- Table de travail bien accomodée ;
- Balcon assez large.

RESTAURANT :
Grande gastronomie :
- Cuisine européenne et camerounaise
BAR : Grand luxe, animé par le pianiste GARY.
SNACK BAR :
Ouvert de 7 h à 24 h.
TERRASSE ARRIERE :
Plein ciel.
PARKING : Privé.

Tout ce complexe vous offre une belle vue panoramique.
N.B. **PRIX :** 10 030 F CFA

SOCIETE RUCOTEL
SOCIETE D'EXPLOITATION HOTELIERE
Siège social - BP 24 YAOUNDE
Tél. : 23.01.55 - 23.03.75 - Télex : 8341 KN

RUCOTEL

CHAINE DES HOTELS DU CAMEROUN
HOTEL DES DEPUTES ★★★
Bord du Lac - YAOUNDE - BP 24

142 chambres climatisées tout confort :
- Téléphone, TV
- Vidéo, Radio
- Bar
- Restaurant
- Terrasse et boutique

Salle de réunion et banquet,
Tennis,
Piscine
Discothèque le"Mvet".
Réservation :
Tél. : 23.03.75
Télex : 8341 KN.

➤ ***Questions*** Qu'est-ce qu'il y a dans la publicité de chaque hôtel pour attirer les touristes ou les personnes d'affaires? En général, comment est-ce que les chambres d'hôtel sont équipées?

STRUCTURE: Comment décrire les choses et les personnes

You've already learned how to use adjectives to describe objects (and people) and you therefore know that adjectives have to agree in gender and number with the noun they represent. After a short review exercise, you will learn additional ways to describe objects and people.

Grammar: If you did not have a passing score on the **Repêchage** test in the **CC** or if you feel that you're still unsure about the basic rules for agreement and placement of adjectives, you should let your instructor know.

RAPPEL L'accord et la place des adjectifs

J. A vrai dire,... *(To tell you the truth...)* Utilisez des adjectifs pour caractériser les personnes et les objets indiqués. Votre partenaire va vous poser des questions pour obtenir des détails supplémentaires.

MODELE une amie

— *A vrai dire, (nom de la personne) n'est pas très gentille. C'est une personne malhonnête.*

— *Pourquoi tu dis ça?*

— *Eh bien. Je sais qu'elle a volé un bouquin de la bibliothèque parce qu'elle veut être la seule à l'utiliser.*

— *C'est pas très honnête, mais qu'est-ce que ça a à faire avec la gentillesse.*

— *Elle sait que j'en ai besoin pour mon cours de philosophie.*

1. une maison (un appartement, une chambre) de votre choix
2. un ami/une amie
3. vos parents
4. une voiture
5. un(e) autre étudiant(e)
6. un professeur

PRESENTATION Le sens des adjectifs

Un bâtiment **ancien**.	An *old* building.
Un **ancien** étudiant.	A *former* student.
Une chambre **propre**.	A *clean* room.
Sa **propre** chambre.	His (her) *own* room.
Une femme **pauvre**.	A *poor* (not rich) woman.
Une **pauvre** femme.	An *unfortunate (unhappy)* woman.
Une histoire **drôle**.	A *funny* story.
Une **drôle d'**histoire.	A *strange (bizarre)* story.

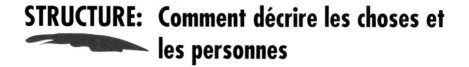

A number of adjectives change meaning depending on whether they're placed after or before the noun. In general, an adjective placed *after t*he noun retains its basic, concrete meaning. The same adjective placed *before* the noun is used in an abstract or figurative manner. The following is a list of some of the most commonly-used adjectives that change meaning according to position.

	AFTER THE NOUN	BEFORE THE NOUN
ancien	old, ancient	former
brave	courageous	good, simple
certain	sure, assured	particular
cher	expensive	dear, well-loved
dernier	last (before this one)	last in a series
différent	different	various, a variety of
drôle (de)	funny	strange, bizarre
grand	tall	great
nouveau	recent	new, another
pauvre	poor (not rich)	poor (unfortunate)
prochain	next (after this one)	next in a series
propre	clean	own
sale	dirty	bad
seul	alone	only

PRESENTATION Les pronoms relatifs

J'ai vu le film **dont** tu as parlé. — I saw the film *of which* you spoke.

C'est la femme **pour qui** je travaille. — That's the woman *for whom* I work.

Relative pronouns are used to link two clauses into one complex sentence. The relative clause, introduced by a relative pronoun, characterizes (defines) people and things by giving more information about them.

For example, the first sentence given above can be analyzed as follows:

J'ai vu le film. — I saw the film.
Quel film? — Which film?
Le film dont tu as parlé. — The film about which you spoke.

In the second sentence, the relative clause also gives more information about the woman in question:

C'est la femme. — That's the woman.
Quelle femme? — What woman?
La femme pour qui je travaille. — The woman for whom I work.

1. Relative pronouns that replace people

a. The relative pronoun **qui** replaces the subject of the verb.

C'est Gabrielle. Elle est venue nous voir.
C'est Gabrielle **qui** est venue nous voir.
It's Gabrielle *who* came to see us.

b. The relative pronoun **que** (**qu'**) replaces the direct object of the verb. Note that, if the verb is a compound tense, the past participle of the verb agrees in gender and number with the preceding direct object.

C'est la femme. J'ai rencontré la femme.
C'est la femme **que** j'ai rencontr**ée**.
That's the woman *whom* I met.

c. The relative pronouns **dont** and **de qui** replace the object of the preposition **de**.

C'est l'étudiant. La mère **de** l'étudiant est diplomate.
C'est l'étudiant **dont** (**de qui**) la mère est diplomate.
That's the student *whose* mother is a diplomat.

d. The relative pronoun **qui** replaces the object of a preposition other than **de**.

C'est la personne. Je travaille **pour** cette personne.
C'est la personne **pour qui** je travaille.
That's the person *for whom* I work.

2. Relative pronouns that replace animals and things

a. The relative pronoun **qui** replaces the subject of the verb.

C'est la pharmacie. Elle est en face de la banque.
C'est la pharmacie **qui** est en face de la banque.
It's the pharmacy *that* is across from the bank.

b. The relative pronoun **que** (**qu'**) replaces the direct object of the verb. Note that, if the verb is a compound tense, the past participle of the verb agrees in gender and number with the preceding direct object.

Voici la chambre. Il a loué la chambre.
Voici la chambre **qu'**il a louée.
Here's the room *that* he rented.

c. The relative pronouns **dont, duquel, de laquelle, desquels, desquelles** replace the object of the preposition **de**.

C'est l'appartement. J'ai parlé **de** cet appartement.
C'est l'appartement **dont** (**duquel**) j'ai parlé.
That's the apartment *about which* I spoke.

d. The relative pronouns **lequel, laquelle, lesquels, lesquelles** replace the object of a preposition other than **de**. Note that when a form of **lequel** is used with the preposition **à**, you must make the contraction (**auquel, à laquelle, auxquels, auxquelles**).

C'est la voiture. Nous avons eu un accident **avec** cette voiture.
C'est la voiture **avec laquelle** nous avons eu un accident.
This is the car *with which* we had an accident.

3. Relative pronouns that replace a clause (stated or unstated)

a. The relative pronoun **ce qui** replaces a clause that is the subject.

Tu as tort. C'est évident.
Tu as tort, **ce qui** est évident.
You're wrong, *that* is obvious.

Je ne suis pas sûr. Quelque chose est arrivé.
Je ne suis pas sûr de **ce qui** est arrivé.
I'm not sure *what* happened.

b. The relative pronoun **ce que** (**ce qu'**) replaces a clause that is a direct object.

Je ne comprends pas. Tu dis quelque chose.
Je ne comprends pas **ce que** tu dis.
I don't understand *what* you're saying.

c. The relative pronoun **ce dont** replaces a clause that is the object of the preposition **de**.

Il a réussi à l'examen. Il est content d'avoir réussi à l'examen.
Il a réussi à l'examen, **ce dont** il est content.
He passed the exam, *about which* he is happy.

d. The relative pronoun structure (**ce**) + *preposition* + **quoi** replaces a clause that is the object of a preposition other than **de**. Note that the **ce** is used when the idea is stated and is omitted when the idea is unstated.

Vous m'avez beaucoup aidé. Je ne m'attendais pas **à** ça.
Vous m'avez beaucoup aidé, **ce à quoi** je ne m'attendais pas. *(stated idea)*
You helped me a lot, *something which I* didn't expect.

Je sais. Tu penses **à** quelque chose.
Je sais **à quoi** tu penses. *(unstated idea)*
I know *about what* you're thinking *(what* you're thinking *about).*

4. Summary of relative pronouns

	PEOPLE	ANIMALS/THINGS	CLAUSE
subject	qui	qui	ce qui
direct object	que, qu'	que, qu'	ce que, ce qu'
object of the preposition **de**	dont, de qui	dont, duquel, de laquelle, desquels, desquelles	ce dont
object of a preposition other than **de**	qui	lequel, laquelle, lesquels, lesquelles	(ce + *preposition* + quoi)

K. Autrement dit,... *(In other words,...)* Refaites chaque phrase en utilisant un adjectif qui exprime la même idée.

MODELE C'est une église qui date de 1632.
C'est une église ancienne.

1. La semaine passée, nous nous sommes installés dans un autre appartement.
2. C'est un vélo pour lequel j'ai dépensé beaucoup d'argent.
3. Il y a plusieurs façons de résoudre ce problème.
4 Il y a une ambiance bizarre ici.
5. Le prof de français que j'avais au lycée était très bon.
6. Tu es sûr que ce soit une assiette bien lavée?
7. Hier nous n'avons pas eu le même prof dans le cours de maths.
8. Cette voiture est à moi.
9. Dans huit jours il rentre du Cameroun.
10. Je me souviendrai toujours de mon père que j'ai beaucoup aimé.
11. Il faut avoir un goût très particulier pour porter ce vêtement.
12. C'est un homme qui a montré beaucoup de courage.

L. Les pronoms relatifs. Reliez les deux phrases en utilisant un pronom relatif approprié.

MODELE J'ai trouvé un appartement. L'appartement est bien situé.
J'ai trouvé un appartement qui est bien situé.

1. Pourquoi est-ce que tu manges quelque chose? Tu n'aimes pas cela.
2. Voici les meubles. Je t'ai parlé de ces meubles.
3. Je ne sais pas. Elle pense à quelque chose.
4. Voilà sa cousine. Il a reçu un cadeau de sa cousine.
5. C'est le tabouret. Je suis monté sur ce tabouret.
6. Tu as vu cet homme? Il est sorti de la bijouterie en courant.
7. C'est Monsieur Thibaudet. Je travaille avec lui.
8. C'est le projet. Tu as pensé à ce projet?
9. Ce sont les animaux. J'ai contribué de l'argent pour ces animaux.
10. Tu m'as laissé tout seul. Je ne m'y attendais pas.

M. Faisons des phrases. Chaque membre de votre groupe fait une phrase en utilisant l'élément donné et un pronom relatif.

MODELE Je ne me souviens pas...
Je ne me souviens pas de ce qu'il a dit. OU
Je ne me souviens pas ce dont tu as parlé. OU
Je ne me souviens pas de ce qui est arrivé.

1. Est-ce que vous avez vu la machine à laver... ?
2. J'ai vu un de mes amis...
3. C'est un appareil ménager...
4. Je comprends...
5. Voilà un exercice...
6. N'oubliez pas...
7. C'est l'étudiant...
8. Réfléchissez bien...

C'est à vous maintenant!

ECOUTEZ!

2-5

Francine et Martin Séguin viennent de rénover leur maison de campagne. C'est le mois de juillet et c'est la première fois cette année qu'ils passent leurs vacances en tout confort. Le premier jour, un voisin vient leur dire bonjour et ils lui expliquent tous les travaux qu'ils ont faits.

If you have not done this listening section in class or if you would like to listen again to the conversation, you can work with this listening material on your own.

PARLONS!

N. La maison idéale. Vous et les autres membres de votre groupe formez une famille. Décidez quelle serait la maison idéale pour vous. Utilisez les expressions de nécessité et d'émotion quand vous voulez insister sur quelque chose (i.e., *Il faut absolument avoir [que nous ayons...]).* Donnez autant de détails que possible. Quand vous aurez terminé, partagez vos idées avec un autre groupe.

Chapitre 6

«Un petit chez soi vaut mieux qu'un grand chez les autres.»

En avant!

These reading passages are taken from the book *L'Etat de la France et de ses habitants*. This book is a compilation of facts and essays about various topics (health, leisure time, work, housing, communication, family, etc.) of interest when one studies a society. A variety of authors have contributed their articles to the book. The book serves as an excellent reference source for France.

LECTURE: «Logement et environnement» (Roland Castro et François Lautier)

QUAND LE BÂTIMENT VA... TOUT VA !

Banlieues: vers une nouvelle culture

Les banlieues, il y en a de toutes sortes.

Les banlieues françaises ne sont pas un seul et même espace. Pour en parler, on doit forcément° distinguer entre la banlieue de charme résidentielle qui est un espace voulu, choisi, volontairement approprié, et l'espace résiduel subi,° que l'on n'a pas choisi, où la décision de construire n'a pas été poussée par le désir de ses habitants: le lieu de minimum de confort des plus pauvres. [...]

by necessity
imposed

Si l'on veut en 1986 tenir un état de ce qui se passe en France du point de vue de la ville, des marges de la ville, les questions à se poser sont: Est-on dans un système de fabrication de la ville à deux vitesses°? Y a-t-il une ville vraisemblable,° vivable, et une ville subie de moins en moins vivable? Est-ce que dans la civilisation urbaine se développe une société duale [...]?

La réponse est oui. Il est évident que ces tendances sont là, qu'elles sont lourdes, qu'elles ont même tendance à s'aggraver.° Il faut savoir que les impôts locaux sont cinq fois moins chers au centre de Paris qu'à La Courneuve, que tout le système de la ségrégation de l'espace conduit à ce que les villes mal barrées,° mal loties,° mal faites continuent de l'être et voient leur situation empirer° parfois, tandis que les villes «bien parties» voient la leur s'améliorer. Cette situation n'est pas nouvelle, elle a été le produit de tout le développement urbain des trente dernières années.

Des espaces de stockage

En revanche,° il convient de faire le bilan° de l'intervention de l'Etat. Il y a eu depuis 1981 une bonne manière de tenter d'enrayer° cette situation. Mais faisons d'abord un peu d'histoire de la culture urbaine. Il n'est pas possible de raconter simplement que cette situation est le pur produit de la spéculation, de l'argent, de la ségrégation. Certes, *La Question du logement* d'Engels° est toujours vraie. Les riches prennent le centre des villes, renvoient° les pauvres à la périphérie, et cela de façon perpétuellement aggravée. Mais, depuis trente ans, il y a eu pis° que cette inertie lourde de type politico-économique: une sorte de désarroi° de la pensée. Ce qui a été bâti ne l'a pas été simplement avec cynisme, mais aussi avec bêtise,° dans une espèce d'adhésion stupide au discours ultra-rationaliste...

Cet état de fait a brusquement éclaté° au grand jour vers les années soixante-dix. Jusque-là, ces banlieues tragiques nous ont paru vraisemblables, des articles enthousiastes ont été écrits lorsque les 4 000 de La Courneuve ont été inaugurés. Il était donc impensable° de critiquer ce qui, au fond, passait pour convenable°: avoir donné à chacun de l'air, du soleil, de la lumière, une salle de bains, du confort. Le passage du taudis° au confort s'est effectué dans un consensus généralisé. Ce qui est très frappant, c'est qu'il a fallu que ces espaces se pratiquent, qu'ils soient utilisés, que la ségrégation s'installe pour qu'apparaisse l'insupportable,° à savoir° que ce n'était plus de la ville, fût-elle° pauvre, mais un simple espace de stockage où les gens étaient convenablement rangés du point de vue de l'hygiène, du confort, mais dans lequel il n'existait plus du tout la moindre qualité attribuée à la ville: le secret, le sédimentaire, la promenade, l'étrangeté,° la complexité. [...]

in high gear / resembling reality

get worse

the pits *(colloquial)*

here: organized / getting worse

To make up for this / make a list

to check, to remedy

German socialist leader and writer, associate of Karl Marx

send

worse

confusion

stupidity

here: surfaced

unthinkable / appropriate

slums

untenable / notably / be it (*imperfect subjunctive* of **être**)

strangeness

phantom
unemployment rate
here: the end
outlet / fights, battles

La ville naît en banlieue

La situation est donc assez étrange, le principal facteur positif de l'époque contemporaine étant l'existence d'une culture nouvelle qui permet de penser mieux ce qu'il faudrait faire. Les facteurs lourds négatifs persistants sont, en revanche, d'ordre social et politique. La ville est le lieu du fantasme° raciste le plus fort, de l'exclusion la plus radicale. Ce sont évidemment les espaces dans lesquels le taux de chômage° est le plus élevé, le taux de destruction de la cellule familiale le plus avancé, le retard scolaire le plus grand, le taux de loyers impayés le plus lourd, etc. Ce sont, en un mot, des lieux dans lesquels les facteurs de marginalisation qu'on résume sous la formule de la «société duale» sont les plus avancés, et dans lesquels on a le sentiment que, pour certains quartiers, c'est vraiment foutu.° [...]

Mais on ne connaît pas de moment historique dont les crises se résolvent vraiment sans pensée. C'est pourquoi le fait, visible par endroits déjà, que la ville commence à naître en banlieue peut donner une issue°culturelle aux luttes° urbaines à venir contre la ville à deux vitesses.

Roland Castro

reign
increases
people living in rural areas
French humorist (1855–1905)
small towns / *here:* the cutting up
housing developments
far off
direction
here: *level*
collapsed
in fact
peasantry
here: stopped, limited

Le règne° de la maison individuelle

Si depuis 1975 la population des communes rurales croît° à nouveau, ce n'est pas l'effet d'une augmentation du nombre des ruraux.° Mais, rejoignant le vieil espoir d'Alphonse Allais,° les villes maintenant se construisent aussi à la campagne.

Extensions des villages et des bourgs° le long des routes, «mitage°» du paysage (des constructions un peu partout, sans ordre visible), lotissements° privés ou communaux, banlieues plus ou moins lointaines,° villes nouvelles; tout va dans le même sens,° celui de l'habitat monofamilial (dit, le plus souvent, individuel...). Durant ces années, on a construit plus de maisons individuelles que de logements en immeubles collectifs et la proportion des unes par rapport aux autres n'a cessé de s'accroître jusqu'à un palier° de trois pour un, la production d'habitations collectives s'étant effondrée° alors que la maison, elle, tient, malgré les difficultés liées à la crise.

Fait paradoxal, dans une société plus que jamais dominée par les modèles urbains? Mais le pavillon n'interdit en rien la fréquentation des hypermarchés ou l'assistance aux grands spectacles... [...] De même on peut aisément se rendre au bureau, en voiture et par les transports en commun, même s'il y faut du temps et de l'argent. Et puis, nous sommes en bonne compagnie: la situation est comparable, voire° plus favorable encore à l'individuel en Grande-Bretagne, en Allemagne, en Belgique, en Hollande, etc. [...]

[...] ...l'attachement à la maison, à la propriété surtout qui lui est souvent liée et qui trouve en elle sa pleine dimension, est vieux comme cette paysannerie° qui, bien autant que ses rois, a fait la France...

Effet de l'individualisme ambiant? Comme si le fait de loger en immeuble locatif signifiait le désir de vivre réellement ensemble! Comme si la plupart de ceux qui vivaient en HLM n'aspiraient point au pavillon. Embourgeoisement populaire? Mais ce sont les familles populaires qui, plus que les autres et depuis fort longtemps, choisissent la maison chaque fois qu'elles n'en sont pas financièrement empêchées° [...]

On peut encore trouver de multiples causes à cette expansion: les logements locatifs manquent et, que ce soit en collectif ou en individuel, acheter coûte à peu près autant (dans un même ensemble aggloméré, même si ce n'est pas à la même distance du centre); la politique de l'Etat [...], le secteur de construction de la maison individuelle a fait des efforts de productivité — et de publicité — considérables, etc. Inutile de multiplier les raisons, une chose est claire: à conditions financières équivalentes, une très large majorité de familles françaises préfèrent l'individuel et s'efforcent de l'acquérir.

Entre le rêve et l'enfermement

[...] les familles françaises préfèrent la maison. On est tenté de dire: c'est là qu'elles réussissent, et de plus en plus, leur achèvement, là qu'elles manifestent leur plénitude; depuis toujours, la maison est leur symbole heureux, et le reste encore aujourd'hui.

Or° les familles bougent.° Le nombre de couples à destin consciemment provisoire, de divorces, de familles monoparentales (père ou mère célibataire), de personnes seules (surtout âgées) explose. Parallèlement, et ce n'est contradictoire qu'en apparence, la famille, lorsqu'elle dure, se renforce, redevient, si elle a jamais cessé de l'être, le refuge principal, la structure de solidarité indispensable en temps de crise. Cela éclaire° singulièrement l'opposition entre maison et logement en immeuble collectif, et son évolution — les représentations et pratiques sociales de la famille s'identifiant à la maison individuelle.

Now / are mobile

sheds light on

Cet investissement considérable que demeure une maison, élément constitutif et parfois exclusif d'un patrimoine,° expression et moyen d'un statut familial et social, que devient-il lorsqu'on est obligé, à cause de l'emploi par exemple, de se déplacer? La mobilité dans le travail, si fortement recommandée, s'accorde mal avec la stabilité entraînée° par la valeur, plus symbolique encore que financière, de la maison; et quand un bassin de main-d'œuvre° ou une région entière entrent en déclin économique profond, cet attachement est l'un des facteurs majeurs du désastre à cause des tensions qu'il induit.° [...]

here: inherited property

here: that represents

a segment of the work force

induces

Les relations qui se tissent° autour de l'habitat, de son entretien, de la gestion des espaces communs (dans les lotissements, les immeubles en location, les copropriétés, etc.), celles qui tournent autour de l'école ou du gymnase dépasseront-elles suffisamment leurs objets immédiats pour fonder une socialisation qui désenclave° les uns et concerne les autres? Forment-elles, comme certains l'entrevoient déjà, l'ensemencement° d'une façon de vivre ensemble qui évite l'effilochement du tissu social° et replace les différences, fussent°-elles radicales, dans la perspective d'une société complexe, vivante donc, plutôt que dans l'éloignement° de pôles opposés? [...]

are woven

frees

the seed

the unraveling of the social fabric / be they *(imperfect subjunctive* of **être**)

the distancing

François Lautier

Readings from: Minelle Verdié, *L'Etat de la France et de ses habitants.* Paris: Editions La Découverte, 1987, pp. 21-27.

A. Le sens du texte. Résumez brièvement dans vos propres mots les idées de Castro et de Lautier sur les sujets suivants.

1. les banlieues
2. les logements collectifs
3. le rôle de la maison individuelle
4. les espaces de stockage
5. la famille française
6. la tension entre mobilité et stabilité

B. A mon avis... Donnez votre avis (accord ou désaccord) aux idées suivantes tirées des textes de Castro et de Lautier. Soutenez votre point de vue en donnant un exemple, une idée complémentaire, un exemple contraire ou une explication. Vos exemples peuvent se rapporter aux Etats-Unis ou à la France.

1. Les banlieues, il y en a de toutes sortes.
2. Est-ce qu'il y a une ville vraisemblable, vivable, et une ville subie de moins en moins vivable?
3. Les riches prennent le centre des villes, renvoient les pauvres à la périphérie...
4. Ces espaces collectifs sont «... un simple espace de stockage... »
5. La ville est le lieu du fantasme raciste le plus fort...
6. ... ce sont les familles populaires qui... choisissent la maison...

Culture: Note that interior space is often a strong indicator of people's priorities and lifestyles. For example, up until the last 25 years most housing in France included large kitchens. The kitchen was a central gathering place and the place for regular preparation of large meals. More recently, housing, especially apartments, tend to have the **coin-cuisine** *(kitchenette)*. This seems to suggest that life has become more rushed, that more women are working (= less time for meal preparation), that quicker/simpler meals are prepared (increased use of frozen and canned foods), etc.

C. Discussion: La sociologie du logement. Discutez d'un des sujets suivants avec les membres de votre groupe.

1. Pourquoi est-ce que le type de logement joue un rôle si important dans l'identité d'une personne? C'est-à-dire, que représente le logement dans la vie quotidienne?
2. Est-ce qu'il y a une crise du logement ici aux Etats-Unis? Quels sont les problèmes du logement?

VOCABULAIRE POUR LA DISCUSSION

1. l'individualité *(f.)* / l'arrivisme *(m.)* / la réussite / l'espace / la liberté / être propriétaire / le «chez soi» / le foyer / la famille / les racines *(f.)* *(roots)* / le confort / le statut social / la vie privée / le refuge / la stabilité / l'identité *(f.)*

2. la crise (du logement, économique, politique) / la ségrégation / les riches / les pauvres / le taudis *(slum)* / un ghetto / le prix des logements / les logements collectifs / le manque de *(the lack of)* / la discrimination (raciale, ethnique, religieuse, sexuelle, etc.) / la condition des logements / les réparations *(f.)* / un espace vert / la proximité (des écoles, des magasins, des transports, etc.)

D'un autre point de vue

LECTURE: Extraits d'*Une vie de boy* de Ferdinand Oyono

Ferdinand Oyono was born in 1929 in the village of N'Goulémakong, in Cameroon. In 1960, after having completed his education in Paris, he began his career as a diplomat. He served as the Cameroonian ambassador to Paris, the United Nations, Liberia, and other countries. In 1975, he became the permanent delegate to the U.N. in New York. After many years in the diplomatic service, he returned to Cameroon where he now serves as the Secretary General to the President of the Republic. Between 1956 and 1960, he published his trilogy of novels *Une vie de boy*, *Le vieux nègre de la médaille*, and *Chemin d'Europe*. He has not written since 1960.

Dans Une vie de boy, *Ferdinand Oyono dessine l'image de la vie coloniale des années 50 vue par le domestique (Toundi Ondoua, aussi appelé Joseph) d'un administrateur européen. C'est un roman qui raconte la vie de Toundi dans des scènes de la vie populaire africaine dans laquelle «les Blancs» essaient de faire valoir leur autorité.*

Les extraits suivants racontent une tournée dans un village faite par le commandant (le patron de Toundi) et son boy.

[...] La matinée était fraîche. L'herbe était humide. On entendait le crépitement° des palmiers qui s'égouttaient ° sur la tôle° de la Résidence. Dangan prolongeait son sommeil sous la brume immaculée de ses lendemains de grande pluie.

Rasé, pommadé,° exubérant, le commandant surveillait le chargement du pick-up. Pour la première fois depuis son arrivée à Dangan, il portait un pull-over marron. La sentinelle° avait abandonné sa faction.° Son large pied droit appuyait sur la pédale de la pompe pour gonfler° les pneus arrière. Debout sur le pare-choc° avant, le chauffeur donnait un dernier coup de chiffon sur la glace. Il vint° près de la sentinelle qui soutenait péniblement° son genou des deux mains à chaque mouvement de gonflage. Le chauffeur donna un coup de marteau sur les pneus qui résonnèrent comme la corde d'un arc bien tendu.°

Quand tout fut° prêt, le commandant consulta sa montre. Il jeta un dernier coup d'œil à la Résidence. Il m'aperçut.

— Monte, toi! me dit-il. Nous partons en tournée.°

Il fit° claquer la portière et mit la voiture en marche. Je n'eus que° le temps de sauter sur les valises. Nous traversâmes le Centre commercial. Aucune âme° ne semblait y vivre. Des équipes de manœuvres° surpris saluaient à retardement comme s'ils n'en revenaient pas de voir le commandant déjà levé à cette heure.

Le commandant prit ensuite la route de la station agricole. L'ingénieur, tout de noir vêtu, nous attendait au pied de l'escalier. Il tenait un sac de voyage d'où dépassait une bouteille Thermos. Il monta à côté du commandant. Il se pencha° à la portière du côté de sa villa.

— Qu'attends-tu pour monter?

Cette question s'adressait à une ombre° qu'on entendit bâiller° sur la véranda.

— Qu'est-ce que c'est? demanda le commandant.

— Ma cuisinière-boy, répondit l'ingénieur.

C'était Sophie. Elle semblait tomber de sommeil en descendant l'escalier. L'ingénieur braqua° une torche électrique dans sa direction. [...]

[...] La route était sortie de la ville. Le pick-up dévorait les premiers villages. On voyait les indigènes drapés de pagnes° multicolores faire un geste de surprise dès qu'ils apercevaient le petit drapeau tricolore. Parfois une foule° sortait d'une case-chapelle où un bout de rail° en guise de cloche° pendait à la véranda. Des petites filles toutes nues° sortaient d'une porte entrebâillée° et venaient s'accroupir° en courant au pied des citronnelles° de la route. [...]

crackling
dripped / sheet metal
wearing pomade (a scented hair ointment)
guard / station
inflate
bumper of car / came
painfully
stretched
was
on rounds (on a tour)
(*passé simple* of **faire**) only had
soul
workers
leaned
shadow / yawning
aimed
loincloth
crowd
track (from railroad) / used as a bell
naked / ajar / to crouch down
citronella (lemon) bush

[...] Il commençait à faire chaud. Le pick-up venait de dépasser une énorme termitière° sur laquelle on avait écrit gauchement° au coaltar° «60 km». A tombeau ouvert,° nous descendions une colline° interminable. Le chemin semblait uni. On y circulait sans secousses° comme à Dangan. Au-dessus de ma tête je m'aperçus que nous passions sous des arcs de palmes tressées.° Nous arrivions à destination. Le commandant ralentissait. Penché à la portière, il semblait émerveillé° par cette propreté qu'on n'espérait plus rencontrer à plus de soixante kilomètres de brousse.° [...] Tout avait été nettoyé. Cette propreté était trop nette° pour ne pas être récente! [...]

termite hill / awkwardly / tar
At incredible speed *(Lit:* As if into an open coffin) / hill
shaking
woven, interlaced
amazed
bush
clean

[...] Le chef conduisit les Blancs dans une case qui avait été aménagée pour les recevoir. Le sol° avait été balayé, le kaolin° des murs gardait encore l'empreinte° des pinceaux.° Le toit verdoyait° avec son raphia° fraîchement tressé. En y entrant par cette chaleur caniculaire,° on était envahi de bien-être.

— Elle est merveilleuse, cette paillote° dit le commandant en s'évertuant° avec son casque.

— Ça, c'est une case, rectifia l'ingénieur, les murs sont en terre.° D'ailleurs on ne rencontre plus de paillotes que chez les Pygmées.

Les Blancs poursuivirent leur conversation dans la véranda où le chef avait fait installer deux chaises longues. Sophie m'aida à préparer les deux lits pliants° que nous avions emportés. Nous suspendîmes les moustiquaires.°

ground / clay / the imprint
brushes / was green /palm fronds
scorching
straw hut / struggling
mud
folding beds
mosquito netting

Ferdinand Oyono, *Une vie de boy.*
Paris: Editions Julliard, 1956, pp. 57–64.

D. Discussion. Qu'est-ce que vous pensez? Discutez d'une des questions suivantes avec votre groupe.

1. Quelle est l'attitude des Blancs à l'égard des Africains? Quelle est l'attitude de Toundi à l'égard des Blancs? Trouvez des phrases précises pour soutenir votre point de vue. Par exemple, est-ce qu'on dit normalement «Qu'est-ce que c'est?» quand on veut savoir l'identité d'une personne?
2. Quelle impression est-ce que vous avez du village qu'ils visitent? Comment est le village le jour où ils arrivent? Qu'est-ce que les habitants de la case ont fait pour accueillir leurs invités?
3. Quelle est votre impression du commandant? Faites un portrait de lui selon ce que vous avez appris (dit ou suggéré) des extraits.

C'est à vous maintenant!

DISCUTONS!

E. Discussion: Un débat. En groupes de trois personnes discutez des questions ci-dessous. Une personne représente l'Etat (le gouvernement), la deuxième personne représente les pauvres de la société, la troisième personne représente la classe moyenne qui paie beaucoup d'impôts. N'oubliez pas de présenter vos idées principales et complémentaires en ajoutant des exemples tirés des textes que vous avez lus ou de la situation aux Etats-Unis.

Questions: Est-ce qu'il faut construire des logements collectifs ou des maisons individuelles à loyer modéré pour les personnes qui manquent d'argent? Où est-ce qu'on devrait construire ces logements? Qu'est-ce qu'il faut pour les rendre vivables? Qu'est-ce qui est important pour le confort des habitants?

ECOUTEZ ET REGARDEZ!

Vidéo

The second segment of Program 2 of the **Vidéo** consists of interviews with French people about the topic of lodging.

On a demandé à deux Français: *Depuis combien de temps habitez-vous ici? Vous comptez y rester? Quels sont les principaux avantages d'être ici? Et est-ce qu'il y a des inconvénients?* Comment répondriez-vous à ces questions?

Agnès Boutran
«Le quartier est très bien mais nous sommes locataires et nous désirons devenir propriétaires.»

Christian Neige
«Nous habitons ici depuis cinq ou six ans. C'est un endroit qui est très calme et charmant.»

ALLONS VOIR LES FRANÇAIS

ET LES MARTINIQUAIS...

AUX HEURES DE LOISIR!

Unité 3

In this unit you will learn:

- to describe leisure activities
- to express preferences and judgments
- to ask questions; to talk about past and future time
- to make plans
- to organize paragraphs

Ouverture Que font-ils aux heures de loisir?

Chapitre 7 Mes passe-temps préférés

Intermède «Une vieille femme qu'on abandonne» (Albert Camus)

Chapitre 8 Qu'est-ce qu'on va faire ce week-end?

Chapitre 9 «L'oiseveté est mère de tous les vices.»

OUVERTURE

Que font-ils aux heures de loisir?

Ecoutez et regardez!

Vidéo

The first segment of Program 3 of the **Vidéo** shows French people devoting their leisure time to a variety of activities.

En France, comme dans la plupart des pays industrialisés, on travaille de moins en moins. En 1968 la durée de la semaine de travail était de 45 heures; en 1985, on ne consacrait en moyenne que 39 heures par semaine au travail — soit, une diminution de six heures en moins de 20 ans. Et cette évolution continue, ce qui suggère qu'on est peut-être en train de préparer une nouvelle sorte de civilisation, ce qu'on a appelé «la civilisation des loisirs». On peut donc se demander comment les Français profitent de leur temps de loisir augmenté. Est-ce qu'ils se contentent de se reposer davantage, assis ou couchés devant leur téléviseur en couleur? Consacrent-ils encore du temps à l'activité physique? à la vie sociale? aux distractions populaires? à la haute culture? Bref, la civilisation des loisirs mène-t-elle à une vie plus riche, plus heureuse?

De plus en plus de gens pratiquent les sports individuels tels que le footing.

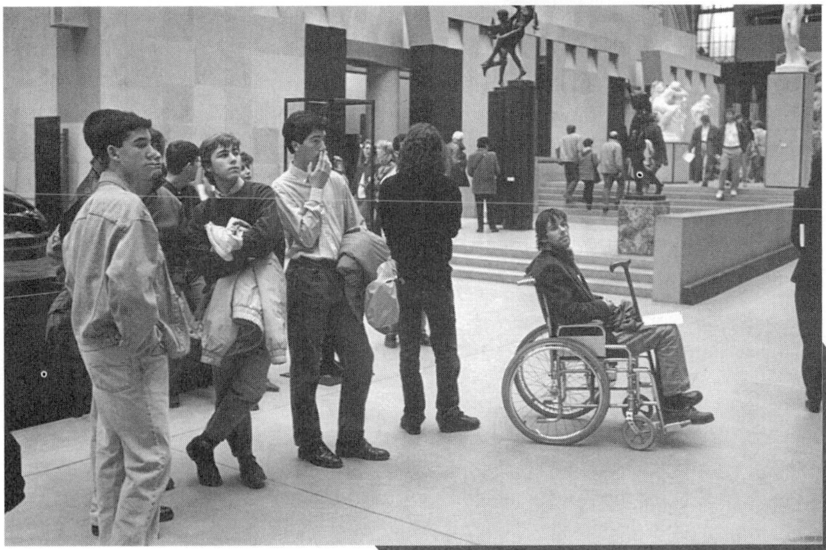

D'autres aiment voir les expositions d'art classique et moderne.

Les jeunes se dirigent en foule vers les concerts de rock et de musique populaire.

Et pourtant, la télévision demeure le principal loisir d'un grand nombre de Français.

LA FRANCE: LA CIVILISATION DE LOISIRS

increase / that *(the increase)*
recognition

L'accroissement° du temps libre et celui° du pouvoir d'achat ont largement favorisé le développement du loisir. Mais sa reconnaissance° en tant qu'activité sociale majeure supposait en outre un état d'esprit différent. C'est le sens de l'évolution de ces dernières années.

Le loisir n'est plus une récompense, mais une activité.

sweat of one's brow

Le temps libre se vivait autrefois comme une récompense. Il fallait avoir «gagné sa vie à la sueur du front°» pour avoir droit au repos, forme primaire du loisir. L'individu se devait d'abord à sa famille, à son métier, à son pays, après quoi il pouvait penser à lui-même.

sensitive
that *(the notion)*
to hide

Les plus âgés des Français sont encore très sensibles° à cette notion de mérite, indissociable pour eux de celle° de loisir. Mais pour les plus jeunes (la frontière se situe vers 40 ans), le loisir est un droit fondamental. Plus encore, peut-être, que le droit au travail, puisqu'il concerne des aspirations plus profondes et plus personnelles. Il n'y a donc aucune raison de se cacher° ni d'attendre pour faire ce que l'on a envie de faire, bref pour «profiter de la vie». [...] Les Français organisaient jusqu'ici leur vie autour de leurs obligations. Les plus jeunes souhaitent l'organiser autour de leurs passions.

La vie rêvée

anguish
tools

En matière de loisirs, les Français adoptent des comportements qui traduisent à la fois leur insatisfaction par rapport au présent et leur angoisse° vis-à-vis de l'avenir. Les outils° et les pratiques sont souvent des moyens de substituer le rêve à la réalité.

Le jeu occupe une place croissante dans les loisirs.

growing craze / fits
national lottery
wheel

L'engouement croissant° pour les jeux de toutes sortes s'inscrit° aussi dans ce désir, souvent inconscient, de rêver sa vie. Le Loto° est devenu pour des millions de Français un acteur potentiel de leur destin individuel; le seul capable de leur permettre de changer d'existence [...]

Les chaînes de télévision ont bien compris l'importance de la part du rêve et multiplient les occasions de «gagner». Autour de la *Roue° de la fortune,* des émissions de jeux (souvent importées des Etats-Unis) se sont installées sur toutes les chaînes [...]

goal

Beaucoup de loisirs prétendent simuler la réalité; leur but° est de la rendre conforme aux rêves de ceux qui les pratiquent.

glass bubble / cocoon / bad weather

[...] les villages du Club Méditerranée sont des récréations de lieu et de modes de vie qui n'existent que dans l'imaginaire. Les parcs aquatiques du type Center Parcs ou Aquaboulevard à Paris recréent une ambiance tropicale mais ils sont organisés autour d'une bulle de verre,° cocon° protecteur contre les intempéries,° la pollution, les maladies, le froid.

Le progrès technologique favorise cette tendance à transcender le réel.

Le développement des jeux vidéo en est une bonne illustration. Ceux° que l'on trouve dans les lieux publics (les jeux d'arcade) ont atteint une sophistication extrême: simulateurs de pilotage, jeux d'aventure intergalactique ou de guerre. On les retrouve sur les ordinateurs individuels et les consoles que les enfants branchent sur° le téléviseur familial. Leur caractéristique commune est de présenter une vision «fantastique» de la vie. [...]

Those, the ones *(video games)*

plugs into

Le mythe du «voyage» se développe.

Le contenu symbolique du mot «voyage» est très fort. On peut, au sens propre, changer de lieu, d'identité, d'activité, d'habitudes, bref de vie. C'est sans doute pourquoi l'idée de voyage occupe une place croissante dans la vie des Français, [...] mais on peut aussi voyager au sens figuré, partir de soi-même comme on part de son pays ou de sa région. Le rêve en est le véhicule essentiel; l'imagination, le support. Ce type de voyage est largement favorisé par l'environnement médiatique°: images de synthèse, créations artistiques, publicité, jeux de toutes sortes.

mass media

Ce n'est donc pas un hasard si la drogue prend une place croissante dans les sociétés développées. Le «voyage» auquel elle conduit n'a rien à voir avec ceux° proposés dans les catalogues. Il est avant tout une fuite,° en marge d'une société dans laquelle° certains ne trouvent pas leur place.

those, the ones *(trips)*
escape
in which

Gérard Mermet, *Francoscopie 1991*.
Paris: Librairie Larousse, 1990, pp. 351-354.

A. Qu'est-ce que vous avez compris? Résumez les idées principales de «La France: la civilisation des loisirs» en répondant aux questions suivantes.

1. Selon l'auteur de l'article, comment la conception du loisir a-t-elle changé dans ces dernières années?
2. Quel rapport voit-il entre le rêve, la réalité et les loisirs?
3. Donnez des exemples de cette tendance.

➤ 55 % des Français ne sont jamais allés au théâtre, 45 % dans une discothèque, 12 % au cinéma.

➤ 57 % des Français n'ont jamais fréquenté au cours de leur vie un parc d'attraction, 51 % une exposition de peinture, 26 % un musée.

Pariscope
Une semaine de paris

63, Champs-Elysées
75008 PARIS

Une semaine de Paris-Pariscope paraît le mercredi

4
EN VEDETTE
Cette semaine la rédaction de Pariscope a sélectionné pour vous :

Cinéma :
Toujours seuls
Théâtre :
Les 48 heures
Plaisir
Arts :
Vision nouvelle
Trente trois artistes
Concert :
Pour Wilhelm Kempff
Rock :
Simple Minds
Vente aux enchères :
Art déco
Jazz :
Heineken Jazz Festival
Black ballad

6
SCENES
Tous les événements qui se dérouleront sur une scène cette semaine :

Têtes d'affiche :
Théâtre :
La tragédie du roi
Théâtre
Nouvelles pièces 8
Nationaux 8
Autres salles 11
Théâtres hors-Paris 28
Liste des pièces 29
Cafés-théâtres 30
Chansonniers 33
Cabarets et dîners-spectacles 33
Musique-danse
Concerts classiques 40
Ballets 44
Opéras 45
Jazz, Rock, Pop, Folk 45
Variétés-Shows 47

48
ARTS
L'expo de la semaine :

L'Albertina de Vienne
Expositions de A à Z 50
Musées 60

167
RESTAURANTS
500 bonnes adresses à tous les prix :
Restaurants :
-par quartiers 169
-ouverts le dimanche 170
-terrasses 171
-ourverts après minuit 172
-par ordre alphabétique et par spécialités 198
Traiteurs 199

69
CINESCOPE
Tout le cinéma

Les coups de cœur de la rédaction
Fiche technique
Ciné-flashes
Films nouveaux
Films en exclusivité
Reprises
Festivals
Cinémathèque, vidéothèque
Tous les films de la semaine
Classement par genre
Hit-parade
Box-office
Ciné-jeunes
Toutes les salles de Paris
Scéances exceptionnelles
Scéances de nuit
Films de la périphérie
Toutes les salles de la périphérie

200
GUIDE
Une mine de renseignements pour vos shoppings et vos loisirs

Guide de Paris
Boutiques 201
Monuments 202
Parcs et jardins 202
Promenades 203
Salons et foires 205
Conférences
Agenda 205
Ventes aux enchères
Agenda 207
Sports-loisirs
Beauté, santé, forme 208
Bowlings 209
Centres de loisirs 209
Clubs de loisirs 210
Clubs sportifs et danse 210
Patinoires 211
Piscines 211
Squash-Tennis-Golf 212
Pour les jeunes
Théâtres 212
Marionnettes 213
Cirques 213
Zoos 214
Télévision
Films de la semaine 214

217
PARIS LA NUIT
Discothèques 217
Thés et dîners-dansants 218
Piano-bars 218
Bars 219
Clubs de rencontres 220
Spectacles érotiques 222

230
RADIOS FM
Fréquences 230

B. Du temps libre — quoi faire? En vous inspirant du sommaire de *Pariscope* et de vos réponses à l'exercice III du **Manuel de préparation,** discutez des questions suivantes avec vos camarades de classe.

1. Après avoir fini vos études universitaires, vous avez la chance de trouver un emploi à Paris. Vous êtes occupé(e) la journée, mais vous êtes libre le soir et le week-end. Que faites-vous pendant vos heures de loisir?
2. Existe-t-il des publications comme *Pariscope* aux Etats-Unis? Un(e) Français(e) qui se trouverait dans une situation pareille dans une ville américaine, comment pourrait-il/elle se renseigner sur des activités possibles?
3. Si on habite une petite ville ou un village, qu'est-ce qu'on peut faire pendant son temps libre?

C. Et nous? En utilisant comme point de départ vos réponses à l'exercice IV dans le **Manuel de préparation,** discutez avec vos camarades de classe des questions suivantes.

1. Les Américains, aiment-ils sortir ou sont-ils plutôt casaniers *(homebodies)*? De quels facteurs votre réponse dépend-elle? (âge, sexe, région, classe sociale)
2. Quels types d'activités est-ce que vous et vos camarades de classe préférez? Et les gens plus âgés, ont-ils les mêmes intérêts que vous?
3. Dans quelle mesure les réponses de la classe vous surprennent-elles? Dans quelle mesure est-ce qu'elles se conforment aux stéréotypes?
4. Quelles différences remarquez-vous entre les habitudes des Américains et celles des Français (voir le tableau ci-dessous)?

Les temps changent, les activités aussi

Evolution de quelques activités de loisirs entre 1967 et 1988 (en %) :

Proportion de Français ayant pratiqué l'activité suivante...	**1967**	**1988**
• Regarder la télévision tous les jours ou presque	51	82
• Recevoir des parents ou des amis pour un repas au moins une fois par mois	39	64
• Etre reçu par des parents ou des amis pour un repas au moins une fois par mois	37	61
• Lire une revue ou un magazine régulièrement	56	79
• Avoir visité un Salon ou une foire-exposition depuis un an	33	56
• Sortir le soir au moins une fois par mois	30	48
• Aller au restaurant au moins une fois par mois	8	25
• Avoir visité un musée depuis un an	18	32
• Avoir visité un château ou un monument depuis un an	30	41
• Faire de la couture ou du tricot de temps en temps et « avec plaisir »	28	38
• Danser au moins 5 ou 6 fois par an	20	30
• Ecouter la radio tous les jours ou presque	67	75
• Participer régulièrement à au moins une association	11	18
• Faire une collection	16	22
• Jouer aux cartes ou à d'autres jeux de société chaque semaine ou presque	13	18
• Jouer de la musique régulièrement ou parfois	4	7
• Réparer une voiture de temps en temps et « avec plaisir »	10	12
• Aller au cinéma au moins une fois par mois	18	18
• Lire au moins un livre par mois	32	31
• Jardiner tous les jours ou presque à la belle saison	20	19
• Aller au cinéma chaque semaine ou presque	6	4
• Aller au théâtre au moins une fois par an	21	18
• Aller au café au moins une fois par semaine	24	17
• Assister à un spectacle sportif au moins 5 fois par an	17	9
• Lire un quotidien tous les jours ou presque	60	42

Profil: La Martinique

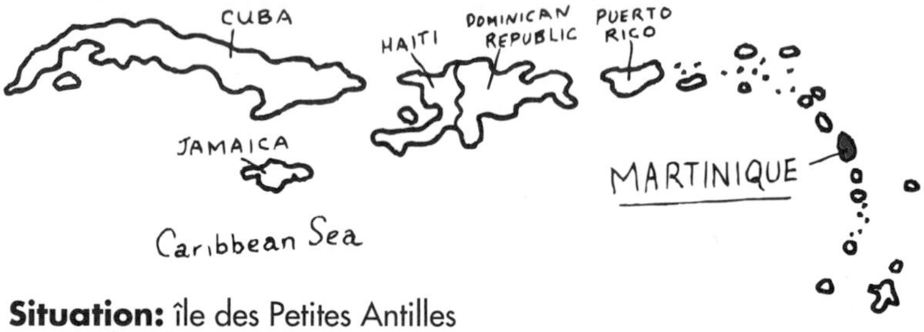

Situation: île des Petites Antilles
Superficie: 1 102 km^2
Population: 328 566
Gouvernement: département français d'outre-mer, envoie des députés et deux sénateurs à l'Assemblée Générale et au Sénat en France
Chef-lieu: Fort-de-France
Autres villes importantes: Lamentin, Schoelcher, Le Robert, Le François, St-Pierre, St-Joseph, La Trinité
Habitants: Noirs et mulâtres (90%), Indiens (Hindous) (5%), Blancs (5%)
Langues: français, créole
Religion: catholique
Géographie: massif volcanique dominé par la Montagne Pelée (1 400 m)
Climat: tropical; chaud et humide, un cyclone ou une tempête violente tous les huit ans en moyenne
Agriculture: canne à sucre, bananes
Industrie: tourisme (150 000 visiteurs par an)
Histoire: habitée d'abord par les Arawak, ensuite par les Caraïbes; découverte par Christophe Colomb en 1502; colonisée par la France à partir de 1664; repeuplée d'esclaves importés d'Afrique; transmuée en département de la France en 1946

3-1

Ecoutez!

If you have not done this listening exercise in class or if you would like to listen again to the conversations, you can work with this listening material on your own.

D. Que faisons-nous? Vous allez entendre des petites conversations portant sur les loisirs et les distractions. Associez chaque conversation à l'activité à laquelle on participe.

Activités

a. écouter de la musique
b. faire de l'aérobic
c. faire du jogging
d. regarder un film
e. regarder la télé
f. voir une exposition d'art

Chapitre 7

Mes passe-temps préférés

En avant!

ECOUTEZ!

3-2

Voici quatre Français qui trouvent des moyens très différents d'occuper leur temps libre.

La première, Michèle Collet, travaille comme biostatisticienne dans un laboratoire pharmaceutique.

Le deuxième, Yves Leloup, est responsable du service technique d'une société qui produit de l'équipement industriel.

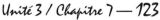

La troisième,
Micheline Puzenat,
est mère de famille.

Le quatrième,
Jean-Michel Massart,
est étudiant en droit à
l'université de Grenoble.

If you have not done this listening exercise in class or if you would like to listen again to the monologues, you can work with this listening material on your own.

POUR PARLER DES LOISIRS

A. Et vous autres, quels loisirs pratiquez-vous? Parlez avec quelques camarades de classe pour voir ce qu'ils font lorsqu'ils ont du temps libre dans les situations suivantes.

1. Un dimanche après-midi en septembre.
2. Un samedi soir en mai.
3. Un mercredi soir sans devoirs pendant l'année scolaire.
4. Un week-end en février.
5. Un samedi en juillet.
6. Un soir de vacances d'hiver quand ils sont chez leurs parents.
7. Un soir de vacances d'été quand ils sont chez leurs parents.
8. Un week-end en août.
9. Un dimanche après-midi en janvier.
10. Un jeudi soir sans travail en juin.

POUR COMMUNIQUER

Indiquer ce qu'on aime faire

J'adore (le tennis).
J'aime (beaucoup) (l'aérobic / faire de l'aérobic).
(Le jardinage,) ça me plaît beaucoup.
Je m'intéresse (beaucoup) à (la danse).
(Le scrabble), ça m'intéresse beaucoup.
Je suis fana(tique) de (musique). / Je suis un(e) fana(tique) du (jazz).

Indiquer ce qu'on n'aime pas faire

Je n'aime pas beaucoup (le cinéma / aller au cinéma).
Je n'aime pas tellement (le jardinage / jardiner).
(La planche à voile), ça ne me dit pas grand-chose.
(Le ski de piste), ça me déplaît.
Je n'aime pas du tout (la télé / regarder la télé).
(Faire du jogging), ça ne m'intéresse pas.
Je ne sais pas (très bien) (jouer aux échecs).

B. Si on faisait une partie de tennis? Pour chacune des situations suivantes, choisissez deux ou trois expressions que vous pourriez utiliser pour répondre à la suggestion de jouer au tennis.

1. Le tennis, c'est votre sport préféré.
2. Vous détestez le tennis.
3. Vous n'avez joué au tennis que deux ou trois fois dans votre vie.
4. Vous savez jouer au tennis, vous préférez faire autre chose.

C. Qui veut... ? Vous et vos camarades de classe allez répondre aux suggestions en donnant et en expliquant votre réaction personnelle.

MODELE — *Si on jouait au Scrabble?*
— *Oh, je ne sais pas. Le Scrabble, ça ne m'intéresse pas. Je trouve que c'est ennuyeux.*

1. Si on faisait une promenade?
2. Moi, j'ai une idée. Pourquoi pas aller à la piscine?
3. Qui veut jouer aux cartes?
4. On pourrait aller au cinéma. Il y a un très bon film de... qui passe maintenant.
5. Vous voulez aller danser ce soir?
6. Si on faisait du ski ce week-end?
7. Qui veut aller au zoo?
8. Il y a un très bon match de... à la télé ce soir.
9. Moi, je voudrais aller voir l'exposition au... Vous voulez y aller avec moi?
10. On pourrait faire du karaté.

Les sports à la Martinique

On pratique beaucoup de sports à la Martinique: football, tennis, natation, athlétisme, basket, cyclisme. Pourtant, étant donné la situation géographique de l'île, on a une grande prédilection pour les sports de mer.

Les Martiniquais sont d'experts marins et ils aiment beaucoup les courses de bateaux. Autrefois, ils utilisaient des canoës appelés gommiers, d'après le nom de l'arbre dont on utilisait le bois. De nos jours, étant donné la rareté du *gommier* et la difficulté du travail pour en faire un canoë, on utilise de plus en plus des embarcations à voile appelées *yoles*. Les équipages vont de village en village pour participer aux festivals en l'honneur des saints patrons. Les meilleurs marins viennent de la côte Atlantique de l'île, où ils ont la possibilité de s'habituer aux mers agitées.

Questions Y a-t-il des sports favorisés par la géographie de votre région? Lesquels?

STRUCTURE: Comment se renseigner

Asking questions is an important communicative act. You have already learned basic yes–no and information questions as well as the forms **qui** and **que.** In this section, after a brief review exercise, you will learn more interrogative expressions along with how to ask questions formally and informally.

Grammar: If you did not have a passing score on the **Repêchage** test in the CC or if you feel that you're still unsure about the basic interrogative forms, you should let your instructor know.

RAPPEL Les questions d'information; les pronoms interrogatifs **qui** et **que**

D. Une note illisible. En rentrant à la maison où vous habitez en France, vous trouvez un mot que votre «frère» vous a laissé. Malheureusement, le chat a renversé un verre d'eau, rendant certaines parties du message illisibles. Quand votre «frère» revient, posez-lui des questions pour avoir les renseignements qui manquent.

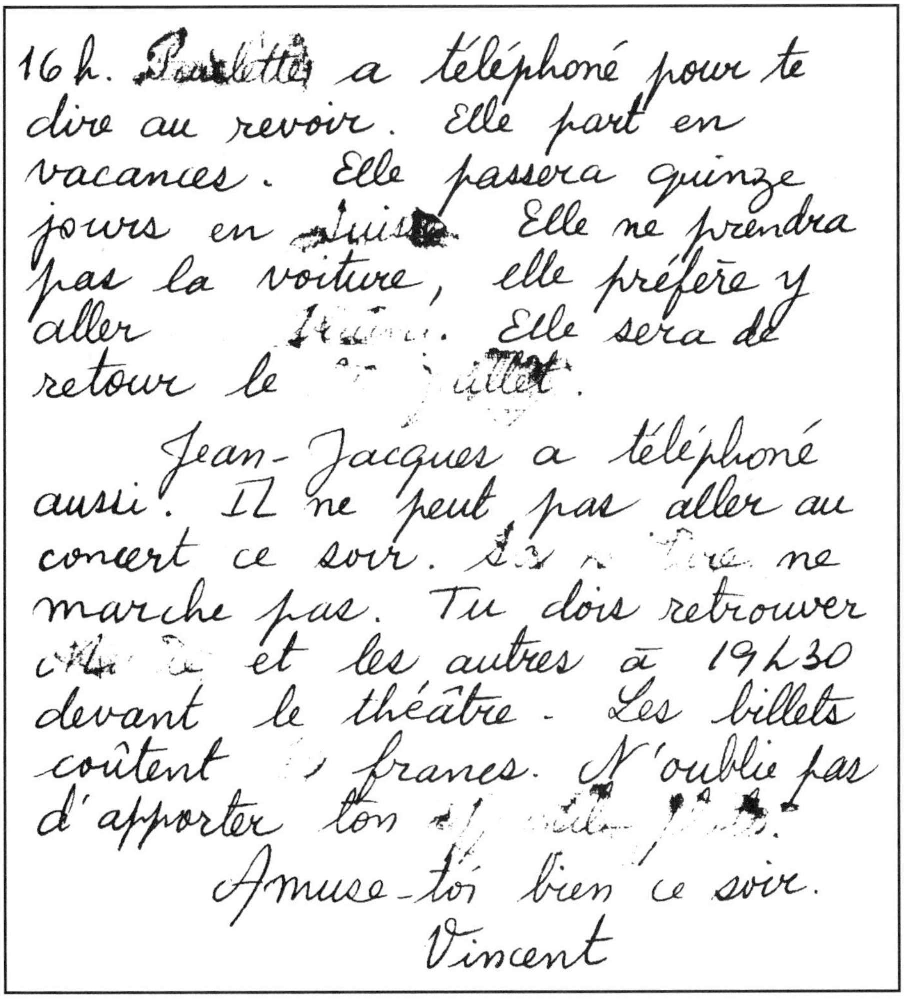

16 h. Paulette a téléphoné pour te dire au revoir. Elle part en vacances. Elle passera quinze jours en Suisse. Elle ne prendra pas la voiture, elle préfère y aller [illegible]. Elle sera de retour le [illegible] juillet.

Jean-Jacques a téléphoné aussi. Il ne peut pas aller au concert ce soir. Sa [illegible] ne marche pas. Tu dois retrouver [illegible] et les autres à 19 h 30 devant le théâtre. Les billets coûtent [illegible] francs. N'oublie pas d'apporter ton [illegible].

Amuse-toi bien ce soir.

Vincent

PRESENTATION

L'adverbe d'affirmation **si;** les expressions interrogatives **quel** et **lequel;** les expressions interrogatives et les prépositions; l'interrogation (registres de langue)

Although you are familiar with the basic ways of asking and answering questions in French, there are some additional interrogative expressions as well as special responses you will need to learn.

1. L'adverbe d'affirmation *si*

Tu n'as pas d'argent?	Don't you have any money?
Si, j'en ai. Voici 50F.	*Yes,* I have some. Here are 50 francs.

When contradicting a *negative* question, you use **si** instead of **oui.**

Grammar: The answers to the questions **qui** and **que** can be any person or thing. **Quel** limits the choice to a particular category; **lequel** implies a more restricted choice within that category. **Qui admirez-vous? Quel chanteur admirez-vous? Lequel de ces trois chanteurs admirez-vous le plus?**

2. Les expressions interrogatives *quel* et *lequel*

Laquelle des îles des Petites Antilles est la plus grande?	*Which (one)* of the Lesser Antilles is the largest?
Quelles sont les villes principales de la Martinique?	*What* are the main cities of Martinique?
Lesquelles se trouvent sur la côte Atlantique?	*Which ones* are located on the Atlantic coast?
Quelle ville a le plus grand nombre d'habitants?	*What (which)* city has the most inhabitants?

The interrogative expressions **quel** and **lequel** are used when you wish to limit the answer to your question to a particular type of person or category of thing. **Quel** is an adjective; it must be followed by a noun or by a form of **être** + *a noun.*

Quelles langues est-ce qu'on parle en Martinique?
Quel est le chef-lieu du département de la Martinique?

Lequel is a pronoun; it must refer to a noun mentioned in a previous sentence or be followed by **de** + *a noun.*

Plusieurs **montagnes** dominent l'île. **Laquelle** est la plus haute?
Lequel des sénateurs martiniquais est le plus connu?

Since adjectives agree with the noun they modify and pronouns agree with the noun they replace, **quel** and **lequel** each have four forms:

quel, quelle, quels, quelles
lequel, laquelle, lesquels, lesquelles

3. Les expressions interrogatives et les prépositions

> **Grammar:** When **lequel** is used with a verb that requires the prepositions **à** or **de**, normal contraction takes place: **à + lequel = auquel, de + lesquels = desquels**; (but: **à laquelle, de laquelle**). This construction occurs relatively infrequently: **Auquel de tes cours est-ce que tu consacres le plus de temps?**

A qui parlais-tu quand je t'ai vue à l'université hier?	*Who* were you talking *to* when I saw you at the university yesterday?
Dans quel bâtiment est-ce que tu m'as vue?	*What* building did you see me *in?*
De quoi est-ce que nous parlions?	*What* were we talking *about?*

Unlike in English, in French a preposition cannot be separated from the interrogative expression it accompanies. Whether you use **est-ce que** or inversion, the two must remain together. Notice that **que** becomes **quoi** after a preposition.

Note that sometimes prepositions required in French are not used in the English equivalent.

De quoi a-t-il besoin?	*What* does he need?
A qui est-ce que vous téléphonez?	*Who* are you calling?
A quelle heure vont-ils arriver?	*What time* will they get here?
De quelle couleur est ta voiture?	*What color* is your car?

4. L'interrogation (registres de langue)

Où êtes-vous né(e)?		(formal)
Où est-ce que vous êtes né(e)?	*Where were you born?*	(informal)
Tu es né(e) où?		(familiar)

When asking questions, you need to be aware of differences between spoken and written French as well as between formal and informal levels of language. When writing French or when speaking French in very formal situations, the tendency is to use inversion.

Notice the position of a noun subject, in between the interrogative expression and the inverted verb.

A qui le président **a-t-il** envoyé une invitation?
Pourquoi les autres ne **sont-ils** pas venus?
Habitez-vous à Lyon depuis longtemps?
A quels cours **êtes-vous** inscrits?

When speaking French in ordinary conversation, the tendency is to use **est-ce que**, except in very short questions with simple verbs and noun subjects.

Est-ce que vous pourriez me dire l'heure qu'il est?
Pourquoi **est-ce que** les autres ne sont pas encore là?
En quelle année **est-ce que** tu es arrivé en France?
Qu'**est-ce que** tu comptes faire ce week-end?
Qui **est-ce que** vous cherchez?
Où **est-ce qu'**ils sont allés?
BUT:
Où est la bibliothèque?
Comment va ton père?
Combien coûte ce chemisier?
Que cherche ce monsieur?

Moreover, in third-person questions, the speaker frequently uses both a pronoun and a noun or a stress pronoun.

> Qu'est-ce qu'**elle** veut, **ta sœur?**
> Où est-ce qu'**ils** vont, **les autres?**
> Qu'est-ce que **tu** fais, **toi?**

In very informal French, there is a tendency to avoid both inversion and **est-ce que** by putting the interrogative expression at the end of the sentence and using rising intonation to mark the question.

> Tu vas **où?** ↗
>
> Elles parlent **à qui?** ↗
>
> Tu as **quel âge?** ↗
>
> Ils cherchaient **quoi?** ↗

And, in some instances, very informal French uses interrogative forms that are grammatically incorrect.

> Où tu vas?
> Comment elle s'appelle, ta cousine?
> Combien ils ont de voitures?

5. Expressions idiomatiques

- **Que veut dire... ? / Que signifie... ?**

Que veut dire «déraper»?	*What does* "déraper" *mean?*
Que signifie le mot «calé»?	*What does the word* "calé" *mean?*

- **Comment dit-on... ?**

Comment dit-on "to sail" en français?	*How do you say* "to sail" in French?

- **Qu'est-ce que... ? / Qu'est-ce que c'est que... ? / C'est quoi... ?**

Qu'est-ce qu'«un gommier»?	*What is* "un gommier"? *(formal)*
Qu'est-ce que c'est qu'«un gommier»?	*What's* "un gommier"? *(informal)*
C'est quoi «un gommier»?	*What's* "un gommier"? *(familiar)*

E. Mais si... Répondez aux questions que l'on vous pose selon votre situation personnelle.

MODELE Tu n'aimes pas beaucoup le chanteur Prince?
Mais si. Je l'aime beaucoup. J'ai plusieurs de ses disques compacts. OU
Oui, c'est vrai. Je ne le trouve pas très intéressant.

1. Toi, tu n'as pas de frères ou de sœurs?
2. Mais pour toi, ce n'est pas la première année à l'université?
3. Tu n'as pas envie d'aller en France un jour?
4. Tu ne vas pas continuer à étudier le français?
5. Mais toi, tu n'aimes pas les films de Woody Allen?
6. Tu ne vas pas dîner ce soir?

F. Pour chercher des précisions. En suivant les indications données, posez des questions à un(e) camarade de classe afin de préciser certains faits à son sujet. D'abord, utilisez les questions entre parenthèses afin de découvrir:

1. quand il/elle est né(e) (en quel mois / quel jour / en quelle année)
2. où il/elle est né(e) (en quel état [pays] / dans quelle ville / à quel endroit)

Ensuite, utilisez des questions avec **quel** afin de découvrir:

3. son adresse / le prénom de son (sa) (ses) camarade(s) de chambre (mari, femme) / son numéro de téléphone
4. les cours qu'il/elle prend ce semestre / son cours le plus difficile / son cours le plus facile / son cours préféré
5. la marque de voiture qu'il/elle préfère / la couleur de la voiture qu'il/elle (sa famille) conduit / son âge quand il/elle a appris à conduire

Enfin, en utilisant les expressions données, demandez à votre camarade de choisir parmi les possibilités que vous lui proposerez.

6. lequel de ces sports / aimer mieux
7. laquelle de ces actrices / préférer
8. lequel de ces restaurants / dîner

G. On va s'amuser. Vos camarades proposent de faire certaines activités, mais avant de décider, vous voulez vous renseigner un peu davantage. Posez les questions indiquées en faisant attention aux prépositions cachées *(hidden)*. Attention: certaines questions n'ont pas de préposition.

D'abord, on propose d'aller au cinéma. Demandez:

1. le film qu'on va voir
2. la salle où le film passe
3. la station de métro où il faut descendre pour y aller
4. l'heure à laquelle la séance commence
5. le prix des billets

Ensuite, quelqu'un a l'idée de jouer à la canasta, un jeu de cartes que vous ne connaissez pas. Demandez:

6. ce que c'est que la canasta
7. le nombre de joueurs qui peuvent jouer
8. le nombre de jeux *(decks)* de cartes dont on a besoin pour jouer
9. le temps qu'il faut pour faire une partie de canasta
10. un autre jeu de cartes auquel la canasta ressemble

Enfin, quelqu'un d'autre propose de jouer au rugby. Vous ignorez tout au sujet du rugby. Quelles questions pourriez-vous poser?

H. Une réception. On vous a invité(e) à une réception où il y a plusieurs personnes que vous ne connaissez pas — des membres de la famille de quelques étudiants, des professeurs, des étudiants. Afin de faire leur connaissance, vous vous présentez et vous leur posez des questions en faisant attention aux registres de langue (**tu** ou **vous,** inversion ou **est-ce que,** etc.).

Ensuite!

POUR PARLER DES LIVRES, DES FILMS ET D'AUTRES DISTRACTIONS

Vocabulary: When describing the subject of a book or film, use the expressions **il s'agit de** or **avoir pour sujet.** The **il** of **il s'agit** is impersonal (similar to the **il** of **il faut**). A prepositional phrase is necessary to introduce the title: Dans ***Le silence des agneaux,*** **il s'agit d'une femme qui...** The expression **avoir pour sujet** is usually followed by a noun designating a thing (rather than a person): **Le nouveau film de Woody Allen a pour sujet les aventures d'un...**

I. Qu'est-ce que vous avez lu (vu, entendu) récemment? A l'aide de la **Fiche lexicale** (voir votre **Manuel de préparation,** pages 107–108), décrivez à vos camarades de classe quelques-unes de vos activités culturelles récentes. *Suggestions:* un livre que vous avez lu, un film ou une pièce de théâtre que vous avez vus, un concert auquel vous avez assisté, une exposition d'art que vous avez visitée, une émission que vous avez regardée à la télévision.

POUR COMMUNIQUER

Demander l'avis

Tu as (Vous avez) aimé... ?
Comment as-tu (avez-vous) trouvé... ?
..., il/elle t'a (vous a) plu?
Qu'est-ce que tu as (vous avez) pensé de... ?

Porter un jugement favorable

J'ai (beaucoup) aimé...
Ça m'a (beaucoup) plu.

Moi, j'ai trouvé... magnifique / superbe / excellent / merveilleux / sensationnel / super.
C'était (vraiment) (très) bien / beau / intéressant / passionnant / émouvant.

Porter un jugement défavorable

Je n'ai pas (beaucoup) aimé... / Je n'ai pas du tout aimé...
Ça ne m'a pas (tellement) plu. / Ça ne m'a pas plu du tout.
Ça m'a (un peu) déçu.

Moi, j'ai trouvé... pas très bien / pas extraordinaire / assez ennuyeux / plutôt moche.
C'était (vraiment) sans intérêt / mauvais / affreux / rasoir (= ennuyeux).

Porter un jugement ambivalent

C'était pas mal / assez bien / assez intéressant.

J. Des réactions. Trouvez au moins deux façons d'exprimer les réactions indiquées.

1. Vous avez vu un film. Votre réaction est mixte.
2. Vous venez de lire des poèmes de Baudelaire que vous avez beaucoup aimés.
3. Vous êtes allé(e) au musée où vous avez vu une exposition que vous n'avez pas aimée.
4. A votre université on vient de monter une pièce dont la qualité était vraiment excellente.
5. Vous êtes allé(e) à un concert de rock présenté par deux groupes. L'un était assez bien, mais l'autre ne vous a pas plu.
6. Vous avez regardé une émission vraiment bête (idiote) à la télé.

K. Qu'est-ce que vous avez lu (vu/entendu) récemment? Quand vous mentionnez à vos camarades de classe une œuvre que vous avez lue, vue ou entendue récemment, ils vous demandent votre avis sur cette œuvre. Vous le leur donnez, puis vous demandez s'ils sont d'accord avec vous. Vous pouvez reprendre les activités de l'exercice I ou vous pouvez choisir d'autres livres, films, concerts, etc.

Une semaine culturelle à Fort-de-France

Quels spectacles, quelles activités culturelles sont proposés aux habitants de la Martinique? Cinéma, musique, théâtre, on trouve un peu de tout.

Films français: *Cyrano de Bergerac* (avec Gérard Depardieu), *Vanille fraise* (comédie de Gérard Oury); films américains: *Tango et Cash* (avec Sylvester Stallone), *Les Nuits de Harlem* (avec Eddie Murphy); films de karaté: *Le Temple des arts martiaux, Cross Mission.*
Concert: Claire le Fur (harpiste, programme: Bach, Fauré, Prokofiev)
Pièces de théâtre: *Songe que fait Sarah* (d'un Haïtien, présentée dans le cadre de la IXème Rencontre Caribéenne de Théâtre); *Escurial* (du dramaturge belge Michel de Ghelderode, présentée par le Centre Dramatique régional)
Expositions: «Photos d'athlétisme» (à la BNP)
Film et débat: «L'Enigme des OVNI» (présenté par un hypnologue et para-psychologue américain)
Conférence: «Les 100 premières années de présence française à la Martinique» (présentée par M. Félix Hilaire Fortuné)

Vocabulary: OVNI is the acronym for objets volants non-identifiés (in English, UFO).

• « Escurial » du 3 au 12 mai au Centre Dramatique régional.

Question A quels groupes sociaux et ethniques les différentes activités s'adressent-elles?

STRUCTURE: Comment parler du passé (1)

The basic tenses used to talk about the past in French are the **passé composé** and the **imparfait**. You have already learned to conjugate regular verbs and some irregular verbs in both these tenses. In addition, you have used the **passé composé** to recount isolated past actions and the **imparfait** to describe habitual past actions. Following a brief review exercise on these forms and uses, we will look over some special cases involving the forms of the **passé composé** and then study in greater detail the uses of these two past tenses.

RAPPEL Le passé composé et l'imparfait

Grammar: If you did not have a passing score on the **Repêchage** test in the **CC** or if you feel that you're still unsure about the conjugation of the **passé composé** and/or the **imparfait,** you should let your instructor know.

L. Ma journée... hier et autrefois. Vous commencez par raconter à des camarades de classe comment vous avez passé la journée d'hier. Utilisez le *passé composé* pour parler de vos activités.

Puis vous allez comparer votre journée d'hier à la vie que vous meniez à une autre époque de votre vie. Utilisez l'*imparfait* pour décrire vos activités habituelles. Quelques suggestions: *Quand j'avais... ans... / Quand j'étais au lycée... / Quand j'étais en vacances à...;... ma vie était bien différente (tout à fait pareille) /... ma journée était beaucoup moins chargée (bien plus agréable).*

PRESENTATION Le passé composé – quelques cas spéciaux

1. Des participes passés irréguliers

You have already learned the past participles of some common irregular verbs. The following are other irregular past participles, grouped (when possible) according to their final sounds. Verbs marked with an asterisk (*) are conjugated with **être;** all others are conjugated with **avoir.**

A. ENDING IN THE SOUND [y]

avoir	**eu**	lire	**lu**
boire	**bu**	plaire	**plu**
connaître	**connu**	pleuvoir	**plu**
apparaître	**apparu**	recevoir	**reçu**
disparaître	**disparu**	décevoir	**déçu**
courir	**couru**	venir*	**venu**
croire	**cru**	vivre	**vécu**
falloir	**fallu**		
valoir	**valu**		

B. ENDING IN THE SOUND [i]	
s'asseoir*	**assis**
dire	**dit**
écrire	**écrit**
fuir	**fui**
suivre	**suivi**

C. ENDING IN THE SOUND [ɛr]	
couvrir	**couvert**
découvrir	**découvert**
offrir	**offert**
souffrir	**souffert**

D. ENDING IN THE SOUND [ɛ̃]	
craindre	**craint**
joindre	**joint**
peindre	**peint**

E. OTHER ENDINGS	
être	**été**
mourir*	**mort**
naître*	**né**

2. Le verbe auxiliaire: *avoir* ou *être?*

Ils **sont montés** dans la voiture.	They *got in* the car.
La voiture **a monté** le boulevard à toute vitesse.	The car *went up* the boulevard at full speed.

Certain verbs — in particular, **descendre, monter, passer, sortir, retourner**, and **rentrer** — can be conjugated either with **avoir** or **être.** When they are used alone or are followed by a preposition, they use **être;** when they are followed by a direct object, they require **avoir.** They often have a different meaning when used with **avoir.**

Elle **est descendue** du train.	She *got off* the train.
Elle **a descendu** l'escalier.	She *came down* the stairs.
Nous **sommes passés** devant la maison.	We *passed* in front of the house.
Nous **avons passé** deux heures ensemble.	We *spent* two hours together.
Ils **sont sortis** avant toi.	They *went (came) out* before you.
Ils **ont sorti** leurs revolvers.	They *took out* their guns.
Pourquoi **est-il retourné** en Afrique?	Why *did he go back* to Africa?
Pourquoi **as-tu retourné** sa photo?	Why *did* you *turn* his picture *around?*
A quelle heure **es-tu rentrée** hier soir?	What time *did you get home* last night?
As-tu rentré la voiture au garage?	*Did you put* the car *back* in the garage?

3. L'accord du participe passé

Petite histoire d'amour

Ils se sont **rencontrés** un jour d'avril. Elle lui a **souri.** Il l'a **invitée** à sortir. Au café ils se sont **parlé** pendant des heures. En se quittant, ils se sont **embrassés.** Trois jours sont **passés.** Elle est **allée** le chercher. L'adresse qu'il lui a **donnée**, c'était un terrain vide. Où sont les amours d'antan *(of yesteryear)?*

a. The past participles of verbs conjugated with **être** agree in number and gender with the *subject* of the verb (**elle est allée, trois jours sont passés**).

b. The past participles of verbs conjugated with **avoir** agree in number and gender with the *direct object* of the verb *when the direct object precedes the verb.* This usually occurs with object pronouns (**il l'a invitée**) and the relative pronoun **que** (**l'adresse qu'il lui a donnée**).

c. Although pronominal verbs are conjugated with **être,** their past participles follow the agreement rules for **avoir**, i.e., the past participle agrees with the *reflexive pronoun* when it is a *direct object* (**ils se sont rencontrés, ils se sont embrassés**). When the reflexive pronoun is an indirect object, there is no agreement (**ils se sont parlé [parler à]**).

Agreement of the past participle is primarily a problem in written French. Consequently, exercises on this topic occur only in your **Manuel de préparation.**

PRESENTATION L'emploi du passé composé et de l'imparfait

Learning to use the **passé composé** and the **imparfait** appropriately requires both patience and practice. While some of the distinctions in meaning between the two tenses are reflected in English, others are not. The following explanation points out three fundamental differences between the two tenses; a chart is included to give a more detailed look at specific usages.

1. Discrete states and actions vs. incomplete states and actions

Hier après-midi **je suis allé** en ville. — Yesterday afternoon *I went* downtown.

Hier après-midi **j'allais en ville** quand j'ai vu un accident horrible. — Yesterday afternoon *I was going downtown* when I saw a terrible accident.

When you use the **passé composé,** you are treating the event or action as a discrete entity, i.e., as something complete within itself: **Hier après-midi je suis allé en ville.** It is certainly possible to add details: for example, **J'ai fait envoyer un colis, puis j'ai cherché de l'argent à la banque.** However, such details are not necessary.

On the other hand, when you use the **imparfait,** you are suggesting to your listener that there is more to come. If you only said **Hier après-midi j'allais en ville,** your statement would be incomplete and your listener would want to know what happened *while you were going downtown.*

2. Limited actions and states vs. habitual actions and states

> **J'ai commencé** mes études universitaires à Lawrence University en 1986. Après ma première année, **j'ai changé** d'école et **j'ai eu** mon diplôme de l'université de Wisconsin en 1990. **Je me suis bien amusée** pendant mes trois années à Madison.
>
> A Madison, **j'avais** beaucoup de temps libre, surtout le week-end. Au beau temps, mes amis et moi, **nous nous promenions** à vélo à la campagne ou **nous faisions de la voile** sur le lac. En hiver, **je passais** des heures à discuter dans le Rathskeller, bien abritée du vent et du froid.

The **passé composé** is used to talk about actions and states that occurred or existed at a *specific* moment (**j'ai eu mon diplôme en 1990**) or during a *limited* period of time in the past (**je me suis bien amusée pendant mes trois années à Madison**). It does not matter: how long ago (**ma famille est venue en Amérique au dix-huitième siècle**); how lengthy the period of time (**mes grands-parents ont travaillé la ferme pendant plus de cinquante ans**); or how many times the action occurred within the limited period (**L'année dernière j'ai téléphoné à mon cousin presque toutes les semaines.**).

The **imparfait** is used to talk about repeated, habitual actions and states (**à Madison, j'avais beaucoup de temps libre; au beau temps nous faisions de la voile sur le lac; en hiver, je passais des heures à discuter**). In these cases, no specific limit is expressed.

3. Foreground events vs. background states and actions

> **Elle n'est pas descendue** tout de suite. **Elle était** en train de coucher les enfants. **Elle** leur **lisait** un conte de fées et **ils voulaient** le finir avant de s'endormir. **Nous avons** donc **attendu** une demi-heure.

The **passé composé** is used to recount the main actions or events in a narrative (**elle n'est pas descendue, nous avons attendu**). The **imparfait** serves to give background information, to describe the context or to offer explanations (**elle était en train de... ; elle leur lisait; ils voulaient**).

> Il faut que je te raconte ce qui **m'est arrivé** le week-end dernier. **Je faisais** du camping avec ma femme et mes beaux-parents. **Il faisait** très froid et **il y avait** très peu de gens dans notre camping. Vers 11h du soir, **nous étions** assis autour du feu quand tout d'un coup **j'ai entendu** un bruit. **Je me suis retourné** et là, à trois mètres du feu, **j'ai vu** un ours. **Il était** énorme. Son pelage épais ne **cachait** pas ses longues griffes. **Il** nous **regardait** d'un air curieux. **J'ai dit** à mes compagnons...

When telling a story, the **imparfait** is often used to *set the scene,* to describe the situation in which the story took place. Once you begin to recount the *events* of the story, you use the **passé composé** for those verbs that make the story go forward (**j'ai entendu; je me suis retourné; j'ai vu; j'ai dit**). In other words, verbs that respond to the question: **Qu'est-ce qui s'est passé?** are in the **passé composé.** You use the **imparfait** for those verbs that don't advance the story (**il était; ne cachait pas; il nous regardait**). In other words, verbs that respond to questions such as: **Quelle était la situation? Comment étaient les personnages? Pourquoi est-ce qu'ils étaient là?**, and so on.

Outline of specific uses of the *passé composé* and the *imparfait*

A SINGLE ACTION OR STATE

1. Use the *passé composé:*

• if the action or state is presented as finished at a specific moment and complete within itself, whether or not the moment is expressed.

> **Nous sommes allés** à la bibliothèque.
> **Il a fini** ses devoirs à 11h.
> **J'ai eu** de la difficulté à trouver ton adresse.
> Hier **il a fait** très froid.

• if the action or state is presented as completed in a specific period of time.

> **Elle a travaillé** pendant huit heures.
> **Nous avons vécu** trois ans au Maroc.

• if the action or state is presented as repeated a definite number of times or within a limited period of time.

> **Nous avons vu** quatre ou cinq films le mois dernier.
> Je lui **ai téléphoné** plusieurs fois, sans l'avoir.

2. Use the *imparfait:*

• if the action or state is presented as unfinished and as the background for other actions, even if a specific moment is expressed.

> **Nous allions** à la bibliothèque. (En route, nous avons vu...)
> Mardi dernier, **j'étais** assise à la terrasse d'un café. (Tout d'un coup j'ai remarqué...)
> **Il faisait** très froid. (Par conséquent, j'ai mis...)

• if the action or state is presented as habitual or repeated an indefinite number of times.

> Quand j'étais petit, **j'aimais dormir** avec mes parents.
> Au lycée, **nous jouions** souvent des tours à nos profs.
> **J'avais** toujours du mal à comprendre mon prof d'espagnol.

TWO OR MORE ACTIONS OR STATES

3. Use the *passé composé:*

• if the actions or states occurred consecutively.

> **Elles se sont levées, elles ont dit** au revoir et **elles sont parties.**
> D'abord, **j'ai été surpris**; ensuite, **je me suis fâché.**

• if the actions or states occurred at the same moment.

Quand **nous sommes entrés,** personne ne **s'est levé.**
Lorsque le chien **a commencé** à aboyer, moi, **j'ai eu** peur.

• if the actions or states continued together for a limited period of time and the emphasis is on that period of time.

Elle a regardé la télé pendant que **nous avons préparé** le dîner.
Pendant que mon mari **a fait** sa toilette, moi, **je suis restée** au lit.

4. Use the *imparfait:*

• if the actions or states continued together for a period of time (limited or not) and you want to emphasize that the actions or states occurred at the same time.

Quel triste spectacle! La terre **était** recouverte de blessés; les uns **criaient;** les autres **gémissaient;** les infirmiers **couraient** ça et là.

Pendant que **je faisais** la vaisselle, ma femme **aidait** mon fils à faire ses devoirs et ma fille **s'amusait** à faire des dessins.

5. Use the *imparfait* and the *passé composé:*

• if one action or state served as the background or the context for the other.

Pendant que **nous étions** en ville, **nous avons rencontré** M. et Mme Queffelec.
Elle lisait au moment où la bombe **a explosé.**
J'ai remarqué un vieil homme qui **traversait** la rue à l'aide d'une canne.

M. Récemment... Complétez les phrases suivantes en parlant de vos activités récentes. Faites attention à l'emploi du *passé composé* et de l'*imparfait.*

1. Hier soir je...
2. Ce matin, à 6h, je...
3. Samedi dernier je... pendant plus de... heures.
4. ... ou... fois la semaine dernière je...
5. Hier après-midi je... , puis... et enfin...
6. Ce matin j'ai vu... qui...
7. Quand je suis arrivé(e) en classe aujourd'hui,...
8. Hier soir, pendant que... , je...
9. Quand je suis sorti(e) de la maison (de la résidence) ce matin,...
10. Avant de commencer mes études à l'université, je...
11. Ce matin, vers... heures, je... quand je...
12. Hier, je ne... pas parce que...

N. Racontez! Utilisez les expressions suggérées pour raconter à vos camarades de classe vos activités passées et récentes. Faites attention à l'emploi du *passé composé* et de l'*imparfait.*

1. *Mes années au lycée*
   faire mes études secondaires à... / avoir... ans / entrer en (neuvième) / la première année / après ça / le jour où j'ai eu mon diplôme
2. *Un concert de...*
   avoir des billets / y aller avec / avoir lieu *(to take place)* à / quand nous sommes arrivé(e)s... / commencer à chanter à... / au début / à la fin du concert / aimer le concert
3. *Un match de tennis (un double)*
   jouer au tennis avec / mon (ma) partenaire / nos adversaires / au début / après... minutes / finir par / après le match
4. *Une soirée à la maison*
   ne pas sortir / parce que / regarder la télé avec / commencer par regarder / (ne pas) aimer / ensuite / vers... heures / parce que
5. *Un week-end de camping*
   faire du camping avec / aller à (dans) / partir / dans mon sac à dos / [le temps] / arriver / la première nuit / le matin suivant / passer... heures à / la seconde nuit / parce que / rentrer

O. Racontez! (suite) Continuez à raconter vos activités passées ou récentes en faisant attention à l'emploi du *passé composé* ou de l'*imparfait.*

1. une activité «culturelle» (cinéma, théâtre, ballet, opéra, concert de musique classique, etc.)
2. une activité sportive
3. une soirée passée à la maison
4. une autre distraction (zoo, cirque, discothèque, concert de rock, etc.)

P. Une excursion. Racontez à vos camarades de classe une excursion que vous avez faite — la visite d'une ville, un week-end de camping, un petit voyage à vélo, etc. Donnez autant de détails que possible en faisant attention à l'emploi du *passé composé* et de l'*imparfait.*

C'est à vous maintenant!

ECOUTEZ!

3-3

Les Chapelle, René et Isabelle, et leurs deux enfants sont comme beaucoup de familles modernes. Ils mènent des vies tellement actives qu'ils ne se voient que très rarement. En semaine, le père et la mère travaillent; les adolescents sont au lycée. Et le week-end, chacun va de son côté pour suivre ses propres intérêts. Voici, par exemple, ce qu'ils ont fait le week-end dernier.

If you have not done this listening exercise in class or if you would like to listen again to the monologues, you can work with this listening material on your own.

PARLONS!

Q. Le week-end chez moi. Votre partenaire va vous demander comment les membres de votre famille profitent de leur temps libre en choisissant comme exemple un week-end particulier (le week-end dernier, un week-end récent où vous avez été chez vous, etc.). Il/Elle peut suivre le schéma donné ci-dessous.

1. Combien êtes-vous dans ta famille? Que font les membres de ta famille en semaine? Qu'est-ce qu'ils aiment faire quand ils ont du temps libre?
2. Qu'est-ce qu'ils ont fait (le week-end dernier)?

INTERMEDE

LECTURE: «Une vieille femme qu'on abandonne» (Albert Camus)

Dans «L'Ironie», le premier essai de son recueil, L'Envers et l'endroit, *Albert Camus raconte de courtes anecdotes au sujet de trois vieilles personnes: «Il s'agit de trois destins semblables, et pourtant différents. La mort pour tous, mais à chacun sa mort.» Voici la première anecdote.*

Albert Camus (1913–1960) was one of the leading intellectual and literary figures to emerge in post-World War II France. The author of numerous plays, short stories, and essays, he is particularly known for his novels *L'Etranger (The Stranger)* and *La Peste (The Plague)*.

Il y a deux ans, j'ai connu une vieille femme. Elle souffrait d'une maladie dont elle avait bien cru mourir. Tout son côté droit avait été paralysé. Elle n'avait qu'une moitié d'elle en ce monde quand l'autre lui° était déjà étrangère. Petite vieille remuante° et bavarde,° on l'avait réduite au silence et à l'immobilité. Seule de longues journées, illettrée,° peu sensible, sa vie entière se ramenait° à Dieu. Elle croyait en lui. Et la preuve est qu'elle avait un chapelet,° un christ de plomb° et, en stuc,° un saint Joseph portant l'Enfant. Elle doutait que sa maladie fût° incurable, mais l'affirmait pour qu'on s'intéressât à elle, s'en remettant du reste° au Dieu qu'elle aimait si mal.

Ce jour-là, quelqu'un s'intéressait à elle. C'était un jeune homme. (Il croyait qu'il y avait une vérité et savait par ailleurs° que cette femme allait mourir, sans s'inquiéter de résoudre cette contradiction.) Il avait pris un véritable intérêt à l'ennui° de la vieille femme. Cela, elle l'avait bien senti. Et cet intérêt était une aubaine inespérée° pour la malade. Elle lui disait ses peines° avec animation: elle était au bout de son rouleau,° et il faut bien laisser la place aux jeunes. Cela était sûr. On ne lui parlait pas. Elle était dans son coin, comme un chien. Il valait mieux en finir. [...]

On s'était mis à table. Le jeune homme avait été invité au dîner. La vieille ne mangeait pas, parce que les aliments sont lourds le soir. Elle était restée dans son coin, derrière le dos de celui° qui l'avait écoutée. Et de se sentir observé, celui-ci mangeait mal. Cependant, le dîner avançait. Pour prolonger cette réunion, on décida d'aller au cinéma. On passait justement un film gai. Le jeune homme avait étourdiment° accepté, sans penser à l'être° qui continuait d'exister dans son dos.

Les convives s'étaient levés pour aller se laver les mains, avant de sortir. Il n'était pas question, évidemment, que la vieille femme vînt° aussi. Quand elle n'aurait pas été impotente,° son ignorance l'aurait empêchée° de comprendre le film. Elle disait ne pas aimer le cinéma. Au vrai, elle ne comprenait pas. Elle était dans son coin, d'ailleurs, et prenait un grand intérêt vide° aux grains° de

to her(self)
fidgety / talkative
illiterate
came down to / rosary beads
lead / stucco
was *(imperfect subjunctive* of **être**)
leaving everything else up to
moreover
boredom
unexpected godsend / problems
at the end of her rope
the one *(the person)*
carelessly (rashly) / the being *(the person)*
come *(imperfect subjunctive* of **venir**)
Even if she hadn't been (weren't) crippled / would have prevented
empty / beads

son chapelet. Elle mettait en lui toute sa confiance. Les trois objets qu'elle conservait marquaient pour elle le point matériel où commençait le divin. A partir du° chapelet, du christ ou du saint Joseph, derrière eux, s'ouvrait un grand noir profond où elle plaçait tout son espoir.

Tout le monde était prêt. On s'approchait de la vieille femme pour l'embrasser et lui souhaiter un bon soir. Elle avait déjà compris et serrait° avec force son chapelet. Mais il paraissait bien que ce geste pouvait être autant de désespoir que de ferveur. On l'avait embrassée. Il ne restait que le jeune homme. Il avait serré la main de la femme avec affection et se retournait déjà. Mais l'autre voyait partir celui qui s'était intéressé à elle. Elle ne voulait pas être seule. Elle sentait déjà l'horreur de sa solitude, l'insomnie prolongée, le tête-à-tête décevant° avec Dieu. Elle avait peur, ne se reposait plus qu'en° l'homme, et se rattachant au seul être qui lui eût marqué° de l'intérêt, ne lâchait° pas sa main, la serrait, le remerciant maladroitement pour justifier cette insistance. Le jeune homme était gêné.° Déjà, les autres se retournaient pour l'inviter à plus de hâte.° Le spectacle commençait à neuf heures et il valait mieux arriver un peu tôt pour ne pas attendre au guichet.

Lui se sentait placé devant le plus affreux° malheur qu'il eût encore connu°: celui° d'une vieille femme infirme° qu'on abandonne pour aller au cinéma. Il voulait partir et se dérober,° ne voulait pas savoir, essayait de retirer sa main. Une seconde durant, il eut° une haine° féroce pour cette vieille femme et pensa la gifler à toute volée.°

Il put° enfin se retirer et partir pendant que la malade, à demi soulevée° dans son fauteuil, voyait avec horreur s'évanouir° la seule certitude en laquelle elle eût pu° se reposer. Rien ne la protégeait maintenant. Et livrée° tout entière à la pensée de sa mort, elle ne savait pas exactement ce qui l'effrayait,° mais sentait qu'elle ne voulait pas être seule. Dieu ne lui servait de rien, qu'à l'ôter° aux hommes et à la rendre seule. Elle ne voulait pas quitter les hommes. C'est pour cela qu'elle se mit à° pleurer.

Les autres étaient déjà dans la rue. Un tenace remords° travaillait le jeune homme. Il leva les yeux vers la fenêtre éclairée, gros œil mort dans la maison silencieuse. L'œil se ferma. La fille de la vieille femme malade dit au jeune homme: «Elle éteint° toujours la lumière quand elle est seule. Elle aime rester dans le noir.»

Albert Camus, «L'Ironie,» *L'Envers et l'endroit.*
Paris: Editions Gallimard, 1958, extrait.

From... on
squeezed
disappointing
no longer relied on anything except
had shown *(pluperfect subjunctive* of **marquer**) / let go of
embarassed / haste
terrible / had ever known *(pluperfect subjunctive* of **connaître**)
that *(the unhappiness)* / invalid
to hide
had *(passé simple* of **avoir**) / hatred
slap her as hard as he could
managed *(passé simple* of **pouvoir**) / raised up
fade away
could *(pluperfect subjunctive* of **pouvoir**) / given over
frightened
to take away
began *(passé simple* of **se mettre à**)
persistent (feeling of) remorse
turns off

A. Le sens du texte. Montrez votre accord ou votre désaccord avec les conclusions suivantes en faisant allusion au texte que vous avez lu.

1. La vieille dame habite seule.
2. Le jeune homme qui s'intéresse à elle est un membre de sa famille.
3. Le seul compagnon de la vieille dame est Dieu.
4. La vieille dame ne veut pas sortir avec les autres après le dîner.
5. Elle ne veut pas que les autres sortent non plus.
6. Le jeune homme regrette d'avoir parlé à la vieille femme.
7. Pour la vieille femme, le jeune homme a plus d'importance que Dieu.
8. La fille de la vieille dame ne comprend rien à sa mère.

B. L'art du texte. Répondez aux questions suivantes à propos du texte que vous avez lu.

1. L'ironie est fondée sur l'opposition — entre ce qu'on dit et ce qu'on pense, entre ce qu'on anticipe et ce qui se produit, entre ce qu'on dit et ce qui est vrai. Quelle est l'ironie des paroles de la fille à la fin de l'histoire?
2. L'œuvre de Camus est souvent ironique; il est très sensible aux oppositions, aux contradictions de la vie humaine. Relevez toutes les oppositions possibles dans ce texte: par exemple, la vieille femme et le jeune homme, la maladie de la vieille femme (la moitié d'elle vivante, l'autre moitié paralysée, i.e., morte), etc.
3. A votre avis, quelle est l'attitude du narrateur à l'égard de la vieille dame? à l'égard du jeune homme? Montre-t-il plus de compréhension ou de sympathie à l'égard de l'un(e) ou de l'autre?

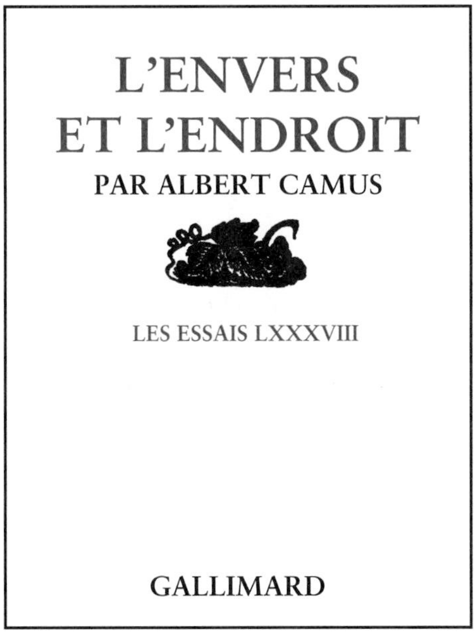
L'ENVERS
ET L'ENDROIT
PAR ALBERT CAMUS

LES ESSAIS LXXXVIII

GALLIMARD

L'art de la composition

ON RELIE DES PHRASES ET DES IDEES

C. Le troisième âge: une période de bonheur? Lisez le(s) paragraphe(s) que votre camarade a rédigé(s) en faisant l'exercice IV dans votre **Manuel de préparation** (p. 125). Puis relisez-le(s) afin de répondre aux questions suivantes:

1. Pour votre camarade, la vie des personnes âgées est-elle caractérisée par le bonheur ou la douleur?
2. Quels arguments, quelles explications, quels exemples donne-t-il/elle pour appuyer son point de vue?
3. Etudiez la structure de son (ses) paragraphe(s): de quel(s) type(s) de paragraphe(s) s'agit-il?

L'art de la discussion

ON DONNE DES EXEMPLES

One way of moving towards extended discourse and of making your contribution to discussions more concrete is to give examples. Your examples may come from direct experience (incidents in which you or people you know were involved) or through what you have read, heard, or seen. In some cases, you may wish to announce that you are about to support your idea with an example:

Je peux vous donner comme exemple (mon frère / l'émission que j'ai vue à la télé hier soir).
Prenons, par exemple, (ma grand-mère / ce monsieur dont on parle dans le journal ce matin).

Many times, however, you may simply prefer to give your example:

J'ai lu un article qui indiquait...
Moi, j'ai un oncle qui...
Justement, hier après-midi, on disait à la radio que...

Your example can be very short — you may simply state a fact. Or it may be more extensive — you can summarize an argument or recount a story or describe what a certain person does or thinks. Whatever you choose to do, you will find yourself saying more and offering justification for your ideas and opinions.

D. Qu'est-ce que vous pouvez donner comme exemple? Choisissez un des points de vue possibles à l'égard de chaque sujet et donnez un exemple pour appuyer votre choix.

1. Dans la plupart des activités de loisir, les hommes sont (plus / moins) actifs que les femmes.
2. Il est (plus / moins) difficile de pratiquer certains loisirs à la campagne que dans les grandes villes.
3. Ma famille dépense (plus / autant / moins) d'argent sur les loisirs qu'autrefois.
4. Les enfants d'aujourd'hui regardent (plus / moins) souvent la télévision que les gens de ma génération.
5. Grâce au magnétoscope et à la télévision par câble, la qualité de ce qu'on regarde aujourd'hui est (meilleure / moins bonne) qu'autrefois.

E. Discussion: Les vieilles gens. La vieille femme de «L'Ironie» passe la plupart de son temps à ne rien faire. L'auteur de «La Civilisation des loisirs», dans un autre article, constate: «Parmi les très nombreuses activités existantes, deux seulement augmentent avec l'âge: la lecture des journaux et le temps passé devant la télévision. Les autres (sports, spectacles, activités de plein air, activités culturelles, etc.) diminuent rapidement avec l'âge.» Par contre, il s'est créé en France (comme aux Etats-Unis) un grand nombre de clubs du troisième âge (*senior citizens' clubs)* qui organisent des activités de toutes sortes pour les personnes âgées. Discutez de la question suivante avec vos camarades:

Le troisième âge représente une seconde vie. Au point de vue loisirs, cette nouvelle vie est-elle une période de bonheur ou de malheur?

N'oubliez pas d'appuyer vos idées sur des exemples.

1. Pour quelles raisons pourrait-on imaginer que l'âge mûr favorise la pratique des loisirs?
2. Comment peut-on donc expliquer le fait que beaucoup d'activités diminuent avec l'âge?
3. L'expérience des personnes âgées aux Etats-Unis est-elle différente de celle des Français du troisième âge?
4. Dans la mesure où il existe un problème dans le domaine des loisirs pour personnes âgées, quelles solutions pourriez-vous proposer?

VOCABULAIRE POUR LA DISCUSSION

l'espérance *(f.)* de vie / s'allonger
faire des efforts pour... maintenir une bonne santé
retarder le vieillissement
rester en contact avec sa famille et ses amis
avoir le temps de... faire des projets (à long terme)
voyager (lire, aller au spectacle)
bricoler (cultiver le jardin / effectuer les travaux d'entretien)
bénéficier de réductions (de prix, de tarifs)

avoir des handicaps physiques
être atteint d'une maladie
avoir des ennuis financiers
être seul

Chapitre 8

Qu'est-ce qu'on va faire ce week-end?

En avant!

3-4

ECOUTEZ!

Tous les week-ends les jeunes se trouvent devant un choix d'activités intéressantes. Voici cinq amis toulousains (habitants de Toulouse) qui font des projets pour leur week-end.

If you have not done this listening exercise in class or if you would like to listen again to the conversation, you can work with this listening material on your own.

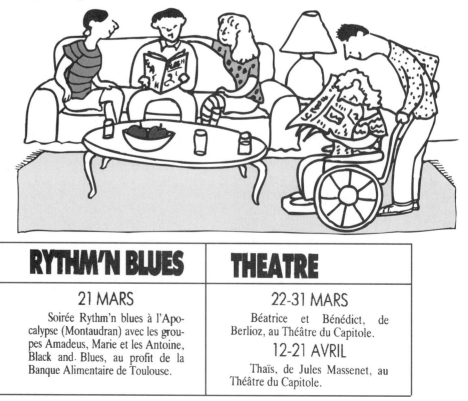

CONCERTS

6 MARS

Quatuor Hagen (Mozart, Beethoven, Schumann), au Musée des Augustins.

12 MARS

Schönberg, Mahler. Ensemble Musique oblique. Dir. Herreweghe, au Théâtre Garonne.

19 MARS

Israel Chamber orchestra. Dir. Shlomo Mintz (Mozart), à la Halle aux grains.

RYTHM'N BLUES

21 MARS

Soirée Rythm'n blues à l'Apocalypse (Montaudran) avec les groupes Amadeus, Marie et les Antoine, Black and Blues, au profit de la Banque Alimentaire de Toulouse.

THEATRE

22-31 MARS

Béatrice et Bénédict, de Berlioz, au Théâtre du Capitole.

12-21 AVRIL

Thaïs, de Jules Massenet, au Théâtre du Capitole.

POUR PARLER DE LA VILLE

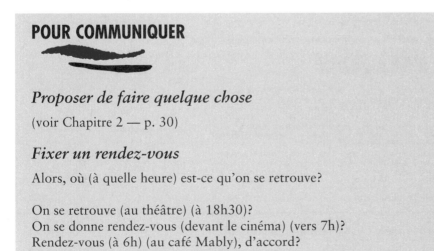

A. Votre ville (votre quartier). Parlez avec un(e) camarade de classe de la ville où vous habitez. Si c'est une assez petite ville, parlez de la ville entière; s'il s'agit d'une grande ville, parlez surtout de votre quartier.

1. Décrivez la ville (le quartier) en insistant sur les lieux et les bâtiments publics.
2. Situez votre maison (votre immeuble) dans la ville (le quartier) en utilisant comme points de repère quelques-uns des lieux et des bâtiments mentionnés dans la première question.
3. Imaginez que votre camarade soit chez vous. Expliquez-lui comment aller de votre maison au lycée où vous avez fait vos études secondaires (ou à un autre endroit de votre choix).

POUR COMMUNIQUER

Proposer de faire quelque chose

(voir Chapitre 2 — p. 30)

Fixer un rendez-vous

Alors, où (à quelle heure) est-ce qu'on se retrouve?

On se retrouve (au théâtre) (à 18h30)?
On se donne rendez-vous (devant le cinéma) (vers 7h)?
Rendez-vous (à 6h) (au café Mably), d'accord?

Vous passez me (nous) chercher (vers 20h15)?
Je viendrai te (vous) chercher (prendre) (vers 8h).

B. Prenons rendez-vous! Vous et votre camarade de classe allez sortir ensemble. En suivant les indications données, fixez les détails de votre sortie.

1. Vous allez au cinéma. Le film commence à 16h45. Vous prenez chacun l'autobus. Rendez-vous au cinéma.
2. Vous allez aux championnats de tennis au stade Roland-Garros à Paris. Vous voulez y être avant midi. Vous prenez chacun le métro. Rendez-vous à la station Porte d'Auteuil.
3. Vous allez à un concert. Il commence à 20h30. Vous avez une voiture.
4. Vous allez voir une exposition au musée. Vous voulez y aller l'après-midi. Votre camarade habite près de chez vous, mais votre appartement est plus proche du musée que celui de votre camarade.

C. Qu'est-ce qu'on fait ce soir? En consultant le journal de Carcassonne, vous faites des projets pour le premier mai avec un(e) ou deux camarades de classe. Il s'agit de proposer deux ou trois activités, de vous mettre d'accord sur une seule activité, puis de fixer les détails de votre rendez-vous.

Animation culturelle

Trois grands artistes exposent chez nous

Dans le cadre des animations culturelles, il convient de signaler une très belle exposition de peinture et sculpture qui se tiendra durant une quinzaine dans la salle Raoul de Volontat. C'est à l'initiative des animateurs du salon des arts et de son président M. Baraybar que s'organise cette manifestation. Deux peintres au féminin, Mmes Jocelyn Codina et Raymonde Maguin et un sculpteur M. J.L. Francomme vont nous proposer d'admirer leurs œuvres du 28 avril au 12 mai inclus.

Il s'agit d'artistes très côtés et talentueux dont la production sera, nous n'en doutons pas, particulièrement appréciée. Nous invitons donc tous les amateurs de peinture et de sculpture à venir découvrir les œuvres présentées, l'exposition étant ouverte pendant les heures d'ouverture de la bibliothèque municipale. Un rendez-vous de bon aloi auquel est conviée toute la population de la Haute Vallée de l'Aude, sensible à toutes les animations culturelles dès l'instant où elles sont de qualité.

Samedi 4 mai à 21h, Ketty Dolbert présentera un spectacle de Théâtre-poésie monté avec les comédiens de sa compagnie « T et C ». On l'avait annoncé dès la fin mars : plusieurs spectacles seront présentés à partir d'avril jusqu'au 31 mai à Carcassonne et dans les environs.

Les premiers ont déjà obtenu le succès espéré, renforçant chez les comédiens le désir de mieux faire encore et justifiant ainsi les exigences de leur professeur. Tel a été tout particulièrement le cas du spectacle donné au théâtre municipal de Carcassonne, le mercredi 17 avril en matinée.

Le programme de la soirée du 4 mai à Montolieu comporte : des montages poétiques. Des extraits d'œuvres classiques : Molière « Les femmes savantes » (acte 1). Des extraits d'œuvres modernes : André Roussin « Lorsque l'enfant paraît » et « Bobosse » et de Georges Courtelin « La peur des coups » (comédie en un acte).

Eclectique, ce programme convient à tous les publics et nous recommandons aux scolaires de venir applaudir les artistes.

A samedi 4 mai, 21h, au foyer municipal.

SPECTACLES

COLISEE : « Arachnophobie » 15h, 21h
« Le silence des agneaux » 15h, 21h
« Pour Sacha » 15h, 21h
« Un flic à la maternelle » 15h, 21h
« Allo Maman c'est encore moi » 15h, 21h
ODEUM : « Madame Bovary » 15h, 21h
« Les secrets professionnels du Dr Apfergluck » 15h, 21h
« Babar » 15h
« Danse avec les loups » 15h, 21h
« Ski Patrol » 21h

☐ FOOTBALL **COUPE LOPEZ**

Le FAC en finale

Vainqueur d'Azille 4 à 0 samedi, sur la pelouse de Villemoustaussou, le Football Athlétic Carcassonnais se qualifie pour sa troisième finale consécutive. La formation minervoise aura tenu une période avant d'encaisser le 1er but, juste avant la mi-temps, sur une reprise de Jean Paul Pujade.

Après la pause, les « rouge et blanc » vont subir la supériorité technique de l'adversaire qui va inscrire trois buts supplémentaires par Flamant (56e), Solsona (60) et Lemesle (79e).

Bien préparés et présentant une formation complète et très motivée, les « poulains » de Cazeneuve auraient pu ouvrir la marque par Eric Bras en première mi-temps. Le FAC, de son côté privé de cinq éléments titulaires (Mamou, Sud, Bertin, **Poisot, Ait Ouaret) avait aligné une équipe rajeunie : Bonhoure, Xavier Ato, Niang, Sanz, Iglésias (Cap), Bourrel, Solsona, Pujade, Tonello, Lemesle, Flamant, Fagot et Groudev.**

Dès ce soir, place à la préparation de la rencontre FAC-Le Crès qui se déroulera le 1er mai, à 15h précises au stade Albert Domec pour le compte du championnat honneur excel**lence. Un match délicat mais parfaitement dans les normes du FAC qui a l'habitude (depuis trois mois) de remporter ses victoires à domicile. Après** Lunel, Le Crès (match en retard) va-t-il subir la loi des carcassonnais ? Verdict le 1er mai autour de 16h45. **Rendez-vous est pris à Domec à 15h.**

G.B.

1. Vous finissez par aller au match de football. Vous n'y allez pas ensemble; vous vous y retrouvez.
2. Vous finissez par aller au cinéma. Vous y allez tous ensemble à pied.
3. Vous finissez par aller à l'exposition d'art ou au spectacle théâtral (à vous de choisir). Vous y allez dans la voiture d'un(e) de vos camarades.

Le week-end à la Martinique

Elysée Matignon

NIGHT CLUB
109, rue Ernest Deproge - F-de-F
Tél : 63 17 06

Vendredi 27 Avril
Elysée Matignon vous propose une grande Soirée Brésilienne avec
PANAMA BOUTIQUE
Galerie Victor Hugo - Bd Allègre
Son défilé de maillots de bain et des surprises d'EPI SOLEIL, 3 rue Isambert
Et la chorégraphie de la vie en Rose
ELYSEE MATIGNON sera ouvert le lundi 30 avril

Le week-end à Fort-de-France est comme celui de toute grande ville. Du vendredi soir au dimanche soir, on sort dîner dans les restaurants et les boîtes de nuit, danser dans les discothèques, regarder des films américains et européens. Les boîtes de nuit affichent leurs attractions: vendredi — Soirée Ladies Night; samedi — Concours de jeunes orchestres; samedi et dimanche — Nouveau show de José Versol. Ou, si on préfère, on reste à la maison regarder la télé — il y a deux chaînes: RFO 1 (dont les émissions émanent de Fort-de-France) et Antenne 2 (captée par satellite directement de France).

Dans les petits villages ruraux, pourtant, le week-end est beaucoup plus court. Les paysans et les pêcheurs travaillent le samedi. Pour eux, le week-end, ce n'est que le dimanche. Le matin on va à l'église ou aux bars. L'après-midi, les enfants jouent au football, les hommes assistent aux combats de coq. Plusieurs fois par an il y a une fête à célébrer — le 14 juillet, la Toussaint, le Carnaval, la fête de la patronne du village. Les activités comprennent souvent courses, concours agricoles, cinéma de plein air, feux d'artifice, bal populaire.

Questions Le week-end américain varie-t-il selon la région où on habite? Passe-t-on le week-end de la même façon dans une grande ville et dans un petit village? sur les côtes est/ouest et dans le centre du pays?

STRUCTURE: Comment exprimer les conditions futures

When making plans, we often talk about conditions that need to be met in order for us to carry out our intentions. Since plans often involve future time, we will begin by reviewing the forms of the future tense of regular and common irregular verbs. We will then look briefly at some additional irregular future forms before studying in detail expressions that signal conditions that must be (or must not be) met in order for future plans to be carried out.

Grammar: If you did not have a passing score on the **Repêchage** test in the **CC** or if you feel that you're still unsure about the conjugation of the future tense, you should let your instructor know.

RAPPEL Le futur

D. Dans vingt ans... En quoi la vie sera-t-elle différente en l'an 2010? Discutez-en avec vos camarades de classe en considérant surtout: votre situation personnelle et celle de votre famille, les conditions de logement, les loisirs.

PRESENTATION Quelques verbes irréguliers au futur

1. Verbs with spelling changes

With most of the verbs that have orthographic changes in the present tense, the spelling change also occurs in the future. The change involves *all* persons of the verb.

INFINITIVE	FUTURE STEM	FUTURE FORM
se lever	**lèver-**	**je me lèverai, nous nous lèverons**
appeler	**appeller-**	**j'appellerai, nous appellerons**
jeter	**jetter-**	**je jetterai, nous jetterons**
essayer	**essaier-**	**j'essaierai, nous essaierons**
nettoyer	**nettoier-**	**je nettoierai, nous nettoierons**
ennuyer	**ennuier-**	**j'ennuierai, nous ennuierons**

However, verbs with an **é** before the infinitive ending retain the spelling of the infinitive in the future.

INFINITIVE	FUTURE STEM	FUTURE FORM
espérer	**espérer-**	**j'espérerai, nous espérerons**
préférer	**préférer-**	**je préférerai, nous préférerons**

2. Irregular verbs

Many verbs that are irregular in the present tense form the future directly from the infinitive. This is true of all verbs ending in **-re** (**attendre — j'attendrai**) and of many verbs ending in **-ir** (**sortir — je sortirai**).

However, the following verbs have irregular future stems.

INFINITIVE	FUTURE STEM	FUTURE FORM
envoyer	**enverr-**	**j'enverrai, nous enverrons**
tenir	**tiendr-**	**je tiendrai, nous tiendrons**
courir	**courr-**	**je courrai, nous courrons**
mourir	**mourr-**	**je mourrai, nous mourrons**
recevoir	**recevr-**	**je recevrai, nous recevrons**
pleuvoir	**pleuvr-**	**il pleuvra**
valoir	**vaudr-**	**il vaudra**

PRESENTATION Les conjonctions **si, à condition que, pourvu que** et **à moins que**

Nous resterons à la maison **s'il pleut.**	We'll stay home *if* it *rains.*
Si vous **voulez** voir le match, je vous y amènerai en voiture.	*If* you *want* to see the game, I'll drive you (there).

When expressing a future condition with the conjunction **si** *(if)*, use a *present* tense form of the verb to express the condition and the future tense to express the future action.

Venez avec nous **si** vous **avez** le temps.	*Come* with us *if* you *have* the time.
S'il fait beau, **faisons** un pique-nique.	*If* the weather *is* nice, *let's have* a picnic.

Since the imperative form suggests a future action, the same structure (**si** + *present tense)* can be used with commands.

J'irai avec vous **à condition que** vous me **permettiez** de payer mon billet.	I'll go with you *on the condition that* you *let* me pay for my ticket.
Jeanne sortira avec nous **pourvu que** nous **ne rentrions pas** trop tard.	Jeanne will go out with us *provided that* we *don't stay out* too late.

When expressing a future condition with the conjunctions **à condition que** *(on the condition that)* and **pourvu que** *(provided that)*, use the subjunctive to express the condition.

Nous ferons une excursion à vélo dimanche **à moins qu'il (ne) pleuve.**	We'll go on a bike outing Sunday *unless* it *rains.*

The conjunction **à moins que** *(unless)* is used to express a negative condition, i.e., one that will prevent a future action from occurring. **A moins que** is followed by the subjunctive and, in formal speech and writing, with the expletive **ne.**

E. Que feront-ils? En utilisant les expressions suggérées, composez des phrases qui précisent les intentions des personnes indiquées.

MODELE Suzanne / faire une excursion à vélo / aller au cinéma // (il) faire du soleil / pleuvoir
a. si b. à moins que c. si

a. *Suzanne fera une excursion à vélo s'il fait du soleil.*
b. *Suzanne fera une excursion à vélo à moins qu'il (ne) pleuve.*
c. *S'il pleut, elle ira au cinéma.*

1. Claude et moi / jouer au tennis / regarder une vidéo // (il) faire beau / (le temps) être mauvais
   a. si b. à moins que c. si
2. je / aller au cinéma / passer l'après-midi à la maison // (les autres) vouloir bien y aller / (les autres) être occupés
   a. si b. à condition que c. à moins que d. si
3. nous / aller voir l'exposition Manet / trouver autre chose à faire // (le musée) être ouvert / (le musée) être fermé
   a. si b. pourvu que c. à moins que d. si
4. Jean-Jacques / accompagner Annick au théâtre / passer l'après-midi au centre sportif // (Annick) avoir un billet pour lui / (Annick) n'avoir qu'un seul billet
   a. pourvu que b. à condition que c. à moins que d. si

F. Et toi? Répondez aux questions de votre camarade de classe au sujet de vos activités futures en donnant au moins deux possibilités. Précisez chaque fois les conditions nécessaires pour réaliser les possibilités en variant la conjonction **(si, pourvu que, à moins que, à condition que)** que vous utilisez.

MODELE ce soir
— *Qu'est-ce que tu vas faire ce soir?*
— *J'irai avec Georges écouter la conférence* (lecture) *sur les Indiens du Pérou... pourvu que je finisse mes devoirs pour le cours d'anglais. S'il me reste des pages à lire, j'irai probablement à la bibliothèque.*

1. ce soir
2. vendredi soir
3. ce week-end
4. dimanche après-midi
5. pendant les vacances (d'hiver, de printemps, d'été)

G. Faisons des projets! Quand vous proposez à vos camarades de classe de faire quelque chose avec vous, ils veulent bien y participer... sous certaines conditions. Imaginez les conversations en variant les expressions utilisées pour exprimer les conditions.

MODELE aller voir un film espagnol
— *Dis donc, tu veux aller voir le nouveau film espagnol qui passe au Cinéma Royal?*
— *Oui, j'irai avec toi... pourvu qu'il soit en version orginale.*
— *Et moi, j'irai aussi... à moins que ce (ne) soit le film que j'ai vu le mois dernier à New York.*

1. aller au concert de...
2. aller voir le nouveau film de...
3. faire un pique-nique
4. voir l'exposition... au musée...
5. sortir dîner
6. faire (un sport ou une activité physique)
7. faire du camping
8. faire une petite balade (à pied ou à vélo)

Ensuite!

POUR PARLER DE SON ETAT PHYSIQUE

CHOISISSEZ VOTRE SPORT	Marche	Danse	Gym douce	Stretching	Aérobic	Bicyclette	Rameur	Jogging	Golf	Ski	Tennis	Natation
Endurance cardio-vasculaire	●	●			●	●	●	●			●	●
Résistance	●	●			●		●	●		●	●	●
Musculation		●	●	●	●		●					●
Souplesse		●	●	●			●					●
Equilibre-agilité		●		●					●	●	●	
Améliore les problèmes circulatoires	●				●	●		●	●			●
Déconseillé si problèmes de dos importants				●	●			●	●	●	●	
Déconseillé si problèmes de cœur graves					●			●			●	

H. Qu'est-ce que tu recommandes? En vous inspirant du tableau «Choisissez votre sport», faites des recommandations aux personnes suivantes.

MODELE Je veux entraîner mes muscles, mais j'ai toujours mal au dos.
Fais de la marche ou de la natation. OU
Tu peux faire de la danse ou de la bicyclette, mais ne fais pas d'aérobic.

1. J'ai besoin d'assouplir mon corps.
2. Je ne suis pas très agile.
3. Je suis toujours malade: j'ai un rhume ou une grippe.
4. J'ai eu un accident et je me suis fait mal au dos. Je veux retrouver ma forme et ma souplesse.
5. Le médecin m'a dit d'améliorer mon endurance.
6. J'ai eu une crise cardiaque et je viens de sortir de l'hôpital. Je veux recommencer à faire de l'exercice.
7. J'ai toujours froid aux mains et aux pieds.
8. Je suis très maladroit(e) *(clumsy)*.

I. Nous sommes en forme? Vous interrogez quelques-uns de vos camarades de classe au sujet des sports et des activités qu'ils pratiquent. Renseignez-vous sur la fréquence et l'intensité de leurs pratiques et aussi sur les raisons principales pour lesquelles on choisit chaque activité. Ensuite, comparez vos résultats avec ceux d'autres camarades afin d'évaluer l'état physique de votre classe.

POUR COMMUNIQUER

Suggérer

Je vous (te) suggère de + *infinitif*.
Vous pouvez (Tu peux) + *infinitif*.
Vous ne voulez pas (Tu ne veux pas) + *infinitif*?
Vous avez pensé à (Tu as pensé à) + *infinitif*?
Pourquoi est-ce que vous (tu) ne *(verbe)* pas?

Accepter une suggestion

C'est une (très) bonne idée.
En effet, pourquoi pas?
Bonne idée. C'est ce que je vais faire.

Refuser une suggestion

Non, ce n'est pas une (très) bonne idée.
Non, je ne veux (peux) pas + *infinitif*.
Non, ce n'est pas possible.
Non, c'est impossible.
Quelle idée!

J. Oh, les pauvres! Deux amis viennent auprès de vous se plaindre de leur état physique.

1. JEAN-MICHEL: «Quel semestre! Je n'ai fait que travailler! Regarde-moi! J'ai pris plus de cinq kilos! Je n'ai pas fait d'exercice depuis trois mois! J'ai du mal à monter jusqu'au troisième étage sans m'essouffler *(to get out of breath)!*»

Vous lui proposez **trois** *activités en utilisant chaque fois une expression différente. Votre partenaire jouera le rôle de Jean-Michel et* **acceptera** *vos suggestions en utilisant lui/elle aussi chaque fois une expression différente.*

2. LOUISE: «Oh là là, je ne sais pas ce que j'ai. Je suis toujours fatiguée. J'ai du mal à m'endormir le soir. Je me sens toujours un peu malade. C'est peut-être le stress.»

Vous lui proposez ***trois*** *activités en utilisant chaque fois une expression différente. Votre partenaire jouera le rôle de Louise et* ***refusera*** *vos suggestions en utilisant lui/elle aussi chaque fois une expression différente et en offrant chaque fois une* ***explication de son refus.***

K. On se plaint. Quand vos camarades de classe viennent se plaindre de leur état physique *ou* de l'état physique de quelqu'un qu'ils connaissent, vous leur suggérez des pratiques destinées à leur apporter des bienfaits. Ils acceptent ou refusent vos suggestions, comme ils veulent.

Le Carnaval à Fort-de-France

Quand on dit «Carnaval», on pense d'abord à Rio de Janeiro ou à La Nouvelle-Orléans. Pourtant, rien n'égale le Carnaval à Fort-de-France. Des milliers de Martiniquais envahissent les rues de la capitale et pendant cinq jours (de samedi à mercredi) ils dansent sans arrêt. Déguisés, masqués, hommes et femmes et enfants défilent aux rythmes des orchestres créoles traditionnels (clarinettes, tambours, banjos). Le dimanche soir, on couronne la reine du Carnaval. Le Mardi gras, les enfants se déguisent en diablotins *(little devils)* rouges. Et le Mercredi des Cendres, tout le monde met du blanc et du noir pour marquer la mort du Carnaval.

Question Y a-t-il des fêtes chez vous qui réunissent des gens de toutes les couches de la société?

STRUCTURE: Comment parler du passé (2)

In Chapter 7, you worked on using the **passé composé** and the **imparfait** to talk about events and situations in the past. In this chapter, after reviewing briefly the forms of the **plus-que-parfait**, you will learn to use that tense as well as certain idiomatic structures (**être en train de, être sur le point de, venir de, depuis,** etc.) to clarify more precisely the relationship between actions in the past.

Grammar: If you did not have a passing score on the **Repêchage** test in the **CC** or if you feel that you're still unsure about the conjugation of the **plus-que-parfait,** you should let your instructor know.

RAPPEL Le plus-que-parfait (conjugaison)

L. Une journée très chargée. Quand Michel a retrouvé sa fiancée, Sabine, vers 6h du soir, elle était très fatiguée parce qu'elle n'avait pas eu un seul moment de repos pendant la journée. Utilisez le *plus-que-parfait* des verbes suggérés pour raconter la journée de Sabine.

MICHEL: Quand j'ai retrouvé Sabine au Relais des Iles, elle était vraiment crevée *(bushed).* Elle avait eu une journée impossible...

se lever à 6h / faire sa toilette à toute vitesse / ne pas prendre son café au lait / quitter tout de suite son appartement / arriver au bureau vers 8h / passer la matinée en conférence avec des collègues / à 12h30 (les clients) arriver / (on) aller déjeuner dans un restaurant / rentrer au bureau / rédiger un compte-rendu des discussions avec les clients / répondre à plusieurs coups de téléphone / laisser des instructions pour son secrétaire / se dépêcher pour me retrouver

Maintenant racontez votre journée d'hier à un(e) camarade de classe en précisant votre état physique à 6h du soir.

MODELE *A 6h hier soir, moi, j'étais (je n'étais pas) très fatigué(e). J'avais eu une journée (impossible / tout à fait ordinaire / très facile)...*

PRESENTATION L'emploi du plus-que-parfait

Grammar: The **plus-que-parfait** indicates that the earlier action had *completely* ended before the start of the main action. It is important to distinguish between: **Quand nous sommes arrivés, ils avaient signé le contrat.** *(The contract was already signed by the time we arrived.)* **Quand nous sommes arrivés, ils signaient le contrat.** *(They were in the process of signing the contract when we arrived.)*

Après qu'il **avait fini** de parler, nous avons pu poser des questions.	After he *(had) finished* speaking, we were able to ask questions.
Quand je suis arrivée, elles n'**étaient** pas encore **parties.**	When I got there, they *hadn't left* yet.
Elle nous a lu la lettre que son frère lui **avait envoyée.**	She read us the letter that her brother *(had) sent* her.

The **plus-que-parfait** is used to express an action or a state that occurred *before* another past action or state.

Il m'est arrivé quelque chose de très amusant hier après-midi aux Galeries Lafayette. Mon frère et moi, nous **avions décidé** de passer l'après-midi en ville. Vers 11h, il **était passé** me chercher dans sa voiture et nous **avions trouvé** une place dans le parking juste en face des Galeries...

The **plus-que-parfait** alerts the listener that the speaker is not following a strict chronological order. Consequently, it is often used when telling stories in order to go *back in time* and recount the circumstances that led up to the main point of the story.

- **Expression: Si + (seulement) +** ***plus-que-parfait***

Si j'**avais su!**	If I *had* (only) *known!*
Si seulement **ils étaient arrivés** cinq minutes avant!	If only they *had gotten* there five minutes earlier!

PRESENTATION Les expressions être en train de, être sur le point de, venir de et depuis

In Chapter 2, you studied the use of certain expressions to indicate actions in process (**être en train de**), actions about to begin (**être sur le point de**), and actions that have just finished (**venir de**) in reference to the present moment. In each case, the verb used in the expression is in the present tense.

These same expressions can be used when the point of reference is a *moment in the past.*

Quand ils ont téléphoné, j'**étais en train de** faire la vaisselle.	When they called, I *was (in the process of)* doing the dishes.
Quand ils ont téléphoné, j'**étais sur le point de** faire la vaisselle.	When they called, I *was about to* do the dishes.
Quand ils ont téléphoné, je **venais de** faire la vaisselle.	When they called, I *had just* done the dishes.

Notice that when using expressions to situate one past action in relation to another past action, the verb of the expressions is in the **imparfait.**

In Chapter 2, you also studied the use of the expression **depuis** to connect a past activity to the present. In this usage, **depuis** indicates how long (**depuis combien de temps**) or since when (**depuis quand**) the activity has been going on; the verb used is in the present tense. **Depuis** can also be used to connect a past activity to another past activity.

Quand je t'ai vu, je **courais depuis** 40 minutes.	When I saw you, I *had been running for* 40 minutes.
Elle **faisait du stretching depuis** l'âge de 16 ans. C'était la première fois qu'elle s'était fait mal.	She *had been doing stretching since* the age of 16. It was the first time she had (ever) gotten hurt.

Grammar: With the expressions **depuis, il y avait... que, voilà... que, ça faisait... que,** if the verb is negative, you can also use the **plus-que-parfait: Il n'avait pas fumé depuis dix ans.** *(He hadn't smoked in 10 years.)*

Notice that when **depuis** is used to relate two past actions, the verb used with **depuis** is in the **imparfait.** When indicating duration (amount of time), the expressions **il y avait... que, voilà... que,** and **ça faisait... que** are the equivalents of **depuis.** They also use the **imparfait.**

Il y avait une heure que nous **attendions** quand l'autobus est finalement arrivé.	We *had been waiting for an hour* when the bus finally came.
Voilà trois mois que je **cherchais** un appartement quand j'ai trouvé ce studio.	I *had been looking* for an apartment *for* three months when I found this studio.
Ça faisait plus de dix ans qu'ils **étaient mariés.** C'était la première fois qu'ils s'étaient jamais disputés.	They *had been married for more than ten years.* It was the first time they had ever had a fight.

M. Parce que... Catherine et ses amis se sont réunis l'autre soir pour la première fois depuis longtemps. Utilisez le plus-que-parfait des verbes suggérés pour expliquer certains faits au sujet des convives.

MODELE Pourquoi est-ce que Béatrice avait l'air si fatiguée? (faire de l'aérobic pendant trois heures l'après-midi)
C'est parce qu'elle avait fait de l'aérobic pendant trois heures l'après-midi.

1. Pourquoi est-ce que Danielle avait l'air si relax? (faire du jogging avant de venir)
2. Pourquoi est-ce que je n'ai pas reconnu Rémy? (perdre plus de dix kilos)
3. Pourquoi est-ce que Clotilde avait l'air si stressée? (ne pas avoir le temps de se détendre avant de venir)
4. Pourquoi est-ce que Nathalie ne semblait pas être en forme? (boire trop de vin la veille)
5. Pourquoi est-ce qu'Ariane semblait manquer d'énergie? (ne rien manger depuis le petit déjeuner)
6. Jeanne et Robert, pourquoi est-ce que vous êtes arrivés en retard? (aller au centre sportif avant de venir)
7. Catherine, pourquoi est-ce que tu étais de mauvaise humeur quand nous sommes arrivés? (se faire mal au dos en faisant mes exercices)
8. Pourquoi est-ce que les Fonvieille sont partis avant 10h? (se coucher très tard la veille)

N. Quand je suis arrivé(e) chez les Matheron... Vos amis Michel et Caroline Matheron vous ont invité(e) à dîner chez eux la semaine dernière. Ils ont trois enfants — Jacqueline (5 ans), Thierry (3 ans) et Cécile (15 mois). Ils ont aussi un chien et un chat. Utilisez les expressions suggérées pour décrire la situation quand vous êtes arrivé(e) chez eux à 8h.

MODELE voilà... que / préparer

Voilà plus de deux heures que Caroline essayait de préparer le dîner.

1. être en train de / mettre la table

2. venir de / renverser

3. il y avait... que / attraper par la queue

4. venir de / se cacher

5. depuis / pleurer

6. cela faisait... que / appeler

7. être sur le point de / jeter

O. Où étiez-vous? Que faisiez-vous? Certains événements, certaines nouvelles nous impressionnent tellement que nous avons tendance à ne pas oublier le contexte dans lequel nous les expérimentons ou les apprenons. Décrivez de façon détaillée le contexte personnel que vous associez aux moments suivants. Si possible, utilisez les expressions telles que **venir de, en train de, sur le point de, depuis,** etc. Attention à l'emploi du *plus-que-parfait* et de l'*imparfait*.

MODELE Où étiez-vous, que faisiez-vous quand la guerre du Golfe a éclaté?
Moi, j'étais à la maison. J'étais en train de préparer le dîner. J'étais sur le point d'appeler les enfants quand ma femme est arrivée. Elle a annoncé que nous étions en guerre depuis une heure. Elle venait d'entendre la nouvelle à la radio.

Où étiez-vous, que faisiez-vous... ?
1. ... quand la guerre du Golfe a éclaté?
2. ... quand la fusée Challenger a explosé?
3. ... quand vous avez vu votre petit(e) ami(e) (mari / femme / etc.) pour la première fois?
4. ... quand vous avez appris une très bonne nouvelle?
5. ... quand vous avez appris une mauvaise nouvelle?

P. Une anecdote. Vous allez raconter une histoire à quelques camarades. Choisissez quelque chose d'amusant ou de bizarre ou d'effrayant *(frightening)* qui vous est arrivé ou qui est arrivé à quelqu'un que vous connaissez. Suivez le schéma donné ci-dessous et faites attention à l'emploi du *passé composé,* de l'*imparfait* et du *plus-que-parfait.*

1. Annoncez l'histoire: (La semaine dernière) il m'est arrivé (il est arrivé à...) quelque chose de très amusant (bizarre, effrayant,...).
2. Etablissez le contexte: où? qui? quelle était la situation? qu'est-ce qui avait précédé le début de l'histoire?
3. Racontez l'histoire: D'abord... ensuite... et puis... après... au bout d'un moment (ou en même temps).
4. Terminez l'histoire: Enfin...

C'est à vous maintenant!

3-5

ECOUTEZ!

Le soir, les cinq amis toulousains se retrouvent à un café pour parler des activités de la journée.

If you have not done this listening exercise in class or if you would like to listen again to the conversation, you can work with this listening material on your own.

PARLONS!

Q. Encore des anecdotes! Racontez à des camarades de classe ce qui s'est passé la dernière fois que vous avez fait les choses suivantes. Vos camarades vous interrompront pour poser des questions et pour donner leurs réactions. Suggestions: établissez d'abord le contexte de l'activité, puis racontez ce que vous avez fait et finalement évaluez l'activité.

Ça s'est bien passé, la dernière fois que vous...
1. ... avez fait de l'exercice?
2. ... avez assisté à un spectacle (film / concert / théâtre) ou à un match sportif?
3. ... êtes sorti(e) avec des copains?
4. ... avez passé la soirée (le week-end) seul(e) chez vous?

Chapitre 9

«L'oisiveté est mère de tous les vices.»

En avant!

LECTURE: «De la gravité des Américains, et pourquoi elle ne les empêche pas de faire souvent des choses inconsidérées» (Alexis de Tocqueville)

Dans son livre De la démocratie en Amérique *(1835–1840), de Tocqueville, un écrivain et un homme de politique français, compare la société démocratique qu'il a découverte lors d'un voyage aux Etats-Unis à la société aristocratique de la France du XIXe siècle. Voici des extraits d'un chapitre sur les divertissements et d'autres sujets associés.*

> Alexis de Tocqueville (1805–1859) was a political figure as well as a writer. In addition to his famous book about democracy in America, he also published a study of the French Revolution.

Les hommes qui vivent dans les pays démocratiques ne prisent° point ces sortes de divertissements naïfs, turbulents et grossiers° auxquels le peuple se livre° dans les aristocraties; ils les trouvent puérils° ou insipides. Ils ne montrent guère° plus de goût pour les amusements intellectuels et raffinés des classes aristocratiques; il leur faut quelque chose de productif et de substantiel dans leurs plaisirs; et ils veulent mêler° des jouissances° à leur joie.

Dans les sociétés aristocratiques, le peuple° s'abandonne volontiers aux élans° d'une gaieté tumultueuse et bruyante° qui l'arrache° tout à coup à la contemplation de ses misères; les habitants des démocraties n'aiment point à se sentir tirés° violemment hors d'°eux-mêmes, et c'est toujours à regret qu'ils se perdent de vue. A ces transports frivoles ils préfèrent des délassements° graves et silencieux qui ressemblent à des affaires° et ne les fassent point entièrement oublier.

Il y a tel Américain qui, au lieu d'°aller dans ses moments de loisir danser joyeusement sur la place publique, ainsi que° les gens de sa profession continuent à le faire dans une grande partie de l'Europe, se retire seul au fond de sa demeure,°

value
unrefined
to which the common people abandon themselves / childish
scarcely
to mix / delights
bursts / noisy / snatches
drawn / outside
diversions
business
instead of
in the same way as
home

business
gets drunk
was *(imparfait du subjonctif* of être)
however
pride
self-satisfaction
watches carefully
doesn't give himself away, for fear of discovering what he lacks
worthy
notice / powerful
There are (one finds)
those, the ones *(the people)*
dedicated
to increase / such a
act
sedate appearance
allow themselves to be carried away
impulsive, unthinking
careless mistakes
chance occurrences
reigns
unpredictable / Thus
at least
not a one / beyond his reach
hastily / almost
very cheaply
to go into things deeply
only

pour y boire. Cet homme jouit à la fois de deux plaisirs: il songe à son négoce,° et il s'enivre° décemment en famille.

Je croyais que les Anglais formaient la nation la plus sérieuse qui fût° sur la terre, mais j'ai vu les Américains et j'ai changé d'opinion.

Je ne veux pas dire que le tempérament ne soit pas pour beaucoup dans le caractère des habitants des Etats-Unis. Je pense, toutefois,° que les institutions politiques y contribuent plus encore.

Je crois que la gravité des Américains naît en partie de leur orgueil.° Dans les pays démocratiques, le pauvre lui-même a une haute idée de sa valeur personnelle. Il se contemple avec complaisance° et croit volontiers que les autres le regardent. Dans cette disposition, il veille avec soin° sur ses paroles et sur ses actes, et ne se livre point, de peur de découvrir ce qui lui manque.° Il se figure que pour paraître digne° il lui faut rester grave.

Mais j'aperçois° une cause plus intime et plus puissante° qui produit instinctivement chez les Américains cette gravité qui m'étonne. [...] tous les peuples libres sont graves, parce que leur esprit est habituellement absorbé dans la vue de quelque projet dangereux ou difficile.

Il en est surtout ainsi chez les peuples libres qui sont constitués en démocraties. Il se rencontre° alors dans toutes les classes un nombre infini de gens qui se préoccupent sans cesse des affaires sérieuses du gouvernement; et ceux° qui ne songent point à diriger la fortune publique sont livrés° tout entier aux soins d'accroître° leur fortune privée. Chez un pareil° peuple la gravité n'est plus particulière à certains hommes, elle devient une habitude nationale.

[...] Je me demande pourquoi les mêmes peuples démocratiques, qui sont si graves, se conduisent° quelquefois d'une manière si inconsidérée.

Les Américains, qui gardent presque toujours un maintien posé° et un air froid, se laissent néanmoins emporter° souvent bien loin des limites de la raison par une passion soudaine ou une opinion irréfléchie,° et il leur arrive de faire sérieusement des étourderies° singulières.

Ce contraste ne doit pas surprendre. [...]

Dans les démocraties, les hommes ne sont jamais fixes; mille hasards° les font sans cesse changer de place, et il règne° presque toujours je ne sais quoi d'imprévu° et, pour ainsi dire, d'improvisé dans leur vie. Aussi° sont-ils souvent forcés de faire ce qu'ils ont mal appris, de parler de ce qu'ils ne comprennent guère, et de se livrer à des travaux auxquels un long apprentissage ne les a pas préparés. [...]

Quand l'habitant des démocraties n'est pas pressé par ses besoins, il l'est du moins° par ses désirs; car, parmi tous les biens qui l'environnent, il n'en voit aucun° qui soit entièrement hors de sa portée.° Il fait donc toutes choses à la hâte,° se contente sans cesse d'à peu près,° et ne s'arrête jamais pour considérer chacun de ses actes.

Sa curiosité est tout à la fois insatiable et satisfaite à peu de frais°; car il tient à savoir vite beaucoup, plutôt qu'à bien savoir.

Il n'a guère le temps, et il perd bientôt le goût d'approfondir.°

Ainsi donc, les peuples démocratiques sont graves, parce que leur état social et politique les porte sans cesse à s'occuper de choses sérieuses; et ils agissent inconsidérément, parce qu'ils ne donnent que° peu de temps et d'attention à chacune de ces choses.

Alexis de Tocqueville, *De la démocratie en Amérique.*

A. Le sens du texte. Répondez aux questions suivantes au sujet du texte de Tocqueville.

1. Qu'est-ce qui surprend l'auteur au sujet de l'emploi que font les Américains de leur temps libre?
2. Quelles explications propose-t-il pour leurs attitudes à l'égard du plaisir?
3. Qu'est-ce qu'il semble apprécier chez les Américains? Qu'est-ce qu'il critique à leur égard?

B. Les exemples. De Tocqueville a tendance à parler en généralités sans offrir beaucoup d'exemples pour illustrer ses idées. *En adoptant le point de vue de l'auteur,* trouvez des exemples pour justifier les généralités suivantes.

1. Les Américains ne montrent pas beaucoup de goût pour les amusements intellectuels et raffinés des classes aristocratiques.
2. Les Américains préfèrent mêler quelque chose de productif et de substantiel à leurs plaisirs.
3. Au lieu d'aller dans leurs moments de loisir danser joyeusement sur la place publique, les Américains préfèrent se détendre chez eux.
4. Les Américains pauvres ont une haute idée de leur valeur personnelle.
5. Les Américains se préoccupent sans cesse de projets dangereux ou difficiles.
6. Néanmoins, les Américains se laissent emporter très facilement sans toujours réfléchir à la valeur de l'objet de leur enthousiasme.
7. Les Américains changent sans cesse de place.
8. Les Américains ont tendance à tout vouloir.
9. Les Américains ont tendance à faire toutes choses très rapidement.
10. Les Américains préfèrent la quantité à la qualité.

C. Discussion: Les Américains d'aujourd'hui. De Tocqueville a écrit son livre au XIXe siècle. Dans quelle mesure les observations qu'il a faites continuent-elles à caractériser les Américains de la fin du XXe siècle? Dans quelle mesure voudriez-vous exprimer votre désaccord avec ses idées? Discutez de ces questions avec vos camarades de classe en soutenant vos idées à l'aide de nombreux exemples.

VOCABULAIRE POUR LA DISCUSSION

les classes sociales
  l'aristocratie
    les gens cultivés (éduqués, raffinés)
  la bourgeoisie / la classe moyenne
    les bourgeois
  le peuple
    les ouvriers / les pauvres / les gens ordinaires

avoir tendance à
se préoccuper de
prendre les choses au sérieux (à la légère)
être sérieux (frivole)
déménager / se déplacer
sortir / aller dans les bars
ne penser qu'à son travail (qu'à son plaisir)

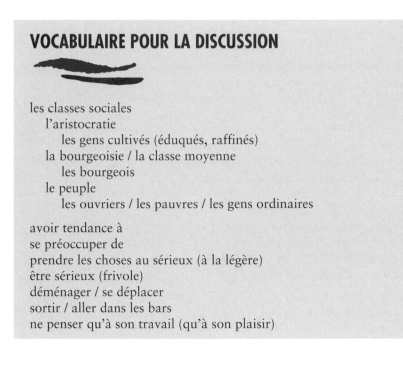

D'un autre point de vue!

LECTURE: «Le cinéma à Fort-de-France» (Joseph Zobel)

Joseph Zobel (1915-) is the leading writer of Martinique. Despite his having lived a good part of his life in Africa (Senegal), his novels *(La Rue Cases-nègres, Diab'là)* and short stories *("Si la mer n'était pas bleue")* manage to bring to life the images and paradoxes of his Caribbean homeland.

Dans son roman le plus connu, La rue Case-nègres *(1948), Joseph Zobel conte les péripéties de sa propre enfance sous les aventures du jeune José. Elevé par sa grand-mère (coupeuse de canne:* sugar cane cutter) *dans la Martinique rurale, José habite d'abord la rue Case-nègres, un ensemble d'habitations de travailleurs agricoles réunies autour de la maison du géreur* (manager) *blanc. Plus tard, José rejoint sa mère à Fort-de-France. C'est là qu'il fait des études au lycée et c'est là aussi qu'il retrouve ses anciens camarades, Carmen et Jojo.*

Comme pour ne pas être en reste avec° moi, Carmen et Jojo m'invitaient au cinéma le mardi ou le vendredi soir. Dans le plus grand cinéma de Fort-de-France, la foule populaire qui formait la clientèle de ces soirées à tarif réduit allait assister à la projection des premières images sonores arrivées aux Antilles.

Nous partions à pied, après dîner.

Sous une lumière électrique parcimonieuse° et indigente,° la salle de cinéma était toujours pleine, chaude de clameurs et houleuse.° Le parquet, les escaliers résonnaient et grinçaient° sous les pas du public qui, avant le commencement de la séance, allait et venait en tous sens,° s'interpellait,° causait,° criait et riait aux éclats, comme si chacun eût gagé° de tout dominer par sa seule voix.

Les fauteuils d'orchestre se présentaient sous forme de chaises pliantes° en bois, enfilées par rangées° sur des tringles° en bois. C'étaient les places de tous les jeunes loqueteux,° les débraillés,° les braillards,° hommes et femmes, chaussés ou pieds nus. C'était là que nous nous mettions. Les plus bouffons,° les plus querelleurs,° étaient toujours les mêmes. L'un avisait° une femme seule et allait lui faire des attouchements et lui chuchoter° des paroles malhonnêtes, à quoi elle répliquait par des jurons° volcaniques. Une, au contraire, montait sur une chaise et se mettait à chanter et danser, battant le rappel° autour de ses charmes.

Il y en avait toujours un qui, à peine entré, se heurtait° contre le premier venu, tombait en garde et déclenchait la bagarre.°

Il y avait aussi les paisibles qui, garés dans un petit coin, regardaient avec calme et méfiance.°

Les lumières s'éteignaient une à une et tout le monde de se précipiter sur les chaises pour s'asseoir.

Aux premières images sur l'écran, la salle se trouvait dans un silence relatif. N'empêche qu'°à la faveur de l'obscurité, se poursuivaient des colloques,° des commentaires, qui s'attiraient des répliques anonymes qui s'entrechoquaient,° détonnaient° en violentes discussions hérissées de lazzi° et de menaces.

A la longue pourtant cette atmosphère s'affirmait inoffensive et même sympathique — simplement foraine.°

Nous discutions, chemin faisant,° au retour du cinéma. Discussions échauffantes qui activent notre marche et nous font arriver si vite que nous nous attardions° encore un long moment sur la route pour épuiser nos propos,° en ayant la prudence d'assourdir° nos voix afin de ne pas provoquer les aboiements° des chiens.

---

to be outdone by
stingy / poor
turbulent
grated
directions / shouted out to each other / chatted
had wagered *(imperfect subjunctive)*
folding
rows / rails
people dressed in rags / people dressed sloppily / people howling
clowning
quarrelsome / noticed
to whisper
swear words
calling to arms (summoning everyone)
bumped
started a fight
mistrust
All the same / discussions
clashed
exploded / bristling with gibes
with the atmosphere of a fairground
en route
lingered
to exhaust our words (ideas)
to lower / barking

Le style «rue Case-nègres», qui caractérise tout ce qui dans ce pays est destiné au peuple ou conçu° par des gens de couleur, me peine° et m'indigne.

Toute entreprise dans un tel pays ne devrait-elle pas viser° aussi à promouvoir le peuple°!

Carmen, Jojo et moi, nous nous plaisions de même à commenter les films que nous venions de voir et jamais nos discussions n'étaient aussi passionnées que lorsque le film comprenait° un personnage nègre.

Par exemple, qui a créé pour le cinéma et le théâtre ce type de nègre, boy, chauffeur, valet de pied, truand,° prétexte à mots d'esprit° faciles, toujours roulant des yeux blancs de stupeur, affichant un inextinguible sourire niais,° générateur de moquerie? Ce nègre d'un comportement° grotesque sous le coup de botte au cul° que lui administre fièrement le Blanc, ou lorsque ce dernier l'a eu berné° avec la facilité qui s'explique par la théorie du «nègre-grand-enfant»?

Qui a inventé pour les nègres qu'on monte au cinéma et au théâtre ce langage que les nègres n'ont jamais su parler, et dans lequel, je suis certain, aucun nègre ne réussirait à s'exprimer? Qui a, pour le nègre, convenu° une fois pour toutes de ces costumes à carreaux° qu'aucun nègre n'a jamais fabriqués ou portés de son choix? Et ces déguisements en souliers éculés,° vieil habit, chapeau melon,° et parapluie troué,° ne sont-ils avant tout le sordide apanage° d'une partie de la Société que, dans les pays civilisés, la misère° et la pauvreté font le triste bénéficiaire des rebuts° des classes supérieures?

conceived of / distresses
aim
to upgrade the common people
included
gangster / witty remarks
simple (silly)
behavoir
kick in the rear end
had tricked
agreed
checked
worn / bowler hat
with holes / privilege
extreme poverty
scraps

Joseph Zobel, *La rue Case-nègres*.
Paris: Présence Africaine, 1948, pp. 221–223.

D. Le sens du texte. Répondez aux questions suivantes sur l'extrait de *La rue Case-nègres* que vous venez de lire.

1. Quelle est la situation sociale et écomique du narrateur et de ses amis?
2. Le narrateur caractérise l'ambiance du cinéma à Fort-de-France comme celle de la foire, du marché, de la fête publique. Qu'est-ce qui justifie une telle caractérisation?
3. De quoi parlaient le narrateur et ses amis en rentrant du cinéma? Qu'est-ce qui fâchait le narrateur? Pourquoi?

E. Discussion: «Les Martiniquais et nous». Discutez des questions suivantes avec quelques camarades de classe.

See page 168 for **Vocabulaire pour la discussion.**

1. Quelle a été votre réaction à l'atmosphère du cinéma de Fort-de-France telle que la décrit Joseph Zobel? Comment le narrateur y a-t-il réagi? Comment expliquez-vous ces deux réactions?
2. Quel rôle jouent les stéréotypes dans les films de nos jours?
3. Dans quelle mesure le choix d'activités pour remplir son temps libre et l'attitude qu'on éprouve à l'égard de ces activités dépendent-ils de sa classe sociale et économique?

VOCABULAIRE POUR LA DISCUSSION

trouver l'atmosphère *(f.)*...	bruyante *(noisy)*	sympathique
l'ambiance *(f.)*...	désordonnée	spontanée
	chaotique	naturelle
	déconcertante	vivante
	troublante	animée
	désagréable	agréable

un stéréotype
un individu
une image toute faite / une image complexe / une image nuancée

généraliser
individualiser

dépendre de
être fonction de
être déterminé par
être libre de
avoir le temps de
avoir les moyens de *(to be able to afford to)*

C'est à vous maintenant!

DISCUTONS!

F. Discussion: La civilisation des loisirs — un bienfait ou un signe de décadence? Parlez des questions suivantes avec vos camarades de classe. N'oubliez pas d'appuyer vos idées sur des exemples précis.

1. A quoi devrait servir le temps libre — à se reposer? à se distraire? à se développer? à entrer en contact avec les autres? à autre chose?
2. Dans quelle mesure le travail et le loisir s'opposent-ils irrémédiablement? Dans le monde moderne, est-il possible de prendre plaisir à son travail? de profiter de son temps libre?
3. Pour les gens que vous connaissez, la civilisation des loisirs mène-t-elle à une vie plus riche? Pourquoi (pas)?

ECOUTEZ ET REGARDEZ!

Vidéo

On a demandé à plusieurs Français: *Vous sortez souvent? Que faites-vous?* Comment répondriez-vous à ces questions?

The second segment of Program 3 of the **Vidéo** consists of interviews with several French people concerning their use of leisure time.

Martin Venzel
«J'essaie le plus souvent sans bloquer ma carrière d'étudiant... cinéma, les sorties en boîte ou alors dans les soirées pour les étudiants.»

André Horte
«Nous sommes très pris par les activités familiales... avec les enfants.»

Elisabeth Massot
«Je ne suis pas quelqu'un qui sort extrêmement souvent... je vais au cinéma... ça, j'aime beaucoup..»

Jean-Michel Maimbourg
«Les plaisirs simples... quoi... avec les amis le soir... ou à l'occasion un peu de sport.»

ALLONS VOIR LES FRANÇAIS

ET LES SUISSES...

A L'ECOLE!

Unité 4

In this unit you will learn:

- to describe your educational experiences
- to express your relationships with others; to give advice
- to differentiate and qualify; to express logical relationships
- to create an outline

Ouverture Quelle est leur formation?

Chapitre 10 Moi, j'étais au lycée polyvalent du Mirail.

Intermède «J'aimais l'école... » (Emilie Carles)

Chapitre 11 La vie à la fac

Chapitre 12 «Une tête bien faite est mieux qu'une tête bien pleine.»

OUVERTURE

Quelle est leur formation?

Ecoutez et regardez!

Vidéo

The first segment of Program 4 of the **Vidéo** shows the various types of educational institutions that make up the school system in France.

En français, on fait souvent la distinction entre les mots «éducation» et «formation» pour différencier, d'une part, l'apprentissage des coutumes et valeurs de la société et, d'autre part, l'acquisition des connaissances formelles qui se fait dans les établissements scolaires. Cette distinction est très utile parce qu'elle permet de parler de l'individu en tant que produit de la famille et de l'environnement («éducation») et de l'individu en tant que produit du système scolaire («formation»).

En France, le système d'enseignement commence avec l'école maternelle, continue à l'école primaire, au collège, au lycée et enfin dans les établissements d'enseignement supérieur (universités, grandes écoles). Jointes aux influences de la famille et de l'environnement, les écoles créent donc cet individu aux valeurs bien françaises qui le distinguent au point de vue culturel des autres nationalités du monde. Quelles sont donc les priorités de l'éducation et de la formation en France? Quels sont les rôles que jouent la famille et l'état dans la vie des jeunes français? Quels sont les avantages et les inconvénients du système scolaire français? Voilà des questions bien importantes à soulever si on veut commencer à comprendre les Français tels qu'ils sont.

Entre l'âge de deux et trois ans, 38% des enfants français commencent leur formation à l'école maternelle. Ils y apprennent les premiers principes de la lecture et de l'écriture. Leur apprentissage social se fait au moyen des contacts avec leurs camarades et leurs instituteurs.

A l'âge de six ans, les enfants entrent à l'école primaire où ils passent la plupart de la journée. 60% des élèves vont à l'école à pied, 35% en voiture et 5% en autobus. 45% prennent le déjeuner à la cantine de l'école tandis que les autres rentrent à la maison. Pendant leurs heures de loisir ils préfèrent regarder la télévision.

Les collèges d'enseignement secondaire (C.E.S.) sont des établissements scolaires qui accueillent les élèves de la 6e à la 3e (entre l'âge de 11 et 14 ans). Ces collèges sont à peu près l'équivalent des "middle schools" américaines. 80% des élèves fréquentent l'école publique, 20% l'école privée.

Normalement, à partir de l'âge de 15 ans, les élèves français commencent à fréquenter le lycée. Ils ont le choix d'entrer à un lycée d'enseignement général (lycée polyvalent) ou à un lycée d'enseignement professionnel (L.E.P.).

La majorité des bacheliers (lycéens qui ont réussi le bac [baccalauréat]) poursuit les études supérieures à l'université, aux grandes écoles ou dans un institut spécialisé.

LES JEUNES EN FRANCE: ADOLESCENTS PLUS TÔT, ADULTES PLUS TARD

Sans en être vraiment conscients, les jeunes d'aujourd'hui vivent° une période paradoxale. Jamais, sans doute, le présent n'a été pour eux aussi riche et l'avenir si incertain. Il y a donc deux poids° et deux mesures entre la vie facile de l'enfance et celle, beaucoup plus complexe, de l'adolescence.

live
weights

La richesse de l'environnement familial et social des enfants explique qu'ils deviennent adolescents plus tôt. L'incertitude quant à° l'avenir fait qu'ils tendent à retarder° le moment où ils sont adultes, c'est-à-dire capables de s'assumer.°

concerning
to delay / to become independent

Jusqu'à 7 ans, la vie est surtout un jeu.

Les plus petits se sentent° plutôt bien dans leur peau.° Papa et Maman n'épargnent° pas leurs efforts pour leur rendre la vie simple et agréable. Le monde des adultes leur apparaît comme un gigantesque jeu aux possibilités infinies. Chaque jour est une découverte. L'école, entre 2 et 7 ans, n'est pas encore un outil° de sélection; on s'y fait de bons copains, avec qui on partage ses expériences et ses rêves.

feel / good about themselves; *(lit):* comfortable in their skin
spare
instrument

La majeure partie du temps de loisir de l'enfant se passe en famille, même si la mère exerce une activité professionnelle: entre 4 et 7 ans, les enfants passent en moyenne 1 250 heures avec une mère active° (1 000 seulement avec un père actif) et 1 500 avec une mère au foyer. Les «mères à temps partiel» des enfants en âge scolaire sont donc finalement aussi présentes que les autres, en dehors du mercredi.° Mais la télévision occupe très vite une place essentielle: les 4–7 ans passent plus de temps devant la télé qu'à l'école (1 000 heures contre 800).

who works
in France there is no school on Wednesday afternoons

Entre 8 et 14 ans, les enfants s'intéressent au monde des adultes.

Les différences sont cependant° importantes entre les 8–10 ans et les 11–14 ans. Les premiers acquièrent peu à peu une certaine autonomie au sein du° foyer et à l'extérieur: ils se rendent seuls à l'école, commencent à recevoir et à dépenser de l'argent, ont accès au réfrigérateur. Tous les actes de consommation sont pour l'enfant des moyens de rechercher son identité. La socialisation commence vers 8 ans. C'est l'âge où l'on passe progressivement de l'objet aux individus, des perceptions concrètes à la pensée conceptuelle.

however
in

Les 11–14 ans connaissent les doutes de la préadolescence, ceux liés à° l'intégration au groupe et au développement de la personnalité. L'argent dont ils disposent leur permet d'affirmer leur autonomie et leur identité. A partir de 11 ans, les centres d'intérêt évoluent. Si la télévision reste le média privilégié, les émissions enfantines sont délaissées° au profit des émissions musicales (hit-parades) et cinématographiques.

tied to
abandoned

Gérard Mermet, *Francoscopie 1991.*
Paris, Librairie Larousse, 1990, p. 140.

L'organisation générale des études secondaires

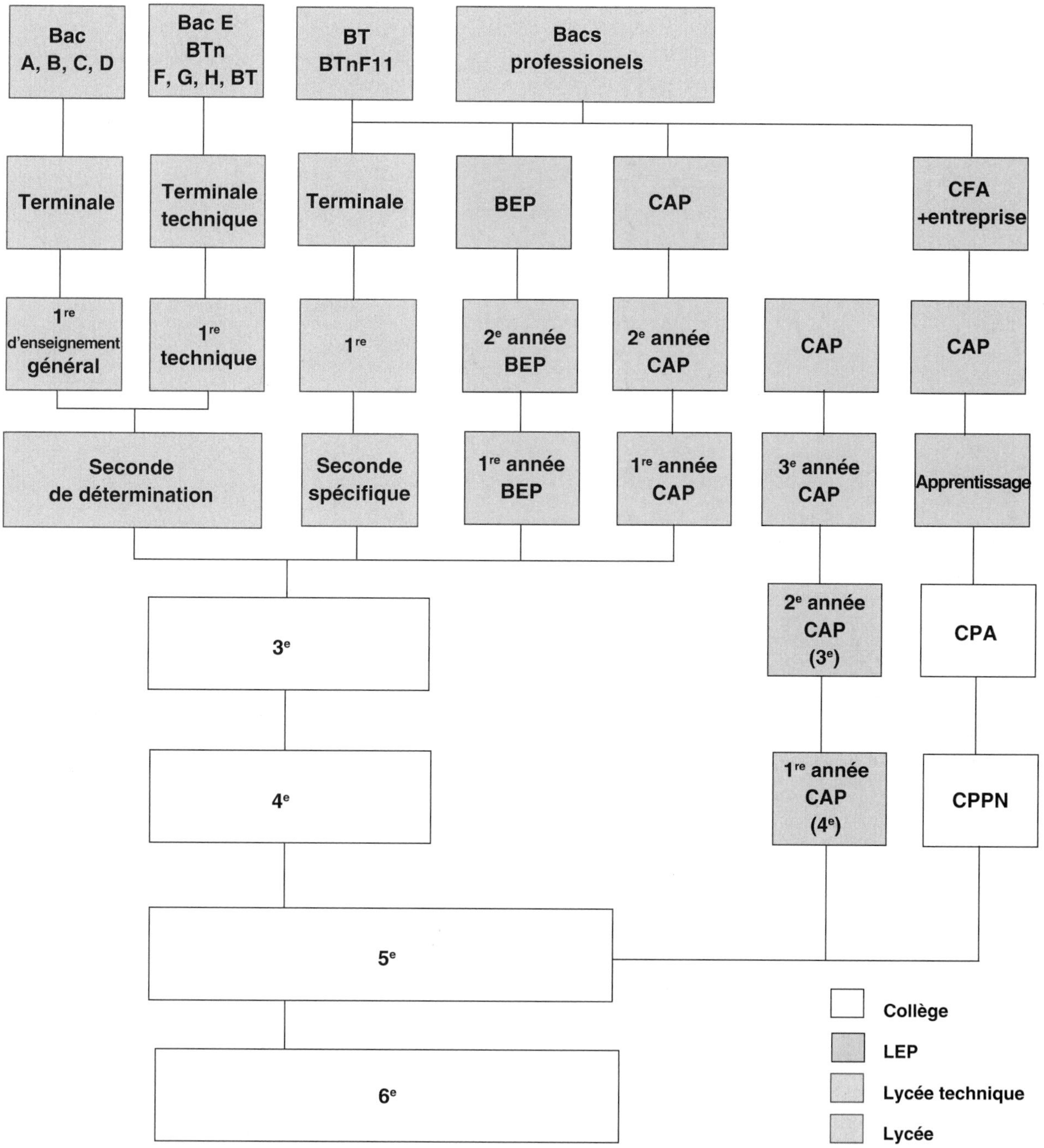

Sigles:

LEP = lycée d'enseignement professionnel
CAP = certificat d'aptitude professionnelle
CPA = classe préparatoire à l'apprentissage
CPPN = classe préprofessionnelle de niveau

BEP = brevet d'études professionnelles
CFA = centre de formation d'apprentis
bac = baccalauréat
BT = brevet de technicien

Les choix de l'après-bac

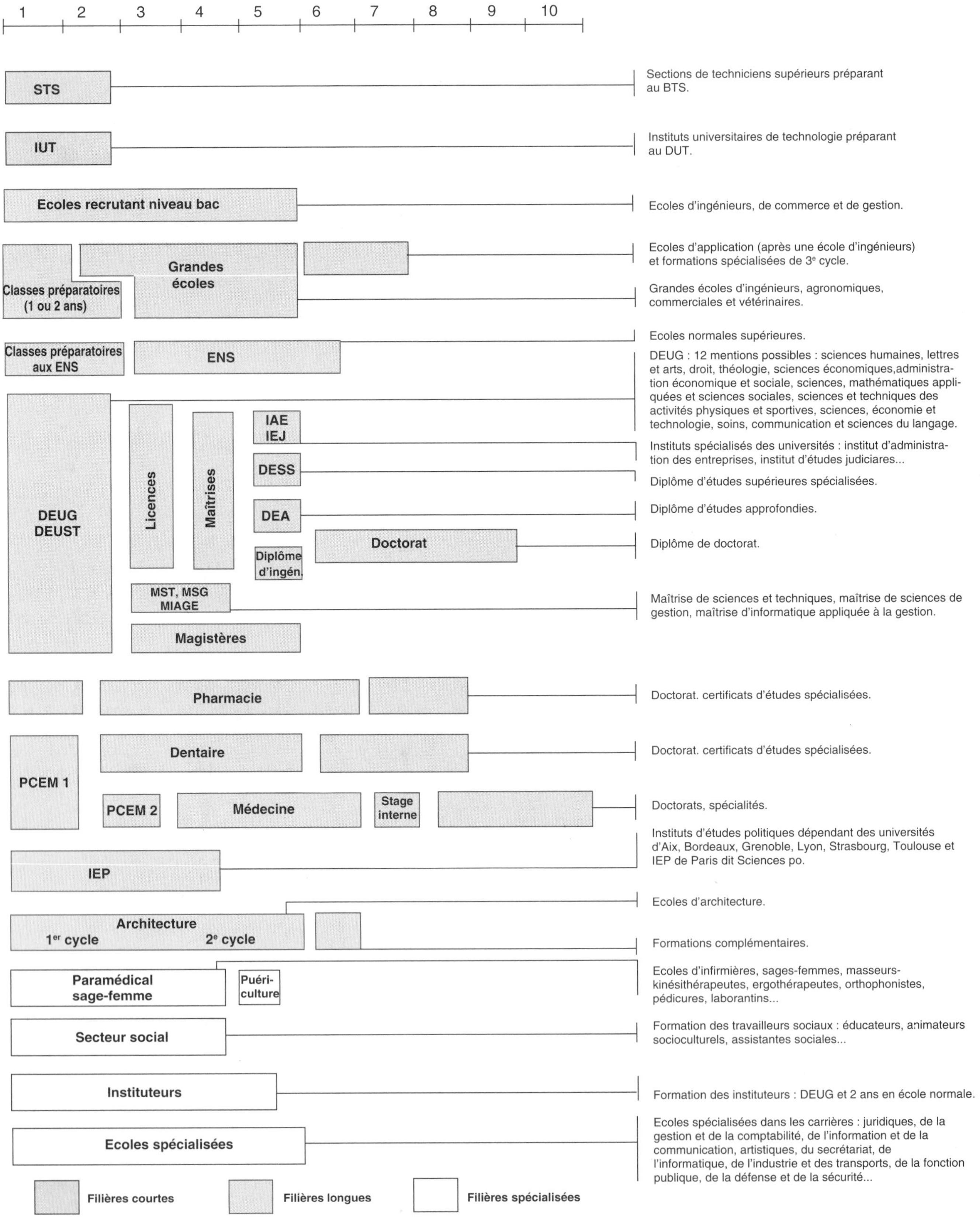

1 2 3 4 5 6 7 8 9 10
STS
Sections de techniciens supérieurs préparant au BTS.
IUT
Instituts universitaires de technologie préparant au DUT.
Ecoles recrutant niveau bac
Ecoles d'ingénieurs, de commerce et de gestion.
Classes préparatoires (1 ou 2 ans)
Grandes écoles
Ecoles d'application (après une école d'ingénieurs) et formations spécialisées de 3e cycle.
Grandes écoles d'ingénieurs, agronomiques, commerciales et vétérinaires.
Classes préparatoires aux ENS
ENS
Ecoles normales supérieures.
DEUG DEUST
DEUG : 12 mentions possibles : sciences humaines, lettres et arts, droit, théologie, sciences économiques,administration économique et sociale, sciences, mathématiques appliquées et sciences sociales, sciences et techniques des activités physiques et sportives, sciences, économie et technologie, soins, communication et sciences du langage.
Licences
Maîtrises
IAE IEJ
Instituts spécialisés des universités : institut d'administration des entreprises, institut d'études judiciares...
DESS
Diplôme d'études supérieures spécialisées.
DEA
Diplôme d'études approfondies.
Doctorat
Diplôme de doctorat.
Diplôme d'ingén.
MST, MSG MIAGE
Maîtrise de sciences et techniques, maîtrise de sciences de gestion, maîtrise d'informatique appliquée à la gestion.
Magistères
Pharmacie
Doctorat. certificats d'études spécialisées.
PCEM 1
Dentaire
Doctorat. certificats d'études spécialisées.
PCEM 2
Médecine
Stage interne
Doctorats, spécialités.
IEP
Instituts d'études politiques dépendant des universités d'Aix, Bordeaux, Grenoble, Lyon, Strasbourg, Toulouse et IEP de Paris dit Sciences po.
Architecture
1er cycle
2e cycle
Ecoles d'architecture.
Formations complémentaires.
Paramédical sage-femme
Puéri-culture
Ecoles d'infirmières, sages-femmes, masseurs-kinésithérapeutes, ergothérapeutes, orthophonistes, pédicures, laborantins...
Secteur social
Formation des travailleurs sociaux : éducateurs, animateurs socioculturels, assistantes sociales...
Instituteurs
Formation des instituteurs : DEUG et 2 ans en école normale.
Ecoles spécialisées
Ecoles spécialisées dans les carrières : juridiques, de la gestion et de la comptabilité, de l'information et de la communication, artistiques, du secrétariat, de l'informatique, de l'industrie et des transports, de la fonction publique, de la défense et de la sécurité...
Filières courtes
Filières longues
Filières spécialisées

L'instruction insuffisante et inégale

Si l'on mesure la réussite d'un individu à la place qu'il occupe dans la hiérarchie professionnelle, c'est à l'école qu'elle se prépare le plus souvent. Mais un quart des Français n'ont pas de diplôme. Malgré le développement de la formation continue,° l'instruction demeure° très inégale.

continuing education / remains

Un Français sur quatre n'a aucun diplôme. Un sur dix a un diplôme supérieur ou égal au baccalauréat.

30% des Français de 18 ans et plus ont arrêté leurs études à temps complet à l'âge de 15 ans ou moins, 47% entre 16 et 19 ans, 23% à 20 ans ou plus. Les personnes actives sont plus diplômées que les inactifs. Les hommes le sont plus que les femmes, bien que cette tendance soit en train de s'inverser dans les jeunes générations. [...]

Plus de 3 millions de Français sont illettrés.°

illiterate

Sur les 37 millions de personnes valides de plus de 18 ans vivant en France métropolitaine, 3,3 millions (soit près d'une sur dix) éprouvent° des difficultés graves à parler, lire, écrire ou comprendre la langue française. Parmi eux, 1,9 million sont des Français et 1,4 million des immigrés. [...]

experience

53% des Français ont suivi des études classiques, 28% ont suivi des études techniques, 19% les deux filières successivement.

La filière° suivie par les Français au moment de leur scolarité n'a pas toujours de rapport avec la vie professionnelle et personnelle qu'ils auront plus tard. Ainsi, plus de la moitié des adultes d'aujourd'hui ont flirté dans leur jeunesse avec les déclinaisons° latines, le grec ancien ou la littérature française.

L'orientation scolaire tient plus au hasard° qu'à un choix délibéré: pour 70% des adultes, le type d'études suivi a été dicté par les circonstances; pour les autres, il a été guidé par l'entourage (parents, professeurs...). [...]

academic concentration

declensions

chance

La proportion de diplômés est insuffisante.

La France forme chaque année 14 000 diplômés, soit deux fois moins que la RFA.° Par rapport aux pays voisins, les formations supérieures restent trop élitistes, tandis que les qualifications moyennes° ne sont pas assez compétitives. Le nombre de techniciens est très insuffisant; il devrait tripler d'ici l'an 2 000. On estime qu'il manque chaque année 10 000 ingénieurs sur le marché du travail. Le manque de commerciaux° reste un handicap typique des entreprises françaises.

la République fédérale d'Allemagne: former West Germany

average

traveling salespeople

> ➤ Dans les entreprises d'au moins 2 000 salariés, 62 % des cadres ont suivi des stages de formation, contre 38 % des employés et 21 % des ouvriers non qualifiés.

G. Mermet, *Francoscopie 1991, pp. 64-66*

A. L'enfant français. Répondez aux questions suivantes selon ce que vous avez appris dans le texte «Adolescents plus tôt, adultes plus tard» et le tableau sur l'organisation générale des études secondaires.

1. Quelles comparaisons est-ce que vous pouvez faire entre les jeunes français et les jeunes américains? C'est-à-dire, quelles sont les différences et les similarités entre la vie des enfants français et celle des enfants américains avant l'âge de sept ans? Entre huit et quatorze ans?
2. Quel rôle joue la télévision dans la vie des enfants français? A votre avis, comment est-ce que la télé peut transmettre les valeurs culturelles à l'enfant? Est-ce que les enfants américains subissent les mêmes influences que les enfants français?
3. Quelle est votre impression de l'enseignement secondaire en France d'après le tableau présenté?
4. Quelles différences est-ce que vous avez notées entre l'enseignement secondaire français et le système américain?

B. L'après-bac. Les élèves français passent l'examen du baccalauréat à la fin de la terminale pour essayer d'avoir leur bac. S'ils y réussissent, ils peuvent poursuivre leurs études au niveau supérieur. Etudiez le tableau de l'enseignement supérieur et répondez aux questions.

1. Quels sont les différents types d'établissements scolaires mentionnés dans le tableau?
2. Quels sont les équivalents américains de ces établissements?
3. Qu'est-ce qu'on peut étudier dans les écoles spécialisées?
4. Dans quelle sorte d'école faut-il aller si l'on veut être infirmière?
5. Combien d'années d'études est-ce qu'il faut si l'on veut devenir ingénieur? architecte? dentiste? professeur d'université? instituteur?
6. Quelles sont vos conclusions sur l'enseignement supérieur français selon les données du tableau?

C. Qu'est-ce qui ne va pas? Comparez les problèmes de la France et des Etats-Unis dans le domaine de la scolarité en répondant aux questions suivantes.

1. A votre avis, quels sont les problèmes principaux que les Américains confrontent dans les écoles aux Etats-Unis?
2. Quels problèmes les Français affrontent-ils dans les écoles en France?
3. En général, quelles difficultés est-ce que ces problèmes vont poser à l'avenir?
4. Qu'est-ce qu'on pourrait faire pour remédier à ces problèmes?

D. Et vous? En utilisant comme point de départ vos réponses au questionnaire de l'exercice II dans votre **Manuel de préparation**, discutez de votre éducation et de votre formation avec les autres membres du groupe. Comment est-ce que vous avez appris ce que vous savez? Quel rôle est-ce que votre famille a joué dans votre socialisation? Comment étaient vos études à l'école primaire et à l'école secondaire? Quelle évaluation est-ce que vous faites de vos études à l'université?

Profil: La Suisse

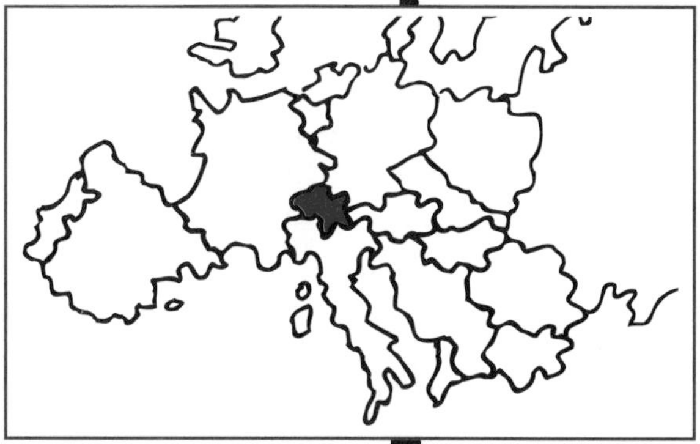

Nom officiel: la Confédération helvétique
Situation: en Europe; frontières avec l'Italie, la France, l'Allemagne, l'Autriche, le Liechtenstein
Superficie: 41 293 km^2
Capitale: Berne
Population: 6 530 000 habitants (1985)
Nom des habitants: Suisses (Suissesses)
Villes importantes: Zurich, Genève, Lausanne, Lucerne, Bâle, Winterthur, St-Gall, Bienne, Fribourg, Thoune, Neuchâtel, Lugano
Langues officielles: allemand, français, italien
Langues nationales: allemand, français, italien, romanche
Dialectes: 6 dialectes franco-suisses, 12 dialectes germano-suisses (alémaniques)
Religions: protestants (44,3%), catholiques (47,9%), autres (7,8%)
Date d'indépendance: le 1er août 1291
Unité monétaire: le franc suisse (1$ = 1,2FS)
Climat: grande diversité climatique à cause du relief accidenté; au-dessus de 2 500 ou 3 000 m d'altitude, la neige ne disparaît jamais (même climat que la zone polaire); dans les montagnes et les vallées, quatre saisons très distinctes (jamais excessivement chaud), climat tempéré; dans le sud du pays, climat plus chaud, étés plus longs et hivers moins rigoureux
Tourisme: stations de ski, alpinisme, villes pittoresques, palais des Nations unies à Genève, lacs, musées, monument de Guillaume Tell
Industries: très pauvre en matières premières; une industrie de transformation et de production: alimentation, textiles, construction, machines, horlogerie, chimie
Histoire: 1291: alliance perpétuelle de trois cantons (Uri, Schwyz et Unterwald); 1307: épisode de Guillaume Tell; 1815: pacte fédéral — tous les cantons alliés à la Confédération, reconnaissance de la neutralité suisse; 1978: création du canton francophone, le Jura

Ecoutez!

4-1

E. Qui parle? Vous allez entendre des gens qui parlent de l'enseignement en France. Identifiez la personne qui parle dans chaque monologue.

Personnes
a. un prof
b. un parent
c. un(e) élève de lycée
d. un(e) étudiant(e) d'université

If you have not done this listening exercise in class or if you would like to listen again to the four monologues, you can work with this listening material on your own.

Chapitre 10

Moi, j'étais au lycée polyvalent du Mirail.

En avant!

4-2

ECOUTEZ!

En France, comme aux Etats-Unis, la scolarité a bien changé depuis l'époque où nos grands-parents allaient à l'école. Ces changements d'une génération à l'autre sont évidents lorsqu'on écoute les différents membres de la famille Metz parler de leurs études.

La famille Metz — M. et Mme Metz, David, Daphné,— et les grands-parents — Mme et M. Pelletier

David parle de son expérience à l'école primaire.

«Mme Champony... elle ne nous donne pas beaucoup de devoirs le soir. Comme ça, j'ai le temps de jouer.»

Daphné a 16 ans et elle est au lycée. Elle parle de ses profs, de ses copains et de son avenir.

«Une chose qui est sûre, je vais passer mon bac. Ça me rend déjà nerveuse.»

Les parents de David et Daphné, M. et Mme Metz, parlent de leurs études.

«Le problème avec les écoles d'aujourd'hui, c'est qu'il y trop d'élèves dans une classe... »

Les grands-parents de David et Daphné, M. et Mme Pelletier, ont eu des expériences tout à fait différentes à l'école.

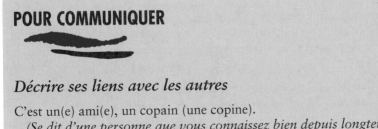

«La vie des étudiants est de nos jours plus intéressante, surtout pour les femmes.»

If you have not done this listening section in class or if you would like to listen again to what the family members have to say about their education, you can work with this listening material on your own.

POUR PARLER DE SON EDUCATION

A. La discipline parentale. Parlez à vos camarades de la discipline imposée par vos parents quand vous étiez enfant. Donnez des exemples précis et évaluez la discipline de votre point de vue d'aujourd'hui. Ensuite, expliquez comment, à votre avis, les parents devraient agir avec leurs enfants.

Reminder, Ex. A: You can use the verb **devoir** and an infinitive to say what you were expected to do when you were a child: **J'ai dû faire la vaisselle tous les soirs.**

POUR COMMUNIQUER

Décrire ses liens avec les autres

C'est un(e) ami(e), un copain (une copine).
(Se dit d'une personne que vous connaissez bien depuis longtemps.)
Mes collègues sont très gentils.
(Se dit des personnes avec qui vous travaillez.)

Suggestion, Pour communiquer: The words presented here and on the next page allow you to be more precise in naming the particular relationships you have with people.
In addition, you are reviewing words and expressions that allow you to give detailed descriptions of people.

Je te présente mon ami(e).
(Se dit d'une personne — rapport garçon-fille — avec qui vous sortez souvent et pour qui vous partagez des sentiments tendres.)
J'ai rencontré son/sa fiancé(e).
(Il est plus ou moins certain que le mariage aura lieu.)
J'ai invité Philippe et sa compagne / Jeanne et son compagnon.
(C'est un couple, mais ils ne sont pas mariés.)
J'ai vu sa femme / son mari.
(Se dit d'un homme ou d'une femme qui est marié[e].)

D'autres liens se décrivent par des noms spécifiques (noms des membres de la famille, patron *[boss]*, professeur, inspecteur, etc.) ou par des titres (doyen[ne] *[dean])*, directeur/directrice, président[e], etc.).

Décrire les personnes

Il a 35 ans. Il est jeune (âgé, vieux).
Il est grand (petit, mince, costaud, svelte, gros, beau, laid).
Il a une barbe (une moustache).
Il est chauve.
Elle a les cheveux blonds (noirs, bruns, gris, roux, courts, longs).
Il a les yeux bleus (bruns, gris).
Elle a le visage ovale (carré, rond).
Il a un petit (grand, long) nez.
Il a une belle barbe.

Elle est belle (jolie).
C'est une femme aux cheveux roux.
C'est un garçon aux yeux gris.
C'est un homme d'un certain âge *(middle-aged)*.
C'est une femme du troisième âge *(elderly)*.

Il / Elle est...
Il / Elle a l'air + *adjectif*
Il / Elle semble...
Il / Elle paraît...
Il / Elle ressemble à...

Décrire les traits de personnalité: gentil(le), optimiste, intelligent(e), sympathique, indépendant(e), etc.

B. Les gens que je connais. Décrivez les liens que vous avez avec les gens qui vous entourent. Utilisez des mots qui indiquent vos rapports avec eux. Votre partenaire va vous poser des questions pour obtenir plus de renseignements.

Ex. B: Note that the term used in the first statement establishes the relationship between you and the person you will talk about. This, in turn, allows your classmate to determine what kinds of questions to ask.

MODELE — *Mon ami(e) s'appelle...*
— *Est-ce que vous sortez souvent ensemble?*
— *Oui, nous sortons presque tous les week-ends.*
— *Qu'est-ce que vous aimez faire?*
— *Oh, quelquefois nous allons au cinéma et des fois nous restons à la maison pour regarder une vidéo.* etc.

C. Mes professeurs et mes copains. Donnez une description du physique et de la personnalité de votre professeur préféré et de votre meilleur(e) ami(e). Vos camarades vont vous poser des questions pour avoir des précisions.

Portrait des Suisses

Etre Suisse, en dépit des affinités, c'est vivre d'une certaine manière qui n'est pas la manière française, italienne ou bien allemande, c'est un peu chacune d'elles, fondues en contradictions intimes, et en fin de compte, singulière. Etre Suisse, c'est mener (ou du moins préconiser) une existence saine, normale, austère, où le luxe n'a que peu de place, c'est avoir un sens aigu de ses responsabilités, c'est aussi être chauvin et d'un chauvinisme particulier, en ceci qu'il ne se fonde pas sur un rêve ingénument entretenu, mais sur le quotidien reflet de l'histoire...

On en conviendra, il n'y a rien là pour séduire tout d'abord, se rendre irrésistible, et il faut, je pense, y retourner souvent, pour comprendre à la fin combien le Suisse est un être de «bonne qualité».

Sa timidité, une certaine méfiance envers l'étranger, le contraignent à une politesse qui serait infiniment satisfaisante s'il ne s'y sentait quelque chose d'apprêté et comme fixant les limites auxquelles il convient de s'en tenir. [...] (l')amitié, les gens de bonne société la donnent au hasard, le Suisse, lui, la réserve!...

Sans doute la spontanéité, la liberté d'esprit ne sont-elles pas son fort. On le comprendra, songeant à l'opiniâtreté héréditaire d'un peuple à qui, initialement, la liberté n'était pas due en partage. L'existence de la Suisse est l'œuvre de l'histoire, mais surtout d'une volonté *(willingness)* qui n'est jamais relâchée. Le Suisse, sans qu'il ait encore eu à en faire la cruelle expérience, sait que rien ne lui est acquis à jamais et, pour l'avoir chèrement payée, il estime le prix de sa liberté et aujourd'hui s'en inquiète, car les alliances nouvelles qui se font en Europe l'amènent à redouter que cette liberté ressemble bientôt à une exclusion.

Dominique Fabre, *Suisse.*
Paris: Editions du Seuil, 1955, p. 13.

Questions Quelles valeurs et quels traits caractéristiques est-ce que l'auteur du texte esquisse des Suisses? Est-ce qu'il y a des similarités avec le caractère de certaines cultures des Etats-Unis?

STRUCTURE: Comment différencier les personnes et les choses

Possessive adjectives are used to indicate ownerships of things or relationships of people. Remember that possessive adjectives agree in gender and number with the nouns they modify. Thus, **son oncle** (masculine singular possessive adjective) can mean either *his* or *her uncle.*

Demonstrative adjectives (**ce, cet, cette, ces**) are the equivalent of *this* and *these* in English. To differentiate further between *this/these* and *that/those,* add **-ci** or **-là** (**ces livres-ci, cette vidéo-là**) to the noun modified by the demonstrative adjective.

In this section, after a brief review exercise, you will learn how to use possessive and demonstrative pronouns as additional ways of making distinctions among people and among things.

Grammar: If you did not have a passing score on the **Repêchage** test in the CC or if you are still unsure about the use of possessive and demonstrative adjectives, you should let your instructor know.

RAPPEL Les adjectifs possessifs et démonstratifs

D. C'est ton sac, ce sac-là? Toutes les affaires des membres de votre groupe ont été mélangées. C'est à vous de distribuer chaque objet pour le rendre à la personne à qui il appartient. Adressez une question à un des membres du groupe sur un objet. Puis, suivez le modèle.

MODELE — *C'est ton stylo, ce stylo-ci?*
— *Non, c'est son stylo.* (Pointing to another group member.)
— *Oui, c'est mon stylo.*
— *Ah bon. Ce stylo-ci est ton stylo. Le voilà.*

PRESENTATION Les pronoms possessifs et démonstratifs

Grammar: Note that possessive and demonstrative pronouns are most often used in writing. In everyday conversation, they are used only occasionally. Speech allows for more repetition.

The main purpose of pronouns is to avoid unnecessary repetition in speaking and writing. (**Tu as vu Jean? Oui, je l'ai vu.**)

Pronouns are used to replace nouns when it is clear which object or person the pronoun refers to. In other words, pronouns only make sense when the antecedent is clear. For example, the sentence **Je l'ai vu** does not make sense unless you know what the pronoun **l'** refers to. It could mean *I saw him, her,* or *it.*

Possessive and demonstrative pronouns may also replace nouns for the same reasons personal pronouns do. They help to avoid repetition and allow you to be precise, providing that the antecedent has been clearly established. In general, possessive and demonstrative pronouns are used less frequently in speech than in writing. We will discuss each more thoroughly.

1. Possessive pronouns

A possessive pronoun replaces the possessive adjective and the noun it modifies. The noun (the thing or person possessed) determines the gender and number of the pronoun.

C'est **mon livre.**	C'est **le mien.** *(masculine singular)*
Voici **ses chaussures.**	Voici **les siennes.** *(feminine plural)*

A possessive pronoun is composed of two words: a definite article (contracted with **à** or **de** when appropriate) and the word that designates the possessor and the object or person possessed.

Est-ce que tu as trouvé **tes clés**?
Est-ce que tu as trouvé **les tiennes**?

Qu'est-ce que vous pensez **de mes nouvelles vidéos**?
Qu'est-ce que vous pensez **des miennes**?

Il a échoué **à ses examens.**
Il a échoué **aux siens.**

The first and second persons of the possessive pronouns have a circumflex on the letter **ô**.

Adjectif	Pronom
notre	**le/la nôtre, les nôtres**
votre	**le/la vôtre, les vôtres**

Possessive pronouns are often used to differentiate objects and people in an explicit way.

Ton prof est très bon. **Le mien** est un peu moins intéressant.
J'ai acheté mes livres. Est-ce qu'elle a acheté **les siens**?

ADJECTIFS ET PRONOMS POSSESSIFS			
UN SEUL OBJET POSSÉDÉ		PLUSIEURS OBJETS POSSÉDÉS	
adjectifs	*pronoms*	*adjectifs*	*pronoms*
mon, ma	**le mien, la mienne**	mes	**les miens, les miennes**
ton, ta	**le tien, la tienne**	tes	**les tiens, les tiennes**
son, sa	**le sien, la sienne**	ses	**les siens, les siennes**
notre	**le nôtre, la nôtre**	nos	**les nôtres**
votre	**le vôtre, la vôtre**	vos	**les vôtres**
leur	**le leur, la leur**	leurs	**les leurs**

Finally, the following expressions are commonly used in French:

A la vôtre! A la tienne!	*To your health!* (when making a toast)
les siens	*his/her family*

2. Demonstrative pronouns

Like other pronouns, a demonstrative pronoun agrees in gender and number with the noun it replaces.

Tu as vu mon **livre**?	Oui, c'est **celui** qui est sur la table. *(masculine singular)*

The simple forms of the demonstrative pronouns are equivalent to the English *this one* and *these.*

celui	masculine singular
ceux	masculine plural
celle	feminine singular
celles	feminine plural

These demonstrative pronouns are generally modified by another word. This word may indicate more precisely either location or possession.

a. modified by **-ci** or **-là**

Tu aimes ces pâtisseries?	Do you like these pastries?
Oui, mais **celles-ci** sont meilleures que **celles-là**.	Yes, but *these* are better than *those.*

celui-ci / celui-là / celle-ci / celle-là	*this one / that one*
ceux-ci / ceux-là / celles-ci / celles-là	*these / those*

b. modified by the preposition **de** to indicate possession

Mes enfants sont gâtés. **Ceux de** mon frère ne le sont pas du tout.	My children are spoiled. My brother's aren't at all.

celui / celle / ceux / celles + de (nom) *(name)'s* or *(name)s'*

c. modified by a relative pronoun

Ceux qui lisent beaucoup apprendront le plus.
Those who read a lot will learn the most.

celui / celle / ceux / celles +	**qui**	*the one(s) that (who)*
	que	*the one(s) that (whom)*
	dont	*the one(s) of which (of whom)*
	à qui	*the one(s) to whom*
	pour qui	*the one(s) for whom*
	avec qui	*the one(s) with whom*
	chez qui	*the one(s) at whose house*

A demonstrative pronoun can have a negative meaning when it refers to a person depending on context and the tone of voice with which it is expressed.

Celle-là, elle m'embête!	*That one,* she bugs me!
Celui-là, il ne pense qu'à l'argent.	*That one,* he only thinks about money.

E. La rentrée. C'est la veille de la rentrée des classes et les enfants se préparent. Complétez les phrases suivantes en utilisant des adjectifs et des pronoms possessifs.

1. — Alors, les enfants. Vous avez toutes ______ affaires? Jean, tu as choisi _____ vêtements pour le premier jour de classe?
   — Oui, maman, nous avons tous _____ vêtements.
   — Et Julie, tu as ______?
2. — Maman, tu as vu _____ chemise bleue?
   — Non, mais tu peux porter _______ si tu veux.
   — Ah non, _____ n'est pas très à la mode.
   — Tant pis, alors tu n'as qu'à trouver _____.
3. — Maman, Antoine a pris _____ cahier. C'est _____ et je le veux.
   — Allons, Antoine, donne-lui _____ cahier. Tu sais bien que c'est _____.
4. — Antoine, où est _____ sac à dos?
   — Je l'ai ici mais je ne sais pas trop bien ce qu'il faut mettre dedans.
   — Eh bien, tu y mets _____ calculatrice, _____ crayons, _____ bloc-notes, _____ stylos et _____ sweatshirt. Il va faire frais demain.
5. — Maman, est-ce que je prends _____ sac et _____ sac à dos?
   — Mais non, Julie. Tu choisis.
   — Je n'aime pas beaucoup ce sac à dos. Le sac est bien plus chouette.
   — Bon, prends _____ sac alors. Tiens, j'ai aussi un joli sac. Tu veux _____?
   — Oui, _____ est plus grand que _____.
6. — Alors, tout le monde est prêt? Quelle histoire, le premier jour de la rentrée! Quand vous serez tous partis demain, je pourrai faire _____ travail tranquillement, sans interruptions!

F. Un concours. En groupes de quatre personnes, cherchez à faire le plus de phrases possibles avec les éléments suivants. Une personne va écouter et prendre des notes pour présenter les phrases à la classe entière à la fin de l'activité.

Ex. F: Make sure that your notetaker has several sentences for each of the items.

1. ceux qui
2. celle avec qui
3. celui dont
4. le mien
5. les vôtres
6. la tienne

Ensuite!

POUR PARLER DE SA FORMATION

G. Ma formation. Parlez de votre formation à vos camarades de classe. Expliquez dans quelles sortes d'écoles vous êtes allé(e) (écoles publiques ou privées), dans quelle partie du pays (dans quel état et ville), pour quelles raisons vous avez choisi une université particulière et quels étaient les avantages de votre formation. Vos camarades vont vous poser des questions pour obtenir des renseignements supplémentaires.

Reminder, Pour communiquer: Note that **se souvenir** must be followed by the preposition **de** while **se rappeler** does not take a preposition (i.e., takes a direct object).

POUR COMMUNIQUER

Dire qu'on se souvient (ou pas) de quelque chose ou de quelqu'un

Je me souviens (encore) (de Jean, de lui, de cette fête, etc.).
Je ne me souviens pas (plus) (de Jean, de lui, de cette fête, etc.).
Je me souviendrai toujours (de cette étudiante française).
Tu te souviens (Vous vous souvenez) du prof qui était si sévère?

Tu te souviens de ce prof? (Tu te souviens de lui?)
Oui, je me souviens de lui. Non, je ne me souviens pas (plus) de lui.
Tu te souviens de ces vacances? (Tu t'en souviens?)
Oui, je m'en souviens. Non, je ne m'en souviens pas (plus).

J'ai un (très) bon (mauvais) souvenir (de cette année-là).
J'ai de (très) bons (mauvais) souvenirs (de ce prof).

Je me rappelle (bien, très bien, mal) (cette occasion, cette personne).
Je ne me rappelle pas (plus) (cet examen, cette personne).

Est-ce que ce nom te (vous) dit quelque chose?
Oui, ce nom-là me dit quelque chose.

Est-ce que ça te (vous) dit quelque chose?
Oui, ça me dit quelque chose.

Est-ce que tu as entendu parler de cette émission?
Oui, j'en ai entendu parler. Non, je n'en ai pas entendu parler.

Qu'est-ce qui s'est passé ce jour-là?
Si je me souviens bien, c'est le jour où Kennedy a été assassiné.
Attends, je réfléchis. Voilà, ça y est. C'est le jour de son anniversaire.

Suggestion, Ex. H and I: Use a variety of ways to say what you do and do not remember.

H. Je me souviens... / Je ne me rappelle pas... Utilisez des expressions différentes pour indiquer que vous vous souvenez (ou pas) des événements ou des personnes suivantes.

MODELE le président Kennedy
Je me souviens très bien du président Kennedy. OU
Je ne me rappelle pas du tout le président Kennedy.

1. Charles de Gaulle
2. Edith Piaf
3. mon enfance
4. le film «E.T.»
5. les années soixante
6. le dernier examen de français
7. les profs de l'école primaire
8. mes amis d'enfance

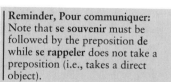

I. Mes souvenirs d'enfance. Utilisez des expressions différentes pour parler de votre enfance à vos camarades. Parlez de vos activités, de vos vacances, de votre formation, des gens qui vous ont beaucoup influencé(e), etc.

Le système éducatif suisse: ses caractéristiques

En Suisse, l'instruction est principalement l'affaire des cantons *(l'équivalent des états aux Etats-Unis).* C'est pourquoi on ne peut pas parler d'un système éducatif suisse, mais de **plusieurs systèmes divers et indépendants**. Conséquence de la structure fédéraliste de l'Etat, cette disparité des systèmes pour les huit ou neuf premières années scolaires se retrouve à l'intérieur des différentes régions linguistiques. C'est ainsi, par exemple, que les cantons alémaniques n'ont pas unifié la dénomination des écoles d'un même type, et ce n'est qu'en 1985, à la suite d'une votation populaire, que les cantons ont adopté l'automne comme date commune pour le début de l'année scolaire.

Toutefois, en simplifiant beaucoup, on constate tout de même un certain nombre de traits principaux qui sont communs à toutes les organisations scolaires cantonales. En effet, après l'école enfantine facultative et entièrement prise en charge par l'Etat, la plupart des cantons ont une **scolarité obligatoire** de neuf ans (dans huit cantons elle est encore de huit ans). Cette scolarité, à laquelle sont astreints tous les enfants aptes à la suivre, se divise en deux degrés: **l'école primaire** qui dure quatre, cinq ou six ans, suivie d'un choix de différentes filières, que l'on peut rassembler sous le nom générique d'**école secondaire inférieure**, dont les objectifs et les exigences sont différents. Dans de nombreux cantons, ces deux degrés de la scolarité obligatoire sont appelés école publique ou communale. Les cantons sont très libres dans l'organisation de cette école et l'établissement des programmes d'études.

A la sortie de l'école publique, les élèves entreprennent normalement une **formation professionnelle** ou fréquentent un type d'écoles secondaires supérieures; parmi celles-ci il y a les **collèges** (ou **gymnases)** qui se terminent par l'examen de **maturité** (ou **baccalauréat)** et préparent aux **études supérieures**. A ce niveau, la liberté des cantons est considérablement limitée par les ordonnances de la Confédération sur la reconnaissance des certificats de maturité. La **formation professionnelle** est également sous le contrôle de la Confédération. Les écoles publiques sont gratuites. Dans les classes supérieures, même si elles sont entretenues par l'Etat, l'écolage est parfois à la charge des élèves, mais en tout cas le matériel scolaire.

Pro Helvetia. *Feuilles d'Information sur la Suisse.*

Questions Dans quel sens est-ce que le système scolaire suisse ressemble à celui des Etats-Unis? Qu'est-ce qu'ils ont en commun, en quoi diffèrent-ils?

STRUCTURE: Comment relier les idées logiquement

You've just reviewed how to use the conjunctions **et, mais, parce que** and the preposition **pour** to link ideas together in a logical manner. Following a brief review exercise, you will study additional conjunctions and prepositions that may indicate cause and effect, as well as goals.

> **Grammar:** If you did not get a passing score on the **Repêchage** test in the CC or if you are still unsure about how to use these expressions, you should let your instructor know.

RAPPEL Les mots **et, mais, parce que, pour**

J. Mes études. Utilisez les éléments donnés et les mots **et, mais, parce que** ou **pour** afin de présenter votre situation personnelle en ce qui concerne vos études. Pour continuer la conversation, les membres de votre groupe peuvent vous poser des questions pour obtenir des renseignements supplémentaires.

MODELE Je vais terminer mon diplôme de «bachelor». (Je veux faire une maîtrise.)
Je vais terminer mon diplôme de «bachelor» et (parce que) je veux faire une maîtrise. OU
Je vais terminer mon diplôme de «bachelor» mais je ne veux pas faire de maîtrise.

1. Je vais terminer mon diplôme de «bachelor». (trouver un travail)
2. Du point de vue financier, il est (il n'est pas) difficile de poursuivre mes études. (Mes parents m'aident.)
3. Ma spécialisation est ________ . (Je pense que c'est une spécialisation très intéressante.)
4. J'apprécie beaucoup mes profs. (Ils m'aident quand j'ai des difficultés.)
5. Je suis dans ce cours de français. *(donner votre propre raison)*
6. Je pense qu'il est important d'étudier les langues étrangères. (J'ai l'intention de continuer avec le français.)
7. Depuis que je suis ici, je me suis fait pas mal d'amis. (Nous sortons souvent le soir ou le week-end.)
8. Je vais (Je ne vais pas) souvent à la bibliothèque. (Je préfère étudier chez moi.)
9. Mes amis me téléphonent souvent. (parler de leurs cours)
10. J'ai besoin (Je n'ai pas besoin) de travailler. (payer mes études)
11. J'aime bien mes études. (J'ai beaucoup appris depuis que je suis ici.)
12. Mon conseiller (Ma conseillère) m'aide beaucoup. (J'écoute presque toujours ses conseils.)

PRESENTATION Les prépositions et les conjonctions pour exprimer la cause, la conséquence et le but

1. Expressing cause and effect

a. **parce que**

Je n'ai pas acheté tous mes livres **parce que** je n'avais pas d'argent.	I didn't buy all my books *because* I didn't have any money.

As you've already learned, the conjunction **parce que** is a response (either stated or implied) to the question **pourquoi?** Often, the clause that accompanies **parce que** serves as an excuse of why something was or was not done (why it happened or didn't happen). When using **parce que,** the effect (or consequence) comes first, followed by the cause: *effect* + **parce que** + *cause.*

b. **alors / comme / étant donné que**

Je n'avais pas d'argent, **alors** je n'ai pas acheté tous mes livres.	I didn't have any money, *so* I didn't buy all my books.
Comme je n'avais pas d'argent, je n'ai pas acheté tous mes livres.	*Since* I didn't have any money, I didn't buy all my books.
Etant donné que je n'avais pas d'argent, je n'ai pas acheté tous mes livres.	*Given that* I didn't have any money, I didn't buy all my books.

The conjunctions **alors, comme,** and **étant donné que** are additional ways of linking ideas to express cause and effect. However, unlike **parce que** which responds to a stated or implied demand for an explanation, **alors, comme,** and **étant donné que** tend to introduce additional information volunteered by the speaker (or writer).

Note that **alors** introduces the effect *(cause* + **alors** + *effect)* while **comme** and **étant donné que** introduce the cause (**comme [étant donné que]** + *cause* + *effect).*

c. **puisque**

J'ai très peu d'argent. **Puisque** tu en as très peu, n'achète pas tous tes livres.	I have very little money. *Since* you have very little (of it), don't buy all of your books.
Puisqu'il fait très beau, faisons un pique-nique.	*Since* the weather is beautiful, let's go on a picnic.

Puisque is a conjunction that introduces a cause that is known or verifiable by the listener (or reader). In the first example above, the speaker understands why the speaker suggests not buying all the books. In the second example, the weather conditions can be verified by the listener. In other words, **puisque** simply emphasizes the cause already made clear either by a statement *(I don't have much money)* or by an existing condition (the weather, etc.).

If the cause is not known, use **comme** rather than **puisque** (**Comme il faisait beau, nous avons fait un pique-nique.**). This is an example of a sentence that might appear in a letter where the recipient has no idea of what the weather was like.

d. **donc**

Il a eu la grippe, **donc** il n'est pas allé en classe.	He had the flu, *therefore* he didn't go to class.
Il a eu la grippe, il n'est **donc** pas allé en classe.	He had the flu, he *therefore* didn't go to class.

Donc is a conjunction used to link two ideas logically in a relationship of cause and effect. Note that **donc** can introduce the effect clause (as in the first example) or it can be inserted after the conjugated verb (as in the second example).

Les prépositions et les conjonctions qui expriment la cause, la conséquence et le but	
parce que	*conséquence* + **parce que** + *cause*
alors	*cause* + **alors** + *conséquence*
comme	**comme** + *cause* + *conséquence*
étant donné que	**étant donné que** + *cause* + *conséquence*
puisque	**puisque** + *cause* + *conséquence*
donc	*cause* + **donc** + *conséquence*

2. Talking about end results and goals

a. **pour / pour que**

Il a emprunté de l'argent **pour** payer mes études.	He borrowed money *in order to* pay for my studies.
Il a emprunté de l'argent **pour** mes études.	He borrowed money *for* my studies.
Il a emprunté de l'argent **pour que** je puisse payer mes études.	He borrowed money *so that* I could pay for my studies.

You've already reviewed the use of the preposition **pour** + *infinitive* to express the goal or final result of an action. Note that if the goal is negative, **ne pas** follows directly after **pour** (**Pour ne pas lui faire du mal, je n'ai rien dit.**). **Pour** can also be used with a noun (**pour** mes études, **pour** mon travail, **pour** mes parents, etc.). In addition, the goal of an action can also be introduced by **pour que** + *subjunctive* (... **pour que** je puisse payer mes études).

b. **de façon à / de façon à ce que**

J'ai fait mes devoirs tout de suite **de façon à** pouvoir sortir ce soir.	I did my homework right away *so that* I could go out tonight.
Ils m'ont invité **de façon à ce que** je puisse rencontrer leur patron.	They invited me *so that* I could meet their boss.

Just like **pour (pour que)**, **de façon** and **de façon à ce que** introduce clauses that state the goal of an action. **De façon** is followed by an infinitive; the subject of the second clause is usually the same as the subject of the first clause. **De façon à ce que** precedes a subjunctive, indicating that the subject of the second clause is *not* the same as the subject of the first clause.

c. **afin de / afin que**

J'ai fait mes devoirs tout de suite **afin de** pouvoir sortir ce soir.	I did my homework right away *so that* I could go out tonight.
Ils m'ont invité **afin que** je puisse rencontrer leur patron.	They invited me *so that* I could meet their boss.

To indicate the goal of an action, **afin de** is used with an infinitive and indicates that the subject of both clauses is the same. When the subject of the first clause is different from the subject of the second clause, use **afin que** with a subjunctive.

d. **dès que / tant que / jusqu'à ce que**

Dès que vous aurez fini cet exercice, passez au deuxième.	*As soon as (When)* you've finished this exercise, go on to the second one.
Passez au deuxième exercice **dès que** vous aurez fini le premier.	Go to the second exercise *as soon as (when)* you've finished the first one.
Tant que vous n'aurez pas fini le premier exercice, vous ne pourrez pas passer au deuxième.	*As long as* you haven't finished the first exercise, you can't go on to the second one.
Vous ne pourrez pas passer au deuxième exercice **tant que** vous n'aurez pas fini le premier.	You can't go on to the second exercise *as long as* you haven't finished the first one.
Jusqu'à ce que vous ayez fini le premier exercice, vous ne pourrez pas passer au deuxième.	*Until* you've finished the first exercise, you can't go on to the second one.
Vous ne pourrez pas passer au deuxième exercice **jusqu'à ce que** vous ayez fini le premier.	You can't go on to the second exercise *until* you've finished the first one.

Dès que is equivalent to **quand** *(when)* and indicates a future action that will occur only when another action has occurred. **Tant que** is used to indicate that some future action will *not* occur unless another future action has occurred. **Jusqu'à ce que** is used to indicate that a future action will not occur until another action has occurred.

Note the use of the **futur antérieur** (a future tense with a helping verb + *past participle of the main verb)* and the future tenses when using these expressions.

K. Causes et conséquences. Complétez les phrases suivantes en utilisant des expressions qui indiquent la cause ou la conséquence.

MODELES J'étais absent... *(cause)*
J'étais absent parce que j'avais un rhume.

... *(cause)*, je ne te dis plus rien!
Puisque tu ne m'écoutes jamais, je ne te dis plus rien!

1. Je n'ai pas pu finir les devoirs, ... *(conséquence)*
2. ... *(cause)*, vous pouvez rendre vos devoirs demain.
3. Mon prof est très sévère, ... *(conséquence)*
4. ... *(cause)*, vous allez refaire cette composition.
5. ... *(cause)*, nous allons vous aider.
7. ... *(cause)*, je vais vous donner une bonne note.
8. Ma mère va m'acheter une auto ... *(cause)*

L. Des buts. Complétez les phrases suivantes en utilisant des expressions qui indiquent un but.

MODELE En général, on continue ses études pour...
En général, on continue ses études pour avoir un meilleur poste.

1. Je discute beaucoup avec mes parents pour qu'ils...
2. Très souvent les gens se moquent des autres pour...
3. Les étudiants qui étudient bien le font afin de...
4. On va en cours afin que...
5. Vous n'aurez pas de salaire tant que...
6. Elle nous écrira dès que...
7. Vous n'aurez pas de dessert jusqu'à ce que...
8. Je fais des économies de façon à...

C'est à vous maintenant!

4-3

Suggestion, Listening activity: After listening to the four segments of the tape, have students indicate what the two children wanted to do in the future and what they ended up doing. You can then ask students to say whether their plans as children are matching their current plans.

ECOUTEZ!

Voici Jean-Jacques et son grand-père qui parlent de l'avenir du jeune garçon.

«Moi, ce qui m'intéresse, c'est réparer ma bicyclette. Puis, j'aime travailler à la ferme aussi.»

Voici Jean-Jacques, 15 ans plus tard, propriétaire d'une station-service.

«J'ai travaillé très dur pour économiser de l'argent pour enfin acheter ma station-service.»

Voici Monique qui parle avec son professeur.

«Moi, je veux devenir professeur un jour, parce que j'aime bien les enfants... »

Voici Monique, 15 ans plus tard, devenue elle-même professeur.

«Mon ancien professeur avait raison — l'enseignement est une carrière difficile mais aussi très enrichissante.»

If you have not done this listening section in class or if you would like to listen again to the conversations, you can work with this listening material on your own.

PARLONS!

M. Ce que j'ai appris dans ma vie. En vous basant sur vos réponses dans l'exercice XII de votre **Manuel de préparation**, parlez à vos camarades des bénéfices que vous avez tirés de votre éducation et de votre formation. Vos camarades vont vous poser des questions pour obtenir des renseignements supplémentaires.

INTERMEDE

LECTURE: «J'aimais l'école... » (Emilie Carles)

L'autobiographie d'Emilie Carles, Une soupe aux herbes sauvages, *a été publiée en 1977. Cette œuvre d'une dame âgée a connu un succès instantané pour son réalisme, sa peinture de la vie paysanne, la force des personnages et, enfin, pour l'espoir et l'idéalisme qu'elle contient. Pour E. Carles, la vie est dure mais il ne faut pas se laisser dominer par les circonstances. Tout est possible si l'on s'y met avec ardeur et conviction.*

Dans les extraits suivants, Emilie parle de sa vie à l'école, des attitudes des paysans devant l'instruction, de l'importance de la lecture dans sa vie.

Le travail aux champs° passait souvent avant l'école. Ici, les paysans° n'avaient pas idée de ce qu'était l'instruction, ils s'en faisaient une idée fausse et ils ne voyaient pas à quoi ça pouvait servir d'apprendre et de s'instruire. Comme leurs ancêtres ils pensaient que pour élever un veau° et garder les vaches on n'avait pas besoin de savoir lire et écrire. Mon père le premier. Il était presque illettré. [...]

Quand nous allions en classe, mes frères, mes sœurs et moi, l'état d'esprit était encore celui-là. Les gens avaient une méfiance° maladive° de l'école, c'est elle qui leur prenait la main-d'œuvre,° alors, pour se justifier, ils disaient qu'on y apprenait des bêtises° et qu'on y perdait son temps, mais comme c'était obligatoire ils étaient bien forcés de l'accepter. [...]

2 août 1914! je venais d'avoir quatorze ans. Entretemps j'avais grandi et, je peux le dire, j'avais grandi à l'école... oui, je crois que je peux dire ça. C'est ce qui a fait la différence entre mes frères, mes sœurs et moi. J'aimais l'école, j'aimais l'étude, j'aimais lire, écrire, apprendre. Dès que je suis allée à l'école je me suis sentie chez moi et c'est là que je me suis épanouie.°

J'ai commencé à cinq ans. C'était l'âge normal. En ce temps-là il n'y avait ni maternelle, ni rien, on entrait à cinq ans et on en ressortait à quatorze ou quinze ans. Les plus malins° arrivaient à décrocher° leur certificat, les autres devaient se contenter du fameux «sait lire et écrire» que l'on met sur les papiers officiels. C'est comme ça que ça se passait. Ça m'a plu° tout de suite, comment dire?... C'était comme si jusque-là j'avais été une éponge° privée° d'eau. Est-ce que j'étais une enfant particulièrement douée? Je n'en sais rien. Ce qui est sûr c'est que j'avais des dispositions, dès que j'ai su lire je me suis mise à dévorer les bouquins. Tout y passait°... Il faut dire que dans un village comme le nôtre le choix était

fields / peasants

calf

distrust / unhealthy
work force
stupidities

blossomed

clever / to get

I liked it
sponge / deprived

Everything went in

limité, mais j'avais toujours un livre dans les mains. Je lisais partout où je me trouvais, en me levant, dans la cuisine et pendant les récréations.° [...]

[...] en dehors° des heures de classe, mon père ne me laissait guère° le temps de rêvasser.° Sur ce chapitre° il était toujours aussi inflexible, école ou pas, il fallait «rapporter°». Pendant l'interclasse de midi je courais° avec Joseph jusqu'à la Draille, à l'autre bout du village, pour m'occuper des moutons.° Mon frère faisait le fourrage,° moi j'allais à la corvée° d'eau... quand ce n'était pas les moutons il y avait le crottin° à ramasser° ou bien les pignons° pour allumer le feu° et il n'était pas question de revenir avec le panier° à moitié plein. Le plus dur c'était la corvée d'eau, il fallait aller la chercher dans la Clarée avec des seaux° et l'hiver, quand il gelait° c'était une vraie patinoire,° sans compter la pente,° on fait un pas en avant, deux en arrière, c'est un miracle que je ne sois pas tombée dedans. Quand on avait terminé on revenait en courant à la maison pour déjeuner et à une heure on retournait en classe. On recommençait le soir.

Je garde de ces années un souvenir extraordinaire, malgré les corvées, malgré la fatigue. Je ne pouvais pas m'ennuyer ou trouver le temps long. Quand je me couchais j'avais le corps brisé° mais la tête pleine d'images et je m'endormais en me racontant des histoires ou en faisant des projets d'avenir. Le lendemain, je repartais fraîche et dispose.° Les lectures, les seaux d'eau glacée, les odeurs de l'étable,° la sensation de grandir et d'apprendre chaque jour davantage,° ces années-là me restent comme le souvenir d'un grand gâteau dans lequel il suffisait de mordre.° Il était inépuisable.° Les quelques pépins° ne comptaient guère en regard de tout ce qu'il y avait de bon. Je les recrachais° sans même y penser.

J'ai passé mon certificat d'études à douze ans. Brillamment comme on dit, j'étais la première du canton. Dans un pays comme ici ça se remarque. J'ai eu droit aux félicitations de l'inspecteur et de la directrice, et fus convoquée° avec la maîtresse.° Ils voulaient savoir si j'allais continuer.

«Continuer quoi? Mes études?»

Je ne demandais pas mieux, mais ce n'était pas moi qui pouvais en décider, c'était à mon père de dire s'il était d'accord ou pas. [...]

Le père d'Emilie finit par être d'accord parce que l'Etat a accordé une bourse° pour que sa fille puisse continuer ses études. Après ses études, Emilie Carles devient institutrice et dédie sa vie à l'instruction des jeunes.

Emilie Carles, *Une soupe aux herbes sauvages.*
Paris: Jean-Claude Simoën, 1977 extraits.

recess
outside / hardly, scarcely
daydream / On this topic
to earn money / ran
sheep
forage (food for horses and cattle) / chore
manure / pick up / pine cones / fire
basket
buckets
froze / ice skating rink / slope
broken
fit, in good form
barn / more
into which all you had to do was bite / inexhaustible / seeds
spit out
was summoned
teacher
scholarship

A. Le sens du texte. Utilisez le vocabulaire que vous avez identifié dans l'exercice II de votre **Manuel de préparation** pour recréer les idées principales du texte. Une personne de votre groupe doit prendre des notes et présentera vos idées à la classe entière.

Suggestion, Ex. A: Make sure that you help the notetaker so that he/she can make a coherent presentation to the class, if called upon.

B. Discussion du texte. Discutez des idées suivantes selon ce que vous avez appris des extraits du texte de E. Carles.

Reminder, Ex. B: Be sure to use appropriate conjunctions (cause/effect, goal) as you discuss these ideas.

1. Emilie Carles est un excellent exemple de quelqu'un qui a grandi dans un milieu où l'instruction ne comptait pour rien mais qui a néanmoins trouvé son inspiration à l'école. Comment est-ce qu'on peut expliquer ce phénomène? Pourquoi, par exemple, est-ce qu'Emilie n'était pas comme son père, ses frères et ses sœurs?
2. Quels mots et expressions est-ce que l'auteur utilise pour exprimer son enthousiasme pour les études?

3. Est-ce qu'elle porte un jugement négatif sur son père et sur les gens de son village? Justifiez votre réponse.
4. A votre avis, pourquoi est-ce que E. Carles a probablement été une très bonne institutrice?

L'art de la composition

ON FAIT UN PLAN

Reminder, Ex. C: Your classmate's outline should give you a very good idea of what he/she would write about. If you're not sure, you should make suggestions about how the outline could be modified.

C. Profil: La Suisse. Regardez le plan que votre camarade a rédigé dans l'exercice IV de votre **Manuel de préparation**. Faites-en une critique en proposant des modifications qui rendront le plan plus utile.

Reminder: Note that this section includes expressions that allow you to express *opposition* to an idea.

L'art de la discussion

ON ENCHAINE

When you're discussing your ideas with someone, it's important that you express yourself and link your thoughts coherently. In order to do that, you use conjunctions and prepositions to express cause and effect, goals, and opposition.

Read the short conversations below and note the conjunctions and expressions used to link ideas logically. Note that in most discussions the linking words are not separated as is done in the examples below. In discussing a topic, you mix them as appropriate to communicate your thoughts coherently.

Cause and effect

— A mon avis, les enfants d'aujourd'hui ne sont pas très bien instruits *parce qu*'on ne leur demande pas de faire assez de travail. *Etant donné qu*'ils passent relativement peu d'heures à l'école, il faut absolument que leur travail continue d'une façon systématique à la maison.

— Dans un sens, je suis d'accord avec toi. Mais en même temps, je trouve qu'il y a énormément de problèmes dans les écoles. Par exemple, les classes sont trop grandes. Il est *donc* impossible de bien instruire chaque enfant individuellement.

— Alors, *puisque* c'est un fait bien reconnu, pourquoi est-ce qu'on ne fait rien pour remédier à cette situation?

— *Comme* il y a si peu d'argent, comment veux-tu qu'on fasse?

Goal

— Eh bien, l'Etat pourrait augmenter les impôts *pour* engager un plus grand nombre d'instituteurs. Les gens devraient être prêts à payer davantage *pour* la formation des jeunes.

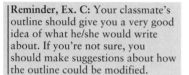

— C'est facile à dire et difficile à mettre en pratique. *Pour que* nous ayons une meilleure instruction, il faudrait la cooperation de tout le monde. Mais tout le monde ne veut pas payer plus d'impôts.
— Tu as raison. L'argent n'est pas la seule solution. On devrait aussi revoir les méthodes pédagogiques des instituteurs. Par exemple, si l'on a une classe de trente élèves, on devrait faire travailler les enfants en petits groupes *de façon à* donner à chaque enfant l'opportunité de participer.
— Oui. *Tant que* nous continuons à utiliser les vieilles méthodes, nous ferons très peu de progrès.

Opposition

— *Pourtant (however),* est-ce que tu ne penses pas que les profs d'aujourd'hui soient beaucoup plus innovateurs qu'autrefois?
— Certains le sont, bien sûr. *Mais* d'autres n'ont pas du tout changé.
— *Néanmoins (nevertheless)* il ne faut pas généraliser. Je connais pas mal de profs qui passent énormément de temps à examiner leurs méthodes et à les améliorer. Mon frère Charles a un prof d'anglais qui est formidable *malgré (in spite of)* le fait qu'elle a trente-cinq élèves dans la classe.
— *Cependant (however),* est-ce qu'elle ne pourrait pas mieux faire si elle n'avait que quinze ou vingt élèves *au lieu de (instead of)* trente-cinq?

D. Préparation à la discussion. Selon les indications données, utilisez des expressions convenables pour terminer les phrases suivantes.

MODELES A mon avis, notre système scolaire n'est pas très bon... *(cause)*
A mon avis notre système scolaire n'est pas très bon parce qu'il n'y a pas assez d'instituteurs.

Il faut utiliser les impôts pour les écoles... *(opposition)*
Il faut utiliser les impôts pour les écoles au lieu de mettre tant d'argent dans le programme spatial.

1. Il faut donner une bonne préparation à nos profs... *(cause)*
2. ... *(opposition)* il faut aussi demander aux parents...
3. ... *(cause)* le gouvernement fédéral reconnaîtra l'importance de l'instruction...
4. ... *(opposition)*, l'argent...
5. Il faut réduire le nombre d'enfants dans chaque classe... *(goal)*
6. Les enfants doivent apprendre à étudier... *(effect)*
7. Je suis d'accord... *(opposition)*
8. ... *(cause)*, je pense que tout le monde doit s'occuper de la formation des jeunes.

E. Discussion: Le système scolaire aux Etats-Unis. Choisissez un des sujets suivants et discutez-en avec les membres de votre groupe. Utilisez des conjonctions et des prépositions pour enchaîner vos idées.

1. Le rôle du gouvernement fédéral dans l'enseignement.
2. Le rôle des parents dans la formation des enfants.
3. Les responsabilités des professeurs d'école dans la formation des enfants.
4. Les responsabilités des administrateurs des écoles dans la formation des enfants.
5. Les responsabilités des universités dans la formation des professeurs d'école.

Chapitre 11

La vie à la fac

En avant!

4-4

ECOUTEZ!

Au premier rang de l'amphithéâtre se trouve Patricia. C'est vraiment une étudiante modèle. Elle prend en notes le cours du professeur.

«Les amphis de première année sont particulièrement remplis. L'atmosphère de l'université est assez anonyme.»

«Et après on va étudier pour la classe de littérature américaine.»

«La nourriture y est bonne mais, ce qui est plus important, elle n'est pas très chère.»

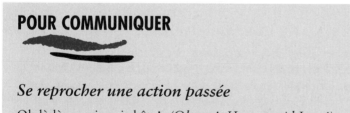

«Le doctorat, naturellement, ça ouvre les portes de l'enseignement au niveau universitaire.»

If you have not done this listening section in class or if you would like to listen to the segment again, you can work with this listening material on your own.

POUR PARLER DES ETUDES

A. Mes études. Utilisez les renseignements que vous avez donnés dans les exercices I et II dans votre **Manuel de préparation** pour comparer vos études à celles des autres membres du groupe. Parlez des cours que vous suivez, de votre emploi du temps, de vos profs, etc. N'oubliez pas d'utiliser le vocabulaire de la **Fiche lexicale**.

B. Notre bibliothèque. Utilisez le plan de la bibliothèque universitaire que vous avez fait dans l'exercice III de votre **Manuel de préparation**. Comparez-le au plan des autres membres de votre groupe (faites des corrections si nécessaire), expliquez quand vous allez à la bibliothèque et pourquoi, parlez de l'importance de la lecture dans votre vie, et expliquez quelles sortes de livres vous préférez lire. N'oubliez pas d'utiliser le vocabulaire de la **Fiche lexicale**.

POUR COMMUNIQUER

Se reprocher une action passée

Oh là là, que je suis bête! *(Oh my! How stupid I am!)*
Que je suis idiote! *(What an idiot I am!)*
J'ai fait une bêtise. *(I did something stupid.)*
J'aurais dû... / Je n'aurais pas dû...*(I should have... / I shouldn't have...)*
C'était (Ce n'était pas) bien de...
J'aurais mieux fait de... *(I would have been better off to...)*
Il aurait mieux valu...
J'ai eu tort de...

Désapprouver les actions d'une autre personne

Tu n'aurais pas dû... / Vous n'auriez pas dû...
Il ne fallait pas...
Tu as eu tort de... / Vous avez eu tort de...

C'était pas bien de... (Ce n'était pas bien de...)
Je te (vous) reproche de...
J'ai un reproche à te (vous) faire...
Comment as-tu (avez-vous) pu...
Ce que tu as (vous avez) fait est... très grave.
inadmissible.
scandaleux.
Ce que tu as (vous avez) fait n'est pas très gentil.
Je n'aime pas ce que tu as (vous avez) fait.
Pourquoi tu as (vous avez) fait ça?
Qu'est-ce qui vous (t') a pris de faire ça?

La Suisse: Les hautes écoles et les écoles supérieures spécialisées

• **Les hautes écoles:** La Suisse possède deux **Ecoles polytechniques fédérales**, sept **universités** cantonales, une **Ecole des hautes études économiques, juridiques et sociales** à Saint-Gall et une **Faculté de théologie** catholique à Lucerne. Plus de 80 000 étudiants sont immatriculés dans ces écoles, dont un peu plus du tiers sont des femmes. Le corps enseignant universitaire compte près de 6 000 professeurs, privat-docents *(private tutors)* et chargés de cours.

Dans les deux **Ecoles polytechniques** entretenues par la Confédération, à Zurich (8 600 étudiants) et à Lausanne (3 800 étudiants), le cours normal des études suit un programme déterminé et il est couronné par un **diplôme**. Un complément d'études permet d'obtenir le titre de **docteur** en sciences techniques, physique, chimie ou mathématiques.

En Suisse alémanique, il y a des universités complètes à **Zurich** (18 600 étudiants), **Berne** (8 900) et **Bâle** (6 600). L'enseignement y est donné dans des facultés qui groupent les différentes branches, parfois pas très bien assorties: théologie protestante, droit et sciences sociales, médecine, lettres (histoire et philosophie) et sciences exactes et expérimentales. Zurich et Berne ont également une faculté de médecine vétérinaire. Berne a une faculté de théologie catholique-chrétienne

C. On se fait des reproches. Utilisez les contextes donnés pour vous faire des reproches et désapprouver les actions de vos camarades de classe.

MODELE Vous avez organisé une soirée qui était un vrai désastre.
— *J'aurais dû téléphoner à tout le monde le jour d'avant.*
— *Peut-être. Mais toi,* [name of student 3], *comment as-tu pu oublier les boissons? Qu'est-ce qui t'a pris?*
— *Je sais que j'ai fait une bêtise. Mais tu aurais pu me laisser un mot pour que je m'en souvienne.* etc.

1. Vous avez organisé une soirée qui était un vrai désastre.
2. Vous avez raté un examen très important.
3. Vous vous êtes disputé(e) avec vos parents (votre mari/femme, vos enfants).
4. Vous avez vu quelqu'un tricher à un examen.
5. Vous n'avez pas fait vos devoirs.

(vieille-catholique). **Fribourg** (plus de 5 300 étudiants) a une position intermédiaire. C'est la seule université suisse de confession catholique et, de plus, elle favorise l'enseignement bilingue (français et allemand).

La Suisse romande *(French-speaking)* a trois universités, à savoir **Genève** (11 400 étudiants), **Lausanne** (6 400) et **Neuchâtel** (2 200). En plus des facultés traditionnelles, de nombreux instituts spécialisés sont annexés aux universités de Genève et de Lausanne. Ils ont leur propre programme d'études. Neuchâtel, qui est de loin la plus petite université, n'a pas de faculté de médecine. A **Saint-Gall, l'Ecole des Hautes Etudes économiques, juridiques et sociales** (3 200 étudiants) comprend cinq divisions. Elle forme, entre autres, une grande partie des professeurs d'écoles commerciales.

Actuellement, dans la plupart des facultés, la voie normale conduit à la **licence** après 8 à 12 semestres d'études qui se terminent par un examen d'acceptation, par la faculté en question, d'un travail scientifique important. Pour l'obtention du titre de **docteur**, il faut des études supplémentaires et la présentation d'une thèse. Les médecins passent un **examen d'Etat** qui leur donne le droit de pratiquer le métier; dans la plupart des cas, le titre de docteur est également acquis par la suite.

• **Les écoles supérieures spécialisées:** Ce sont surtout les **Ecoles techniques supérieures** (ETS) qui sont au nombre de quinze pour les cours diurnes *(day-time)* et de huit pour les cours du soir. Elles présupposent au moins un examen de fin d'apprentissage passé avec succès et exigent souvent un examen d'admission. Les élèves en sortent avec un diplôme. Les disciplines principales sont la mécanique, l'électronique, le génie civil *(civil engineering)*, l'architecture et la chimie. Il faut citer également les **écoles supérieures de commerce et d'administration**. Sous la même rubrique on peut classer les instituts de formation des enseignants, tels que les **écoles normales supérieures**, les **instituts de pédagogie de niveau universitaire**, ainsi que toute une série d'écoles spécialisées: séminaires de théologie, écoles d'études sociales, d'interprètes, écoles des arts et métiers et des arts décoratifs, conservatoires, écoles hôtelières et bien d'autres encore.

Pro Helvetia. *Feuilles d'information sur la Suisse.*

Question Quelles similarités et différences est-ce que vous voyez entre les systèmes universitaires suisse, français et américain?

STRUCTURE: Comment mettre en relief l'objet d'une action

Your review of pronominal verbs included both the reflexive function (the action of the verb reflecting back on the subject of the sentence) and the reciprocal function (the action carried out in a reciprocal fashion between or among several people). In both of these cases, the subject of the verb also carries out the action (active voice). Now, after a short review of pronominal verbs, you will learn about the passive voice in which the subject of the verb *undergoes* rather than *carries out* the action.

Grammar: If you did not have a passing score on the **Repêchage** test in the CC or if you are still unsure about the basic use of pronominal verbs, you should let your instructor know.

RAPPEL Les verbes pronominaux

D. Une journée typique en semaine. Parlez à vos camarades d'une journée typique en semaine. Commencez avec le moment où vous vous réveillez et donnez les horaires aussi précisément que possible. Utilisez les verbes pronominaux et non-pronominaux dans votre description. Vos camarades doivent vous poser des questions pour obtenir des renseignements supplémentaires.

PRESENTATION La voix passive

Grammar: You'll note that the passive voice in French is constructed much in the same way as in English.

Heinle and Heinle **publie** ce manuel.	Heinle and Heinle *publishes* this textbook.
Ce manuel **est publié par** Heinle and Heinle.	This textbook *is published by* Heinle and Heinle.
La municipalité **a construit** cette école.	The municipality *built* this school.
Cette école **a été construite** par la municipalité.	This school *was built by* the municipality.
Mme Richard **enseignera** ces cours.	Mrs. Richard *will teach* these courses.
Ces cours **seront enseignés** par Mme Richard.	These courses *will be taught by* Mrs. Richard.

Until now, you've worked primarily with the active voice in which the subject of the sentence is also the person carrying out the action of the verb. The first sentence of each of the three pairs of examples above illustrates the active voice. In the passive voice, the subject and the object are reversed (second sentence in each of the three examples above).

ACTIVE VOICE:	**Les parents** *(subject)*	paient	**les frais d'inscription.** *(object)*
PASSIVE VOICE:	*(subject)* **Les frais d'inscription**	sont payés par	*(object)* **les parents.**

1. Formation of the passive

To form the passive voice, use the appropriate tense of **être** + *the past participle of the main verb.* **Etre** can be conjugated in any tense according to the meaning you wish to convey (**il est construit, il a été construit, il sera construit, il serait construit, il aurait été construit**, etc.).

The past participle of the main verb must agree in gender and number with the subject of the verb (i.e., the past participle is treated like an adjective):

le bâtiment a été **construit...**
la maison a été **construite...**
les appartements ont été **construits...**
les écoles ont été **construites...**

When the verb of a passive voice sentence describes a true action, it is followed by the preposition **par** *(by)* to introduce the agent of the action:

Ils ont été accueillis **par** le président de l'université.
Les présentations ont été faites **par** le professeur d'anglais.

When the verb of a passive voice sentence describes a static situation that is unlikely to change, it is followed by the preposition **de** *(by):*

Ce professeur est respecté **de** tous ses étudiants.
Ce professeur est admiré **de** tous ses collègues.

L'école est entourée **d'**arbres.

Autrefois, ces montagnes étaient couvertes **de** neige.

In the passive voice, the agent (object) of the verb does not have to be indicated if it is made clear by the context or if the agent is unknown:

Le dîner sera servi à 7h30.
(The speaker and listener both know who will serve the dinner.)

Le français est parlé en Suisse.
(It's unnecessary to state that it is the Swiss people who speak French.)

Ce vase a été cassé hier.
(It's not known who broke the vase.)

Note that, in French, only transitive verbs (verbs that take a direct object) can be used in the passive voice:

TRANSITIVE / ACTIVE: Les étudiants ont rendu les devoirs.
TRANSITIVE / PASSIVE: Les devoirs ont été rendus par les étudiants.

INTRANSITIVE / ACTIVE: Les étudiants ont répondu aux questions.

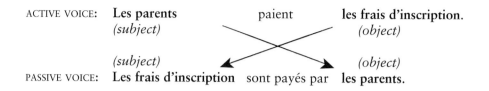

2. Alternatives to the passive

The passive voice is not used as frequently in French as it is in English. In French the active voice is preferred; there are therefore a number of ways to avoid use of the passive, particularly if the agent is not stated.

a. The use of the reflexive to indicate a habitual state or action

PASSIVE: Le français est parlé en Suisse.
ACTIVE: Le français se parle en Suisse.

PASSIVE: Chez nous, le déjeuner est servi à midi.
ACTIVE: Chez nous, le déjeuner se sert à midi.

b. The use of **on** to replace the passive

PASSIVE: Le français est parlé en Suisse.
ACTIVE: On parle français en Suisse.

PASSIVE: Chez nous, le déjeuner est servi à midi.
ACTIVE: Chez nous, on sert le déjeuner à midi.

E. Mon université. Utilisez les mots des **Fiches lexicales** pour établir une liste de qui est responsable de quoi dans votre université. Quand vous aurez terminé la liste, comparez-la à celle d'un autre groupe. Utilisez la voix passive (le présent du verbe **être**) dans vos phrases.

MODELE *Les notes sont déterminées par les professeurs.*
Très souvent, les cours sont enseignés par des assistants. etc.

Reminder, Ex. F: Use both active and passive forms of verbs.

F. Un voyage. Racontez un voyage que vous avez fait avec quelqu'un d'autre aux membres de votre groupe. Utilisez soit la voix passive soit la voix active pour indiquer qui a fait quoi en préparation pour le voyage et au cours du voyage.

MODELE *L'année dernière, ma famille et moi, nous sommes allés en Floride. Pour moi, les préparatifs étaient assez faciles parce que presque tout a été fait par mes parents.* etc.

Ensuite!

POUR PARLER DE LA VIE UNIVERSITAIRE

Culture, Ex. G: When you studied the **Fiche lexicale** about university life, you probably noticed that there are not very many activities listed. French students don't have as many extra- curricular activities available to them as American students do.

G. Comment est-ce que nous nous amusons? Parlez de ce que vous aimez faire pour vous détendre selon ce que vous avez écrit dans l'exercice IX de votre **Manuel de préparation**. Comparez vos activités à celles des autres membres du groupe.

POUR COMMUNIQUER

Conseiller

L'emploi de l'impératif, surtout entre amis:
Vas chez le médecin tout de suite!
Fais... / Prends... / Achète... ! etc.
Je vous (te) conseille de...
A mon avis, tu devrais (vous devriez)...
Il faut...
Vous feriez bien (mieux) de...
A votre (ta) place, je + *conditionnel*
Si j'étais vous (toi), je + *conditionnel*
Si tu veux (vous voulez) un conseil, + *impératif*
Vous n'avez (Tu n'as) qu'à + *infinitif*
Vous auriez (Tu aurais) raison de...
L'emploi du conditionnel ou du passé du conditionnel:
Vous devriez (Tu devrais)...
Vous auriez dû (Tu aurais dû)...
Il vaudrait mieux...

Déconseiller

Le négatif des structures utilisées pour donner un conseil:
A votre (ta) place, je ne + *conditionnel* + *pas*
Je vous (te) déconseille de...
Il ne faut pas...
Vous auriez (Tu aurais) tort de...
Ce serait bête (ridicule) de...
C'est (Ce n'est) pas le moment de...
C'est (Ce n'est) pas la peine de...
Vous n'avez pas (Tu n'as pas) intérêt à + *infinitif*

H. Vous êtes conseiller(ère). Vous êtes conseiller(ère) académique pour des étudiants qui n'ont pas encore choisi leur spécialisation scolaire. Un jour, vous parlez à un(e) étudiant(e) qui n'a aucune idée de ses buts scolaires et professionnels. Donnez-lui des conseils (utilisez les expressions pour conseiller et déconseiller). Un(e) de vos camarades de classe joue le rôle de l'étudiant(e).

Reminder, Ex. H: Use a variety of expressions to give advice.

MODELE — *Alors, M. (Mlle) Maurant, quels cours est-ce que vous allez suivre?*
— *Oh... Je ne sais pas trop bien.*
— *Vous avez regardé le catalogue des cours?*
— *Oui, mais je n'ai rien trouvé qui m'intéresse. Comment est-ce que je vais faire pour me décider?*
— *D'abord, vous auriez dû acheter un catalogue de cours. Pour le moment regardons le mien. Je vous conseille d'abord de regarder et prêter attention aux matières qui vous intéressent le plus.* etc.

La Suisse: L'éducation des adultes

En Suisse, également, les groupes d'étude et de réforme de l'enseignement poursuivent l'idéal de l'**éducation permanente** qui devrait offrir à tout citoyen qui le désire une gamme de possibilités de formation continue. Toutefois, les conditions permettant la réalisation de cet idéal doivent encore être profondément améliorées. En Suisse, dans une large mesure, l'éducation des adultes dépend encore de l'initiative privée, soit d'organisations commerciales, soit d'idéalistes agissant bénévolement. [...]

L'éventail complet de ces institutions et organisations de formation continue est naturellement très varié selon les régions du pays; dans les grandes agglomérations, les possibilités sont nombreuses, dans les zones rurales elles sont généralement beaucoup moins importantes. Ces derniers temps, on a surtout compris l'importance du développement de l'**animation socio-culturelle** dans les régions périphériques, comme par exemple les zones de montagne et tout spécialement dans les endroits à minorités linguistiques. Depuis quelques années, les enseignants et animateurs des cours de formation continue ont également la possibilité d'obtenir une qualification professionnelle par une instruction approfondie dans le cadre de leur activité.

STRUCTURE: Comment qualifier les actions

You've just reviewed the adverbs that situate an action in a specific time frame. After a short review exercise, you will learn additional adverbs: adverbs that define *how* an action is accomplished *(slowly, quickly,* etc.) and adverbs that serve as indicators of place *(here, there, inside, outside,* etc.).

Grammar: If you did not have a passing score on the **Repêchage** test in the **CC** or if you are still unsure about adverbs of time, you should let your instructor know.

RAPPEL Les adverbes de temps

De nombreuses institutions et associations faîtières, en partie à vocation religieuse ou politique, s'efforcent de coordonner toutes les initiatives locales dont la variété est telle qu'il est difficile de les énumérer. Ce sont surtout les **écoles de parents,** les **cours par correspondance ou télévision,** les **voyages d'études,** les **cours d'instruction civique.** L'**université populaire** est une institution qui a une longue tradition et qui existe dans de nombreux cantons. La plus importante institution de cours pour adultes de tout le pays est **L'Ecole-club de la Migros**. Les Ecoles-club sont prises en charge par les douze sociétés coopératives régionales et leur organisation faîtière, la Coopérative Migros. Avec ses cours du jour et du soir dans le secteur des loisirs (40%), de la formation continue (20%) et de l'apprentissage des langues (40%), cette institution pour la formation des adultes, fondée en 1944, est présente dans toutes les grandes villes avec 52 centres. Plus de 6 000 animateurs, occupés à plein temps ou partiellement, enseignent dans plus de 300 disciplines différentes. Sur le plan suisse, on compte annuellement plus de 450 000 élèves inscrits dans les Ecoles-club.

Les **universités populaires** sont parmi les plus anciennes associations de formation d'adultes. Leur financement, leur organisation et même leurs objectifs varient d'une région et d'un canton à l'autre. Dans bien des endroits, et surtout dans les agglomérations citadines de Suisse alémanique, l'éventail des cours, assez traditionnel, est axé sur la culture générale, l'environnement, l'instruction civique et le développement des connaissances linguistiques. Par contre, dans le Jura, par exemple, l'offre des cours pour adultes s'est beaucoup développée et diversifiée et représente tout un travail d'animation qui est pris en charge, en grande partie, par des éducateurs non professionnels.

Pro Helvetia. *Feuilles d'information sur la Suisse.*

Questions Comment se fait la formation des adultes ici aux Etats-Unis? Qui se charge de cette formation? Comment est-ce qu'elle est subventionnée *(financed)*? Comment est-ce que les adultes arrivent à suivre les cours?

I. Une classe typique. Utilisez les adverbes de temps pour énumérer ce qui se passe typiquement pendant un jour de classe dans un de vos cours, du moment où les étudiants entrent dans la salle de classe jusqu'à la fin du cours. Voici quelques adverbes que vous pouvez utiliser: **d'abord (premièrement), ensuite (puis), enfin, entretemps, déjà, longtemps, quelquefois, souvent, toujours, tout de suite, tôt, tard, bientôt, avant, après**. Les autres membres du groupe vont vous poser des questions pour obtenir des renseignements supplémentaires.

MODELE *Voilà un jour de classe typique dans mon cours de physique. En général, ce sont toujours les étudiants qui arrivent avant le professeur. Quelquefois ils discutent un peu, mais souvent ils sont silencieux. Quand le prof arrive...* etc.

PRESENTATION Les adverbes de manière et de lieu

1. Adverbs of manner

Comment est son français?	How is his French?
Il le parle **couramment.**	He speaks it *fluently.*
C'est curieux. Il le parle toujours **très lentement.**	That's funny. He always speaks it *very slowly.*
C'est **tout à fait** vrai. Mais il parle **extrêmement bien.**	That's *quite* right. But he speaks *extremely well.*

Adverbs have the very useful function of allowing you to refine what you're saying by modifying various parts of the sentence. Study the examples provided above and note the following general principles:

a. An adverb can modify a verb (**couramment** modifies **parle**), an adjective (**tout à fait** modifies **vrai**), or another adverb (**très** modifies **lentement; extrêmement** modifies **bien**).

b. Adverbs can be single words (**très, extrêmement, bien, couramment**) or adverbial expressions made up of more than one word (**tout à fait**).

c. Adverbs of manner answer the question *how* (**comment**) something is done.

d. In French, a large number of adverbs are formed from adjectives and end in **-ment** (*-ly* in English):

1. *Feminine form of adjective* + **-ment**

lent	**lente**	**lentement**
heureux	**heureuse**	**heureusement**
naïf	**naïve**	**naïvement**
premier	**première**	**premièrement**
traditionnel	**traditionnelle**	**traditionnellement**
franc	**franche**	**franchement**
doux	**douce**	**doucement**

2. *Masculine/feminine adjective ending in* **-e** + **-ment**

rare	**rarement**
probable	**probablement**
rapide	**rapidement**
splendide	**splendidement**

3. *Masculine adjectives that end in* ***-ai, -é, -i, -u*** + **-ment**

vrai	**vraiment**
aisé	**aisément**
poli	**poliment**
absolu	**absolument**

4. The **-e** ending of the adjective sometimes changes to **-é** before the **-ment** ending.

profond	**profonde**	**profondément**
précis	**précise**	**précisément**
énorme	**énorme**	**énormément**

5. Generally, adjectives ending in **-ent** change to **-emment** in the adverbial form, and adjectives ending in **-ant** become **-amment.** Both adverbial endings are pronounced **-amment.**

évident	**évidemment**
prudent	**prudemment**
intelligent	**intelligemment**
décent	**décemment**
apparent	**apparemment**
conscient	**consciemment**
récent	**récemment**
indépendant	**indépendamment**
puissant	**puissamment**
constant	**constamment**
méchant	**méchamment**

6. Many adverbs of manner are invariable and must be learned separately.

bien (mieux), mal, très, ensemble, assez,
trop, juste, faux, cher, plutôt

e. Adverbs can be replaced by adverbial phrases using **avec** + *noun* or *sans* + *noun.*

Je l'ai fait **avec difficulté.**
Ils l'ont dit **sans gêne.**

f. In general, adverbs of manner are placed *after* the verb and *before* adjectives and adverbs.

g. In familiar language, the adverbs **super** or **hyper** are used to accentuate the highly positive or negative meaning of an adjective.

super beau (super chouette, super grand, super laid, super moche, etc.)
hyper beau (hyper chouette, hyper grand, hyper laid, hyper moche, etc.)

Adverbs of place

Tu as vu mon portefeuille **quelque part?**	Did you see my wallet *somewhere?*
Oui, il est **là-bas.**	Yes, it's *over there.*
Là-bas où?	Where *over there?*
Là, sur la table.	*There,* on the table.

a. Adverbs of place answer the question *where* (**où**).

b. The following are some of the most commonly used adverbs of place:

dedans	*inside*
dehors	*outside*
dessous	*under, underneath*
au-dessous (en dessous)	*under, underneath*
dessus	*over, above*
au-dessus (en dessus)	*above, on top*
ici	*here*
là	*there*
là-bas	*over there*
partout	*everywhere*
quelque part	*somewhere*
nulle part	*nowhere*
loin	*far away*
près	*near*

J. Comment fait-il les choses? Un(e) de vos ami(e)s a fait une demande pour entrer dans un programme d'échange en France. Parce que vous connaissez bien la personne, les responsables du programme vous téléphonent pour poser des questions à son égard. Répondez aux questions en utilisant des adverbes.

MODELES Comment est son français?
Il/Elle le parle couramment. OU
Il/Elle le parle (très, extrêmement) bien. etc.

Est-ce qu'il/elle travaillera bien dans ce programme?
Probablement. Normalement il/elle travaille très bien. etc.

1. Il nous a dit qu'il/elle a déjà beaucoup voyagé. Vous pouvez vérifier ça?
2. Comment est-ce qu'il/elle se comporte avec les autres?
3. Comment est-ce qu'il/elle travaille?
4. Est-ce qu'il/elle est optimiste ou pessimiste?
5. Est-ce qu'il/elle aime étudier les autres cultures?
6. Est-ce qu'il/elle est intelligent(e)?
7. Est-ce qu'il/elle aime les Français?
8. Quelqu'un nous a dit qu'il/elle a tendance à être paresseux(euse). Qu'est-ce que vous en pensez?
9. Qu'est-ce que vous pouvez ajouter à ce que vous avez déjà dit?

K. Où est... où sont...? Utilisez des adverbes de lieu pour indiquer où dans la salle de classe se trouvent les choses et les personnes suivantes.

MODELE ton livre
— *Où est ton livre?*
— *Il est là-bas.*

1. le professeur
2. le dictionnaire
3. les papiers du prof
4. la carte de la France
5. les lunettes de...
6. *[nom d'un(e) étudiant(e) du cours]*
7. ton sac
8. ton livre
9. le stylo de...
10. le manuel de...

L. Histoire d'un crime. Vous avez été témoin d'un vol *(theft)* dans un magasin. Vous racontez maintenant votre histoire à des journalistes. Introduisez des adverbes de manière et de lieu dans l'histoire suivante pour donner une idée exacte de ce qui s'est passé.

J'ai vu un homme et une femme qui se sont approchés de la bijouterie. Moi, j'étais encore sur le trottoir et j'allais entrer dans le magasin. L'homme et la femme étaient au comptoir quand je suis entré(e). L'homme parlait. Il a dit à la vendeuse de lui donner toutes les montres et tous les bijoux. Les bijoux étaient beaux et chers. Ils les ont mis dans un sac. Ils nous ont dit de ne pas bouger. Ils avaient un pistolet. Nous n'avons rien dit. Ils sont sortis. Une voiture les attendait. Ils sont partis. Personne n'a été blessé. Nous avons eu peur. La vendeuse a téléphoné à la police. Les policiers sont arrivés. Ils nous ont posé beaucoup de questions. Nous avons décrit l'homme et la femme. C'était une expérience désagréable.

C'est à vous maintenant!

ECOUTEZ!

4-5

John Orwell vient d'arriver en France où il va passer l'année à faire des études en faculté de lettres. Anne-Marie Monceau lui explique comment il faut faire les choses.

If you have not done this listening section in class or if you would like to listen to the conversations again, you can work with this listening material on your own.

PARLONS!

M. Des préparatifs. L'étudiant(e) français(e) est maintenant arrivé(e) chez vous (votre camarade de classe va jouer le rôle de l'étudiant[e]). Selon la liste que vous avez préparée dans l'exercice XV de votre **Manuel de préparation**, expliquez à la personne ce qu'il faut faire pour se préparer pour la rentrée. Utilisez le vocabulaire des deux **Fiches lexicales** et les expressions de conseil pour faire vos recommandations. Votre ami(e) peut vous poser des questions pour obtenir des renseignements supplémentaires.

Chapitre 12

«Une tête bien faite est mieux qu'une tête bien pleine.»

En avant!

LECTURE: «Lettre aux étudiants» (Michel Crozier)

Michel Crozier is a French sociologist who has taught both in France and in the U.S. (at Harvard). In addition to *La société bloquée*, he has also written *Phénomène bureaucratique* and *L'acteur et le système*.

The letter in this reading is addressed to the students who participated in the May 1968 revolution involving students and workers.

Dans son livre La société bloquée *(1970), le sociologue Michel Crozier fait le bilan des institutions politiques françaises. Il y critique la rigidité bureaucratique qui n'invite guère la participation. Selon lui, pour se débloquer, les institutions doivent se moderniser: «Pour que la participation soit possible et efficace il faut que les organisations passent d'un modèle rigide bureaucratique contraignant à un modèle plus souple et plus tolérant fondé sur la mobilité, la concurrence et la négociation». L'université française est une des institutions qu'il rend responsable du manque de changements dans la société. Son dernier mot est adressé aux jeunes dans sa «Lettre aux étudiants».*

Vous êtes en train de vivre la crise la plus profonde que la société française ait vécue depuis un siècle. Cette crise est de nature différente de toutes celles que vos aînés ont vécues. Ne sont pas seulement en cause, en effet, des privilèges juridiques ou des situations économiques, mais un système intellectuel et les rapports humains qui les sous-tendent.°

Vous vous êtes dressés contre l'absurde, contre le non-sens, contre la caricature qu'avaient donnée de nous-mêmes et de notre tradition scientifique des générations d'universitaires pédants, de bureaucrates bornés° et de révolutionnaires autoritaires. La France était en train de perdre la bataille de l'intelligence. Et, dans cette société qui pourrissait° par la tête, nul secteur n'était plus atteint° que cette «université» peuplée de mandarins° au grand cœur, de règlements tatillons,° d'obséquiosité° et de bêtise académique.

underlie

shortsighted, limited

was rotting

touched / elitists

picky / submissiveness

Vous avez eu le courage de dire non et l'incroyable faiblesse d'un système où plus rien de vivant n'apparaissait a été révélée tout d'un coup aux yeux de tous. Ce que vous croyiez vous-mêmes impensable° est arrivé. Le système a éclaté,° les barrières ont sauté° et, dans un immense soulagement,° les milliers de cellules de base qui constituent la vie intellectuelle de ce pays ont senti tout d'un coup la vigueur de leur propre activité créatrice.

unthinkable / burst apart
exploded / relief

Mais la révolution que vous avez commencée est une révolution culturelle, non pas une révolution sociale. On ne peut ni la récupérer, ni la concrétiser par des formules juridiques, si avancées qu'elles puissent paraître. Et c'est à ce niveau que vous devez mesurer et votre responsabilité et le risque que vous courez.

N'oubliez pas que vous êtes vous-mêmes porteurs° de la même culture que les enseignants contre lesquels vous vous êtes dressés° et que, si vous les avez pris à leur propre piège° en démasquant le piètre alibi° qu'ils donnaient à leur impuissance en accusant l'Etat, vous avez, vous aussi, au moins inconsciemment, participé au même jeu. Vous ne réussirez à innover vraiment que dans la mesure où vous aurez réussi à surmonter° vos réflexes les plus profonds. [...]

carriers
stood up
trap / lame excuse
overcome, conquer

Mais la discussion permanente et la démocratie directe ne seraient le meilleur mode de gouvernement que si elles étaient possibles. Elles ne le sont pas. Il faudra bien reconnaître que les enseignants et les enseignés ne peuvent se fondre° dans une même communauté parfaite. Si justifiée que soit la méfiance° que vous avez à leur égard,° il vous faudra bien des enseignants. Vous les voudriez différents, vous voudriez qu'ils vous aident à apprendre au lieu de vous déverser° mécaniquement des cours que le temps et la pratique de la chaire° ont rendus parfaitement insignifiants. Mais pour qu'ils en soient capables, il faut qu'ils deviennent libres et, contrairement à ce que rêvent beaucoup d'entre vous (et d'ailleurs aussi le gouvernement), ils ne le deviendront que s'ils vous échappent, c'est-à-dire s'ils se recrutent et se déterminent en dehors de vous, et s'ils sont obligés, pour retrouver à vos yeux du prestige, de consacrer le meilleur d'eux-mêmes à la science vivante, c'est-à-dire la recherche.

blend, merge
distrust
toward them
pour out
pulpit

Il y a dans votre mouvement, la tentation de la communauté close,° du groupe idéal, autonome et complet, bien enfermé dans une constitution juridique. Si vous y cédez,° vous reproduirez finalement le modèle traditionnel dont vous voulez sortir. Vos professeurs seront vos prisonniers comme vous étiez les leurs. Vous n'aurez pas d'enseignants vivants, mais seulement le règne des médiocres.

closed
give in

La révolution que vous avez déclenchée° — et c'est sa vertu — pose plus de problèmes qu'elle n'en résoud, mais il en est un que vous ne pouvez éluder car il commande tous les autres, c'est celui de l'autonomie. On n'exorcise pas le système bureaucratique qui régit° depuis deux cents ans la France comme l'Université avec un mot aussi vague.

started
has been governing

L'autonomie est la meilleure mais aussi la pire des solutions. Elle peut amener très vite tout autant la sclérose° que la hiérarchie bureaucratique contre laquelle vous voulez l'affirmer. Vous ne vous protégerez pas contre les retours du monstre en cherchant des garanties juridiques ou financières, mais en ouvrant enfin les fenêtres vers le monde extérieur. [...]

fossilization

[...] Seule la concurrence° peut introduire l'innovation au bon moment, maintenir les hommes vivants et créer un climat de développement dans une institution.

competition

Certes des établissements autonomes peuvent mieux gérer° des bibliothèques, des moyens techniques, des restaurants. Dans nombre de cas, des réformes aboutissant à° une décentralisation de la gestion°... constitueraient déjà un grand pas en avant. [...] C'est de l'affirmation et de l'organisation de cette concurrence que dépendront votre réussite et la réussite des universités et du monde scientifique français.

manage
resulting in / management

however
cast, class

L'innovation ne dépend pas seulement toutefois° de la concurrence entre les institutions; elle exige en même temps que disparaissent les castes.° [...] La meilleure solution actuellement ce serait de multiplier, le plus rapidement possible, le nombre des professeurs. Mais ce doublement, ce triplement, en attendant mieux, ne peut être effectué de la façon bureaucratique traditionnelle... Pourquoi ne pas faire appel aux instituts de recherche scientifique faisant autorité et leur demander d'assurer le plus rapidement possible la formation des assistants et maîtres-assistants capables de prendre de véritables responsabilités, à qui on donnerait immédiatement le statut de professeurs? [...]

from now on
jurisdiction
elitist

Mais de toute façon, il n'apparaît pas possible que vous puissiez véritablement réformer les vieilles structures uniquement de l'intérieur. Votre seule chance, notre seule chance de concrétiser les immenses possibilités de transformation que vous avez ouvertes, c'est d'exiger la création de nouveaux établissements expérimentaux, ou plutôt — allons plus loin — c'est d'obtenir que tous les établissements nouveaux qu'il est désormais° indispensable de créer soient effectivement des établissements expérimentaux. Et la première condition du maintien de leur volonté expérimentale, c'est-à-dire concurrentielle, c'est qu'ils n'aient pas de ressort° géographique, c'est-à-dire qu'ils puissent librement recruter leurs étudiants, comme leurs professeurs, sans distinction d'origine géographique ou de caste mandarinale.°

in addition
eliminate
university chancellor / tie together

Bien sûr, il faudra par ailleurs° obliger le ministère de l'Education nationale à renoncer à tous ses pouvoirs de gestion. Bien sûr, il faudra supprimer,° avec le poste absurde de recteur,° les liens qui unissent° les universités et l'enseignement secondaire. Mais avant toute réforme administrative et conditionnant son succès, c'est la pression d'unités concurrentielles qui peut, seule, rendre l'espoir et la force de combattre à toutes les cellules qui en gardaient encore la capacité.

dying person

Vous avez réveillé le moribond.° Il faut maintenant tenter de vivre.

Michel Crozier, *La société bloquée.*
Paris: Editions du Seuil, 1970, pp. 237–241.

A. Le sens du texte. Quels mots-clés relatifs aux sujets suivants pouvez-vous relever dans le texte?

1. le système universitaire français traditionnel
2. la révolution
3. les enseignants
4. l'avenir vu par les étudiants-révolutionnaires
5. les solutions aux problèmes

B. L'enchaînement des idées. Utilisez des expressions de cause et effet (**parce que, étant donné que, donc, puisque, comme**), de finalité (**pour, pour que, de façon à, tant que**) et d'opposition (**pourtant, mais, néanmoins, malgré, cependant, au lieu de**) pour faire enchaîner les idées suivantes de Michel Crozier.

MODELE *Pour que* la participation soit possible et efficace il faut que les organisations passent d'un modèle rigide bureaucratique contraignant à un modèle plus souple et plus tolérant fondé sur la mobilité, la concurrence et la négociation.

1. __________ cette crise est de nature différente de toutes celles que vos aînés ont vécues.

2. En cause sont des privilèges juridiques et des situations économiques, __________ aussi un système intellectuel.
3. Vous vous êtes __________ dressés contre l'absurde, contre le non-sens, contre la caricature.
4. __________ vous avez eu le courage de dire non, il faut maintenant bien réfléchir aux risques que vous courez.
5. __________ votre révolution, vous êtes vous-mêmes porteurs de la même culture que les enseignants.
6. __________ vous réussissiez, il faut insister sur la concurrence entre les institutions.
7. __________ avoir de bons profs, il faut des profs qui soient libres.
8. __________ éliminer les castes, il faudra multiplier, le plus rapidement possible, le nombre de professeurs.
9. __________ il n'est pas possible de réformer les vieilles institutions de l'intérieur.
10. __________ transformer l'enseignement, il faut créer des établissements expérimentaux.

C. Discussion: Culture et enseignement. Discutez d'un des sujets suivants avec les membres de votre groupe. N'oubliez pas de faire enchaîner vos idées.

1. Selon Michel Crozier, il est très difficile de faire changer les universités. A votre avis, est-ce que les universités sont plutôt conservatrices (traditionnelles) ou plutôt facilement ouvertes aux changements? Soutenez votre point de vue par des exemples concrets.
2. Michel Crozier dit que les professeurs doivent consacrer «le meilleur d'eux-mêmes» à la recherche pour être bons professeurs. Selon vous, est-ce que la recherche est essentielle au bon enseignement? Est-ce qu'on peut être bon professeur sans faire de la recherche?
3. La mobilité, la concurrence et la négociation sont les trois solutions proposées par M. Crozier. Est-ce que vous êtes d'accord avec lui? Soutenez votre point de vue en donnant des exemples de l'enseignement supérieur aux Etats-Unis.

D'un autre point de vue

LECTURE: «Le bon français»: Extraits de lettres (C.F. Ramuz)

Dans ces lettres à Bernard Grasset (chef de la maison d'édition française Bernard Grasset), C.F. Ramuz (écrivain suisse du canton de Vaud) se plaint des critiques qui lui reprochent de mal écrire le français. En présentant son cas, Ramuz souligne la différence entre le «français d'école» et le français parlé dans le canton de Vaud. Il soulève les questions d'authenticité de langue et de la responsabilité de l'écrivain de rester fidèle à la culture qu'il présente dans son œuvre.

C.F. Ramuz was born on September 24, 1878, in Lausanne, Switzerland. He died in 1947. Ramuz is one of the best known Swiss writers. His works (novels and poetry) deal with the life and landscape of his native **canton** of Vaud.

Cher Monsieur Grasset, comme vous voyez, c'est un cas que je vous soumets, et ce n'est pas seulement mon cas. La question, qui m'est personnelle, est en même temps très générale; c'est en quoi j'ai pensé qu'elle pouvait vous intéresser. Et si je suis bien forcé pour finir de parler de moi, c'est que j'ai cru pouvoir la résoudre à ma façon, c'est que je suis un de vos auteurs et que je suis enfin, sans doute, de tous vos auteurs, celui qu'on accuse le plus souvent et le plus catégoriquement de «mal écrire». [...] Et ce ne serait rien encore si seulement j'«écrivais mal», mais on m'accuse encore de mal écrire «exprès°»,... Ai-je besoin de vous dire que cette accusation est de beaucoup pour moi la plus grave de toutes, la seule à vrai dire qui me touche? Elle va très exactement en sens inverse° de toutes mes tendances, de toutes mes recherches; elle me touche au point central, — ayant toujours tâché° au contraire d'être véridique° et ne m'étant mis à «mal écrire» que précisément par souci° d'être plus vrai ou, si on veut, plus authentique, d'être aussi vrai, d'être aussi authentique que possible. [...] Cher Monsieur Grasset, vous voyez que j'ai besoin de vous, et c'est à vous que je continue à m'adresser, continuant à abuser de vous pour de nouvelles explications. Car remarquez encore que mon pays a toujours parlé français, et, si on veut, ce n'est que «son» français, mais il le parle de plein droit,° ayant été romain lui aussi comme tant d'autres provinces de France, mais plus que beaucoup d'autres de ces provinces, étant en tout cas plus français dans ce sens-là que la Bretagne, ou le pays basque, ou l'Alsace. Le pays qui est le mien parle «son» français de plein droit parce que c'est sa langue maternelle, qu'il n'a pas besoin de l'apprendre, qu'il le tire d'une chair vivante° dans chacun de ceux qui y naissent à chaque heure, chaque jour. Il le parle de plein droit et est en parfaite égalité sur ce plan-là avec tous les autres pays de France, — mais en même temps, étant séparé de la France politique par une frontière, il s'est trouvé demeurer étranger à un certain français «commun» qui s'y était constitué au cours du temps. Et mon pays a eu deux langues: une qu'il lui fallait apprendre, l'autre dont il se servait par droit de naissance; il a continué à parler sa langue en même temps qu'il s'efforçait d'écrire ce qu'on appelle chez nous, à l'école, le «bon français», [...] Il y a dans toutes les provinces de France un écart° plus ou moins grand entre ce français d'école et le français de plein air (je ne parle plus même des patois°), mais encore se servent-elles de ce français d'école avec une certaine aisance, comme étant quand même un français à elles, par Paris, leur centre commun. [...] Or,° laissez-moi vous dire, cher Monsieur Grasset, ce qui s'est passé pour moi, car je voudrais ne faire usage ici que de mon expérience personnelle: il s'est passé ceci que, dès que j'en suis venu à l'âge conscient (m'étant, hélas! mêlé d'écrire bien avant cet âge), je n'ai pas seulement constaté qu'il existait dans mon petit pays deux langues, l'une qui était parlée, l'autre qui était écrite, l'une que j'appellerai, si vous le voulez bien, le vaudois, l'autre qui était (ou qu'on croyait être) le bon français, mais que ce français-ci (qu'il nous fallait apprendre) nous l'apprenions très mal. [...] ... ayant commencé à ressentir des impressions (je simplifie), je veux dire m'étant mis à vivre, je me rappelle l'inquiétude qui s'était emparée de moi° en voyant combien ce fameux «bon français», qui était notre langue écrite, était incapable de nous exprimer et de m'exprimer. [...] Je voyais que, quand on voulait rendre hommage par exemple à la clarté française dans ce qu'on croyait être sa langue, on n'aboutissait° qu'à l'obscurité; que l'aisance qu'on s'y proposait comme étant son essence même ne faisait qu'accentuer encore une maladresse° naturelle qui eût mieux fait de s'avouer°; que la rapidité n'y était que lenteur sous ses apparences peinées,° et qu'en toutes ces qualités il y avait ainsi comme retournement, parce qu'il y avait *traduction* et traduction mal réussie. Je me souviens que je m'étais dit timidement: peut-être qu'on pourrait essayer de ne plus traduire. L'homme qui s'exprime vraiment ne traduit pas. Il laisse le

on purpose
contrary to
having always tried / truthful
concern
in his own right
gets from living flesh
distance, difference
provincial dialect
So
had come over me
ended
awkwardness / that would best admit itself
painful

mouvement se faire en lui jusqu'à son terme, laissant ce même mouvement grouper les mots à sa façon. L'homme qui parle n'a pas le temps de traduire, l'homme qui parle n'a pas le temps de se trahir° ainsi lui-même. Nous avions ici deux langues: une qui passait pour «la bonne», mais dont nous nous servions mal parce qu'elle n'était pas à nous, l'autre qui était soi-disant° pleine de fautes, mais dont nous nous servions bien parce qu'elle était à nous. Or, l'émotion que je ressens, je la dois aux choses d'ici... «Si j'écrivais ce langage parlé, si j'écrivais *notre* langage...» C'est ce que j'ai essayé de faire (plus ou moins bien, mais je ne parle ici que de mes intentions). J'ai écrit une langue qui n'était pas écrite (pas encore). J'insiste sur ce point que je ne l'ai fait que par amour du vrai, par goût profond de l'authentique (tout juste le contraire de ce qu'on me reproche), — j'ajoute, par «fidélité°».

to betray himself
supposedly
allegiance, accuracy

Dans l'extrait d'une autre lettre à Bernard Grasset, Ramuz explique comment il est devenu écrivain dans une société qui ne semblait pas favoriser ce genre de métier. Il évoque également le moment où il a retrouvé ses racines et sa «langue».

Longtemps, m'étant mêlé d'écrire, j'avais été très malheureux, et je ne savais pas pourquoi. Je n'étais encore qu'un écolier, j'étais un tout petit garçon quand je me suis mêlé d'écrire; et d'abord j'ai été bien malheureux, parce que je me disais: «Pourquoi écris-tu?» et je me disais: «En as-tu le droit?» C'était le temps où je m'appliquais encore à «bien écrire»; mais cette même fidélité et cette même soumission (inconscientes ou du moins passives) me faisant regarder autour et en arrière de moi: là, je trouvais ceux de ma race et j'éprouvais un grand malaise, voyant qu'aucun de ceux d'où je sortais, aucun de mes grands-parents, ni de mes arrière-grands-parents, ni personne derrière moi, aussi loin que je pusse° voir, n'avait jamais non seulement «écrit», mais même songé qu'on pût° «écrire», je veux dire autre chose qu'une lettre d'affaires ou le détail d'un compte de ménage. Aucun de ces vignerons,° ni de ces paysans° d'où je descends n'avait jamais songé qu'écrire pût être° une vocation, un métier à l'égal du leur; et je le sentais bien, je sentais bien qu'ils n'étaient pas contents que je perdisse° ainsi mon temps, ayant autre chose à faire; de sorte qu'étant collégien, vers dix ou douze ans, quand j'ai écrit mes premiers vers,° c'est en me cachant d'eux que j'ai commencé à les écrire. Je me rappelle combien j'étais honteux° vis-à-vis d'eux qui me voyaient et m'observaient du fond du temps; et je me cachais d'eux ou me cachais de mes parents qui en étaient pour moi la continuation et le prolongement° visibles. Je me cachais en particulier de ma mère (qui, elle, pourtant m'eût° approuvé sans doute dès ce temps-là, puisqu'elle a bien voulu m'approuver par la suite); et, assis à ma petite table, devant mon cahier de versions° latines, c'est par l'ingénieuse disposition d'une feuille volante° glissée entre ces pages que j'arrivais sans trop de risques, quand ma mère entrait à l'improviste, inquiète de l'heure tardive, à dissimuler la «poésie» que j'étais en train d'écrire, — qui était en octosyllabes, je me souviens, et où il était question d'une étoile, une pâle petite étoile de nuit d'hiver que j'apercevais justement en face de moi, au-dessus des toits. J'avais douze ans. [...] Je me suis caché d'elle, comme je me suis caché longtemps de ceux d'où je sortais, me disant: «Que penseraient-ils de moi, s'ils me voyaient?» C'était le temps où je préparais mon bachot° tout en continuant à écrire d'énormes drames romantiques; [...] C'était, plus tard encore, le temps où je préparais ma licence ès lettres, mais passais toutes mes journées à superposer des alexandrins,° écrivant «bien» (selon les règles), écrivant de mon mieux le «meilleur» français que je pusse,° avec de «beaux» mouvements d'éloquence et tous les secours° d'une rhétorique dont on venait précisément de me révéler les secrets, — enfermé maintenant à clé dans ma petite chambre sous

could
thought that one could
wine growers / peasants
could be
lose
verses, lines of poetry
ashamed
extension
would have
translations
looseleaf
baccalauréat
iambic hexameter (traditional French poetic line)
could
help

le toit, me cachant d'«eux» de plus en plus et toujours plus inquiet de ce qu'ils penseraient de moi, d'où un malaise toujours croissant.°

growing

Et cela jusqu'au jour où, enfin, étant descendu plus profondément en moi-même, et y ayant touché à un plus vrai moi-même, du même coup° je les y eusse rencontrés.° Alors ils n'ont plus été hors de moi.° La distance qui me séparait d'eux a été abolie. Il n'y a plus eu contradiction entre eux et moi, parce que je m'étais mis à leur ressembler. Ils m'avaient reconnu; je parlais leur langue. Ils n'ont plus été, eux d'un côté, moi de l'autre; nous nous étions enfin rencontrés. Tout à coup, vers vingt-deux ans (je venais d'arriver à Paris), certain soir, ils étaient accourus° du fond de moi-même, s'étant substitués aux modèles extérieurs qui avaient été les miens jusqu'alors; et c'est ainsi que je me suis mis à essayer d'écrire comme ils parlaient, parce qu'ils parlaient bien, parlant eux-mêmes sans modèles; à tâcher de les exprimer comme eux-mêmes s'étaient exprimés, de les exprimer par des mots comme ils s'étaient exprimés par des gestes, par des mots qui fussent° encore des gestes, leurs gestes; — eux, dans leurs champs° ou dans leurs vignes,° moi, selon leurs enseignements, sur ma feuille de papier. Et tout à coup ils n'avaient plus été fâchés; je n'avais plus eu besoin de me cacher d'eux. Je les continuais, comme un bon fils doit faire; j'avais «repris le train°», ils m'avaient pardonné.

at the same time
met them there / outside of me
had come running
were / fields
vines
gotten back in the line

C.F. Ramuz, *Œuvres complètes.*
Genève: Editions Rencontre, 1967, Vol. III, pp. 1193–1200.

D. Le sens du texte. Vérifiez votre interprétation de la lettre de Ramuz en abordant les sujets suivants.

1. Dans sa lettre, Ramuz explique que l'accusation de «mal écrire exprès» «va très exactement en sens inverse de toutes mes tendances, de toutes mes recherches; elle me touche au point central...». Selon ce qu'il dit par la suite, pourquoi est-ce que cette accusation touche à l'essence même de son écriture?
2. Il explique que, dans le canton de Vaud en Suisse, on parle français de plein droit mais que ce français n'est pas le français d'école, appris par les élèves. Quelles différences est-ce que vous vous imaginez existent entre ce français d'école et le français vaudois?
3. Quels sont les mots que Ramuz utilise pour décrire le français d'école tel qu'il est parlé par un Vaudois?
4. Au début de sa carrière d'écrivain, pourquoi est-ce qu'il y avait une contradiction entre Ramuz et ses ancêtres?

E. Discussion. Ce texte de Ramuz soulève une série de questions au sujet de la langue française et du métier d'écrivain. Choisissez une des questions et discutez-en avec votre groupe.

1. A votre avis, est-ce que l'authenticité doit être un des soucis principaux d'un écrivain? Qu'est-ce qui peut arriver si un écrivain utilise une langue qui n'est pas la sienne?
2. Au début de sa lettre, Ramuz explique que le problème qu'il présente n'est pas seulement son problème mais un problème plus général. Qu'est-ce qu'il veut dire par cette affirmation? Est-ce qu'il suggère que la question de la langue française touche tous les écrivains francophones? Comment est-ce que la langue reflète la culture d'un pays?

3. Dans cette lettre, Ramuz fait plusieurs références à «ceux d'où je sortais», c'est-à-dire à ses ancêtres. A la fin des extraits, il s'appelle «bon fils» et dit qu«ils m'avaient pardonné». Quelles influences est-ce que les ancêtres ont sur Ramus en tant qu'écrivain et pourquoi est-ce qu'il y a enfin une réconciliation entre lui et sa «race»?
4. Comparez le texte d'Emilie Carles et celui de C.F. Ramuz. Quelles similarités est-ce que vous voyez entre les attitudes des paysans? Dans quel sens est-ce que l'expérience de la jeune Emilie est pareille à celle du jeune Ramuz?

C'est à vous maintenant!

DISCUTONS!

F. Discussion: Un débat. En groupe de six personnes discutez des réformes envisagées pour votre université. Trois personnes représentent l'administration de l'université, trois personnes représentent les étudiants. Avant de commencer, les étudiants doivent faire le bilan des problèmes qu'ils veulent aborder et des solutions qu'ils proposent.

ECOUTEZ ET REGARDEZ!

Vidéo

The second segment of Program 4 of the **Vidéo** consists of two interviews with university students studying in France. The first student is French, the second is from the Ivory Coast (**Côte d'Ivoire**).

On a demandé à deux étudiants en France de répondre à une série de questions. *Quelle est votre spécialité? Pourquoi avez-vous choisi cette spécialité? Quelle carrière voulez-vous poursuivre? Pourquoi avez-vous choisi cette carrière?* Comment répondriez-vous à ces questions?

Anne-Marie Livoti
«Ma spécialité, c'est l'anglais. Je prépare le CAPES cette année pour devenir professeur d'anglais.»

Dramane Boaré
«J'ai préparé le diplôme de technologie approfondie en commerce internationale. J'ai fini et je rentre en Côte-d'Ivoire.»

ALLONS VOIR LES FRANÇAIS

ET LES MAGHREBINS...

AU TRAVAIL!

Unité 5

In this unit you will learn:

- to talk about jobs and professions
- to ask a favor and to ask and give permission
- to express content or discontent, irritation, exasperation, what you want to do or don't want to do
- to start a conversation, to keep it going, and to end it
- to write a business letter

Ouverture Qui travaille et pourquoi?

Chapitre 13 Ceux qui paient

Intermède «Madame Moreau, chef d'entreprise» (Georges Perec)

Chapitre 14 Aujourd'hui... Dans dix ans...

Chapitre 15 «Le travail est souvent le père du plaisir.»

OUVERTURE

Qui travaille et pourquoi?

Ecoutez et regardez!

Vidéo

The first segment of Program 5 of the **Vidéo** presents the professions of six French people.

En France, la population active (ceux qui travaillent) est de 24 millions sur une population totale de 55,1 millions d'habitants. Par «population active» on désigne tous ceux qui travaillent ou qui cherchent du travail, le taux de chômage étant de 9,5% en octobre 1991.

Quelles sont les attitudes des Français vis-à-vis du travail? Qui travaille, qui ne travaille pas? Que leur apporte le travail? Quels métiers et professions est-ce qu'ils exercent? Quel travail est-ce qu'ils préfèrent? Telles sont les questions qu'il faut se poser pour chercher à comprendre la signification du travail dans la culture française.

Mme Prévôt est bibliothécaire à l'université de Toulouse. C'est à elle de procurer les livres, revues, magazines, disques et autre matériel audiovisuel pour les étudiants et les professeurs.

Mme Grand est employée de maison. Elle adore son travail et elle en est fière. Mais de toutes ses responsabilités, elle préfère le repassage.

Mme Bounié-Levrat est avocate. Son travail est intéressant et elle aime surtout plaider un cas au tribunal.

M. Barnouin est cadre dans une entreprise multinationale. C'est lui qui organise et surveille le travail des ouvriers de l'usine.

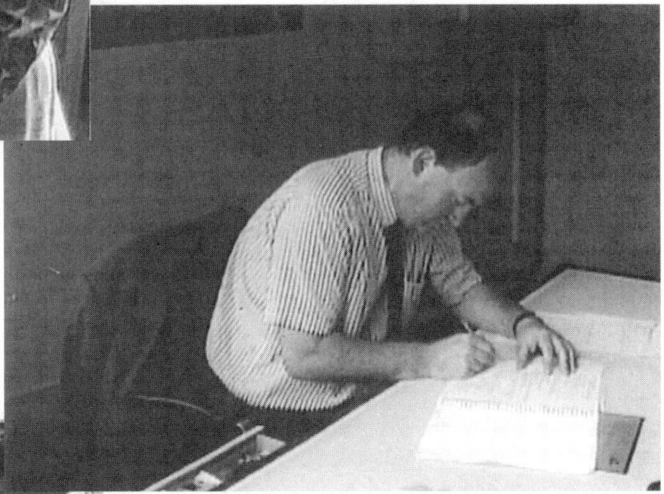

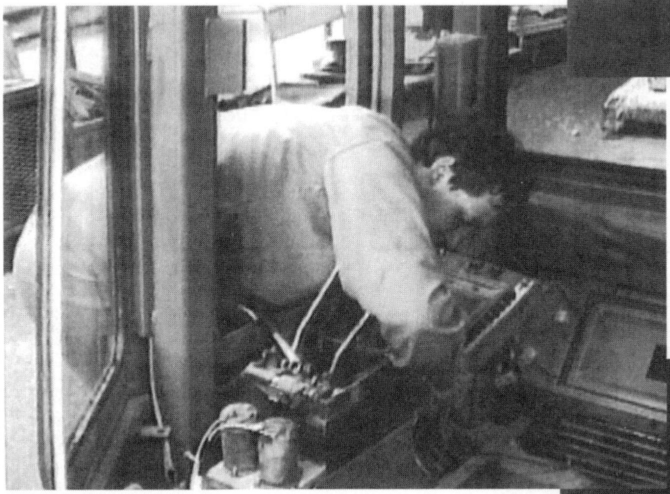

M. le Reste est ouvrier. Le travail manuel lui plaît et il éprouve une grande satisfaction à réparer les moteurs qu'on lui confie.

M. Biosca est boucher. L'aspect préféré de son travail, c'est le temps qu'il passe avec ses clients.

LA FRANCE: 24 MILLIONS D'ACTIFS

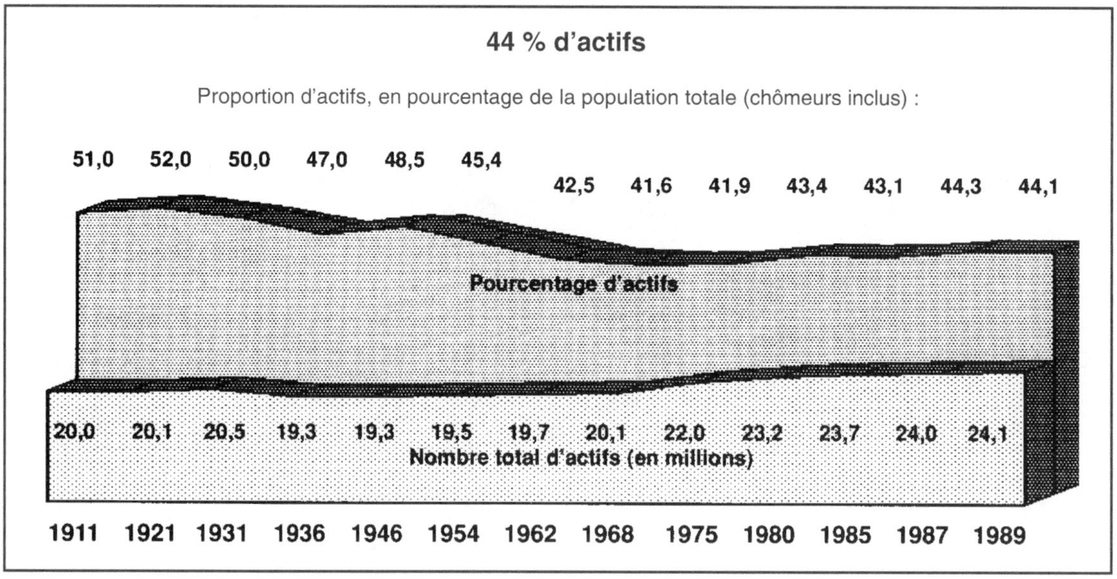

La proportion de personnes actives dans la population française avait diminué régulièrement jusqu'au début des années 70. Depuis 1970, elle tend au contraire à augmenter, sans pour autant retrouver le niveau qu'elle avait au début du siècle.

Les effets de la crise économique sur l'emploi ont été très sensibles entre 1974 et 1984. Depuis 1985, on observe une reprise de l'embauche dans les grands secteurs d'activité. Environ 250 000 postes ont été créés en 1988 et en 1989.

La création d'emplois a repris à partir de 1985. Elle s'est accentuée en 1988 et 1989.

La meilleure conjoncture économique, la création des TUC (Travaux d'utilité collective) et des SIVP (Stages d'initiation à la vie professionnelle) ont permis à l'emploi de se redresser en 1985. Près de 400 000 emplois étaient créés entre 1985 et 1988; la population active occupée retrouvait son niveau du début des années 80, autour de 21,5 millions. 240 000 emplois ont été créés en 1989. Cette situation devrait se poursuivre en 1990, du fait des perspectives de croissance et des intentions d'embauche des entreprises.

La population active devrait moins augmenter au cours des prochaines années, du fait de l'évolution de la structure démographique (les personnes partant à la retraite seront plus nombreuses qu'au début des années 80) et d'une augmentation plus lente de la population active féminine.

Deux Français sur trois «inactifs»

Il faut remarquer à sa juste proportion la notion d'activité au sens où l'entendent les statisticiens. Au total, 21,5 millions de Français occupaient officiellement et effectivement un emploi au début 1990, soit 38% seulement de la population totale. Ce qui veut dire que près de deux Français sur trois ne «travaillent» pas: enfants, étudiants, adultes inactifs, chômeurs, retraités.

LA FRANCE: LES FEMMES AU TRAVAIL

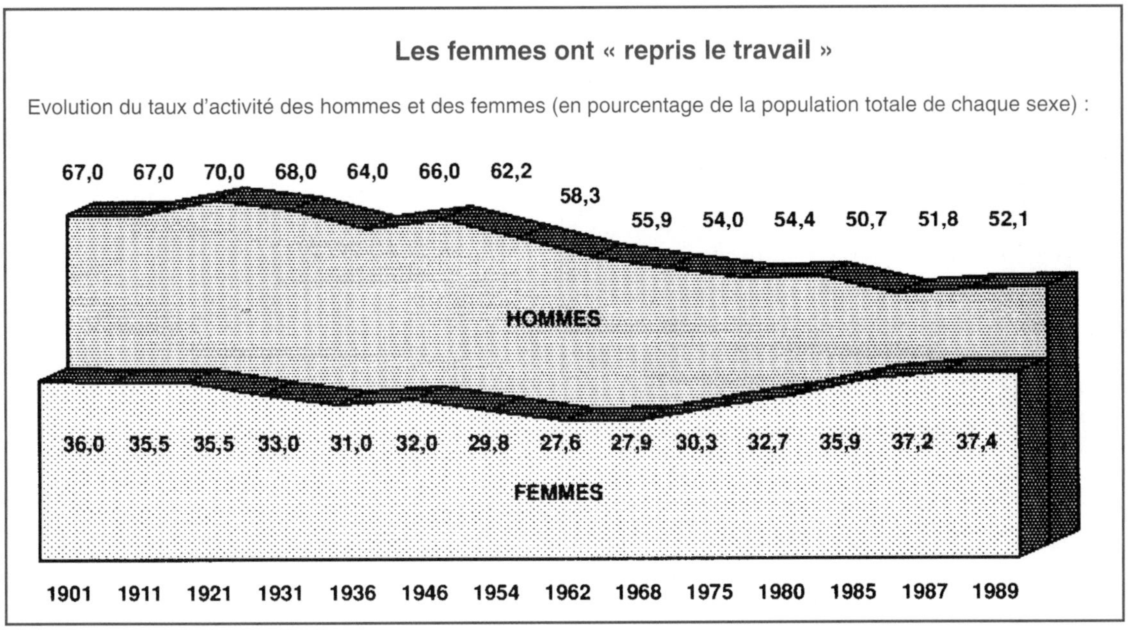

L'accroissement du travail féminin est l'une des données majeures de l'évolution sociale de ces dernières années. En vingt-cinq ans, on a dénombré trois millions de femmes actives supplémentaires, contre moins d'un million d'hommes. Pourtant, ce phénomène n'est pas nouveau, lorsqu'on élargit le champ de la mémoire; les femmes actives étaient proportionnellement aussi nombreuses au début du siècle.

46% des femmes de 15 ans ou plus sont en activité.

Après avoir atteint un maximum vers 1900, le taux d'activité des femmes avait fortement baissé jusqu'à la fin des années 60, sous l'effet de l'évolution démographique.

Depuis la fin des années 60, la proportion des femmes actives a augmenté, alors que celle des hommes diminuait. Si les femmes ont, depuis 1968, «repris le travail», c'est en partie sous l'impulsion du grand mouvement féministe des années 70, dont l'une des revendications majeures était le droit au travail rémunéré, condition première de l'émancipation.

La norme de la femme au foyer a été remplacée par celle de la femme au travail.

Pour un nombre croissant de femmes, travailler est la condition de l'autonomie et de l'épanouissement personnel. Les femmes qui n'ont jamais travaillé sont d'ailleurs trois fois moins nombreuses parmi les moins de 30 ans (moins de 4%) que parmi les plus âgées (12%). La diminution du nombre des mariages, l'accroissement du nombre des femmes seules, avec ou sans enfants, la sécurité (parfois la nécessité) pour un couple de disposer de deux salaires sont autant de raisons qui expliquent le regain de faveur du travail féminin.

La crainte du chômage, la difficulté de trouver un travail conforme à ses aspirations, la fatigue représentée par la «double journée de travail» et les mesures d'incitation prises par le gouvernement pourront amener certaines femmes à rester au foyer. Mais elles ne semblent guère susceptibles de compenser les facteurs favorables au travail féminin.

➤ Les femmes sont plus nombreuses que les hommes à occuper des emplois précaires ou à temps partiel et leur taux de chômage est plus élevé, surtout depuis 1975.

LA FRANCE: IMAGE DU TRAVAIL

Cinq conceptions du travail

Travail-destin, travail-devoir, travail-punition. Les vieux mythes de la civilisation judéo-chrétienne ne sont pas morts, mais ils sont fatigués. Et les Français avec eux, qui n'ont plus envie d'assumer pendant des siècles encore les conséquences du péché originel.

Vingt ans après Mai 68, l'image du travail a changé, en particulier chez les jeunes. Un mouvement se dessine en faveur d'une *désacralisation* du travail. Si la conception traditionnelle du travail a encore de nombreux adeptes, de nouvelles conceptions sont apparues depuis quelques années: «religieuse» (travail-devoir); «sécuritaire»; «financière» (gagner plus); «affective» (épanouissement); «libertaire» (aventure professionnelle). Les trois dernières concernent en priorité les jeunes.

La conception «religieuse» reste importante mais elle n'est plus coupée de la modernité.

C'est celle des catégories les plus conservatrices de la population: personnes âgées, mais aussi jeunes néo-conservateurs épris d'ordre. Il s'agit pour eux de sauvegarder le travail en tant que valeur fondamentale. C'est parmi eux que l'on trouve les plus fervents adeptes de la sélection, sous toutes ses formes, du respect de la hiérarchie et de l'autorité.

[...] ils acceptent plus de souplesse dans les conditions de travail, une introduction (à dose limitée) des outils les plus récents de la technologie, une plus grande flexibilité dans les méthodes de gestion des effectifs. Mais ils considèrent ces évolutions comme un mal nécessaire plutôt que comme une opportunité.

La conception «sécuritaire» concerne surtout les catégories les plus vulnérables.

Elle est particulièrement forte chez tous ceux qui se sentent menacés dans leur vie professionnelle pour des raisons diverses: manque de formation; charges de famille; emploi situé dans une région, une entreprise ou une profession vulnérable. Ils recherchent avant tout la sécurité de l'emploi et du revenu. Leur rêve est d'être fonctionnaire et leur ambition professionnelle est limitée.

La conception «financière» est de plus en plus fréquente chez les fanatiques de la consommation.

Leur vision du travail est simple et concrète. Il s'agit avant tout de bien gagner sa vie, afin de pouvoir s'adonner aux joies de la consommation. Leur préférence ne va donc pas à une réduction du temps de travail mais à l'accroissement du revenu, au moyen d'heures supplémentaires ou de «petits boulots» complémentaires.

Le pouvoir d'achat est une motivation importante pour une grande partie de la population.

La conception «affective» est répandue chez ceux qui attachent de l'importance aux relations humaines dans le travail.

Beaucoup de jeunes et aussi d'adultes des classes moyennes sont à la recherche d'un métier qui leur permette de s'épanouir, autant par la nature de leur activité que par son environnement (les collègues, la hiérarchie, le cadre de travail...). Lorsqu'ils ont la chance d'exercer une profession qui leur convient, ils sont capables de se passionner; ils y investissent alors volontiers leur temps et leur énergie. Dans le cas contraire, le travail leur apparaît comme une véritable aliénation (le mot est apparu en Mai 68) qu'ils acceptent très difficilement. Car leur conception du travail est essentiellement philosophique et humaniste.

La conception «libertaire» concerne ceux qui conçoivent le travail comme une aventure professionnelle.

Ses adeptes sont attirés surtout par la liberté, propice à la création et à l'épanouissement personnel. Ils sont ouverts à toutes les formes nouvelles de travail (temps partiel, intérim...) ainsi qu'à l'utilisation des technologies dans l'entreprise. Ils sont par principe très mobiles et considèrent a priori un changement de travail, d'entreprise ou de région, comme une opportunité. Ce sont souvent les jeunes, passionnés par les possibilités offertes par les nouvelles technologies. Souvent individualistes, ils ont du mal à s'intégrer dans les structures lourdes et hiérarchisées. L'existence d'une forte «culture d'entreprise» est pour eux une contrainte qui peut annihiler leur créativité naturelle.

Les «Japonais» s'opposent aux «Californiens».

Les plus conservateurs sont attirés par une conception du travail de type libéral proche du modèle japonais, dans lequel la compétence et l'ordre sont prioritaires. La formule «californienne», caractérisée par les petites unités, l'autonomie, la créativité, l'absence de hiérarchie et l'omniprésence de la technologie fascine les plus jeunes.

L'opposition entre ces deux modèles ne recouvre pas l'ensemble des conceptions, mais elle indique les pôles entre lesquels se situe le débat individuel et collectif concernant l'avenir du travail. Elle traduit aussi l'absence d'une réponse spécifiquement française à ce problème majeur.

Gérard Mermet, *Francoscopie 1991*.
Paris: Librairie Larousse, pp. 251–279.

A. Qu'est-ce que vous avez compris? Répondez aux questions suivantes selon ce que vous avez appris des textes sur l'emploi en France.

1. Etant donné qu'il y a 55,1 millions d'habitants en France, est-ce qu'un chiffre de 24 millions d'actifs vous semble suffisant pour supporter financièrement d'une façon convenable la société française?
2. Est-ce qu'il y a des indications que la situation va s'améliorer d'ici l'an 2010? Pourquoi, pourquoi pas?
3. Que fait l'Etat français pour créer des emplois?
4. Pourquoi est-ce que la situation des femmes du point de vue travail n'est pas aussi stable que celle des hommes?

B. Analyse de texte: Image du travail. Les auteurs des textes proposent cinq images du travail qui semblent dominer la société d'aujourd'hui. Faites l'analyse de ces conceptions en répondant aux questions suivantes.

1. Qui connaissez-vous qui soutient la conception «religieuse» du travail? Quelles attitudes caractérisent cette personne?
2. Etant donné la situation économique d'aujourd'hui, lesquelles des conceptions du travail vous semblent les plus répandues? Pourquoi?
3. Quelles sont les attitudes des jeunes que vous connaissez devant le travail? Lesquelles des conceptions du travail semble les dominer?
4. Pensez-vous qu'il y ait une différence entre les hommes et les femmes en ce qui concerne leurs conceptions du travail? Expliquez et donnez des exemples.

C. Et nous? En utilisant comme point de départ vos réponses aux questions de l'exercice IV dans votre **Manuel de préparation**, parlez à vos camarades de vos conceptions du travail, de ce qui est important pour vous dans le travail, et des métiers qui vous semblent préférables.

Profil: Le Maghreb

Région: Le Maghreb (nom arabe pour «le couchant») comprend le Maroc, l'Algérie et la Tunisie.

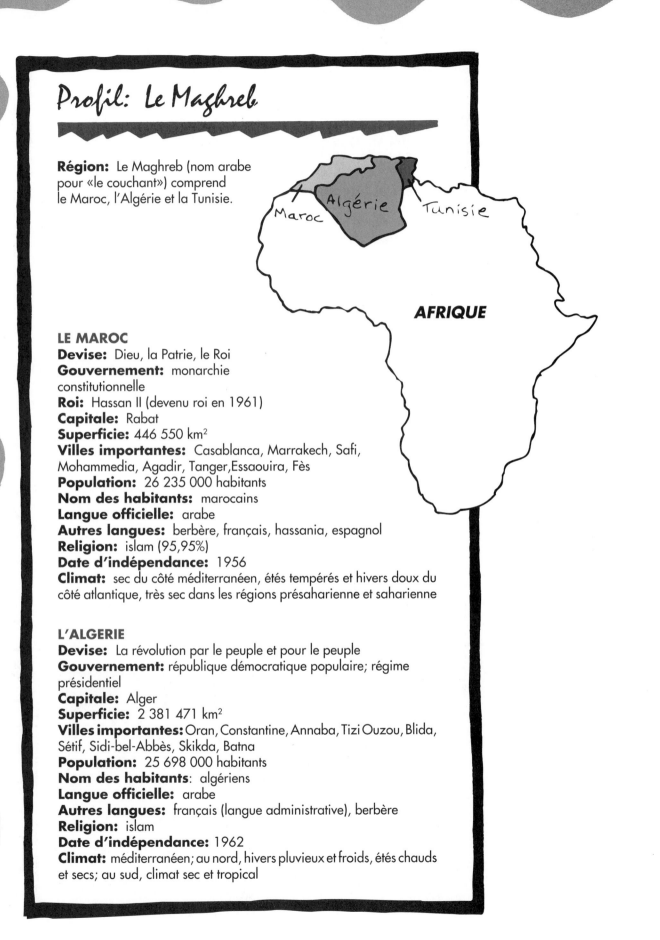

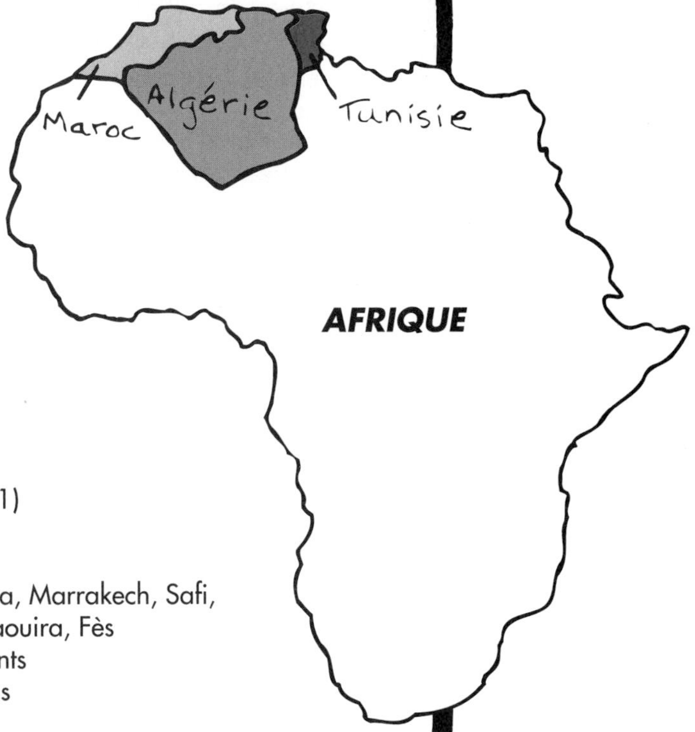

LE MAROC
Devise: Dieu, la Patrie, le Roi
Gouvernement: monarchie constitutionnelle
Roi: Hassan II (devenu roi en 1961)
Capitale: Rabat
Superficie: 446 550 km^2
Villes importantes: Casablanca, Marrakech, Safi, Mohammedia, Agadir, Tanger,Essaouira, Fès
Population: 26 235 000 habitants
Nom des habitants: marocains
Langue officielle: arabe
Autres langues: berbère, français, hassania, espagnol
Religion: islam (95,95%)
Date d'indépendance: 1956
Climat: sec du côté méditerranéen, étés tempérés et hivers doux du côté atlantique, très sec dans les régions présaharienne et saharienne

L'ALGERIE
Devise: La révolution par le peuple et pour le peuple
Gouvernement: république démocratique populaire; régime présidentiel
Capitale: Alger
Superficie: 2 381 471 km^2
Villes importantes: Oran, Constantine, Annaba, Tizi Ouzou, Blida, Sétif, Sidi-bel-Abbès, Skikda, Batna
Population: 25 698 000 habitants
Nom des habitants: algériens
Langue officielle: arabe
Autres langues: français (langue administrative), berbère
Religion: islam
Date d'indépendance: 1962
Climat: méditerranéen; au nord, hivers pluvieux et froids, étés chauds et secs; au sud, climat sec et tropical

LA TUNISIE
Devise: Liberté, Ordre, Justice
Gouvernement: république islamique; régime présidentiel
Président: Général Zine El-Abidine Ben Ali
Capitale: Tunis
Superficie: 163 610 km^2
Villes importantes: Sfax, Ariano, Bizerte, Djerba, Gabès, Sousse, Kairouan
Population: 8 095 000 habitants
Nom des habitants: tunisiens
Langue officielle: arabe
Autres langues: français, berbère
Religion: islam
Date d'indépendance: 1956
Climat: climat méditerranéen au nord; climat continental chaud au centre; climat saharien au sud

5-1

If you have not done this listening exercise in class or if you would like to listen again to the job descriptions, you can work with this listening material on your own.

Ecoutez!

D. Qu'est-ce qu'ils font? Vous allez entendre six personnes qui décrivent leur métier. Associez chaque description au métier approprié.

Métiers

a. professeur d'anglais
b. commercial *(traveling salesperson)*
c. cadre *(executive)*
d. artisan(e)
e. fonctionnaire *(civil servant)*
f. ouvrier(ère) d'usine

Chapitre 13

Ceux qui paient

"Ceux qui paient" is a common phrase used to describe the taxpayers whose money supports all social services.

En avant!

ECOUTEZ!

5-2

Voici Jacqueline Laffont et Paul Michot qui parlent de ce qu'ils font dans la vie.

«Je vis dans un monde où règne la concurrence et où il est très difficile de se détendre.»

«Maintenant je suis surveillant en chef de la poste... Très souvent je dois m'occuper des réclamations des clients.»

If you have not done this listening section in class or if you would like to listen again to the two monologues, you can work with this listening material on your own.

Suggestion, Ex. A: You don't necessarily have to talk about the work you are likely to have in the future. You should talk about what interests you most, whether it's likely to come true or not.

POUR PARLER DES METIERS ET DES PROFESSIONS

A. Les métiers ou les professions qui m'intéressent le plus. Dites aux membres de votre groupe quelle sorte de travail vous intéresse le plus et expliquez pourquoi.

Suggestion, Pour communiquer: As you learn the phrases in this section, think about the kinds of favors or the types of permission you tend to ask and of whom you ask them in real life. This will help you select the appropriate phrases for different contexts.

POUR COMMUNIQUER

Demander un service

Vous voulez bien (Tu veux bien)... , s'il vous (te) plaît?
(Pardon,) vous pourriez (tu pourrais)... ?
(Excusez-moi,) est-ce que vous pourriez... ?
J'ai un petit problème. Est-ce que vous pourriez (tu pourrais) m'aider?
Je m'excuse de vous (te) déranger, mais est-ce que vous (tu)... ?
Est-ce que vous auriez (tu aurais) la gentillesse de... ?

Demander la permission

Est-ce que je peux (je pourrais)... ?
J'aimerais...
Je voudrais...
Il serait possible que je (+ *subjonctif*)... ?
Il serait possible de (+ *infinitif*)... ?
Ça t'embête (Ça te dérange) si je... ?
Ça ne te dérange pas si.... ?
Vous me permettez (Tu me permets) de... ?
Vous permettez (Tu permets) que... ?

Donner la permission

PERMISSION DEMANDÉE À LA FORME AFFIRMATIVE	PERMISSION DEMANDÉE À LA FORME NÉGATIVE
Oui...	Mais non, pas du tout!
Bien sûr!	Mais bien sûr que non!
Certainement!	
Bien sûr que oui!	
D'accord	
Allez-y! (Vas-y!)	

B. Vous pourriez m'aider? Vous avez besoin de petits services dans les situations suivantes. Approchez-vous de quelqu'un dans la classe, expliquez la situation et utilisez une expression pour demander de l'aide.

MODELE Vous avez perdu votre livre de français et vous avez un examen demain.
— *Pardon* (nom de la personne). *J'ai un petit problème. J'ai perdu mon livre de français. Est-ce que tu pourrais me prêter ton livre?*
— *Oui, bien sûr. Tu peux l'emprunter cet après-midi. Mais j'en aurai besoin ce soir.*
— *D'accord. Merci. Tu es très gentil(le).*

1. Vous avez rendez-vous chez le dentiste. C'est assez loin et vous n'avez pas de voiture.
2. Vous avez oublié votre calculatrice et vous avez un cours de maths après le cours de français.
3. Vous n'avez ni stylo ni papier pour prendre des notes en classe.
4. Vous êtes dans un restaurant avec des amis et vous avez oublié votre portefeuille.
5. Vous êtes au comptoir d'Air France. Vos valises ne sont pas arrivées.
6. Vous êtes à Paris et vous cherchez le restaurant «chez Simone». Vous vous approchez d'un(e) passant(e) pour demander des renseignements.

C. Est-ce que nous pouvons... ? Vous êtes prof de français. Vos étudiants vont vous demander la permission de faire certaines choses en utilisant des expressions appropriées. Décidez si vous allez leur donner la permission ou non.

MODELE Vous voulez rendre les devoirs demain.
— *Pardon Madame (Monsieur). Est-ce qu'il serait possible de rendre les devoirs demain?*
— *Pourquoi? Vous ne les avez pas faits?*
— *J'ai été malade et je n'ai pas eu le temps de les finir.*
— *Bon. D'accord. Pour demain alors.*

1. Vous voulez passer un autre examen parce que vous avez eu une mauvaise note.
2. Vous n'avez pas apporté vos devoirs.
3. Vous ne vous sentez pas bien et vous voulez partir avant la fin du cours.
4. Vous avez oublié votre livre.
5. Vous voulez faire vos recherches sur l'Algérie.
6. Vous voulez inviter un ami à assister au cours demain.
7. Vous avez une interview pour un poste et vous voulez sécher *(skip)* un jour de classe.
8. Vous voulez passer l'examen final trois jours à l'avance.

Situation démographique du Maghreb

LE MAROC

Population (en milliers)

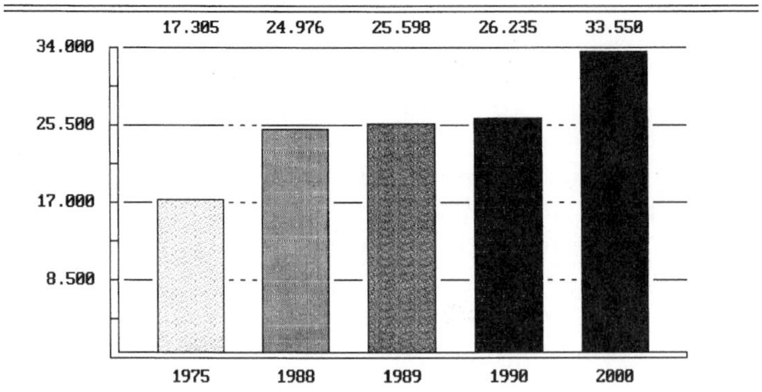

- Croissance population: 2,49%
- Rythme doublement pop.: 28 ans
- Densité de population: 56 habitants/km²

L'ALGERIE

Population (en milliers)

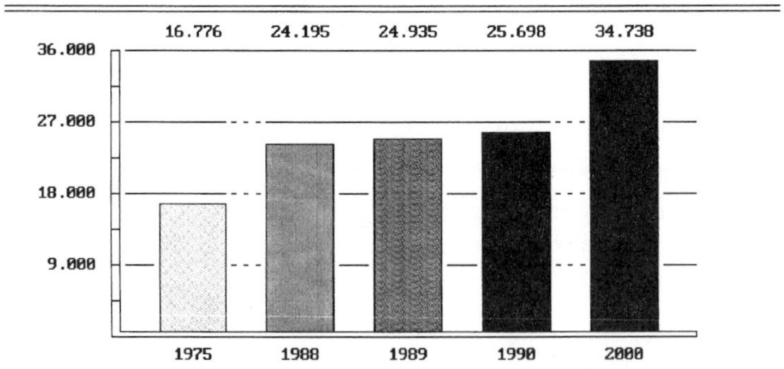

- Croissance population: 3,06%
- Rythme doublement pop.: 23 ans
- Densité de population: 10 habitants/km²

LA TUNISIE

Population (en milliers)

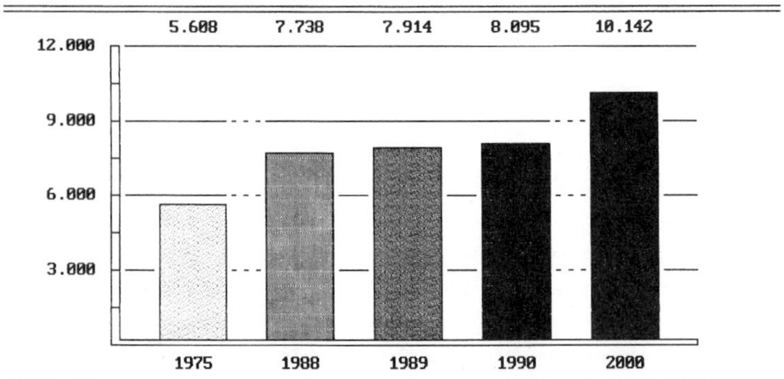

- Croissance population: 2,28%
- Rythme doublement pop.: 31 ans
- Densité de population: 47 habitants/km²

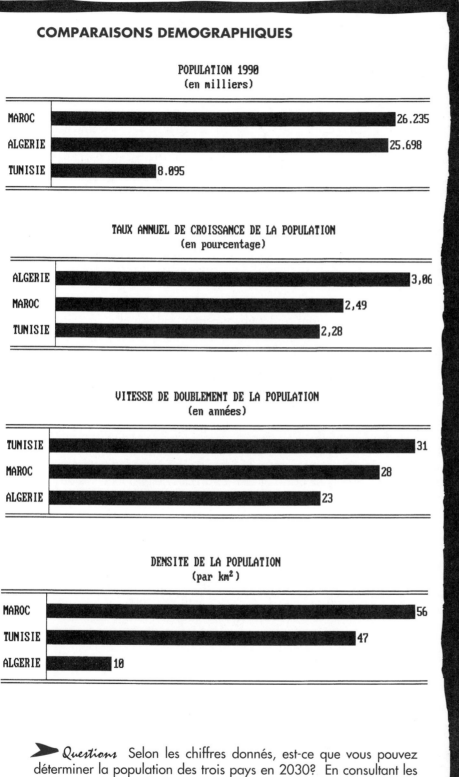

COMPARAISONS DEMOGRAPHIQUES

POPULATION 1990
(en milliers)

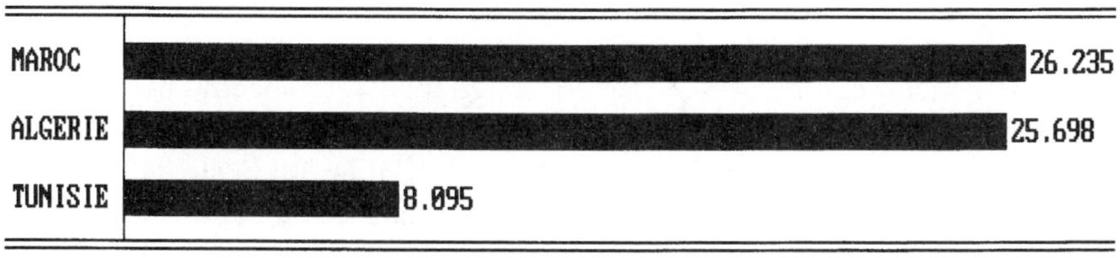
MAROC
26.235
ALGERIE
25.698
TUNISIE
8.095

TAUX ANNUEL DE CROISSANCE DE LA POPULATION
(en pourcentage)

ALGERIE
3,06
MAROC
2,49
TUNISIE
2,28

VITESSE DE DOUBLEMENT DE LA POPULATION
(en années)

TUNISIE
31
MAROC
28
ALGERIE
23

DENSITE DE LA POPULATION
(par km^2)

MAROC
56
TUNISIE
47
ALGERIE
10

Questions Selon les chiffres donnés, est-ce que vous pouvez déterminer la population des trois pays en 2030? En consultant les chiffres de la superficie des trois pays (**Profil**) et la densité de la population, quelles comparaisons est-ce que vous pouvez faire entre les trois pays. Par exemple, quel pays est le plus grand? Lequel est le plus petit? Comment peut-on expliquer la densité de la population?

STRUCTURE: Comment désigner quelqu'un ou quelque chose

Definite articles can be used either to designate a very specific person or object or to indicate general preference. In a specific sense, the definite articles in French are equivalent to *the* in English (**J'ai perdu la clé de la maison.** *I lost the house key.)*. When used to designate a general preference, the English equivalent of the French definite articles is simply an unmodified noun (**Je n'aime pas le café.** *I don't like coffee.)*. The indefinite articles are equivalent to *a* or *an* in English (**Je vais acheter un vélo.** *I'm going to buy a bike.)*. As the word suggests, partitive articles refer to a part of something and have as their English equivalent the word *some* or simply an unmodified noun (**Comme dessert, nous avons mangé des cerises.** *For dessert, we ate [some] cherries.)*.

In this section, after a brief review exercise, you will learn to use indefinite words and expressions to designate people and things.

Grammar: If you did not have a passing score on the **Repêchage** test in the CC or if you still feel unsure about the basic use of articles, you should let your instructor know.

RAPPEL Les articles définis, indéfinis et partitifs

Suggestion, Ex. D: To generate ideas more easily, you can use the three meals of the day as the point of departure for your conversations.

D. Mes goûts et mes préférences. Parlez à vos camarades de ce que vous aimez et n'aimez pas manger ou boire. Indiquez aussi ce que vous mangez (buvez) souvent, rarement ou jamais. Vos camarades vont vous poser des questions. N'oubliez pas d'utiliser les articles définis, indéfinis ou partitifs convenables.

MODELE — *Moi, je n'aime pas du tout le café. Je préfère le thé ou une boisson gazeuse.*
— *Qu'est-ce que tu bois alors pour le petit déjeuner? Moi, il me faut absolument une tasse de café pour me réveiller.*
— *Je n'ai jamais le temps pour le petit déjeuner. Quelquefois je bois une tasse de thé et je mange un toast avec du beurre et de la confiture. Et toi* (name of another member of group) *qu'est-ce que tu prends pour le petit déjeuner?*
— *Moi, j'adore les œufs et les saucisses.* etc.

PRESENTATION Les mots indéfinis

Indefinite adjectives, pronouns, or adverbs are words that modify nouns in a vague, imprecise manner. They allow you, for example, to make general statements (**Certains pensent que les jeunes sont trop matérialistes.** *Some* *think that young people are too materialistic.)* or to indicate that it's not important to you how (why, where, or when) something is done or who does it (**Tu peux le faire n'importe comment.** *You can do it anyway [you want to].)*.

1. Indefinite adjectives and pronouns

a. aucun

- comme adjectif:

Je n'ai **aucune** envie de sortir ce soir.	I don't have *any* desire to go out tonight.
Il n'a fait **aucun** progrès.	He made *no* progress.

In general, **aucun (aucune, aucuns, aucunes)** is used as a negative expression with **ne.** The English equivalent is *no* or *not any* and **aucun** is placed directly before the noun it modifies.

- comme pronom:

Tu as lu les articles? Non, je n'**en** ai lu **aucun.** **Aucun** ne m'intéresse.	Did you read the articles? No, I didn't read *any* (of them). *None* of them interests me.

As a pronoun **aucun(e)** can be used as the object of the sentence and must be accompanied by **en.** The order of the words is therefore the following: **ne + en... aucun(e).** It can also be used as the subject of the sentence, in which case the order of words is **aucun(e)... ne.**

b. autre

- comme adjectif:

Paul est rentré avec moi et les **autres** enfants sont restés à la piscine.	Paul came home with me and the *other* children stayed at the pool.

The adjective **autre (autres)** is placed before the noun and is accompanied by another modifier (**une autre solution, les autres étudiants, mon autre vidéo**).

- comme pronom:

Ce magnétoscope est cassé. Je vais **en** acheter un **autre.**	This VCR is broken. I'm going to buy *another* one.
Monique est là. Est-ce que les **autres** sont arrivés?	Monique is here. Did the *others* arrive?

As a pronoun, **autre(s)** is always accompanied by an article. When it means *another one* or *other ones,* you also need to use **en** in the sentence. When it means *the other(s), another* (**l'autre, les autres**) or *some other(s)* (**un[e] autre, d'autres**), it is generally used without **en.**

c. **certain**

- comme adjectif:

Certains candidats sont qualifiés pour ce poste, d'autres ne le sont pas.	*Certain* candiates are qualified for this job, others are not.
Nous cherchons une **certaine** personne.	We're looking for a *certain* person.

Certain (**certaine, certains, certaines**) precedes the noun. When used in the singular, it is accompanied by **un** (**une**) while in the plural no article is necessary. Note that when you want to make a distinction between two sets of people or things, you use **certain**(**e**)**s** in the first clause and **d'autres** without a noun in the second clause (**Certains étudiants apprennent vite, d'autres ont besoin de plus de temps.** *Some [certain] students learn quickly, others need more time.)*

- comme pronom:

Où est-ce que je peux trouver les livres sur le Maghreb? **Certains** sont ici, les autres sont là-bas.	Where can I find the books on the Maghreb? *Some* are here, the others are over there.

As a pronoun, **certain**(**e**)**s** is always used in the plural.

d. **chaque**

- comme adjectif:

Chaque fois que je lui téléphone, il est très brusque avec moi.	*Each (Every)* time I call him, he's very abrupt with me.

Chaque precedes the noun and is always used in the singular. The English equivalents are *each* or *every*.

- comme pronom:

Chacun va contribuer à ce projet.	*Each one* will contribute to this project.

The pronoun **chacun**(e) corresponds to the adjective **chaque.** It is always used in the singular (masculine or feminine) and is equivalent to the English *each one.*

e. **plusieurs**

- comme adjectif:

J'ai acheté **plusieurs** cassettes.	I bought *several* cassettes.

Plusieurs *(several)* is invariable (the masculine and feminine forms are the same) and is always used with plural nouns. As an adjective, it precedes the noun.

- comme pronom:

Il **en** a acheté **plusieurs.**	He bought *several* (of them).

As a pronoun, **plusieurs** is always preceded by the preposition **en.**

f. n'importe quel

- comme adjectif:

Prends **n'importe quels** livres.	Take *any* books *(whichever* books you want).

N'importe quel (quelle, quels, quelles) is an adjective that precedes the noun. Note that the **quel** part of the expressions must agree in gender and number with the noun it modifies.

- comme pronom:

Je prends quel livre?	Which book do I take?
N'importe lequel.	*Whichever one* (you want).
Prends **n'importe lequel.**	Take *whichever one* (you want).

As a pronoun, **n'importe lequel (laquelle, lesquels, lesquelles)** can be used either as the subject or the object of the sentence. Note that **lequel** has to agree in gender and number with the noun it modifies.

Il ferait **n'importe quoi** pour avoir un avancement dans sa firme.	He would do *anything* to have a promotion in his company.
Parle à **n'importe qui.**	Talk to *anyone.*

Note that there are a number of indefinite expressions using **n'importe: n'importe où** *(wherever, anywhere)*, **n'importe quand** *(whenever, anytime)*, **n'importe comment** *(however, in any way whatsoever)*, **n'importe quoi** *(whatever, anything)*, and **n'importe qui** *(whoever, anyone).*

g. quelques

- comme adjectif:

Elle va te donner **quelques** bonbons.	She's going to give you *some* candy.

Quelques *(some)* is most often used in the plural and refers to a small number of people or a small amount of something. Be careful not to confuse it with the word **certains** *(some*, meaning *certain)*, which is often used to contrast two sets of people or things.

• comme pronom:

Quelqu'un t'a téléphoné.	*Someone* called you.
J'ai entendu **quelque chose.**	I heard *something.*
Vends-**en quelques-un**(e)**s.**	Sell *some.*

Quelqu'un and **quelque chose** are pronouns that can be used either as the subject (beginning of sentence) or as the object (end of sentence) of the verb. Both expressions are invariable.

Quelques-un(e)**s** is always plural (masculine or feminine) and replaces the adjective **quelques** + *noun.* Note that, as an indicator of quantity or number, **quelques-un**(e)**s** is preceded by the preposition **en** (**J'en ai acheté quelques-uns.**).

h. tout

• comme adjectif (singulier):

Tout étudiant doit travailler dur.	*Every (Each)* student has to work hard.
Toute solution n'est pas bonne.	Not *every* solution is a good (one).

When used in the singular without an article, **tout**(e) means *every* or *each* and tends to be used in general statements.

• comme adjectif (singulier et pluriel):

Tous les profs vont venir.	*All* the professors are going to come.
Elle a mangé **toute** la tarte.	She ate the *whole* pie.
Nous avons vu **tous** nos amis.	We saw *all of* our friends.
Toutes ces notes sont mauvaises.	*All of* these grades are bad.

When **tout** (**toute, tous, toutes**) is used with a modifier before the noun (definite article, possessive adjective, demonstrative adjective) it means *all* or *the whole.* It can be used with people or things, and it must agree in gender and number with the noun it modifies.

• comme pronom:

J'ai acheté cinq pâtisseries et les ai **toutes** mangées.	I bought five pastries and I ate *all of* them.
J'ai **tout** entendu et je n'ai rien compris.	I heard *everything* and I understood nothing.

When **tout** replaces specific objects or people (**cinq pâtisseries** in the example above), it must agree in gender and number with the noun it replaces. In this case, **tout** is therefore usually the equivalent of the English *all.* Note that the s of the pronoun **tous** is pronounced.

When **tout** refers to an indefinite idea (**J'ai tout entendu...**), it is invariable (i.e., **tout** is the only form) and means *everything.*

Tout ce que tu vois m'appartient.	*Everything* (that) you see belongs to me.
J'ai appris **tout** ce qui est important.	I learned *everything* that is important.

Tout (invariable) is often combined with the relative pronouns **ce que** (**tout ce que**) or **ce qui** (**tout ce qui**) and means *everything that.* **Tout ce que** is the object of the verb, **tout ce qui** is the subject of the verb.

RESUME DES MOTS INDEFINIS	
ADJECTIFS	PRONOMS
aucun, aucune, aucuns, aucunes	aucun, aucune, aucuns, aucunes
autre, autres	autre, autres
certain, certaine, certains, certaines	certains, certaines
chaque	chacun, chacune
plusieurs	plusieurs
n'importe quel (quelle, quels, quelles)	n'importe lequel (laquelle, lesquels, lesquelles) n'importe où (quand, comment, quoi, qui)
quelques	quelqu'un, quelque chose, quelques-uns, quelques-unes
tout, toute, tous, toutes	tout, toute, tous, toutes tout ce qui, tout ce que

E. C'est à redire. Refaites chaque phrase en remplaçant les mots soulignés *(adjectif + nom)* par le pronom convenable.

MODELE Je n'ai répondu à aucune question.
Je n'ai répondu à aucune.

1. Chaque étudiant doit travailler dur pour réussir dans ce cours.
2. Ils ont apporté plusieurs bouteilles de vin.
3. Est-ce que vous avez vu les autres enfants?
4. N'importe quelles idées sont valables.
5. Certains profs n'arrivent jamais à l'heure pour leur cours.
6. Nous avons acheté quelques cartes d'anniversaire.
7. Tous les citoyens sont égaux.
8. Je n'ai mangé aucun dessert.

Suggestion, Ex. F: If you have trouble remembering the various indefinite words and expressions, consult the summary chart on p. 243.

F. Une conversation. Complétez la conversation suivante entre deux étudiants qui parlent de ce qui les intéresse comme travail. Utilisez des adjectifs et des pronoms indéfinis.

Aurélie: Tu sais, il y a ______________ emplois qui ne m'intéressent pas du tout.

Kévin: Comme par exemple?

Aurélie: Eh ben... par exemple ______________ les jobs où il faut rester au bureau toute la journée. Moi, je n'ai ______________ désir de ne faire que de la paperasserie.

Kévin: Là, je suis d'accord avec toi. Moi, il me faut ______________ qui me permette de me déplacer de temps en temps. Mais je ne veux pas aller ______________. Je préfère ______________ régions de la France et aussi ______________ pays.

Aurélie: Tu sais, ______________ de mes amis travaillent pour l'aérospatiale à Toulouse. Ces gens ne sont pas très spécialisés du point de vue formation, mais ______________ a un poste dans l'administration qui est assez intéressant.

Kévin: Moi aussi, je connais ______________ qui travaille dans le Midi. Et j'ai ______________ amis qui sont restés à Paris. Il y a évidemment ______________ avantages dans le Midi.

Aurélie: Oui, le temps, par exemple. Mais il y a aussi d'______________ choses. Le Midi est la zone industrielle qui a le plus d'accroissement et le taux de chômage est assez faible. Avec un peu de persévérance, ______________ peut trouver un job.

G. Bavardons un peu. Parler à votre camarade des projets que vous avez pour l'avenir, de vos préférences en ce qui concerne le travail, etc. Imitez la conversation de l'exercice F et utilisez des mots indéfinis convenables.

PIERRE ROBIN
Directeur Délégué
Division Développement et Activités Olivier

SCOA sa. équipement

1 ET 2, RUE ROBERT DE FLERS/75740 PARIS CEDEX 15/FRANCE
TÉLÉPHONE : (33) 1-578 61 27/TÉLEX 204 405F

Ensuite!

Suggestion, Ex. H: Remember to use the vocabulary from the **Fiche lexicale** to answer the questions in this exercise.

POUR PARLER DES CONDITIONS DE TRAVAIL

H. Infirmières en grève. Lisez ce petit article et répondez aux questions.

• INFIRMIERES EN GREVE

A Paris, plusieurs milliers d'infirmières — 6.000 à 10.000 selon les estimations — ont manifesté à l'appel de la Coordination nationale infirmière, pour protester contre la dégradation de leurs conditions de travail, trois ans après leur long mouvement en 1988.

Selon les responsables de la coordination, «la profession est en hémorragie complète». «Nous n'acceptons plus de travailler 55 heures par semaine ou d'être seule pour 350 ou 400 malades», ont-elles ajouté.

Elles ont annoncé par ailleurs que cette manifestation était la première amorce d'un mouvement plus ample.

D'autre part, les assistantes sociales ont elles aussi manifesté à Paris. Elles demandent la reconnaissance de leur qualification professionnelle et de meilleurs salaires.

Les médecins sont également mécontents. Pour protester contre le blocage de leurs honoraires, le Syndicat des médecins généralistes a décidé de demander à chaque médecin de faire passer le tarif de la consultation de 90F à 100F.

Journal français d'Amérique, 18–31 octobre 1991, p. 4.

1. Pourquoi est-ce que les infirmières se sont mises en grève?
2. Comment savez-vous que les infirmières sont surtout des femmes?
3. Pourquoi est-ce que les assistantes sociales *(social workers)* ont manifesté à Paris?
4. Pourquoi est-ce que les médecins sont mécontents?
5. A votre avis, est-ce que la grève des infirmières était justifiée?

Maintenant, lisez un article qui offre la réaction des Français devant la grève des infirmières et répondez aux questions.

Les infirmières ont la cote

78% des Français considèrent que le récent mouvement de grève des infirmières était «justifié», selon un sondage CSA/*Le Parisien.*

La «lourde charge de travail» apparaît pour 63% des personnes interrogées comme la principale difficulté du métier d'infirmière, juste devant les «horaires de travail qui laissent peu de place à la vie privée» (62%).

L'aspect de plus en plus technique de leurs tâches (43%) et le contact avec la maladie et la mort (40%) sont également évoqués comme autant d'épreuves. 64% des sondés *(people surveyed)* estiment que les infirmières «ont beaucoup de responsabilités» et on les reconnaît volontiers «dévouées» (63%) et «compétentes» (52%).

A la question «Si vous aviez une fille en âge de choisir un métier, lui conseilleriez-vous de devenir infirmière?», 45% ont répondu «oui» et 38% ont répondu «non».

Journal français d'Amérique, 18–31 octobre 1991, p. 9.

6. Quel pourcentage des Français n'est pas d'accord avec la grève des infirmières?

7. Selon la majorité des Français, quelles sont les principales difficultés du métier d'infirmière?
8. En général, que pensent les Français des infirmières?
9. Pensez-vous que les mêmes conditions de travail des infirmières existent ici aux Etats-Unis?
10. Est-ce que le métier d'infirmière continue à être un métier de femme ici aux Etats-Unis ou est-ce que la situation commence à changer?
11. Et en France, est-ce que c'est surtout un métier de femme? Qu'est-ce qu'il y a dans ce deuxième article qui semble confirmer ce fait?
12. Si vous aviez un garçon ou une fille en âge de choisir un métier, est-ce que vous lui conseilleriez de devenir infirmier ou infirmière? Pourquoi, pourquoi pas?

POUR COMMUNIQUER

Exprimer son contentement

Je suis content(e) de...
Je suis heureux(se) de...
J'aime (bien)...
C'est (très) bien.
C'est parfait.
C'est pas mal.
(Mon travail) me plaît. (Ça me plaît.)
Je suis satisfait(e) de... (dit par un supérieur à propos d'une personne qui travaille sous sa direction)

Exprimer son mécontentement

Je suis agacé(e) (ennuyé[e], fâché[e], en colère, furieux[se]).
Ça m'énerve (m'irrite, m'ennuie).
Cette personne (Ça) me casse les pieds (m'embête).
(This person [This] bugs me.)
Je trouve les conditions épouvantables *(terrible)* (agaçantes).
Ça me déplaît.

I. Ce qui me plaît... ce qui m'énerve. Parlez aux membres de votre groupe de vos satisfactions et de vos mécontentements dans la vie universitaire (cours, logement, nourriture, activités culturelles, etc.). Utilisez les expressions ci-dessus.

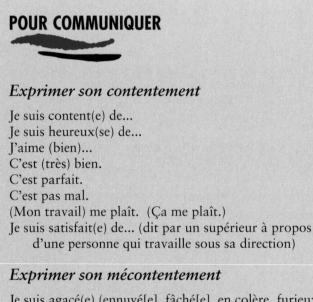

La situation économique du Maghreb

LE PRODUIT NATIONAL BRUT *(gross national product)*

MAROC
Produit National Brut (en million de $US)

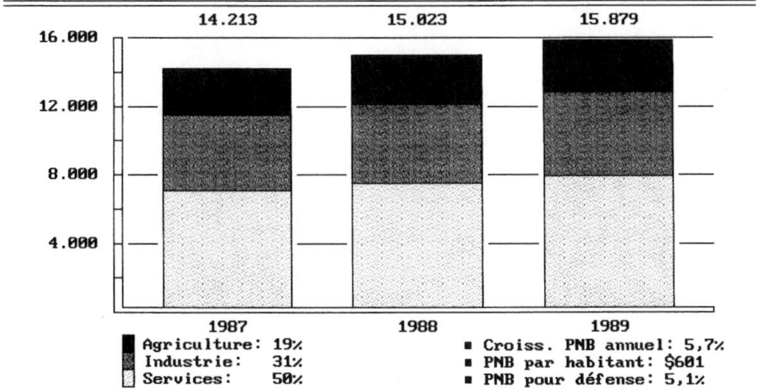

ALGERIE
Produit National Brut (en million de $US)

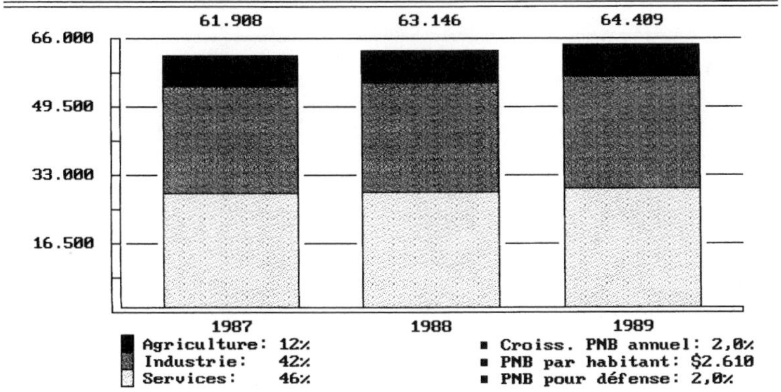

TUNISIE
Produit National Brut (en million de $US)

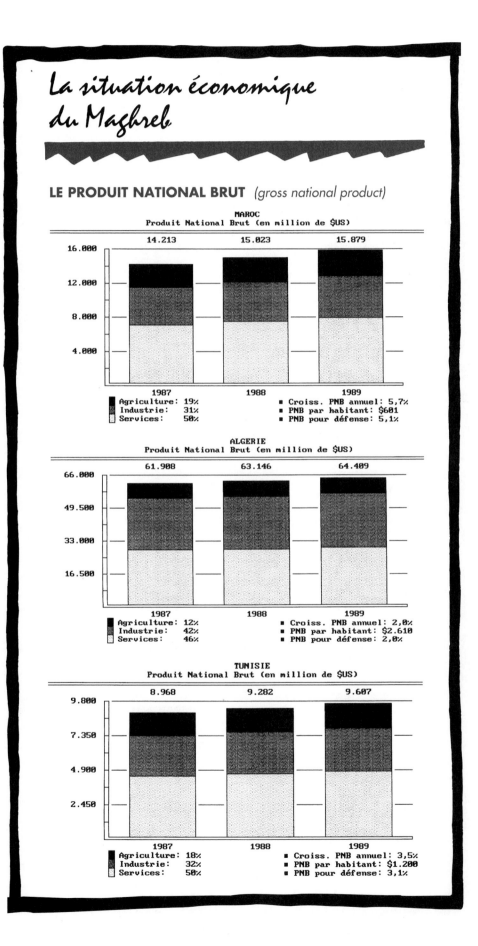

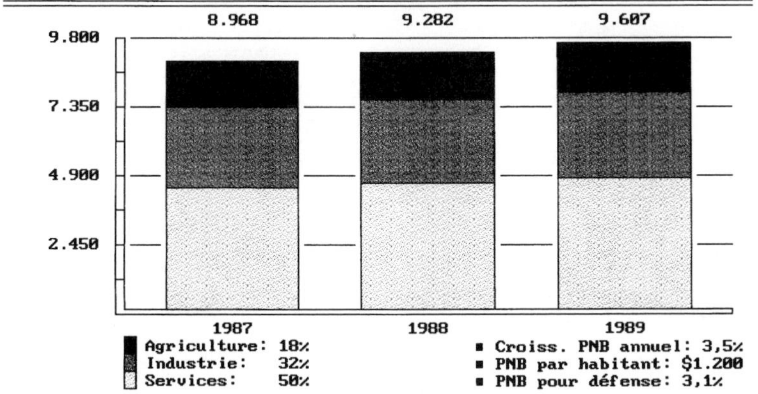

RESSOURCES, PRODUITS ET INDUSTRIES

MAROC

Ressources naturelles	Produits agricoles	Industries principales
Phosphate Minerai de fer Manganèse Plomb Cobalt Argent Cuivre Poissons Sel	Blé Orge Agrumes Viniculture Légumes Olives Bétail	Industries extractives Industries alimentaires Artisanat Construction Textile Tourisme

ALGERIE

Ressources naturelles	Produits agricoles	Industries principales
Pétrole brut Gaz naturel Minerai de fer Phosphate Uranium Plomb Zinc Mercure	Blé Orge Avoine Olives Dattes Agrumes Bétail	Produits pétroliers Produits pétrochimiques Fer & acier App. électroménagers Matériel de transport Industries alimentaires

ALGERIE

Ressources naturelles	Produits agricoles	Industries principales
Pétrole brut Gaz naturel Minerai de fer Phosphate Uranium Plomb	Blé Orge Avoine Olives Dattes Agrumes	Produits pétroliers Produits pétrochimiques Fer & acier App. électroménagers Matériel de transport Industries alimentaires

IMPORTATIONS ET EXPORTATIONS

MAROC

Importations principales	Exportations principales
Produits pétroliers Produits alimentaires Equipement de transport Machines Produits chimiques	Phosphate Produits alimentaires Fruits
▪ Balance commerciale (1987): -$570.000.000	

ALGERIE

Importations principales	Exportations principales
Blé Maïs Fève de soja Viande Oeufs Machines Véhicules Avions Biens d'équipement	Pétrole brut Gaz naturel Mercure Phosphate Vin
▪ Balance commerciale (1987): -$1.940.000.000	

TUNISIE

Importations principales	Exportations principales
Biens de consommation Produits alimentaires Machines Produits chimiques Equipement de transport	Pétrole brut Textiles Phosphate Huile d'olive Engrais
▪ Balance commerciale (1986): -$657.000.000	

➤ *Question* Quelles comparaisons est-ce que vous pouvez faire entre les trois pays en ce qui concerne le produit national brut, les ressources naturelles, les produits, les industries, les importations et les exportations?

STRUCTURE: Comment exprimer une hypothèse

You have just reviewed the basic rules for the use of the present conditional. Following a brief review exercise, you will study other uses of the present conditional. In addition, you will learn various uses of the past conditional tense.

Grammar: If you did not have a passing score on the **Repêchage** test in the **CC** or if you still feel unsure about the basics of this grammatical structure, you should let your instructor know.

RAPPEL Le présent du conditionnel

J. Que feriez-vous si... ? Expliquez à vos camarades ce que vous feriez si les conditions suivantes étaient présentes. N'oubliez pas d'utiliser le présent du conditionnel pour parler du résultat d'une condition.

MODELE Que feriez-vous si vous ne trouviez pas de poste qui vous plaît?
— *Je prendrais n'importe quel poste pour gagner un peu d'argent.*
— *J'irais travailler pour mes parents.*
— *Je continuerais mes études.* etc.

Que feriez-vous...

1. si un(e) camarade de classe demandait à copier vos devoirs?
2. si votre père (mère, femme, mari) perdait son poste?
3. si vous n'aviez pas assez d'argent pour continuer vos études?
4. si vous aviez un problème avec un(e) ami(e)?
5. si vous aviez à vous adapter à une culture étrangère?

PRESENTATION Le présent du conditionnel — autres emplois; le passé du conditionnel

The present and past conditional tenses usually refer to actions that would possibly take place or would have taken place. They serve to hypothesize about events, whether in the past or the present.

1. The present conditional

a. Les phrases conditionnelles

Si tu me **prêtais** 1 000 dollars, je te **paierais** un taux d'intérêt de 6%.	If you *lent* me 1,000 dollars, I *would pay* you an interest rate of 6%.

Elle te **serait** très reconnaissante si tu **voulais** lui écrire une lettre de recommandation.	She *would be* very grateful to you if you *wanted* to write a letter of recommendation for her.

When you want to hypothesize about a *possible* outcome of a condition, you use the present conditional for the outcome and **si** + *the imperfect tense* for the condition. The **si** clause may be placed either in the first position or in the second position in the sentence.

first position:	**si** + *imperfect, present conditional*
second position:	*present conditional,* **si** + *imperfect*

b. Expression de politesse

Je **serais** contente de vous aider.	I *would be* happy to help you.
Voudriez-vous m'accompagner?	*Would* you *like* to go with me?
Sauriez-vous l'heure?	*Would* you *have* the time?

The present conditional tense is often used as an expression of politeness or formality.

c. La possibilité ou l'éventualité

Un jour, je **voudrais** être avocate.	One day, I'*d like* to be a lawyer.
Il **aimerait** sortir avec toi.	He'*d like* to go out with you.
Nous **ferions bien** un voyage au Maroc.	We *wouldn't mind* taking a trip to Morocco.

The present conditional is also used to express an action, event, or feeling that could eventually take place in the future. The English equivalent is *would + verb.*

d. Le doute

Elle **serait** malade.	She *is supposed to be* sick.
A votre avis, nous **serions** plus heureux sans argent.	In your opinion, we *would be* happier without money.

The present conditional is used when you want to indicate that there is some doubt about whether a statement is true or not. The English equivalents are *supposed to* or *would.*

2. The past conditional

a. Formation

Nous **aurions fait** la même chose.	We *would have done* the same thing.
Il **ne serait pas allé** chez le médecin.	He *wouldn't have gone* to the doctor.

Elles **se seraient servies.**	They *would have served themselves.*
Auriez-vous **parlé** au prof?	*Would* you *have spoken* to the prof?

The past conditional tense is formed with the present conditional of the helping verbs **avoir** or **être** and the past participle of the main verb. As a compound tense, it follows all of the same rules that you've already learned for other compound tenses, such as the **passé composé.**

LE PASSE DU CONDITIONNEL		
j'aurais aimé	je serais allé(e)	je me serais amusé(e)
tu aurais aimé	tu serais allé(e)	tu te serais amusé(e)
il aurait aimé	il serait allé	il se serait amusé
elle aurait aimé	elle serait allée	elle se serait amusée
on aurait aimé	on serait allé	on se serait amusé
nous aurions aimé	nous serions allé(e)s	nous nous serions amusé(e)s
vous auriez aimé	vous seriez allé(e)(s)(es)	vous vous seriez amusé(e)(s)(es)
ils auraient aimé	ils seraient allés	ils se seraient amusés
elles auraient aimé	elles seraient allées	elles se seraient amusées

b. Les phrases conditionnelles

Si j'**avais su,** je ne **serais** pas **venue.**
If I *had known,* I *would* not *have come.*

S'il **avait fait** ses devoirs, il **aurait** mieux **travaillé** en classe.
If he *had done* his homework, he *would have worked* better in class.

To indicate what *would have happened* if something else *had occurred,* you use the past conditional in the result clause and the plus-que-parfait (**imparfait** of the helping verb + *past participle)* in the **si** clause.

c. La possibilité ou l'éventualité

J'**aurais été** content de vous accompagner.
I *would have been* happy to go with you.

Auriez-vous **vu** mes clés par hasard?
Would you *have seen* my keys by any chance?

The past conditional is used to express a possibility or eventuality in the past.

d. Le doute

Il **aurait gagné** vingt millions de dollars à la loterie.
He *is supposed to have won* twenty million dollars in the lottery.

Elle **aurait tué** un policier.
She *allegedly killed* a policeman.

The past conditional is also used when you wish to express that something *is supposed to have happened (allegedly happened)* in the past. A good example of this particular use is in accounts of criminal actions that are supposed to have occurred. Journalists will then often use the past conditional to indicate the *alleged* nature of the accusations.

RESUME DES PHRASES CONDITIONNELLES		
CLAUSE WITH **SI** (HYPOTHESIS)	RESULTING CLAUSE	EXAMPLE
si + *present*	present imperative future	**Si** tu **aimes** le tennis, tu **peux** t'acheter une raquette. **Si** vous **sortez**, **achetez** du pain. **Si** elle **part** maintenant, elle **arrivera** à l'heure.
si + *imparfait*	present conditional	**Si** nous **avions** une meilleure formation, nous **pourrions** trouver un poste plus facilement.
si + *plus-que-parfait*	past conditional	**Si** elles **avaient fini** le travail, elles **auraient pu** sortir.

K. Soyons polis! Utilisez le présent du conditionnel pour demander des petits services ou une permission à vos camarades de classe ou à votre professeur. Vos camarades vont accepter ou refuser de vous rendre service. Verbes et expressions à utiliser: **pouvoir, vouloir, avoir la gentillesse de, savoir, être possible que, avoir le temps de,** etc.

MODELES vous avez besoin d'un stylo
— *Est-ce que tu pourrais me prêter un stylo?*
— *Oui, bien sûr. Tu préfères le noir ou le bleu?*
— *Je prends le noir. Merci bien.* OU

— *Est-ce que tu pourrais me prêter un stylo?*
— *Désolé(e). Je n'ai que celui-ci.*
— *Ça ne fait rien. Je vais demander à...*

1. Vous voulez savoir quelle heure il est.
2. Vous voulez savoir où se trouve la bibliothèque.
3. Vous voulez savoir si votre camarade veut aller au match de football avec vous.
4. Vous avez oublié votre *Manuel de classe.*
5. Vous préférez rendre vos devoirs demain.
6. Vous voulez savoir s'il y aura un examen demain.
7. Vous avez besoin d'une voiture pour aller au supermarché.
8. Vous avez besoin d'une autre explication du passé du conditionnel.

L. Si j'avais très peu d'argent... Expliquez aux membres de votre groupe ce que vous feriez si vous étiez très pauvre. Par exemple, où est-ce que vous habiteriez et avec combien de personnes? Qu'est-ce que vous mangeriez? Qu'est-ce que vous achèteriez comme vêtements, etc.?

Suggestion, Ex. M: Before you begin this activity, you might take a few minutes and write down your main ideas for completing each sentence. This will make the exercise procede more smoothly.

M. Des questions personnelles. En groupes de trois personnes, complétez les phrases suivantes au sujet de ce que vous auriez fait si les conditions de votre vie avaient été différentes. Chacun peut donner plusieurs possibilités pour chaque condition.

MODELE Si je n'étais pas allé(e) à l'université,...
— *Moi, si je n'étais pas allé(e) à l'université, j'aurais probablement été vendeur(euse) dans le magasin de mon père.*
— *Et moi, j'aurais fait le service militaire.*
— *Eh bien, moi, je serais devenu(e) fermier(ère) en Australie.*
etc.

1. Si je n'étais pas allé(e) à l'université,...
2. Si j'avais commencé à apprendre le français à un très jeune âge,...
3. Si mes parents avaient été plus exigeants avec moi,...
4. Si j'avais compris l'importance des études quand j'étais jeune,...
5. Si je n'avais pas eu d'amis à l'école secondaire,...
6. Si ma famille avait habité dans un état différent quand j'étais jeune, je...

C'est à vous maintenant!

5-3

ECOUTEZ!

Trois hommes parlent de leur métier. Qu'est-ce qu'ils en pensent? Quels en sont les avantages et les inconvénients? Ecoutez ce qu'ils disent.

«C'est bien parce qu'on construit quelque chose, on a un résultat... on voit une belle maison.»

«Il faut travailler des fois jusqu'à très tard dans la nuit... On discute avec beaucoup de gens, c'est pas mal.»

«C'est sympa parce qu'il y a les collègues... Mon plus grand problème c'est le patron parce que je l'ai toujours sur le dos.»

If you have not done this listening section in class or if you would like to listen again to the monologues, you can work with this listening material on your own.

PARLONS!

N. Mon avenir. Selon ce que vous avez noté dans l'exercice XIV de votre **Manuel de préparation**, parlez à vos camarades de ce que vous voulez faire à l'avenir. Quelle sorte de job est-ce que vous préférez et sous quelles conditions? Quelle sorte de travail est-ce que vous ne voulez absolument pas faire et pourquoi?

INTERMEDE

LECTURE: «Madame Moreau, chef d'entreprise» (Georges Perec)

Georges Perec (1936–1982) is best known for the two novels *Les Choses* (1965) and *La Vie mode d'emploi* (1978). He was a writer who experimented with the novel and who was very much concerned with the sociological implications of consumerism.

Ces extraits sont tirés du roman La Vie mode d'emploi *(1978), par Georges Perec, où l'auteur fait un tableau de la vie des habitants d'un immeuble. Madame Moreau est une vieille dame qui habite l'immeuble depuis son arrivée à Paris. Elle s'y est installée quand elle a pris la direction de l'entreprise familiale après la mort de son mari.*

A quatre-vingt-trois ans, Madame Moreau est la doyenne° de l'immeuble. Elle est venue y vivre vers mille neuf cent soixante, lorsque le développement de ses affaires la contraignit° à quitter son petit village de Saint-Mouezy-sur-Eon (Indre) pour faire efficacement° face à ses obligations de chef d'entreprise. Héritière° d'une petite fabrique de bois tourné° qui fournissait principalement les marchands de meubles du Faubourg Saint-Antoine, elle s'y révéla rapidement une remarquable femme d'affaires. Lorsque, au début des années cinquante, le marché du meuble s'effondra,° n'offrant plus au bois tourné que des débouchés aussi onéreux qu'aléatoires° — balustrades d'escaliers et de loggias, pieds de lampe, barrières d'autels,° toupies,° bilboquets° et yoyos — elle se reconvertit avec audace dans la fabrication, le conditionnement et la distribution de l'outillage° individuel, pressentant° que la hausse des prix des services aurait pour inévitable conséquence un considérable essor° du marché du bricolage.° Son hypothèse se confirma bien au-delà° de ses espérances et son entreprise prospéra au point d'atteindre° bientôt une envergure° nationale et même de menacer directement ses redoutables° concurrents allemands, britanniques et suisses qui ne tardèrent pas° à lui proposer de fructueux° contrats d'association.

[...] Aujourd'hui [...] veuve° depuis quarante [...], sans enfant, [...] elle continue, du fond de son lit, à diriger d'une main de fer° une société florissante° dont le catalogue couvre la quasi-totalité des industries de la décoration et de l'installation d'appartements... [...]

Madame Moreau détestait Paris.

En Quarante, après la mort de son mari, elle avait pris la direction de la fabrique. C'était une toute petite affaire familiale dont son mari avait hérité après la guerre de Quatorze et qu'il avait gérée avec une nonchalance prospère, entouré de trois menuisiers° débonnaires, pendant qu'elle tenait les écritures sur des grands registres quadrillés° reliés de toile° noire dont elle numérotait les pages à l'encre° violette. Le reste du temps, elle menait une vie presque paysanne,° s'occupait de la basse-cour° et du potager,° préparait des confitures et des pâtés.

Elle aurait mieux fait de tout liquider et de retourner dans la ferme où elle

oldest resident
forced
efficiently
Heir / wood-finishing factory
collapsed
outlets as costly as they were risky
altar rails / tops / cup and ball toys
set of tools / sensing
rise / do-it-yourself work
beyond
reach / scale, level
formidable
did not delay / lucrative
widow
iron hand / flourishing
carpenters
of graph paper / cloth
ink / peasant
farm yard / kitchen garden

était née. Des poules,° des lapins,° quelques plantes de tomates, quelques carrés° de salades et de choux,° qu'avait-elle besoin de plus? Elle serait restée assise au coin de la cheminée, entourée de ses chats placides, écoutant le tic-tac de l'horloge, le bruit de la pluie... [...]

Au lieu de cela, elle avait développé, transformé, métamorphosé la petite entreprise. Elle ne savait pas pourquoi elle avait agi ainsi.° Elle s'était dit que c'était par fidélité° à la mémoire de son mari, mais son mari n'aurait pas reconnu ce qu'était devenu son atelier plein d'odeurs de copeaux°: deux mille personnes, fraiseurs,° tourneurs,° ajusteurs,° mécaniciens, monteurs,° câbleurs,° vérificateurs, dessinateurs, ébaucheurs,° maquettistes,° peintres, magasiniers,° conditionneurs,° emballeurs,° chauffeurs, livreurs, contremaîtres, ingénieurs, secrétaires, publicistes, démarcheurs,° V.R.P.,° fabriquant et distribuant chaque année plus de quarante millions d'outils° de toutes sortes et de tous calibres.

Elle était tenace et dure. Levée à cinq heures, couchée à onze, elle expédiait toutes ses affaires avec une ponctualité, une précision et une détermination exemplaires. Autoritaire, paternaliste, n'ayant confiance en personne, sûre de ses intuitions comme de ses raisonnements, elle avait éliminé tous ses concurrents, s'installant sur le marché avec une aisance qui dépassait° tous les pronostics, comme si elle avait été en même temps maîtresse de l'offre et de la demande, comme si elle avait su, au fur et à mesure° qu'elle lançait° de nouveaux produits sur le marché, trouver d'instinct les débouchés qui s'imposaient.

Jusqu'à ces dernières années, jusqu'à ce que l'âge et la maladie lui interdisent pratiquement de quitter son lit, elle avait inlassablement° partagé sa vie entre ses usines de Pantin et de Romainville, ses bureaux de l'avenue de la Grande Armée et cet appartement de prestige qui lui ressemblait si peu. Elle inspectait les ateliers au pas de course,° terrorisait les comptables et les dactylos, insultait les fournisseurs° qui ne respectaient pas les délais, et présidait avec une énergie inflexible des conseils d'administration où tout le monde baissait la tête dès qu'elle ouvrait la bouche.

chickens / rabbits / patches
cabbages
acted in this manner
faithfulness
wood shavings
workers who mill wood / workers who fashion wood / workers who sand wood / assemblers / workers who lay wires
workers who make sketches / model makers / warehouse workers / packers
people who wrap things
salespeople / representatives
tools
went beyond
as / launched
tirelessly
on the run
suppliers

Georges Perec, *La Vie mode d'emploi.*
Paris: Hachette, 1978, pp. 101, 131, 132.

VOCABULAIRE POUR LA DISCUSSION

une femme d'affaires *(business woman)*
le marché *(market)*
un débouché *(outlet)*
(se) reconvertir *(to convert [oneself])*
la fabrication *(manufacturing)*
prospérer *(to prosper)*
un concurrent *(competitor)*
prendre la direction de *(to take charge of)*
gérer *(to manage)*
développer *(to develop)*
transformer *(to transform)*
diversifier *(to diversify)*
lancer un produit *(to launch a product [on the market])*

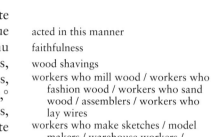

A. Le sens du texte. Faites une description chronologique des accomplissements de Madame Moreau dans sa vie. Chaque membre du groupe doit ajouter quelques idées. Commencez avec **Avant la mort de son mari, Madame Moreau...**

B. L'art du texte. A travers ce texte qui décrit les accomplissements de Madame Moreau, Georges Perec réussit à peindre un portrait assez détaillé de cette femme. Faites le bilan des traits de Madame Moreau. En même temps, essayez de montrer lesquels de ces traits sont essentiels à une personne (et, en particulier, à une femme) qui veut réussir dans les affaires.

L'art de la composition

ON ECRIT DES LETTRES COMMERCIALES

Suggestion, Ex. C: Tell your partner if there is something you don't understand in the letter or if you think something important was omitted.

C. Une lettre de commande. Lisez la lettre que votre camarade a rédigée pour l'exercice IV de votre **Manuel de préparation** et aidez-le/la à faire des corrections et des modifications. N'oubliez pas de vérifier le ton et l'organisation de la lettre.

L'art de la discussion

COMMENCER, FAIRE CONTINUER ET TERMINER UNE CONVERSATION

In order to have a meaningful conversation with someone, you usually follow certain rules of politeness about opening and closing the conversation. You have to know how to start the conversation, how to keep it going, and how to react to what the other person is saying. Select some of the expressions from each of the lists below, and use them regularly when you engage in conversations with your classmates and your instructor.

The following are some conversation starters to get the conversation going: (Be sure to include a greeting at the appropriate moment.)

Tu es (Vous êtes) d'ici?
Tu connais (Vous connaissez)... *[personne ou endroit]?*
Depuis quand (combien de temps)... ?
Nous nous connaissons... ?

Nous avons déjà fait connaissance?
Pardon... Est-ce que vous vous souvenez (tu te souviens) de moi?
Est-ce que vous ne travaillez pas (tu ne travailles pas) chez... ?
Est-ce que tu n'es pas (vous n'êtes pas) dans mon cours de... ?
Est-ce qu'on ne s'est pas vu l'autre jour... *[endroit]?*
Il fait un temps magnifique (vraiment épouvantable)!

To keep the conversation going, you can use a variety of strategies:

- Ask a follow-up question to what has been said. Follow-up questions allow you to get clarification or additional information.

  CLARIFICATION
  Comment ça se fait?
  Comment se fait-il que... ?
  Qu'est-ce que tu veux (vous voulez) dire?
  Ça veut dire quoi, exactement?
  Explique (Expliquez) un peu.
  Par exemple?
  Je ne comprends pas.

  REPETITION
  Comment?
  Pardon?
  Qu'est-ce que tu dis (vous dites)?
  Tu peux (Vous pouvez) répéter, s'il te (vous) plaît?
  Quoi? (Hein?) *(very familiar)*

  ADDITIONAL INFORMATION
  Information questions:
  combien, où, comment, quand, pourquoi, qui, quel, etc.

- Give a reaction to what has been said. Giving a reaction shows your interest in what is being said and is likely to encourage the person to continue talking.

  SURPRISE
  Vraiment?
  C'est pas vrai!
  C'est pas croyable!
  C'est pas possible!
  Ça alors!
  Oh là là!
  C'est super (formidable, incroyable, vachement bien, etc.)!

  UNDERSTANDING
  Oui... oui.
  Je comprends.
  Et ensuite?
  C'est ça!

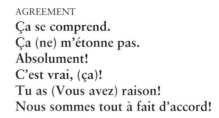

AGREEMENT

Ça se comprend.
Ça (ne) m'étonne pas.
Absolument!
C'est vrai, (ça)!
Tu as (Vous avez) raison!
Nous sommes tout à fait d'accord!

It's very important to be polite when one ends a conversation. It would not be appropriate (except in unusual situations) to simply finish what you have to say on a topic and to walk away. The following are some expressions (from formal to informal) that you can use to end a conversation:

Enchanté(e) d'avoir fait ta (votre) connaissance.
Il faut que je m'en aille. A bientôt.
Au revoir... !
Au revoir, à bientôt.
A tout à l'heure.
A demain. (A ce soir.)
Allez, au revoir (salut, ciao).

D. Quelques échanges. Approchez plusieurs de vos camarades de classe (et votre professeur) et commencez une petite conversation. Utilisez des expressions pour commencer, faire continuer et terminer l'échange. Vous pouvez faire semblant de ne pas connaître du tout la personne à laquelle vous vous adressez.

Suggestion, Ex. E: For statements 2–5, you can begin the conversation by pretending that you read or heard the statement somewhere: **Hier, j'ai lu un article dans le journal où on disait que...**

E. Discutons! Avec deux autres camarades de classe, discutez d'un des sujets suivants. Utilisez les stratégies données ci-dessus pour commencer, faire continuer et terminer la conversation.

1. Quand j'étais jeune, mes deux parents travaillaient. Ma vie aurait été très différente si un de mes parents avait été à la maison.
2. Il est plus difficile pour une femme que pour un homme d'être chef d'entreprise.
3. Il faut avoir certaines caractéristiques pour réussir dans le monde des affaires.
4. Les professeurs n'ont aucune idée de ce que c'est que la vie de l'étudiant d'aujourd'hui.
5. En général, on travaille beaucoup trop dans notre société. On ne sait plus s'amuser.

Chapitre 14

Aujourd'hui... Dans dix ans...

En avant!

ECOUTEZ!

5-4

Madame Perrine parle de ses responsabilités à la maison et dans son travail.

«Je suis débordée de travail au bureau et je dois souvent apporter du travail à la maison.»

Monsieur Courtier parle avec deux amis du problème du chômage.

«Avec cette économie pourrie, qu'est-ce qu'on va faire?»

If you have not done this listening section in class or if you would like to listen again to the monologues, you can work with this listening material in class.

POUR PARLER DES ENNUIS ET DES PROBLEMES

Suggestion, Ex. A: Be sure to refer to the vocabulary in the **Fiche lexicale** to do this exercise.

A. Je me fais du souci. Parlez de vos soucis et de vos problèmes aux membres de votre groupe. Vous pouvez parler du présent ou de vos soucis pour l'avenir. Si vous n'avez pas de problèmes vous-mêmes, parlez d'une personne que vous connaissez.

POUR COMMUNIQUER

Exprimer l'irritation et l'exaspération

C'est insupportable (inadmissible, inacceptable, révoltant)!
C'est pénible!
Ça me tape sur les nerfs! *(It's making me crazy!)*
C'est incroyable!
C'est pas croyable!
Ça m'énerve! Qu'est-ce que c'est énervant!
Ça m'agace! Qu'est-ce que c'est agaçant!
J'en ai assez (marre, ras-le-bol, par-dessus la tête)! *(I've had it!)*

B. Qu'est-ce que c'est énervant! Choisissez une des situations suivantes et parlez-en à un(e) de vos camarades de classe. Expliquez le problème en vous plaignant (vocabulaire de la **Fiche lexicale**), expliquez quelles solutions vous avez essayées et montrez votre irritation en utilisant quelques-unes des expressions ci-dessus.

1. Pour avoir votre diplôme, vous avez absolument besoin de deux cours qui sont obligatoires. Chaque fois que vous essayez de vous y inscrire, les cours sont déjà pleins.
2. Vous habitez avec quelqu'un qui a des habitudes tout à fait contraires aux vôtres. Par conséquent, vous vous irritez constamment.
3. Vous cherchez un poste depuis six mois et vous n'avez encore rien trouvé.

Tensions en Algérie

De nombreux affrontements entre forces de l'ordre et manifestants islamistes ont eu lieu ces dernières semaines en Algérie. [...]

L'armée s'est redéployée aux principaux points stratégiques de la capitale. Des rafales d'armes automatiques ont été entendues dans certains quartiers où le FIS (Front islamique du salut) est bien implanté. Les chars *(tanks)* ont pris position, notamment dans le quartier populaire de Bab-el-Oued, théâtre de violentes échauffourées entre forces de l'ordre et manifestants. [...]

L'Algérie, confrontée à une situation politique explosive, doit en outre faire face à une crise économique aiguë, avec une agriculture et un appareil industriel très affaiblis. A cette crise s'ajoute une très forte pression démographique.

Le gouvernement algérien tente de redresser la barre depuis la fin des années 80, en ouvrant plus largement l'économie nationale aux investissements étrangers, et en imposant des mesures d'assainissement *(stabilization)* et de meilleures méthodes de gestion.

Cependant, en dépit de ce programme, doublé de mesures d'austérité visant à réduire les déficits budgétaires, les autorités algériennes ne parviennent pas à maintenir une croissance économique démographique. Chômage (25% de la population active) et baisse du pouvoir d'achat créent frustrations et parfois désespoir au sein de la population. En dépit de capacités de production agricole importantes, mais du fait d'une profonde désorganisation, l'Algérie importe 80% de ses besoins agro-alimentaires. L'économie algérienne n'est toutefois pas en faillite grâce aux exportations d'hydrocarbures, seule source de revenus extérieurs importants (environ 7 milliards de dollars par an).

Journal français d'Amérique,
12 juillet–8 août 1991, p. 4.

Question La crise économique en Algérie provoque des manifestations de la part du parti conservateur. Est-ce que vous pouvez donner des exemples d'autres pays où la situation économique a mené au conservatisme ou à des manifestations violentes?

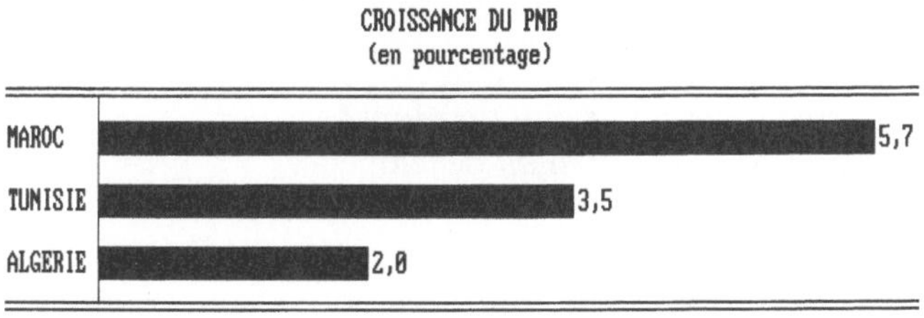

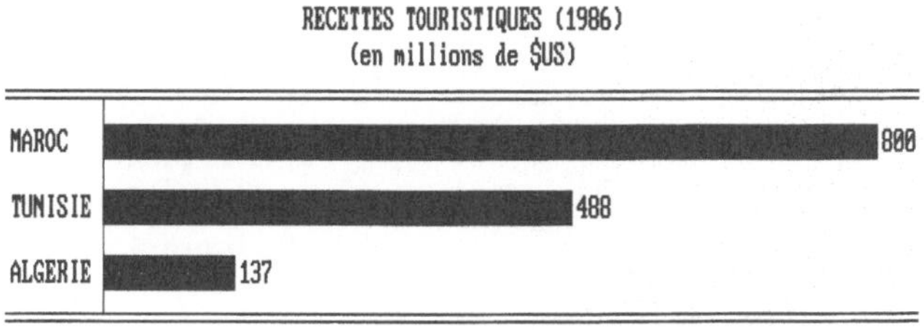

STRUCTURE: Comment exprimer la négation

You have just reviewed a number of expressions that allow you to make negative statements. Now, after a short review exercise, you will learn additional negative expressions.

Grammar: If you did not have a passing score on the **Repêchage** test in the **CC** or if you still feel unsure about the use of basic negations, you should let your instructor know.

RAPPEL Les expressions négatives *ne... pas, ne... jamais, ne... rien, ne... personne, ne... pas encore, ne... plus*

C. Une vie ennuyeuse. Supposez que rien ne se passe jamais dans votre vie. Utilisez les expressions négatives que vous connaissez pour expliquer à votre camarade de classe que votre vie est ennuyeuse de tous les points de vue. Votre camarade va faire des commentaires et poser des questions.

MODELE — *Tu as l'air assez déprimé aujourd'hui. Qu'est-ce qui ne va pas?*
— *Oh, c'est pas grave. Je m'ennuie, c'est tout.*
— *Pourquoi?*
— *Personne ne vient jamais me rendre visite, il n'y a rien d'intéressant à faire, je ne m'amuse plus...* etc.

PRESENTATION D'autres expressions négatives

1. ne... pas du tout, ne... aucunement, ne... point

Il **n'**a **pas du tout** apprécié ce que tu lui as fait.
He did*n't* appreciate *at all* what you did to him.

Je **n'**ai **aucunement** dit que j'étais d'accord avec toi.
I did *not* say that I agreed with you.

Les personnages de ce roman **ne** sont **point** développés.
The characters in this novel are *not at all* developed.

Ne... pas du tout, ne... aucunement and **ne... point** are all emphatic versions of **ne... pas. Ne... pas du tout** is used fairly frequently, both in conversation and in writing, while the other two expressions tend to be much more formal and literary.

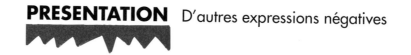

2. ne... guère, ne... nulle part, ne... que

Qu'est-ce qui ne va pas? Tu **n'**as **guère** touché à ton dîner.
What's wrong? You *hardly* touched your dinner.

Ne... guère *(hardly)* is the equivalent of **pas beaucoup, très peu,** or **presque pas.**

Si tu n'es pas sage, je **ne** t'emmènerai **nulle part.**
If you don't behave, I *won't* take you *anywhere.*

Elle **n'**est allée **nulle part** cet été.
She did*n't* go *anywhere* this summer.

Ne... nulle part is the opposite of **partout** *(anywhere)* or **quelque part** *(somewhere).* Note that, in the immediate future, **nulle part** follows the infinitive (**Je ne veux aller nulle part.**), and in a compound tense it follows the past participle.

J'ai **seulement** un billet de cent francs sur moi.
Je **n'**ai **qu'**un billet de cent francs sur moi.
I have *only* a one-hundred franc note on me.

Vous avez fait **seulement** cet exercice?
Vous **n'**avez fait **que** cet exercice?
You *only* did this exercise?

Nous **n'**avons **que** des oranges d'Espagne aujourd'hui.
We *only* have oranges from Spain today.

Although **ne... que** *(only)* is treated grammatically as a negative expression, it serves to limit a noun rather than to negate it. It is a synonym for **seulement** but, unlike **seulement**, it cannot be placed at the beginning of a sentence (**Seulement Jean peut nous aider.**). Note that **que** always precedes the noun that it limits and that all of the noun modifiers (partitive, possessive adjective, definite article, indefinite article) are retained with **ne... que.**

3. ni... ni... ne, ne... ni... ni (ne... pas [de]... ni [de]...)

Ni les Chartier **ni** les Durant **ne** vont venir ce soir.
Neither the Chartiers *nor* the Durants are going to come tonight.

Je **n'**ai **ni** farine **ni** pommes pour faire une tarte.
Je **n'**ai **pas de** farine **ni de** pommes pour faire une tarte.
I have *neither* flour *nor* apples to make a pie.

The negative expression **ne... ni... ni** can be used either as a subject or as an object (just as you learned to do with **personne... ne / ne... personne** and **rien... ne / ne... rien.** When this expression is used as a subject (at the beginning of a sentence or clause), the order of words is **ni... ni... ne.** When the expression is used as the object, the order is **ne... ni... ni.** Note that you can substitute **ne... pas de... ni de** for **ne... ni... ni,** as in the alternate example above.

4. Use of multiple negations

Tu **ne** m'offres **jamais rien** pour mon anniversaire.
You *never* give me *anything* on my birthday.

Je **n'ai jamais** vu **personne** qui soit aussi têtu que toi.
I've *never* seen *anyone* who is as stubborn as you.

When combining more than one negative expression in the same sentence, use **ne** only once before the verb that is being negated. Although it is possible to have as many as three negative expressions in one sentence (**Je n'ai plus jamais parlé à personne.**), this is best avoided. Note also that **pas** can never be part of a series of negatives and that **plus** generally precedes other negative expressions.

D. Soyons plus positifs! Mettez les phrases suivantes à la forme affirmative. Essayez d'exprimer le sens contraire en ajoutant des expressions convenables.

MODELE Elle n'est pas du tout contente.
Elle est tout à fait contente. OU
Elle est très contente.

1. Je ne suis aucunement d'accord avec toi.
2. Elle ne comprend point du tout pourquoi nous sommes fâchés avec elle.
3. Nous avons cinq semaines de vacances cet été. Nous n'irons nulle part.
4. Ils n'ont guère le temps de se reposer.
5. Vous n'avez ni patience ni tact.
6. Ni toi ni moi allons être riches.
7. Elles ne vont plus jamais rendre visite à leurs cousines.
8. Je suis sûre qu'il ne va pas du tout faire beau ce week-end.

E. Présentons nos idées. Chaque membre du groupe doit inventer au moins une phrase avec chacune des expressions négatives suivantes. Si possible, formez des phrases qui représentent vos idées sur un sujet de votre choix.

MODELE ne... ni... ni
— *Je ne voterai ni pour... ni pour... comme président des étudiants.*
— *Je ne vois ni progrès ni innovation dans nos idées politiques.*

1. ne... que
2. ne... pas du tout
3. ne... nulle part
4. ne... guère
5. ni... ni... ne
6. ne... pas de... ni de...

Suggestion, Ex. F: Some of the things you might *not* have done to prepare for an interview: get enough sleep, talk to other people about the company, prepare a résumé, buy new clothes, think about the questions you might be asked, find out how long the interview will be, find out who will be the interviewer, etc.

F. Je m'inquiète. Vous avez une interview demain pour un poste très important. Vous vous inquiétez parce que vous êtes sûr(e) que vous vous n'êtes pas assez préparé(e) pour cette interview. Parlez-en à un(e) de vos camarades de classe et expliquez-lui, en termes négatifs, ce que vous *n'avez pas* fait comme préparatifs. Choisissez parmi toutes les expressions négatives que vous connaissez.

MODELE — *Je m'inquiète beaucoup pour cette interview. Je n'ai pas regardé la brochure de la firme ni fait de recherches à la bibliothèque.*
— *Quoi? Tu connais pas du tout la compagnie?*
— *Non, je ne la connais guère. Je n'ai pas eu le temps de me préparer suffisamment.* etc.

Ensuite!

POUR PARLER DE SES REVES ET DE SES ASPIRATIONS

G. Un avenir incertain? Discutez avec vos camarades de votre avenir. Comment l'envisagez-vous? Quels sont les côtés positifs, douteux, négatifs? Référez-vous à la liste que vous avez dressée dans l'exercice VII de votre **Manuel de préparation**. Vos camarades vont vous poser des questions pour avoir des renseignements supplémentaires.

POUR COMMUNIQUER

Dire ce qu'on veut faire

Je voudrais...
J'aimerais...
J'ai l'intention de...
Je pense...
Je tiens à... *(I insist on)*
Je compte (bien)...
J'ai envie de...
J'espère...

Dire ce qu'on ne veut pas faire

Je (ne) voudrais pas...
J'aimerais (je n'aimerais) pas...
J'ai (Je n'ai) pas l'intention de...
Je (ne) pense pas...
Je (ne) tiens pas à...
Je (ne) compte pas...
Je (ne) veux pas (plus)...
J'ai décidé de ne pas...
J'ai (Je n'ai) pas envie de...

Notez que, dans la langue courante, le **ne** est souvent supprimé dans les phrases ci-dessus.

H. Mes intentions. Indiquez les sortes de jobs que vous voulez (et ne voulez pas) faire à l'avenir. Expliquez pourquoi.

Les travailleurs immigrés en France

LE NOMBRE DES TRAVAILLEURS ETRANGERS EST A PEU PRES STABLE DEPUIS 1975.

Beaucoup d'étrangers sont arrivés en France pendant les années 60, attirés par la perspective de trouver un emploi dans des postes généralement délaissés par les Français. Leur nombre a augmenté depuis, sous l'effet des nouvelles vagues d'immigration. Il s'est stabilisé depuis quelques années à environ 1,5 million, soit environ 7% de la population active totale, niveau comparable à celui du début des années 30.

Ils occupent les postes les moins qualifiés et les moins bien rémunérés (57% sont ouvriers) et sont plus touchés par le chômage. On les trouve surtout concentrés en Ile-de-France (région parisienne), en Corse, dans la vallée du Rhône et la région Provence-Côte d'Azur.

1 600 000 travailleurs étrangers

Répartition des étrangers de 15 ans et plus par nationalité et taux d'activité (1989):

	Nombre	Taux (1)
• Algériens	494 459	52,3 %
• Tunisiens	132 307	57,6 %
• Marocains	352 497	53,1 %
• Ressortissants des pays d'Afrique noire	119 197	57,4 %
• Italiens	241 192	43,0 %
• Espagnols	213 094	47,6 %
• Portugais	571 340	72,3 %
• Ressortissants des autres pays de la CEE	158 114	56,1 %
• Polonais	53 104	31,4 %
• Yougoslaves	47 481	64,6 %
• Turcs	131 632	49,4 %
• Autres étrangers	333 148	55,2 %
TOTAL	**2 847 565**	**56,0 %**

(1) Proportion d'actifs (actifs occupés + chômeurs) dans l'effectif total de chaque nationalité.

Gerard Mermet, *Francoscopie 1991*.
Paris: Librairie Larousse, p. 252.

Questions Est-ce qu'il y a des comparaisons à faire entre les travailleurs immigrés en France et les travailleurs immigrés aux Etats-Unis? Pourquoi est-ce qu'il y a beaucoup de travailleurs des pays africains en France? Pourquoi est-ce que le plus grand nombre de travailleurs viennent du Portugal?

STRUCTURE: Comment parler de l'avenir (2)

You've already learned how to use the present tense of some verbs to talk about future time. You've also learned the formation of the future tense and to talk about events in the more distant future. After a short review exercise, you will learn more about how to talk about future time and about the grammatical relationships between present and future time.

RAPPEL L'emploi du présent pour indiquer le futur

Grammar: If you did not have a passing score on the **Repêchage** test in the CC or if you still feel unsure about using the future, you should let your instructor know.

I. Le futur immédiat. Parlez à vos camarades de ce que vous allez faire dans les trois jours à venir. Utilisez le futur immédiat, le présent de verbes comme **penser, compter, avoir l'intention de, vouloir** et le présent d'autres verbes. Vos camarades vont vous poser des questions pour avoir des renseignements supplémentaires.

MODELE — *Qu'est-ce que tu fais demain?*
— *Moi, je vais me reposer le matin et étudier pour mon examen de chimie l'après-midi.*
— *Et moi, je fais du shopping.* etc.

PRESENTATION Le présent, le futur et le futur antérieur

1. The use of the present to express future actions

As you already know, the present tense of certain verbs (**vouloir, espérer,** etc.) is often used to express future time. In these cases, however, it is the *meaning* of the verb *(to want to, to hope to)* that projects an event into the future (i.e., I want to do it — therefore it has not occurred yet — therefore it will occur in the future, if it occurs at all).

Je **pars** dans quinze jours.	I'*m leaving* in two weeks.
Qu'est-ce que tu **fais** ce week-end?	What *are* you *doing* this week-end?
Demain, je **me repose**. Dimanche je **travaille.**	Tomorrow I'*m resting*. Sunday I'*m working*.

In everyday French, the present tense can often be used to refer to events in the future. The words that will then refer to the future are not verbs, but the time expressions that accompany the verb (**dans quinze jours, ce week-end, demain, dimanche**).

2. The use of the future tense

Vous **ferez** cet exercice pour demain.	You'*ll do* this exercise for tomorrow.
Tu **mettras** ton anorak si tu vas dehors.	You'*ll put on* your jacket if you're going outside.

The future tense is often used in place of the imperative to tell someone to do something. It is generally used by the person who has some authority over the person who is being addressed and it is a more indirect way of giving someone a command than the imperative.

Tu **iras** à la boulangerie pour moi?	*Will (Would)* you *go* to the bakery for me?
Tu **feras** la vaisselle ce soir?	*Will (Would)* you *do* the dishes tonight?

The future tense is also used in polite requests with people we know quite well. The tone is friendly and suggests that you're asking for a favor.

Tu **parleras** à ton prof, n'est-ce pas?	You'*ll talk* to your prof, right?
Tu **feras** attention en traversant la rue.	You'*ll pay attention* in crossing the street.

With people you know well, you can also use the future tense to give someone some friendly advice in the form of a suggestion.

Vous me **donnerez** un rôti de porc, assez pour six personnes.	I'*ll take* (You'*ll give* me) a pork roast, enough for six people.
Vous **aurez** ce pull en rouge?	*Would* you *have* this sweater in red?

The future tense is often used in formal exchanges with salespeople or someone who works in a service capacity. This is a polite way to request something or to express a wish.

Quand elle **ira** en France, elle **contactera** ses cousins.	*When* she *goes* to France, she'*ll contact* her cousins.
Je les **verrai dès qu'**ils **arriveront**.	I'*ll see* them *as soon as* they *arrive*.
Elle vous **écrira lorsqu'**elle le **pourra**.	She'*ll write* to you *when* she can.
Vous **mangerez aussitôt que** le dîner **sera** prêt.	You'*ll eat as soon as* the dinner *is* ready.

The expressions **quand, dès que, lorsque,** and **aussitôt que** are usually followed by a future tense. Note that in English, these expressions are followed by the present tense.

3. The present and the future

Nous lui **parlons** la semaine prochaine.	We'*ll talk* to him next week.
Elles **vont** en France l'année prochaine.	They'*re going* to France next year.
Il **va acheter** une voiture.	He's *going to buy* a car.
J'**aurai** 49 ans en l'an 2000.	I'*ll be* 49 in the year 2000.
Le taux de chômage **augmentera** dans les années à venir.	The unemployment rate *will increase* in the upcoming years.

Although the future tense is less frequently used in the spoken language to designate future time than a present-tense construction, the future tense must be used under certain conditions. It is therefore important to distinguish between contexts when the present and the future tenses are appropriate.

In general, if you're talking about a future event that may still not take place (there is a chance that it will not happen), then you can use the present tense. If, on the other hand, you're talking about an event that is certain or about specific dates and ages in the future, then the future tense is preferable.

The above examples illustrate this difference. In the first set of examples, anything could happen to change the plans people have made. In the second set, there is either no doubt that the event will occur *(I'll be 49 in the year 2000)* or the likelihood is very great, given the present situation, that the statement will come true *(unemployment will increase).*

4. Le futur antérieur

Est-ce que tu **auras fini** de nettoyer la maison quand les invités arriveront?	*Will* you *have finished* cleaning the house when the guests arrive?
Quand vous **aurez terminé** cet exercice, vous ferez le suivant.	When you'*ve finished* this exercise, you'll do the next one.

The future perfect is a compound tense that is formed by combining the future tense of the helping verbs **être** or **avoir** with the past participle of the main verb. All of the rules for compound tenses that you've learned already also apply to the future perfect.

LE FUTUR ANTERIEUR		
faire	**aller**	**se lever**
j'aurai fait	je serai allé(e)	je me serai levé(e)
tu auras fait	tu seras allé(e)	tu te seras levé(e)
il aura fait	il sera allé	il se sera levé
elle aura fait	elle sera allée	elle se sera levée
on aura fait	on sera allé	on se sera levé
nous aurons fait	nous serons allé(e)s	nous nous serons levé(e)s
vous aurez fait	vous serez allé(e)(s)(es)	vous vous serez levé(e)(s)(es)
ils auront fait	ils seront allés	ils se seront levés
elles auront fait	elles seront allées	elles se seront levées

When you're dealing with future events, you use the future perfect (**le futur antérieur**) to show that one event occurred before another. This is the equivalent, in the future, of the **plus-que-parfait** tense that precedes the **passé composé.** Study the following timeline to understand the relationships between events in the future with the parallel constructions in the past.

plus-que-parfait — **passé composé** — **présent** — **futur antérieur** — **futur**

Aussitôt que tu **auras fait** tes devoirs, tu **iras** chercher du pain.	*As soon as* you'*ve done* your homework, you'*ll go* get some bread.
Tu me le **diras dès qu**'ils t'**auront téléphoné.**	You'*ll tell* me *as soon as* they'*ve called* you.
Lorsque Marc **sera arrivé**, on **commencera** la fête.	*As soon as* Marc *arrives,* we'*ll start* the party.
Quand vous **aurez fini** les fenêtres, vous **pourrez** partir.	*When* you'*ve finished* the windows, you *can* leave.

The expressions **aussitôt que, dès que, lorsque,** and **quand** are followed by the future perfect when they refer to an event that will have occurred before something else will occur. In that case, the **futur antérieur** is accompanied by the future tense.

J. Qui fera quoi? Vous organisez une «journée française» pour les étudiants de votre campus. C'est à vous de distribuer les tâches aux membres de votre comité qui vont faire le travail. Donnez vos ordres en remplaçant l'impératif par le futur.

MODELE George et Annie, achetez les décorations.
George et Annie, vous achèterez les décorations.

1. Philip, envoie les invitations aux administrateurs.
2. John, Susan et moi, faisons la publicité.
3. Mark et Jean, demandez de l'argent à la doyenne.
4. Hilary, contacte le journal.
5. Alex, prépare les affiches.
6. Jerry et Frank, allez chercher les amuse-gueule.
7. Anthony, fais des copies des cassettes.
8. Mary et moi, finissons l'article pour le journal français.

K. Dès que... Complétez les phrases suivantes en utilisant le futur antérieur avec une des expressions suivantes: **dès que, aussitôt que, lorsque, quand**.

MODELE Je te téléphonerai...
Je te téléphonerai dès que je serai rentré(e) de la bibliothèque.

1. Nous vous écrirons une carte postale...
2. Il fera le ménage...
3. Elle aura un poste...
4. J'apprendrai le futur antérieur...

5. Vous jouerez au tennis...
6. Mes parents m'offriront une voiture...
7. Nos amis iront en France...
8. On mangera...
9. Elle aura des interviews...
10. Je chercherai un poste...

L. Nous prédisons notre avenir. Faites des prédictions sur votre avenir. Si vous n'êtes pas sûr(e) si l'événement va arriver, utilisez une structure au présent. Si vous êtes sûr(e) de ce qui se passera, utilisez le futur. N'oubliez pas le futur antérieur s'il est approprié.

MODELE — *Moi, je travaillerai dans le secteur public. J'ai l'intention de travailler dans une ambassade ou pour une agence de sécurité.*

— *Moi, je ne suis pas très sûr(e) de ce que je ferai. Je commencerai à chercher un poste dès que j'aurai fini mes études.* etc.

C'est à vous maintenant!

ECOUTEZ!

5-5

Deux étudiantes françaises parlent de leurs rêves et de leurs aspirations. Elles vont bientôt terminer leurs études et il faut maintenant penser à l'avenir.

«J'aimerais travailler dans une multinationale, dans la vente de préférence.»

«Dès que j'aurai des enfants, je resterai à la maison avec eux.»

If you have not done this listening section in class or if you would like to listen again to the two monologues, you can work with this listening material on your own.

PARLONS!

M. Dans dix ans. En utilisant les renseignements de l'exercice XIII de votre **Manuel de préparation**, parlez à vos camarades de la vie que vous envisagez dans dix ans. Vos camarades vont vous poser des questions pour avoir des détails supplémentaires. N'oubliez pas d'utiliser le présent, le futur et le futur antérieur dans votre description.

Chapitre 15

«Le travail est souvent le père du plaisir.»

En avant!

LECTURE: «Le métier d'écrivain» (Philippe Labro)

Ce roman de Philippe Labro raconte la vie d'un étudiant étranger qui fait ses études aux Etats-Unis. La vie américaine des années soixante, vue à travers les yeux du jeune Français, est au centre de ce roman de l'adolescence.

Le responsable de nuit à la *Gazette de la Vallée* s'appelait Jack O'Herily. Il avait longtemps travaillé comme *crime reporter* pour United Press à travers tout le Sud et en particulier à Chattanooga, où il était resté quelques années. Puis, répondant à une annonce du propriétaire de la *Gazette* qui cherchait à recruter de nouveaux cadres, il avait abandonné les commissariats de police pour ce petit journal tranquille et prospère, dans cette vallée sans histoires où la construction d'un nouveau mile sur la branche ouest de l'autoroute inter-Etats faisait figure° d'événement cosmique. Je n'ai jamais su pourquoi Jack O'Herily avait fait un tel choix. Il y avait quelque chose de définitivement brisé° sur son beau visage de quadragénaire,° légèrement alcoolique, les yeux entourés de cernes° profonds et noirs. Il avait la courtoisie° et la douceur d'un homme du Sud, et semblait n'aimer parler qu'avec des gens plus jeunes que lui. Il échangeait peu de mots avec les deux rédacteurs° de nuit, qu'il surnommait Heckle et Jeckle, comme les deux corbeaux jacasseurs,° héros d'une série de dessins animés qui n'a pas connu de succès. Jack O'Herily, en revanche,° trouvait un plaisir évident à me retenir pour

was seen
broken
forty year old / circles
courteousness, gentility
editors
magpies
on the other hand

m'expliquer ce qui clochait° ou ce qui allait bien dans la copie que je venais de lui transmettre. — was wrong

— Assieds-toi là, disait-il sans lever sa tête penchée° sur la feuille dactylographiée. — bent

Il tenait un crayon rouge entre ses doigts, un de ces crayons dits de miroitier,° à la mine° si épaisse° et grasse° qu'on les entoure de papier et qui se défont° comme on pèle° une orange. Jack cochait° chaque ligne, rayant,° raturant,° supprimant° sans cesse. — mirror maker / (pencil) lead / thick / greasy / unravel / peel / checked off / crossing out / erasing / eliminating

— Trop long, là, tu vois. Ils ont encore employé un adjectif inutile. Pas d'adverbes, pas d'adjectifs, des phrases courtes, sèches.° Il faut être sec,° tu comprends? — dry / dry

Il tenait la copie corrigée, me regardant par-dessus ses lunettes demi-lune°: — semicircular

— Sec ne veut pas dire plat.° Sec veut dire un style vigoureux, musclé, précis, honnête. — flat

Il souriait:

— Nom de dieu, j'ai utilisé quatre adjectifs pour t'en décrire un! Quel crétin° je fais. Allez, va refaire taper° ça et reviens me voir avec du café, j'ai quelque chose à te dire. — jerk, idiot / typed

Ce que Jack O'Herily avait à dire était vexant, mais instructif.

— Vous êtes des petits paresseux, me dit-il, vous, les gentlemen du collège. Vous êtes des endormis. Savez-vous seulement ce qui se passe à cent miles d'ici, à Charlottesville? Vous êtes des bons à rien.

Puis, il attendit que je le relance.

— Qu'est-ce qui se passe à Charlottesville? demandai-je.

— Il se passe, répondit-il, que l'université d'Etat reçoit pour une série de six conférences en résidence, un des rares génies° qui existent dans ce pays, et que vous l'ignorez.° En tout cas ça n'a pas l'air de bouleverser° la vie de votre campus et, que je sache, vous n'êtes pas très nombreux à avoir fait le chemin pour Charlottesville. Evidemment c'est moins intéressant que les filles. Sauf que les filles, il y en a des centaines dans la région, mais des génies, dans ce pays, on n'en compte pas beaucoup. — geniuses / aren't aware of / upset

Il prenait des poses, savourant le suspense, et ce jeu qu'il avait établi pour que, ma curiosité à vif,° je me sente forcé de le relancer: — on the edge

— C'est qui, le génie?

En véritable homme du Sud, Jack O'Herily tourna encore quelque peu en rond avant de donner sa réponse.

— Si j'ai bien compris le programme, dit-il, il doit rester trois conférences avant que la visite du génie s'achève.° Un jeune homme armé d'un peu de curiosité ferait bien de se dépêcher, quitte à sauter° ses cours, quitte même à ne pas venir travailler un soir ici, car son patron le lui pardonnerait volontiers, et ce jeune homme pourrait ainsi se dépêcher d'aller voir et écouter le grand homme. — is over (finished) / even if it means to skip

Un temps.

— D'autant plus° que c'est l'Europe, continua-t-il, qui a dit haut et fort que cet homme est un génie. Ici, dans ce pays, les écrivains ne sont pas reconnus comme chez vous. Ils vivent isolés, perdus dans un désert. Les grands romanciers° — je ne te parle pas de ceux qui vendent beaucoup de livres, je te parle de ceux qui mettent leur folie,° leur passion, leur illumination dans ce qu'ils écrivent —, les grands romanciers ne sont pas toujours lus et admirés comme ils le méritent. Cela dit, ce n'est pas grave d'être lu et admiré. Ce qui compte, c'est d'avoir écrit. — Especially since / novelists / craziness

Je crus comprendre° que Jack O'Herily parlait de lui-même, maintenant. Son regard se perdait au-delà de moi, dans l'obscurité de la salle de rédaction. — I thought I understood beast

— Tout le monde essaye, dit-il, un jour ou l'autre, de maîtriser la bête° et de la faire sortir le soir sur le papier, sur la machine à écrire. On peut s'y ruiner la vie.

I kept quiet / appropriate

Je me taisais,° le jeu des questions n'était plus tout à fait de mise.°

— On peut rater dix fois, mais rien ne vous empêche de recommencer. Rien.

Il avait baissé la tête, puis il la releva pour me regarder.

kid

— Faulkner, ça te dit quelque chose? La bête, il l'a maîtrisée plus souvent que de coutume. William Faulkner! dépêche-toi d'y aller, gamin.° Si tu n'as pas de voiture, il y a un très bon petit train qui part tous les matins de la gare Buena Vista.

didn't have / presumptuousness, nerve

it was just as well / plunge... back

Sunday

Je n'eus° pas l'outrecuidance° de lui demander pourquoi il n'y allait pas, lui aussi, et bien m'en prit° car avant de replonger° son nez dans la copie à corriger, Jack O'Herily me confia qu'il avait réussi à interviewer William Faulkner et que son article paraîtrait dans la prochaine édition dominicale° du journal.

Philippe Labro, *L'étudiant étranger*.
Paris: Gallimard, 1986, pp. 160–163.

A. Le sens du texte. Répondez aux questions suivantes pour montrer que vous avez saisi les idées du texte.

1. Comment est Jack O'Herily? Faites un portrait de lui. Chaque membre du groupe va contribuer quelques idées.
2. En parlant des jeunes gens, il dit «Vous êtes des petits paresseux». A votre avis, qu'est-ce qu'il pense vraiment des jeunes? Comment le savez-vous?
3. Selon Jack, qu'est-ce que les étudiants devraient faire pour aller écouter William Faulkner?
4. Pourquoi est-ce que l'étudiant dit «Ce que Jack O'Herily avait à dire était vexant, mais instructif». Pourquoi est-ce que c'était vexant? Comment est-ce que c'était instructif?
5. Que pense Jack du métier d'écrivain? Qu'est-ce qui est surtout important?

B. Discutons. Parlez de la vie des gens qui ont les métiers suivants. Imaginez leur vie de tous les jours, leurs rêves et leurs aspirations, les avantages et les inconvénients. Utilisez les stratégies que vous avez apprises pour commencer, faire continuer et terminer une conversation.

1. La vie d'artiste ou de musicien.
2. La vie de professeur d'université.
3. La vie de professeur d'école.
4. La vie de médecin.
5. La vie de vedette de cinéma.

D'un autre point de vue

LECTURE: «Le cousin Achour» (Michel Tournier)

Cet extrait du roman La goutte d'or *(The Golden Droplet) raconte l'histoire d'Idriss, jeune Algérien, qui s'installe à Paris pour faire sa fortune. Arrivé à Paris, seul, il retrouve son cousin Achour qui, lui, connaît la vie de travailleur étranger en France. Idriss s'installe chez Achour pendant qu'il cherche du travail. Dans cet extrait, nous faisons connaissance d'Achour.*

Michel Tournier (1924–) is best known for his novel *La goutte d'or* (1985). He is an accomplished story teller who blends the realism of his style with a focus on legends and myths largely forgotten by modern man.

Le cousin Achour, de dix ans plus âgé qu'Idriss, était un garçon fort, jovial et débrouillard. Il avait quitté Tabelbala cinq ans auparavant° et envoyait à sa famille, à des intervalles il est vrai capricieux, des lettres optimistes et de modestes mandats.° Mogadem s'était chargé de lui écrire pour lui recommander son neveu, mais Idriss était parti sans attendre sa réponse. Aussi fut-il soulagé° de le retrouver au foyer Sonacotra de la rue Myrha dans le XVIIIe arrondissement. Il y occupait une petite chambre dans une sorte d'appartement qui en comprenait° cinq autres, une salle d'eau et une cuisine commune avec six réchauds à gaz° et six réfrigérateurs cadenassés.° Le foyer groupait ainsi douze logements de six chambres de célibataires, auxquelles s'ajoutaient une salle de prière et un salon de télévision. Achour présenta Idriss au patron de l'établissement, un pied-noir° algérien rapatrié° que tout le monde appelait Isidore, comme s'il se fût agi de° son prénom, alors que c'était son patronyme. Il fut convenu avec lui qu'Idriss partagerait provisoirement° la chambre de son cousin. Isidore fermerait les yeux sur cette entorse° — assez commune — aux règlements de police.

Achour suppléait° son absence de qualification professionnelle par une aptitude apparemment inépuisable° à toutes les tâches. Certes il avait tâté° du travail d'O.S.° chez Renault peu après son arrivée en France. Mais il avait profité du premier «dégraissage°» de personnel pour ne plus jamais franchir° la passerelle° de l'île Séguin. Il n'était pas l'homme d'un travail régulier, monotone et contraignant.°

— C'est surtout le bruit, expliqua-t-il à Idriss en évoquant cette triste période de sa vie. O mon frère! En arrivant dans l'atelier tu as la tête qui éclate.° [...] L'enfer,° je te dis. Moi, tu me connais, je suis musicien, et même danseur. Me faire ça à moi! Le soir en sortant, je n'entendais plus rien. Je suis sûr que je serais devenu sourd° en continuant. Et tu vois, le pire,° c'est le mépris° de l'ouvrier qui se trouve dans ce bruit. Parce que pas un ingénieur n'a jamais pensé à organiser le travail pour diminuer le bruit. Non, aucune importance! Les ouvriers ont des têtes de bois!° Pourquoi se fatiguer?

Ensuite il avait été balayeur de quais° dans le métro, bref épisode dont le seul souvenir qu'il gardait était la fameuse grève des nettoyeurs qui avait duré quatre semaines. Les services publics français n'ayant pas le droit de faire travailler des étrangers, les neuf cents travailleurs arabes, kabyles° et sénégalais du métro ne pouvaient être employés par la R.A.T.P.° que par l'intermédiaire d'entreprises privées de sous-traitance,° de telle sorte que leur grève tombait en porte-à-faux° sur deux employeurs d'égale mauvaise foi.° [...]

Ensuite il avait «fait plongeur°» dans plusieurs établissements, crèches,° milk-bars, restaurants d'entreprise, fast-foods, libre-service, cantine scolaire. Le seul charme de ces emplois, c'était leur brièveté... [...]

before
money orders
So he was relieved
included
gas hotplates
padlocked
Algerian-born French person
returned back to France / as if it were
temporarily
stretching of the law
made up for
inexhaustible / tried
ouvrier spécialisé
cleaning out / cross over
footbridge
constricting
explodes
hell
deaf / the worst / disdain
wood
platform sweeper
member of the Algerian or Tunisian Berber tribes
Régie autonome des transports parisiens (subway)
subcontracting / in an uncertain manner
bad faith
been dishwasher / daycare centers

dog groomer / sandwich man (carrying advertising boards)

board / attacher

crash

pejorative term for North Africans

person who sets off fireworks

life guard

yum-yums

window washer

Il avait été aussi toiletteur de chiens,° homme-sandwich° («Pour un timide comme moi, l'avantage c'est que tu passes complètement inaperçu. On peut même dire que tu deviens invisible. Eh oui! Les passants, ils regardent le panneau° que tu portes sur tes épaules, toi ils ne te voient même pas!»), colleur° d'affiches, promeneur de vieilles dames («Il y en avait une vraiment gentille, tu sais. Je marchais lentement à son pas, en lui donnant le bras, comme un bon fils respectueux et tout. Et puis un jour patatras,° on passe devant le square de Jessaint, elle me dit: "N'entrons pas là, c'est plein de bougnoules°!" Elle m'avait regardé?»), artificier° («Pour les feux d'artifice du 13 juillet, il leur faut du monde, tu penses! Mais alors ça, c'est vraiment l'emploi saisonnier!»), maître-baigneur° dans une piscine («J'ai pu leur dissimuler deux mois que je ne savais pas nager. Un record, non?»), représentant de *Toutou,* la pâtée des chiens de luxe («Le patron nous obligeait à ouvrir une boîte de *Toutou* en plein magasin et à en manger à grosses cuillerées avec des miams-miams° gourmands devant la clientèle. Après ça il fallait aller déjeuner!»), laveur de carreaux,° laveur de voitures, laveur de cadavres à la morgue («C'est pas croyable ce que j'aurai pu laver dans ma vie! L'ennui, c'est que ça te décourage de te laver toi-même. Les laveurs de quoi que ce soit sont toujours sales comme des cochons.»).

Michel Tournier *La goutte d'or.*
Paris: Gallimard, 1986, pp. 135–139.

C. Discussion: Le travailleur immigré en France. Qu'est-ce que vous pensez? Discutez des questions suivantes avec les membres de votre groupe.

1. Comment est Achour? Parlez surtout de ses traits de caractère et de son opinion de lui-même.
2. A votre avis, pourquoi est-ce qu'il quitte toujours son emploi pour en prendre un autre?
3. A votre avis, pourquoi est-ce que les travailleurs étrangers quittent leur pays pour travailler en France? Donnez des idées générales sur le travail dans leur pays d'origine.
4. Qu'est-ce qu'il y a dans ce passage de Michel Tournier qui peut vous faire penser que les travailleurs immigrés sont exploités?
5. Qu'est-ce qui caractérise les emplois qu'a eus Achour? Qu'est-ce qu'ils ont en commun?

C'est à vous maintenant!

DISCUTONS!

D. On cherche un job. Ce projet se fera en plusieurs jours. Il s'agit de créer une annonce offrant un poste, d'écrire une lettre de candidature en utilisant le curriculum vitae que vous avez déjà fait, de passer par une interview pour le poste, de juger les candidats, et de faire une offre. Voici les personnages et leurs tâches.

1. deux personnes (les représentants de l'employeur) font une annonce de journal pour un poste
2. deux personnes (les candidats) écrivent des lettres pour poser leur candidature
3. les représentants lisent les lettres et invitent les candidats à une interview
4. les représentants interviewent les deux candidats, chacun à son tour
5. les représentants discutent des mérites et des qualifications de chaque personne et décident qui va obtenir l'emploi
6. un représentant fait l'offre au candidat et lui parle un peu du job
7. l'autre représentant avise le candidat qui n'a pas reçu l'offre

ECOUTEZ ET REGARDEZ!

Vidéo

On a demandé à deux Français: *Quelle est votre profession? Que faites-vous dans votre travail? Quel est l'aspect le plus satisfaisant de votre travail? Qu'est-ce que vous aimez le moins?* Comment répondriez-vous à ces questions?

The second segment of Program 5 of the Vidéo consists of interviews with French people about their jobs.

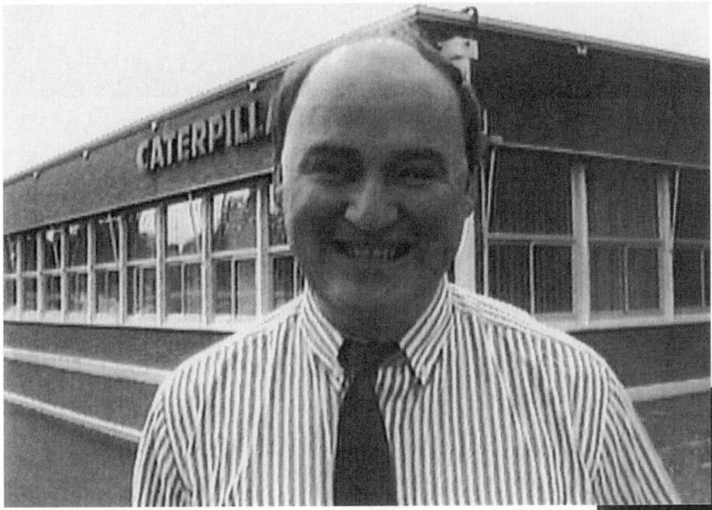

Philippe Barnouin *(cadre)*
«Mon travail, c'est gérer l'atelier de Toulouse où on répare des machines des travaux publics, notamment les machines américaines Caterpillar.»

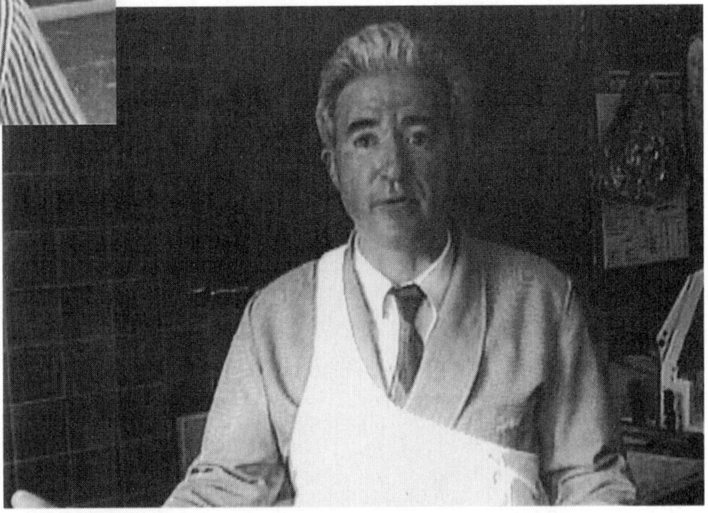

José Biosca *(boucher)*
«Le contact avec la clientèle... La clientèle, c'est des amis. A longueur d'année ils viennent chez moi... Il y a un rapport amical qui se crée.»

ALLONS VOIR LES FRANÇAIS

ET LES QUEBECOIS...

EN VOYAGE!

Unité 6

In this unit you will learn:

- to describe a trip; to talk about electronic products
- to express enthusiasm or lack of enthusiasm, a judgment, admiration or reservations
- to ask for practical information
- to discuss and debate
- to summarize a text

Ouverture Où vont-ils?

Chapitre 16 Aux environs de Paris

Intermède «Un voyage de Paris à Rome» (Michel Butor)

Chapitre 17 A l'ère de la technologie

Chapitre 18 «Qui n'avance pas recule.»

OUVERTURE
Où vont-ils?

Ecoutez et regardez!

Vidéo

The first segment of Program 6 of the **Vidéo** includes two parts: 1. a monument from the past (**la Sainte-Chapelle**) and a museum of the future (**la Cité des Sciences et de l'Industrie de la Villette**); 2. the coexistence of the traditional and the modern in a French city (Toulouse).

Pour les écrivains comme pour les gens ordinaires, le mot «voyage» a une grande valeur symbolique. Le voyage peut être un moyen d'évasion, une façon figurative de s'évader de soi-même et de sa vie médiocre, d'où peut-être le grand rôle que jouent dans la société moderne les drogues, les médias, les jeux. Mais le voyage peut également servir d'instrument d'exploration et de découverte; de moyen de comprendre d'où on vient et d'appréhender là où on va.

Les Français voyagent de plus en plus — dans l'espace et aussi dans le temps. Où vont-ils? Quel est ce passé historique qu'ils cherchent à découvrir ou à redécouvrir? Vers quel avenir pensent-ils se diriger?

Sous les Romains, pendant les quatre premiers siècles après Jésus-Christ, la Gaule est devenue une vaste province méditerranéenne. On peut visiter aujourd'hui les arènes de Nîmes, un des monuments romains les mieux conservés.

Au moyen âge la France est devenue le centre de rayonnement de la culture occidentale. Cette culture a trouvé sa plus belle expression dans l'architecture gothique, telle qu'elle se manifeste dans la célèbre cathédrale à Chartres.

La France est le premier pays au monde en télématique. Le Minitel, un ordinateur branché sur un récepteur téléphonique, permet de communiquer ou de recevoir une grande variété d'informations (annuaire électronique, prévisions météorologiques, horaires de train et d'avion, programmes de télé) ainsi que d'effectuer toutes sortes d'opérations (réserver des places, payer des factures, faire des achats).

La fusée aérienne Ariane représente un des grands triomphes de la technologie française et européenne. Elle autorise la mise en orbite de satellites artificiels très lourds.

LA FRANCE TOURISTIQUE

La France est un grand pays touristique. Mais le tourisme en France, comme tous les domaines de la vie moderne, est en train d'évoluer: aux anciennes traditions se mêlent des nouvelles pratiques et des nouveaux problèmes.

L'institution des congés payés, l'élévation du niveau de vie,° l'amélioration des transports ont donné au tourisme une extension considérable.

En France, tous les ans, à la fin de l'année scolaire, au seuil° de l'été, on assiste à° une véritable mobilisation du pays: départs massifs des citadins° par vagues° successives (1er juillet, 14 juillet, fêtes du 15 août), trains, doublés et triplés, files de voitures sur les routes, déploiement° des services de sécurité routière. 35 millions de touristes étrangers débarquent ou passent les frontières. Sur les plages, dans les villes d'eau et les stations de montagne, les hôtels affichent° «complet°».

Les estivants° se concentrent en effet dans certaines régions dites «touristiques», auxquelles se posent de redoutables° problèmes de logement, de ravitaillement,° de transports, d'équipement sanitaire. Aussi s'efforce°-t-on actuellement de développer l'équipement de régions pittoresques moins fréquentées.

Mais les formes mêmes du tourisme se modifient et posent des problèmes nouveaux. Jusqu'ici les vacances des Français étaient concentrées sur une période relativement courte: principalement de la fin juillet au 15 ou 20 août. On s'efforce de les «étaler°» par divers moyens (réductions de prix aux autres périodes, décalage° des vacances scolaires, etc.).

D'autre part, la riche clientèle de naguère° a fait place à une nouvelle clientèle aux moyens° plus limités. Aux anciens palaces,° dont la plupart sont vendus par appartements, ont succédé de nouvelles formes d'équipement. Les clubs de vacances se multiplient.

L'automobile a favorisé le tourisme itinérant. Les «vacanciers» se déplacent beaucoup, exigeant° des formules d'accueil plus souples.°

Guy Michaud et Alain Kimmel, *Nouveau Guide France.*
Paris: Hachette, 1990, p. 344.

standard of living
beginning (threshhold) / witnesses
city-dwellers / waves
deployment
display the sign
no vacancy
summer visitors
formidable / food supply
efforts are under way
to spread out
staggering
former
means (resources) / luxury hotels
demanding / more flexible (hotel plans...)

STATISTIQUES FRANÇAISES: LES ENDROITS TOURISTIQUES LES PLUS VISITES

Certes, beaucoup de vacanciers s'installent quelque part — au bord de la mer, à la campagne chez des parents, à la montagne. Néanmoins, lorsque les Français pensent aux vacances, ils pensent d'abord à «faire du tourisme» (45%). C'est-à-dire que, comme les visiteurs étrangers, les Français veulent profiter de la richesse de leur patrimoine culturel et historique. Où vont tous ces voyageurs? A Paris, bien sûr, mais aussi en province.

Paris (nombre d'entrées en 1989)

Centre Pompidou	8 130 000
tour Eiffel	4 151 000
Louvre	3 890 000
palais de Versailles	3 789 000
musée d'Orsay	2 906 000
musée de l'Armée (Invalides)	906 000
Sainte-Chapelle	665 000
arc de triomphe	661 000
musée Picasso	476 000
musée Rodin	399 000

Province (nombre de visiteurs en 1989)

château de Chenonceau	900 000
Le Mont-Saint-Michel	701 000
château de Chambord	660 000
cathédrale de Tours	608 000
château du Haut-Kœnigsbourg (Alsace)	531 000
château de Fontainebleau (Napoléon, environs de Paris)	503 000
palais des Papes (Avignon)	468 000
château de Blois	408 900
château d'Azay-le-Rideau	403 400
musée du Débarquement, Arromanches-les-Bains (Normandie)	400 000
château d'Amboise	400 000
mémorial du Général de Gaulle, Colombey-les-deux-Eglises	397 000
sommet volcanique, Puy-de-Dôme	374 000
musée d'Unterlinden, Colmar (Alsace)	354 000
arènes, tour Magne, Maison carrée (Nîmes)	294 000
cathédrale de Strasbourg	260 000
château de Vaux-le-Vicomte	252 000
tapisserie de Bayeux	240 000
cité médiévale, Carcassonne	234,200
arènes, Arles	219 000
musée pyrénéen, Lourdes	200 000
musée Chagall, Nice	129 500
château-fort de Chinon (Indre-et-Loire: Jeanne d'Arc)	125 100

A. Qu'est-ce que vous avez compris? En vous inspirant du texte sur le tourisme en France, répondez aux questions suivantes. Ne vous contentez pas de réutiliser les mots et les expressions du texte; trouvez un moyen d'expliquer ce que dit le texte à des gens qui ne connaissent pas très bien la France.

1. Pourquoi est-ce que les Français partent de plus en plus en vacances?
2. Pourquoi les vacances d'été posent-elles souvent des problèmes aux touristes?
3. Comment le tourisme en France est-il en train d'évoluer? Quels sont les aspects positifs de cette évolution?

B. La France touristique. Discutez des questions suivantes avec quelques camarades de classe.

1. Avez-vous jamais visité la France? Quand? Pour combien de temps? Quels endroits touristiques avez-vous vus?
2. Si vous connaissez déjà un peu la France, quelles autres régions, quels autres endroits voudriez-vous visiter? Pourquoi?
3. Si vous n'avez jamais été en France, quelles régions, quels endroits voudriez-vous surtout visiter? Pourquoi?

C. Et nous? En utilisant comme point de départ vos réponses à l'exercice III de votre **Manuel de préparation,** discutez avec vos camarades de classe des questions suivantes.

1. Est-ce que vous voyagez beaucoup? Si oui, où êtes-vous allé(e)? Qu'est-ce que vous y avez vu et fait? Sinon, pourquoi pas? Voudriez-vous voyager davantage?
2. Les Américains, ont-ils un héritage culturel national? Si oui, en sont-ils conscients?
3. Attendez-vous le XXIe siècle avec impatience? avec trépidation? avec anticipation? Pourquoi?

Profil: Le Québec

Statut officiel: province du Canada (pays fédéral)
Devise: Je me souviens
Capitale: Québec
Superficie: 1 640 000 km^2
Villes importantes: Montréal, Trois-Rivières, Sherbrooke, Rivière-du-Loup, Rimouski, Kamarouska
Population: 6 668 000 habitants (¼ de la population du Canada)
Nom des habitants: Québécois
Langue officielle: français (81,2%)
Autre langue: anglais (12%)
Religion: catholique (90%)
Monnaie: dollar canadien
Climat: frais avec hivers rigoureux; températures: basse moyenne en janvier -22° C, haute moyenne en juillet 18° C; de 12 à 23 semaines de neige par année
Produits: céréales, sirop d'érable, poissons, fourrures, aluminium
Industries: bois (papier), métallurgie (fer, cuivre, zinc, amiante [*asbestos*]), hydro-électricité

6-1

ECOUTEZ!

D. Où sommes-nous? Vous allez entendre des descriptions portant sur les sites touristiques. Associez chaque description à son contexte.

Sites

a.

b.

c.

d.

e.

f.

If you have not done this listening exercise in class or if you would like to listen again to the monologues, you can work with this material on your own.

Chapitre 16

Aux environs de Paris

En avant!

ECOUTEZ!

6-2

Les Barbarin, qui habitent à Poitiers, sont en train de faire des projets pour les vacances de printemps.

«Voilà ce que je vous propose... faire d'abord Euro Disneyland et ensuite Paris. Comme ça, tout le monde est content.»

If you have not done this listening exercise in class or if you would like to listen again to the conversation, you can work with this listening material on your own.

POUR PARLER D'UN VOYAGE

A. Vous et les voyages. Les Français ont l'impression que les Américains voyagent beaucoup, que le monde est plein de touristes américains. Dans quelle mesure votre famille et celle de vos camarades de classe confirment-elles cette idée? Discutez-en à l'aide des questions suivantes.

1. Vous voyagez souvent? Avec qui? Où est-ce que vous allez? Comment voyagez-vous d'habitude?
2. Avez-vous déjà visité la France? Quand? Avec qui? Quelles régions du pays avez-vous visitées?
3. Avez-vous visité un ou des pays francophone(s)? Lequel ou lesquels? Quand? Comment?
4. Avez-vous des projets de voyage pour l'été? Où comptez-vous aller? Quand? Avec qui? Comment? Qu'est-ce que vous allez faire?
5. Quel(s) voyage(s) voudriez-vous faire un jour? Comment imaginez-vous ces voyages? Qui vous accompagnerait? Comment feriez-vous le voyage? Quel serait votre itinéraire?

POUR COMMUNIQUER

Proposer de faire quelque chose
(voir Chapitre 2, page 30)

Dire son enthousiasme
J'aimerais bien (y aller).
Quelle idée merveilleuse!
C'est formidable, ça!
Je ne demande pas mieux! *(That's exactly what I'd like to do!)*

Dire son manque d'enthousiasme
Cela ne me dit pas grand-chose (rien) de (faire huit heures d'autoroute).
Je n'ai pas envie de (passer les vacances dans la voiture).

B. Des projets de voyage. Choisissez une expression que vous pourriez utiliser pour répondre positivement ou négativement (selon l'indication) aux suggestions suivantes.

1. Moi, j'ai une idée! Allons passer le week-end chez mes cousins. Ils ont loué une maison au bord de la mer. (+)
2. Alors, à mon avis, on devrait prendre le train pour aller à Rome. C'est moins cher que l'avion. (-)
3. A mon avis, on devrait continuer. Il n'est que 19h. Dans deux ou trois heures, nous pourrons être à Biarritz. (-)
4. Tiens! Vous avez vu dans le journal? Les compagnies aériennes ont décidé de baisser leurs tarifs. Si on en profitait pour aller en Afrique du Nord? (+)
5. Tu ne veux pas faire un petit détour par Sens? D'après le Guide Michelin, il y a une très jolie petite cathédrale à Sens. (-)

6. Jean-Claude et Marielle vont passer les vacances en Espagne, près de Barcelone. Et ils nous demandent de les accompagner. (+)

C. Des projets de voyage (suite). Avec deux ou trois camarades de classe, jouez les scènes suivantes.

1. Vous proposez à des amis d'aller voir un site historique à quelques heures de chez vous. D'abord, ils ne sont pas très enthousiastes, mais vous finissez par les convaincre.
2. Vous proposez à des amis d'aller visiter un état ou une ville à une certaine distance de chez vous. Ils sont d'accord et vous réglez les détails du voyage (partir quand? voyager comment? y passer combien de temps?).
3. Vous proposez à des amis de faire un voyage en Europe. Ils sont enthousiastes, mais, au début, vous n'êtes pas d'accord sur les pays à visiter. Vous finissez par vous mettre d'accord et vous réglez les détails du voyage.

Funiculaire - au Québec / Pittburgh

Québec: Ville historique

aimer

Les voyageurs <u>amateurs</u> d'histoire voudront certainement visiter la ville de Québec — la capitale de la province du Québec et la seule ville fortifiée dans l'Amérique du Nord. Environ 70 ans après que Jacques Cartier prit possession du Canada au nom du roi de France, l'explorateur français Samuel de Champlain fonda en 1604 une petite colonie à l'endroit où le Saint-Laurent devient plus étroit (d'où le nom Québec, qui vient du mot indien —Kebec, «là où la rivière se rétrécit»). Aujourd'hui on peut visiter la vieille ville qui s'étale en haut et en bas d'une grande <u>falaise</u>. La haute ville, dominée par <u>le château Frontenac</u>, grand hôtel construit en 1892 pour la compagnie de <u>chemin de fer</u> du *railroad* Canadien Pacifique, offre au visiteur la possibilité de visiter le musée du Fort (où un remarquable diorama-maquette reconstitue en son et lumière l'histoire de la ville) ainsi que le Séminaire, école religieuse fondée au 17ᵉ siècle et site original de l'université Laval, première université francophone au Canada. Dans la basse ville on peut se promener dans le quartier Petit-Champlain, dont l'aspect du 18ᵉ siècle a été reconstitué, ainsi que dans le parc des Champs de Bataille, vaste parc créé sur les Plaines d'Abraham, scène d'une bataille célèbre de la guerre de Sept Ans.

hôtel de luxe

➤ *Question* C'est de la ville de Québec que Champlain est parti pour explorer la nouvelle colonie. Que savez-vous du rôle des explorateurs français (Cartier, Champlain, Marquette, La Salle, etc.) dans l'histoire américaine?

universités - McGill
angl. / fran: —montréal

Univ. Laval
- Québec
- Séminaire
17ᵉ siècle
Fran. - 100%

STRUCTURE: Comment exprimer les rapports temporels (1)

It is often important to situate events about which you are speaking in time. You have already learned expressions that can be used to situate an event in relation to the moment in which you are speaking (**aujourd'hui, la semaine dernière, dimanche prochain,** etc.). In this section, after a brief review of those expressions you already know, you will learn a second set of time expressions that can be used to situate an event in relation to another moment, either in the past or the future, as well as some expressions that serve to indicate the frequency with which actions or situations occur.

Grammar: If you did not have a passing score on the **Repêchage** test in the CC or if you feel that you're still unsure about adverbs of time, you should let your instructor know.

RAPPEL Les adverbes de temps (hier, aujourd'hui, demain, etc.)

D. Qu'est-ce que vous avez fait (faites, allez faire)? Parlez avec quelques camarades de classe de vos activités en distinguant clairement entre activités habituelles, activités passées et activités futures.

MODELE le samedi matin

— *Alors, qu'est-ce que vous faites d'habitude le samedi matin?*

— *Moi, si c'est possible, je reste au lit jusqu'à 10h ou 11h.*

— *Moi, je voudrais bien rester au lit, mais le samedi je suis obligée de travailler. Je me lève vers 7h.*

— *Je ne travaille pas, moi, le samedi matin, mais je me lève d'assez bonne heure. J'aime faire mes devoirs pendant que mon camarade de chambre dort.* etc.

1. le samedi matin
2. ce matin
3. le week-end prochain
4. le mois dernier
5. hier soir
6. le dimanche matin
7. la semaine dernière
8. demain après-midi

PRESENTATION Les adverbes de temps (ce jour-là, la veille, le lendemain, etc.)

Nous devions partir le 22, mais **la veille au soir** elle s'est foulé la cheville et nous avons dû attendre jusqu'à **la semaine suivante.**	We were supposed to leave on the 22nd, but *the night before* she sprained her ankle and we had to wait until *the following (next) week.*
Mes parents y seront à partir du 15 et nous arriverons **le lendemain.**	My parents will be there from the 15th on and we will arrive *the next day.*

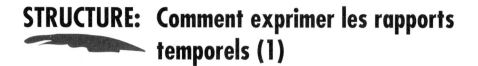

The following expressions can be used to establish the relationship of an occurrence to either a moment in the past or a moment in the future:

ce jour-là, cette semaine-là, ce mois-là, cette année-là
la veille
le lendemain
l'avant-veille *(two days before)*
le surlendemain *(two days later)*
la semaine précédente / la semaine d'avant
la semaine suivante / la semaine d'après
le mois précédent / le mois d'avant
le mois suivant / le mois d'après
l'année précédente / l'année d'avant
l'année suivante / l'année d'après

The expressions **précédent** and **suivant** can be added to the days of the week: **le dimanche précédent, le mercredi suivant.**

Note that **le lendemain** can be combined directly with the expressions **matin, après-midi, soir: le lendemain matin.** However, the expression **la veille** must be followed by **au (à l'): la veille au soir.** Both **le lendemain** and **la veille** can be followed by **de** and a noun: **le lendemain de notre arrivée, la veille de notre départ.**

Note also that **avant** and **après** can be combined with quantities of time: **trois jours avant, six mois après.**

E. Un voyage au Québec. Nathalie et Stéphane Kéman, qui habitent à Chalon-sur-Saône en Bourgogne, ont emmené leurs petits-enfants (Jacqueline et Serge) au Québec en 1990. A l'aide de l'itinéraire reproduit ci-dessous, répondez aux questions sur leurs voyages en utilisant une expression temporelle convenable.

```
1989 voyage en Italie
1990 voyage en Amérique du Nord
       mars: achat des billets
       1-5 juillet: examens au lycée
       10 juillet: départ (Paris-New York)
       10-13 juillet: New York
         11  la statue de la Liberté
         12  Manhattan
       13 juillet: train (New York-Montréal)
         13-16  Montréal
       16 juillet: train (Montréal-Québec)
         16-22  Québec
         22  visite de Sainte-Anne-de-Beaupré
       23-27 juillet: voyage organisé en car — visite
         de la province du Québec
       27 juillet: retour (Montréal-New York-Paris)
       28 juillet: arrivée à Paris
       30 juillet: départ pour la maison des grands-
         parents à Chalon-sur-Saône
1991 voyage en Espagne
```

1. Ils sont partis pour les Etats-Unis le 10 juillet. Quand est-ce qu'ils avaient acheté les billets?
2. Est-ce que les jeunes avaient passé leurs examens la semaine du départ?
3. Ils ont pris le train pour aller à Montréal le 13. Qu'est-ce qu'ils avaient fait pendant leur séjour à New York? (deux réponses sont possibles)
4. Ils sont arrivés à Montréal le 13. Quand est-ce qu'ils sont allés à Québec?
5. Ils sont arrivés à Québec le 16. Est-ce que c'est cette semaine-là qu'ils ont fait le tour de la province en car?
6. Un dimanche, ils sont allés à Sainte-Anne-de-Beaupré. C'était le 15?
7. Ils ont quitté le Canada le 27. Sont-ils arrivés à Paris le même jour?
8. Ils sont rentrés en France le 28. Sont-ils repartis le lendemain pour aller au bord de la mer?
9. Ils ont fait le voyage en Espagne en 1991. Quand est-ce qu'ils étaient allés en Italie?
10. Et quand est-ce qu'ils sont allés en Espagne?

F. Ton voyage à (en)... Posez des questions à un(e) camarade de classe au sujet d'un voyage qu'il/elle a fait dans le passé en utilisant quelques-unes des expressions suivantes: **ce matin (soir)-là, la veille de ton départ, la semaine précédente, l'année précédente, le lendemain de ton arrivée (retour), le surlendemain, la semaine suivante, l'année d'après.**

MODELE *Où est-ce que tu es allé(e)? Quand est-ce que tu es parti(e)? A quel moment de la journée? Qu'est-ce que tu as fait ce jour-là avant ton départ?*, etc.

Ensuite!

POUR PARLER D'UN LIEU HISTORIQUE

G. Vous avez visité... Vous avez entendu parler du... ? En montrant les photos suivantes à des camarades de classe, donnez une brève description des monuments qu'elles reproduisent afin de déterminer si vos camarades les connaissent.

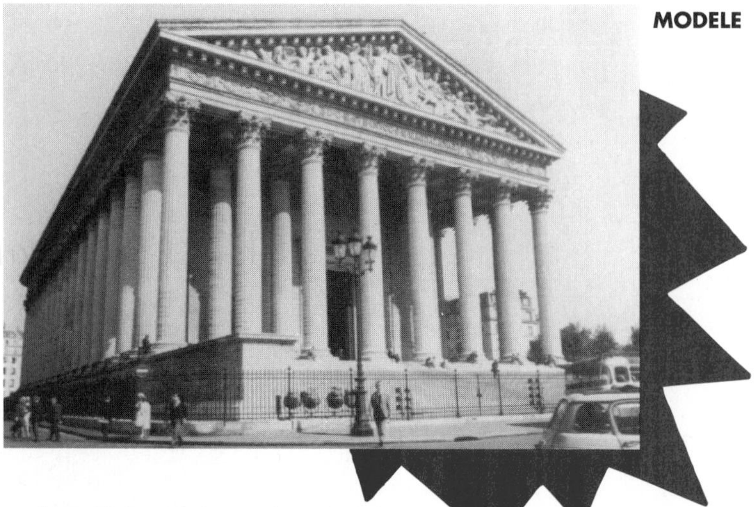

MODELE l'église de la Madeleine / Paris / 19e s.

Ça, c'est l'église de la Madeleine à Paris. Elle a été construite au XIXe siècle. Elle ressemble à un temple grec ou romain. Vous voyez les colonnes de style classique?

1. cathédrale Notre-Dame de Paris / XIIe-XIIIe s.

2. les arènes / Arles / Ier s. avant Jésus-Christ

3. Cité de Carcassonne / moyen âge

4. basilique du Sacré-Cœur / Paris / XIXe s.

5. cathédrale de Chartres / XIIIe s.

6. château de Chambord / XVIe s.

POUR COMMUNIQUER

Pour porter un jugement

(voir Chapitre 4, page 74)

Pour exprimer l'admiration

Je trouve ça (C'est)... très beau (joli)!
magnifique!
merveilleux!
énorme!
superbe!
Qu'est-ce que c'est beau (joli)!

Pour exprimer des réserves

Vous ne trouvez pas (Tu ne trouves pas) que c'est (un peu)... trop orné?
exagéré?
austère?

H. Vos réactions. Imaginez qu'on vous montre les photos de l'exercice G. Donnez vos réactions à ce que vous voyez.

I. Nous avons des monuments historiques, nous aussi. Bien que les Etats-Unis soient beaucoup plus jeunes que la France, il existe ici des monuments de notre passé historique qu'on pourrait faire visiter à des touristes français ou francophones. Choisissez des monuments de votre ville (églises, écoles, maisons anciennes, bâtiments publics, etc.). Faites-en une petite description et indiquez votre réaction personnelle à chaque monument.

Les Québécois en voyage

Etant donné l'immensité du Québec (on pourrait y loger plus de trois fois la France), il n'est pas étonnant que les Québécois aiment visiter «la belle province». Au printemps, ils se ruent vers les cantons de l'Est où les érablières organisent des «parties de sucre». En été, ils s'adonnent à la pêche au saumon dans les parcs du bouclier canadien (la région qui s'étend de la plaine du Saint-Laurent vers le nord jusqu'au détroit de l'Hudson où ils cherchent la beauté sauvage et le calme de la Gaspésie ou des îles de la Madeleine). En automne, c'est la féerie des couleurs de la forêt laurentienne qui attire de nombreux touristes. En hiver, ce sont ces mêmes Laurentides qui proposent aux amateurs des sports d'hiver de nombreuses pistes de ski alpin et de ski de fond.

Bien que les trois-quarts des Québécois aient envie d'aller passer des vacances en France, il n'y en a que 15% qui y sont allés. Quand ils partent à l'étranger, c'est surtout vers leur voisin du sud, les Etats-Unis, qu'ils se dirigent. Les hivernants cherchent le soleil et la chaleur en Floride. En été, on entend souvent parler le français-canadien autour du lac Champlain et du lac George et sur la côte de l'Atlantique.

➤ *Questions* Connaissez-vous des régions que visitent les Québécois? Lesquelles? Pour quelles raisons voudraient-ils y aller?

Erablères - Maple Sugar

-Ski

-Saumon

STRUCTURE: Comment exprimer la volonté

When expressing wishes and desires, French uses either an infinitive or a verb in the subjunctive. If the subject of the wish is the same as the subject of the desired action or state, the infinitive is used. If the subject of the wish is not the same as the subject of the desired action, a verb in the subjunctive is used. This structure contrasts directly with English, which makes no such distinction: *I want to take the train. I want them to take the train.* Following a brief review of this grammar point with the verbs **vouloir** and **préférer,** we will study a number of additional verbs and expressions that can be used to express wishes and desires.

Grammar: If you did not have a passing score on the **Repêchage** test in the CC or if you feel that you're still unsure about the use of the infinitive and subjunctive with **vouloir** and **préférer**, you should let your instructor know.

RAPPEL L'emploi de l'infinitif et du subjonctif avec les verbes **vouloir** et **préférer**

J. Vos parents étaient-ils (sont-ils) «difficiles»? Quand vous étiez plus jeune, vous entendiez-vous bien avec vos parents? Jusqu'à quel point vos désirs entraient-ils en conflit avec les leurs? Dans quelle mesure vos rapports sont-ils toujours les mêmes? En quoi ont-ils changé? En vous inspirant de vos réponses à l'exercice IX de votre **Manuel de préparation,** discutez de ces questions avec quelques camarades de classe.

PRESENTATION D'autres expressions de volonté

1. Degrees of willingness

The verbs **vouloir** and **préférer** express the basic notions of *desire* and *preference.* There are other expressions in French that express these basic ideas.

a. Strong wishes

aimer (usually in the conditional)
souhaiter *(to wish, to hope for [that])*
tenir (**à**) *(to be anxious for, to insist on [that])*

b. Willingness, permission

accepter (de)
permettre (à... de...)
vouloir bien

c. Suggestion

demander (à... de...)
proposer (à... de...)
recommander (à... de...)
suggérer (à... de...)

d. Insistence, order

exiger (de) *(to require)*
insister (pour)
ordonner (à... de...)

e. Opposition

empêcher (de) *(to prevent)*
interdire (à... de...) *(to forbid)*
s'opposer (à)
refuser (de)

2. Grammatical structures

These expressions follow the basic pattern of **vouloir** and **préférer,** i.e., when the subjects of both verbs are the same, you use an infinitive; when the subjects of the two verbs differ, the second verb is followed by the appropriate subjunctive form. Since wishes and desires are normally directed toward actions and states that have not yet occurred, the second verb is almost always in the present subjunctive.

Je souhaite avoir le temps de leur parler.
Je souhaite que vous ayez le temps de leur parler.

Elle veut bien y aller aussi.
Elle veut bien que nous y allions aussi.

Il a refusé d'attendre.
Il a refusé qu'on l'attende.

There are, however, some exceptions and special circumstances.

a. **à ce que, pour ce que**

When the first verb in the sentence is followed by **à** or **pour,** the expression **ce que** is inserted before the subjunctive form.

Ils tiennent à ce que nous les accompagnions.
Elle s'oppose à ce que tu sortes avec lui.
J'ai insisté pour ce qu'il nous attende.

b. **... à +** ***personne*** **+ de +** ***infinitif***

Even when there are two different subjects involved, certain verbs can still be followed by an infinitive. In the majority of cases, the second subject

> **Grammar:** In some cases, there is a difference in meaning. For example, **J'ai recommandé à M. Allair de démissionner** indicates that you made this recommendation directly *to* M. Allair. However, **J'ai recommandé que M. Allair démissionne** could suggest that you make this recommendation *about* M. Allair to someone else.

becomes an indirect object (**à** + *person)* and the infinitive is preceded by the preposition **de.** It is equally possible, however, to follow the basic rule and use **que** and the subjunctive.

Ils ne permettent pas à leurs enfants de sortir seuls.
Ils ne permettent pas que leurs enfants sortent seuls.

J'ai recommandé à M. Allair de démissionner.
J'ai recommandé que M. Allair démissionne.

After the verb **empêcher,** the second subject becomes a direct object.

Vous n'empêcherez pas Martine de faire ce qu'elle veut.
Vous n'empêcherez pas que Martine fasse ce qu'elle veut.

3. Expression + *noun*

Many of the expressions of wishing can also be followed by a noun. Frequently, the noun is accompanied by an indirect object.

Je vous souhaite la bienvenue en France.
On nous a refusé la permission de partir.
Le médecin m'a interdit le tabac et l'alcool.
Je ne m'opposerai pas à ta décision.

K. Les parents-modèles. Utilisez les expressions suggérées pour préciser les comportements qui caractérisent les parents idéaux.

MODELE exiger
Ils n'exigent pas d'avoir toujours raison. OU
Ils exigent que les enfants leur montrent du respect.

1. accepter
2. tenir à
3. recommander
4. insister pour
5. souhaiter
6. permettre
7. interdire
8. vouloir bien
9. proposer
10. s'opposer à

L. Qu'est-ce qu'ils veulent? Décrivez les comportements des personnes suivantes en imaginant leurs désirs et leurs vœux. Variez les expressions de volonté que vous utilisez.

1. le bon professeur
2. le/la mauvais(e) étudiant(e)
3. la femme traditionnelle
4. la femme moderne
5. l'homme traditionnel
6. l'homme moderne

M. Si un jour... Parlez avec quelques camarades de classe de vos attitudes et de vos comportements dans les éventualités suivantes.

1. Si je suis père/mère de famille un jour...
2. Si je suis patron(ne) (employé[e]) un jour...
3. Si je voyage en Europe un jour...

C'est à vous maintenant!

ECOUTEZ!

6-3

Le père et la fille Barbarin ont des réactions bien différentes au voyage qu'a fait la famille pendant les vacances de printemps.

«J'étais ravi de voir Chartres et Versailles et de les montrer aux enfants.»

«A Euro Disneyland... il y a plein de parcs d'attractions. Tu peux faire plein de choses. On s'est vraiment bien amusé.»

If you have not done this listening exercise in class or if you would like to listen again to the monologues, you can work with this listening material on your own.

PARLONS!

N. Le passé historique américain. Cet été, vous recevrez quelques étudiants français à votre université. On vous a chargé(e) d'organiser une visite de votre région pour donner aux invités français une idée de l'histoire de la région. D'abord, organisez, avec l'aide de quelques camarades de classe, l'itinéraire de ce voyage. Ensuite, donnez à la classe un compte-rendu de vos discussions avec vos camarades sur cet itinéraire en parlant des idées que vous avez rejetées ainsi que de celles que vous avez acceptées.

INTERMEDE

LECTURE: «Un voyage de Paris à Rome» (Michel Butor)

Michel Butor (1926–) was one of the leading figures of the **nouveau roman** *(new novel)* movement during the 1950s. He is the author of several novels as well as of a large number of experimental texts.

Dans La Modification, *Michel Butor raconte l'histoire de Léon Delmont (le* vous *du texte). Agé de 45 ans, directeur du bureau parisien des machines à écrire Scabelli (grande société italienne), Delmont habite à Paris avec sa femme et leurs enfants. Mais il voyage régulièrement pour les affaires à Rome, où il a une maîtresse (Cécile). Un vendredi matin de novembre Delmont prend le train pour Rome avec l'intention d'annoncer à Cécile qu'il va quitter sa femme. Le récit suit les étapes de son voyage à la fois physique et mental.*

Passe la gare de Darcey.° Assez loin dans le corridor, le contrôleur sort d'un compartiment pour aller dans le suivant° qui doit être le dernier, puis vient une jeune fille à peu près du même âge que Madeleine,° suivie à quelque distance par ce représentant de commerce qui était tout à l'heure en ce coin que vous aviez choisi au départ de Paris et que vous avez réussi à reprendre. Les deux jeunes époux sont de nouveau assis l'un près de l'autre, mais leurs positions se sont inversées, lui étant près de la fenêtre et elle à côté de l'Anglais. De l'autre côté du corridor passe un long train de marchandises avec des wagons frigorifiques en bois peint de blanc sale, marqués de grandes lettres noires. [...]

Darcey: village in the region of Dijon
suivant: next one
Madeleine: one of Delmont's daughters

A une heure, sur la place du palais Farnèse, cette fois° Cécile en sortant vous cherchera du regard, et c'est pendant le déjeuner, au restaurant Tre Scalini par exemple, piazza Navona, l'ancien cirque de Claude,° tout en admirant la coupole et les clochers elliptiques de Borromini° [...] que vous lui expliquerez les raisons de votre voyage, que cette fois vous n'êtes pas venu pour Scabelli, mais uniquement pour elle, que vous lui avez trouvé une situation à Paris, que vous n'êtes pas descendu à l'Albergo Quirinale,° mais que vous habiterez entièrement avec elle, c'est pourquoi il vous faudra d'abord, au début de l'après-midi, aller vous entendre avec Mme da Ponte,° puis retirer votre valise de la consigne,° avant de pouvoir tous les deux, toute hâte éloignée,° vous tenant à la taille° comme des jeunes gens, jouir° de l'espace romain, de ses ruines et de ses arbres, des rues qui vous seront permises, même le Corso et la piazza Colonna, puisque la boîte° à ce moment sera fermée, à l'exception toutefois de la via Vittorio Veneto, aux environs surtout du Café de Paris où le signor Ettore Scabelli a coutume de° passer des heures.

cette fois: this time (one of several similar trips)
Claude: Roman emperor (41–54 A.D.)
Borromini: Italian architect (17th c., baroque style)
Albergo Quirinale: hotel where Delmont usually stays
Mme da Ponte: Cécile's landlady / consigne: left-luggage office
toute hâte éloignée: all haste now far away / à la taille: around the waist
jouir: to enjoy
boîte: office *(slang)*
a coutume de: is in the habit of

Quand le soleil se couchera, vous rentrerez via Monte della Fraina pour chercher vos manteaux, et il est probable que ce dont Cécile aura envie, ce sera d'aller dîner dans une pizzeria du quartier, étudiant en chemin° les programmes des cinémas mais seulement pour le lendemain soir, parce que demain vous sentirez retomber sur vous la fatigue de la nuit précédente inconfortable et troublée, la fatigue de la nuit prochaine, et que vous vous mettrez au lit de très bonne heure dans sa chambre pour n'en ressortir cette fois que le matin.

along the way

(Peu à peu, au cours de son long voyage, des souvenirs envahissent° ses pensées — souvenirs d'autres voyages à Rome.)

invade

Dans la montagne et la campagne, de l'autre côté de la vitre° de plus en plus transparente, sous le ciel de plus en plus sombre, s'allument de plus en plus de villages, mais le train entre dans un tunnel et son bruit est redevenu sourd.° Au-delà de la fenêtre, le reflet de la porte à côté vous donne maintenant sur une fuite de rocs° noirs.

window pane

dull, muffled

fallen rocks

Les vespas° et les trams° vous ont éveillé° dans votre chambre étroite et bruyante° à l'Albergo Quirinale. Vous avez ouvert les volets et attendu le lever du jour.

motor scooters / street cars / awakened

noisy

Le programme chez Scabelli n'était pas très chargé; vous n'avez pas eu de difficulté à vous trouver, à une heure juste, au petit bar de la piazza Farnèse.

Il y avait eu un week-end consacré à Borromini, un autre sous le signe du Bernin,° un pour le Caravage, Guido Reni,° les fresques du moyen âge, les mosaïques paléochrétiennes°; il y en avait eu surtout pendant lesquelles vous vous efforciez d'explorer diverses phases de l'Empire, celui de Constantin° (son arc de triomphe, la basilique de Maxence, les fragments de son colosse au musée du Capitole), celui des Antonins,° celui des Flaviens,° celui des Césars° (leurs temples, leurs palais sur le Palatin, la maison dorée de Néron°), pendant lesquels vous tentiez de reconstituer à partir des immenses ruines dispersées les monuments tels qu'ils pouvaient être dans leur jeunesse, l'image de la ville telle qu'elle avait été dans sa pleine audace°; aussi, quand vous vous promeniez sur le Forum, n'était-ce pas seulement parmi les quelques pauvres pierres, les chapiteaux brisés,° et les impressionnants murs ou soubassements° de briques, mais au milieu d'un énorme rêve qui vous était commun, de plus en plus solide, précis et justifié à chaque passage.

Italian baroque architect and sculptor / 17th century Italian painters

early Christian

Roman emperor (306–337 A.D.)

name given to seven Roman emperors (96–192 A.D.) / dynasty that governed Rome (69–96 A.D.) / Jules César et César Auguste (Roman emperors: first century B.C.)

Roman emperor (54–68 A.D.)

boldness

broken tops of columns / bases

Une fois vos pérégrinations,° vos pèlerinages,° vos quêtes° vous avaient menés d'obélisque en obélisque, et vous saviez bien que pour continuer cette exploration systématique des thèmes romains il vous aurait fallu° aussi aller, une fois, d'église Saint-Paul en église Saint-Paul, de San Giovanni en San Giovanni, de Sainte-Agnès en Sainte-Agnès, de Lorenzo en Lorenzo, pour essayer d'approfondir° ou de cerner,° de capter et d'utiliser les images liées à ces noms, portes de bien étranges découvertes à n'en pas douter sur le monde chrétien lui-même si fallacieusement° connu, sur ce monde encore en train de s'écrouler,° de se corrompre, de s'abattre° sur vous, et des ruines des cendres° duquel vous cherchiez à vous échapper dans sa capitale elle-même, mais vous n'osiez° pas trop en parler à Cécile, sachant qu'elle refuserait de vous comprendre, par peur de la contagion, par superstition toute romaine.

wanderings / pilgrimages / searches

you would have had to

to go deeper into / to define

deceptively / to collapse

to fall down / ashes

dare

Le mois précédent, la clé de vos déplacements avait été Pietro Cavallini,° et vendredi dernier vous disiez dans le petit bar de la piazza Farnèse, avant d'aller déjeuner sur le Largo Argentina (car, un jour de semaine comme celui-là, vous ne pouviez pas trop vous éloigner°), qu'il était étrange de ne jamais vous être mis [...] à la poursuite des fragments de Michel-Ange,° à rassembler ainsi les signes de son activité dans cette ville.

13th century Italian painter

to go too far away

Michelangelo, Italian Renaissance painter, sculptor, architect

Sistine Chapel (in the Vatican)
trick, subterfuge
clings
pocket of pus
rotten / core
foolish

Alors elle s'est mise à rire:

«Je vois bien où tu veux en venir: la Sixtine,° naturellement; tu veux me forcer par cette ruse° à mettre les pieds dans ce Vatican que j'abhorre, dans cette cité cancer qui s'accroche° au côté de la splendeur et de la liberté romaines, cette poche de pus° stupidement dorée.

«Tu es pourri° de christianisme jusqu'aux mœlles,° malgré toutes tes protestations, de dévotion la plus sotte°; la moindre cuisinière romaine a l'esprit plus libre que toi.» [...]

(Des mauvais souvenirs comme celui-là, des rêves troublants qui l'empêchent de dormir, des questions qu'il se pose de plus en plus fréquemment finissent par modifier le projet de Delmont.)

village in the suburbs of Rome

Passe la gare de Magliana.° De l'autre côté du corridor, c'est déjà la banlieue romaine.

dawn
watching
Avoiding

Vous allez arriver dans quelques instants à cette gare transparente à laquelle il est si beau d'arriver à l'aube° comme le permet ce train dans d'autres saisons. [...]

Vous n'irez point guetter° les volets de Cécile; vous ne la verrez point sortir; elle ne vous apercevra point.

Vous n'irez point l'attendre à la sortie du palais Farnèse; vous déjeunerez seul; tout au long de ces quelques jours, vous prendrez tous vos repas seul.

Evitant° de passer dans son quartier, vous vous promènerez tout seul et le soir vous rentrerez seul dans votre hôtel où vous vous endormirez seul. [...]

Puis lundi soir, à l'heure même que vous aviez prévue, pour le train même que vous aviez prévu, vous retournerez vers la gare, sans l'avoir vue.

Michel Butor, *La Modification.*
Paris: Editions de Minuit, 1957, extraits.

A. Le sens du texte. Les extraits que vous avez lus révèlent les paradoxes et les contradictions à l'œuvre dans la conscience de Delmont. En faisant allusion aux détails de ces extraits, expliquez pourquoi il est possible de montrer à la fois son accord et son désaccord avec les conclusions suivantes.

1. A Rome, Delmont et Cécile se comportent comme des jeunes amoureux.
2. Pour Delmont, Rome représente un lieu où il peut échapper à son passé.
3. Delmont et Cécile s'entendent très bien ensemble.
4. L'histoire racontée dans *La Modification* semble être des plus banales: ménage à trois *(love triangle)*, crise de la quarantaine *(midlife crisis)*, voyage à l'étranger.

B. L'art du texte. Répondez aux questions suivantes à propos du texte que vous avez lu.

1. Normalement, le personnage principal d'un roman est désigné par un pronom à la première personne (**je**) ou à la troisième personne (**il, elle**). En choisissant de désigner son personnage par un pronom à la deuxième personne (**vous**), comment est-ce que Butor change le rapport entre narrateur et personnage? entre personnage et lecteur?

2. Les extraits que vous avez lus comprennent trois moments temporels: présent, futur, passé. Qu'est-ce que chaque moment représente dans l'histoire de Delmont? Dans quel sens peut-on dire qu'ils représentent tous des formes différentes de *voyage*? Qu'est-ce qui relie les différents moments, les différents voyages?
3. Les noms propres semblent jouer un rôle important dans ces extraits. En quelle opposition les noms propres s'organisent-ils? Comment cette opposition aide-t-elle à comprendre la modification que subit le projet de Delmont?

L'art de la composition

ON RESUME UN TEXTE (SUITE)

C. Des résumés. Comparez les résumés que vous avez rédigés en faisant l'exercice IV dans votre **Manuel de préparation** à ceux de quelques camarades de classe. Avez-vous tous compris les textes de la même façon? Y a-t-il des idées essentielles qu'on a omises?

L'art de la discussion

ON DISCUTE

Many French people enjoy discussing, arguing, and debating. It is not unusual to find families at the dinner table, students in a café, friends in a restaurant involved in animated exchanges on all sorts of subjects. Visitors from other cultures where argument and debate are considered either consciously or unconsciously threatening or impolite are often intimidated by the ease with which the French attack each other's ideas. However, to participate fully in French culture, you need to overcome any hesitation and be willing to plunge into a discussion with your own opinions. Many of the strategies you have worked on in earlier units are particularly useful in discussion, for example, circumlocuting, giving an opinion, expressing agreement and disagreement, giving examples, keeping the conversation going. Below you will find some additional strategies that will help you discuss, argue, and debate.

In some circumstances, it is important to express your position strongly.

Here are some useful expressions:

Il est évident (clair) que...
Bien sûr (Evidemment),...
... , c'est sûr (certain, clair, évident).
Je suis convaincu(e) (persuadé[e]) que...
Sans aucun doute...
Comme chacun le sait...

On the other hand, at other times, you may wish to disagree with someone *without* closing off the possibility of further discussion:

Il se peut que... mais...
Oui, mais on pourrait répliquer que...
Bien sûr (Bien entendu),... mais...
Je suis d'accord avec vous (toi) jusqu'à un certain point, mais...
Sans doute que... , mais...

In the discussions you will have with your classmates while working on this unit, try to make use of some of the above expressions as well as those you have learned in other units. Above all, try not to take the opinions expressed by others in arguing and debating as personal attacks.

D. Discussion: Y a-t-il un centre? La modification que subit Léon Delmont sur le plan psychologique est liée à un changement encore plus radical sur le plan politico-culturel. Vers la fin du voyage, Delmont pense:

> «Une des grandes vagues de l'histoire s'achève ainsi dans vos consciences, celle où le monde avait un centre, qui n'était pas seulement la terre au milieu des sphères de Ptolémée, mais Rome au centre de la terre, un centre qui s'est déplacé, qui a cherché à se fixer après l'écroulement de Rome à Byzance [Constantinople], puis beaucoup plus tard dans le Paris impérial [Napoléon], l'étoile noire des chemins de fer sur la France étant comme l'ombre de l'étoile des voies romaines. / Si puissant pendant tant de siècles sur tous les rêves européens, le souvenir de l'Empire est maintenant une figure insuffisante pour désigner l'avenir de ce monde, devenu pour chacun de nous beaucoup plus vaste et tout autrement distribué.»

En faisant penser ainsi son protagoniste, Butor semble contester l'idée que le monde moderne puisse avoir un centre. Etes-vous d'accord avec le point de vue de Butor? Si oui, quels sont les avantages et les inconvénients de cette absence de centre? Sinon, où trouvez-vous encore un (des) centre(s)? Quels sont les avantages et les inconvénients de l'existence de ce(s) centre(s)? Discutez de ces questions avec vos camarades de classe.

VOCABULAIRE POUR LA DISCUSSION

un centre (au centre de)
- réunir / unifier / concentrer
- décentrer (déplacer le centre) / décentraliser (réduire l'importance du centre)
- se disperser
- se multiplier

sur le plan cosmique
- l'univers *(m.)*
- le soleil / le système solaire
- les planètes *(f.pl.)*
  - graviter autour
- notre galaxie *(f.)* / d'autres galaxies

sur le plan politico-culturel
- les superpuissances *(f.pl.)*
  - dominer / subjuguer

sur le plan politique (militaire / économique)
- les pays *(m.pl.)* du Tiers-Monde
- les pays pauvres (sous-développés)
  - réclamer / se révolter

sur le plan personnel
- la famille
- l'école
- l'église

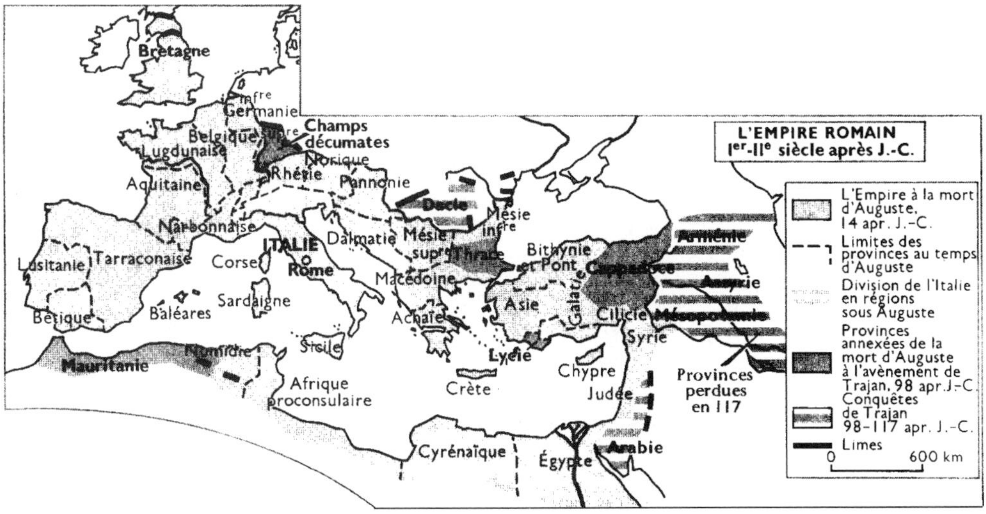

Chapitre 17

A l'ère de la technologie

En avant!

6-4

ECOUTEZ!

Martine et Maurice, deux jeune lycéens, passent le dimanche avec leur grand-père.

— A quelle heure il est ouvert votre musée?
— C'est facile. On n'a qu'à se servir du Minitel pour voir.

la Villette

If you have not done this listening exercise in class or if you would like to listen again to the conversation, you can work with this listening material on your own.

POUR PARLER DE LA TECHNOLOGIE

A. Vous et la technologie. Quel rôle la technologie moderne joue-t-elle dans votre vie de tous les jours? dans votre façon d'envisager l'avenir? Discutez de ces questions avec vos camarades de classe.

POUR COMMUNIQUER

Pour demander des renseignements pratiques

Pardon, (Monsieur). Pourriez-vous me dire... ?
Excusez-moi, (Madame). Est-ce que vous savez... ?
S'il vous plaît, (Mademoiselle). J'aimerais savoir...

Où est (se trouve)... , s'il vous plaît?
Comment je dois faire (pour réserver une place)?
(Est-ce qu') on peut (mettre une pièce de 5 francs)?

Dis, est-ce que tu sais... ?
Dis donc, tu peux me dire... ?
Ecoute, tu ne sais pas... ?

Pour dire qu'on ne peut pas donner le renseignement demandé

Je suis désolé(e), je ne sais pas (je ne suis pas d'ici, je n'ai aucune idée).

B. A la Cité des Sciences et de l'Industrie de La Villette. Au cours de votre visite à La Villette, vous devez vous renseigner à plusieurs reprises. Choisissez une expression que vous pourriez utiliser pour demander les renseignements suivants.

1. Vous venez de descendre de l'autobus; vous cherchez l'entrée principale.
2. Vous voulez acheter le guide de l'exposition permanente, mais vous ne savez pas le prix.
3. Vous voulez savoir à quel étage on fait le voyage dans l'espace.
4. Vous ne savez pas les heures d'ouverture du snack-bar.
5. Vous savez qu'il y a un parc d'attractions juste à côté, mais vous ne savez pas comment y aller.
6. Vous êtes désorienté(e); vous n'arrivez pas à retrouver l'arrêt d'autobus.

C. Il vous faut un renseignement. Avec un(e) camarade de classe, jouez les micro-conversations suivantes en faisant attention au niveau de langue.

1. Votre montre est cassée; vous demandez l'heure à un(e) passant(e).
2. Vous êtes à la librairie. Vous cherchez le nouveau livre de Marguerite Duras, mais vous en avez oublié le titre. Vous le demandez à l'employé(e).
3. Vous voyagez dans le train. Vous demandez à un(e) passager(ère) l'heure d'arrivée à Avignon.
4. Vous demandez à un(e) camarade de classe le numéro de téléphone de votre professeur.
5. Vous êtes dans un centre commercial. Vous voulez acheter des jeans, mais on n'en vend pas dans le magasin où vous vous trouvez. Vous vous renseignez donc auprès d'un(e) employé(e).
6. Vous êtes au bureau de poste. Vous demandez à un(e) employé(e) comment envoyer un télégramme à votre famille aux Etats-Unis.
7. Vous demandez à un(e) camarade de classe la date de l'examen de fin de semestre.
8. Vous êtes dans la rue. Vous cherchez une station de métro. Vous arrêtez un(e) passant(e).

la Villette

RENSEIGNEMENTS

Pour y accéder :

à 20 minutes du cœur de Paris

- accès métro et boulevard périphérique :
  - Porte de la Villette (cité des Sciences et de l'Industrie, et Géode).
  - Porte de Pantin (grande halle, zenith, théâtre Paris-Villette).
- Accès bus :
  - Porte de Pantin 75, 151, PC.
  - Porte de la Villette 250A, 152, 150, PC.
- Aéroport : Roissy - Charles de Gaulle.

Pour en savoir plus :

- SEVIL : le serveur télématique de la Villette : informations sur le projet, l'actualité scientifique, les jeux, la messagerie...
  Accès par Minitel de province et de Paris :
  36.15.91.77.
  Mot-clé : SEVI
  Mot-clé : SEV
  36.15.91.77.
- Les Points d'accueil : Porte de Pantin et porte de la Villette : maquettes du site, vidéos.

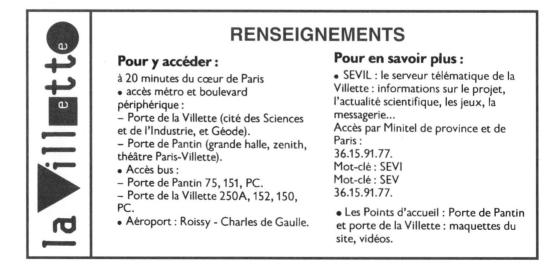

Le Québec et la technologie: Hydro-Québec

Au Québec, la technologie a un visage plus «naturel». Pas de centrales nucléaires. Au contraire, on exploite la plus grande ressource de la province — ses lacs et ses rivières. On vient de terminer un énorme projet destiné à produire de l'énergie hydroélectrique non seulement pour le Québec mais aussi pour les Etats-Unis. On a réussi à harnacher *(harness)* la rivière La Grande, entre sa source et son estuaire *(mouth)*, d'une série de barrages *(dams)* et de centrales. Afin de réaliser cet exploit, il a fallu «corriger» la nature en créant un énorme lac artificiel afin de modifier le cours d'une autre rivière, la Caniapiscau, qui se dirigeait vers l'est et se jetait dans l'Atlantique, pour qu'elle s'écoule vers l'ouest et rejoigne les eaux de La Grande en se déversant *(emptying out)* dans la baie James.

Questions Ce prodigieux projet a aussi son côté négatif. Les constructions vont détruire ou inonder les territoires de chasse et de pêche des Indiens et des Inuits qui y habitent depuis des siècles. Le gouvernement a fini par allouer aux habitants indigènes 225 millions de dollars en compensation. Pouvez-vous penser à d'autres exemples où la technologie moderne et les besoins humains se sont trouvés en opposition? A votre avis, comment doit-on régler ces conflits?

STRUCTURE: Comment exprimer les rapports temporels (2)

In the previous chapter, you learned many adverbs and adverbial expressions that can be used to relate events to a particular moment in time. Now, after a short review of some prepositions used to indicate duration or temporal distance, you will learn how to express time relationships between events, how to indicate whether two events occur simultaneously or whether one precedes and the other follows.

Grammar: If you did not have a passing score on the **Repêchage** test in the **CC** or if you feel that you're still unsure about prepositions of time, you should let your instructor know.

RAPPEL Quelques prépositions de temps (pendant, pour, en, dans, il y a)

D. Et nous? Comparez votre vie à celle de vos camarades de classe en parlant des catégories suggérées et en utilisant les prépositions indiquées.

1. votre passé (**pendant**)
2. vos exploits (**en**)
3. votre avenir (**dans**)
4. vos projets (**pour**)
5. vos souvenirs (**il y a**)

PRESENTATION Les prépositions et les conjonctions de temps

When indicating whether two actions occur at the same time or whether one action either precedes or follows another action, it is important in French to distinguish between actions having the same subject (and thus can be linked by a *preposition)* and those having different subjects (and thus require a *conjunction).*

1. Relationships of simultaneity

Pendant qu'elle est au travail, ses enfants sont à la garderie.	*While* she's at work, her children are at day care.
Je lui parlerai **dès qu'**il arrivera.	I'll talk to him *as soon as* he gets here.
Quand nous sommes partis, les autres dansaient toujours.	*When* we left, the others were still dancing.

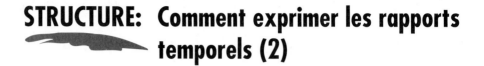

When each verb has a *different* subject, you use one of the following conjunctions to indicate that the actions occur (will occur, did occur) at the same time:

pendant que *(while)*
en même temps que *(at the same time as)*
quand / lorsque *(when)*
dès que / aussitôt que *(as soon as)*
au moment où *(at the moment that)*

Notice that in the examples above, both verbs are in the same indicative tense (**est, sont / parlerai, arrivera**). This is true in most cases unless you have to distinguish between a short action and a continuous action (**sommes partis, dansaient**).

Grammar: Do not confuse **pendant que** and **tandis que**, which both have *while* as an English equivalent. **Pendant que** has a temporal meaning; it stresses the fact that two actions are (were) occurring at the same time (**Pendant que nous parlions, il regardait la télé**). **Tandis que** has a concessive meaning; it stresses the fact that two actions are in opposition (**J'aime beaucoup le cinéma tandis que ma femme préfère le théâtre**).

a. Use of the present participle to express simultaneity

Elle s'est fait mal à la cheville **en dansant.**	She hurt her ankle *while dancing.*
En sortant du parking, nous avons eu un petit accident.	*While leaving* the parking lot, we had a little accident.
Elle réussira à avoir son diplôme en quatre ans, **tout en travaillant** 40 heures par semaine.	She will manage to get her degree in four years *even while working* 40 hours a week.

When both verbs have the same subject, you can use the preposition **en** *(while)* and a *present participle* (**participe présent**) to indicate that the actions occur (did occur, will occur) at the same time. The expression **tout en** + *present participle* adds the notion of opposition or difficulty to the idea of simultaneity. **En** + *present participle* sometimes also has the idea of *manner* (the way by means of which something is done) and is the equivalent of *by*.

En prenant cinq ou six cours par semestre, on peut finir ses études en trois ans et demi.	*By taking* five or six courses per semester, you can finish your studies in three and a half years.

Grammar: The present participle is used much more frequently in English than in French. In French, it is used primarily with the preposition en to indicate simultaneity. French uses other constructions to express the equivalent of *-ing* in English. For example, the present tense: **je regarde** *(I am watching)*; the imperfect: **elles attendaient** *(they were waiting)*; an infinitive: **Voir, c'est croire** *(Seeing is believing)*; a preposition followed by an infinitive: **Elle a passé l'après-midi à lire** *(She spent the afternoon reading)*, **Nous nous sommes amusés à faire de la planche à voile** *(We had a good time wind-surfing)*. Be careful not to overuse the present participle in French.

b. Formation of the present participle

The present participle of almost all French verbs is formed by replacing the **-ons** ending of the present tense with the ending **-ant.**

regarder	**nous regardons**	**en regardant**
choisir	**nous choisissons**	**en choisissant**
dormir	**nous dormons**	**en dormant**
attendre	**nous attendons**	**en attendant**
faire	**nous faisons**	**en faisant**
prendre	**nous prenons**	**en prenant**
dire	**nous disons**	**en disant**

The three exceptions are:

avoir	**en ayant**
être	**en étant**
savoir	**en sachant**

The present participle in French has as an English equivalent the *-ing* form of the verb: **en lisant** = *while reading.*

2. Relationships of anteriority

Téléphone-lui **avant que** ce ne soit trop tard.	Call her *before* it's too late.
Nous serons là **jusqu'à ce qu'**ils reviennent.	We'll be there *until* they get back.
En attendant que Martine sorte du bureau du directeur, nous avons lu des revues.	*While waiting for* Martine to come out of the director's office, we read magazines.

When each verb has a different subject, use one of the following conjunctions to indicate that one action precedes (will precede, did precede) the other:

avant que *(before)*
jusqu'à ce que *(until)*
en attendant que *(while waiting for)*

These conjunctions are all followed by a verb in the *present subjunctive.*

Je ferai la vaisselle **avant de** sortir.	I'll do the dishes *before* I go out (going out).
En attendant de voir le directeur, j'ai lu des revues.	*While waiting to* see the director, I read magazines.

Grammar: When possible, the French tend to use **avant** + *a noun* in the place of **avant de** or **avant que.** For example, instead of saying **avant que Jacqueline parte,** one can say **avant le départ de Jacqueline;** in place of **avant que la réception (ne) finisse,** one can use **avant la fin de la réception.**

When both verbs have the same subject, you must use a preposition (**avant de, en attendant de**) and an infinitive. The prepositional form of **jusqu'à ce que** is an exception. Even though it cannot be followed by an infinitive, it may still be used when the subject of each verb is the same:

Je resterai là **jusqu'à ce que** j'aie leur réponse.	I'll stay there *until* I get their answer.

3. Relationships of posteriority

Je lui parlerai **après qu'**elle aura reçu ma lettre.	I'll talk to her *after* she gets my letter.
Quand ils avaient vu le château, nous les avons amenés déjeuner dans un restaurant.	*When* they had seen the castle, we took them to a restaurant for lunch.
Dès qu'elle se lève, son mari lui sert du café.	*As soon as* she gets up, her husband serves her coffee.

When each verb has a different subject, use one of the following conjunctions to indicate that one action follows (will follow, followed) the other:

après que *(after)*
quand / lorsque *(when)*
dès que / aussitôt que *(as soon as)*

These conjunctions are followed by a verb in the indicative. However, when they indicate that one action is (will be, was) completed before the other, they require a compound tense (**passé composé, futur antérieur,** or **plus-que-parfait).**

Tu pourras sortir **après avoir fait** la vaisselle.	You can go out *after* you do the dishes.
Après s'être levée, elle a préparé son petit déjeuner.	*After* she got up (getting up), she made her breakfast.

When both verbs have the same subject, you must use the preposition **après** and a *past infinitive* (**passé de l'infinitif**). However, since the conjunctions **quand, lorsque, dès que,** and **aussitôt que** do not have a prepositional form, they can be used even if the subjects are the same.

SUMMARY: TEMPORAL PREPOSITIONS AND CONJUNCTIONS

	TWO SUBJECTS		ONE SUBJECT
SIMULTANÉITÉ	**pendant que** **quand** **lorsque** **dès que** **aussitôt que** **au moment où**	+ *indicatif*	**en** + *participe présent*
ANTÉRIORITÉ	**avant que** **en attendant que** **jusqu'à ce que**	+ *subjonctif*	**avant de** + *infinitif* **en attendant de +** *infinitif*
POSTÉRIORITÉ	**après que** **quand** **lorsque** **dès que** **aussitôt que**	+ *indicatif*	**après** + *passé de l'infinitif*

E. Les voyageurs. On appelle les premiers explorateurs français qui partaient à la découverte du Nouveau Monde les «voyageurs». Vous êtes en train d'expliquer à vos camarades de classe ce que vous savez au sujet de ces explorateurs — Cartier, Champlain, Joliet, Marquette et La Salle. Combinez les phrases données en utilisant l'expression entre parenthèses et en faisant tous les changements nécessaires.

D'abord, indiquez des rapports de *simultanéité.*

1. Cartier est arrivé à Gaspé en 1534. A cette époque des Amérindiens y habitaient depuis longtemps. (lorsque)
2. En 1541, lors de son troisième voyage au Nouveau Monde, Cartier s'est attiré la défaveur du roi François Ier. Cartier a désobéi aux ordres du nouveau gouverneur du «Canada». (en)
3. En 1615 Champlain a remonté l'Ottawa. Il a découvert le lac Huron. (en)
4. La Salle a exploré le Mississippi. Il est descendu jusqu'au golfe du Mexique. (en)
5. La Salle a été tué en 1684. Il recherchait le delta du Mississippi. (pendant que)

Indiquez ensuite des rapports d'*antériorité.*

6. Cartier a pris possession du nouveau pays au nom de la France. Puis il est rentré à Saint-Malo. (avant de)
7. Jacques Cartier a remonté le Saint-Laurent jusqu'à l'emplacement actuel de Montréal en 1535. Champlain a fondé la ville de Québec en 1608. (plus de 70 ans avant que)
8. La femme de Champlain a passé 10 années seule en France. Enfin, son mari l'a emmenée à Québec. (en attendant que)
9. Champlain et sa femme sont restés à Québec jusqu'en 1629. En 1629 les Anglais ont occupé la ville. (jusqu'à ce que)
10. Champlain a fait la paix avec les Iroquois. Puis il est mort. (avant de)

Indiquez enfin des rapports de *postériorité.*

11. Champlain a visité la Nouvelle-France pour la première fois en 1603. En 1608 il y est retourné pour fonder la ville de Québec. (cinq ans après)
12. Champlain s'est marié en 1610. L'année suivante il est rentré à la Nouvelle-France. (après)
13. Champlain a découvert le lac Ontario en 1615. Ensuite il a été blessé par les Iroquois. (après)
14. Joliet et Marquette sont descendus jusqu'au confluent du Missouri et de l'Ohio. Ils ont décidé de remonter vers le nord. (lorsque)
15. Joliet et Marquette ont découvert le Mississipi en 1673. La Salle est descendu jusqu'au golfe du Mexique en 1682. (neuf ans après que)

F. Avant? Après? En même temps? Répondez aux questions suivantes en vous inspirant des dessins. Il y a souvent plus d'une réponse possible.

MODELES Elle écoute la radio, puis elle travaille, non?
Non, elle écoute la radio en travaillant. OU
Elle travaille en écoutant la radio. OU
Elle écoute la radio pendant qu'elle travaille. OU
Elle travaille pendant qu'elle écoute la radio.

Elle finit son travail, puis elle déjeune, non?
Non, elle déjeune avant de finir son travail. OU
Elle finit son travail après avoir déjeuné.

Quand est-ce qu'elle rentre chez elle?
(Elle rentre chez elle) après avoir fini son travail. OU
Après avoir travaillé.

1. Elles disent au revoir à leurs parents, puis elles font enregistrer leurs bagages, non? Elles font des gestes d'adieu avant de monter dans l'avion, non? Quand est-ce qu'elles voient les deux jeunes gens?

2. Il a mangé son petit déjeuner, puis il a pris une douche, non? Il s'est fait mal au pied pendant qu'il mangeait, non? Quand est-ce qu'il a décidé de retourner au lit?

3. Tes parents partiront en vacances, puis tu inviteras tes amis à une soirée chez toi, non? Tu prépareras la nourriture avant l'arrivée de tes amis, non? Quand est-ce que tu nettoieras la maison?

4. Elle a dit au revoir à son mari, puis elle est partie au travail, non? Il a pris le petit déjeuner avant de lire son journal, non? Quand est-ce que sa femme lui a téléphoné?

5. Vous vous êtes promenés dans la Ville-Basse, puis vous avez visité le Château Frontenac, non? Vous avez rencontré vos amis pendant que vous visitiez le château, non? Après avoir dîné au Marie-Clarisse avec vos amis, vous êtes rentrés à votre hôtel, non?

6. Ce soir ils dîneront, puis ils coucheront le bébé, non? Ils finiront de manger, puis le bébé se réveillera, non? Le bébé se rendormira, puis ils lui donneront du lait, non? Quand est-ce qu'ils finiront leur dîner?

G. Qu'est-ce que tu as fait? Qu'est-ce que tu feras? Parlez de vos activités avec un(e) camarade de classe qui vous interrompra de temps en temps pour obtenir des précisions. Essayez tous (toutes) les deux d'utiliser les expressions suggérées.

1. Qu'est-ce que tu as fait ce matin? (après / avant de, avant que / en / lorsque / jusqu'à ce que)
2. Qu'est-ce que tu feras ce soir (ou demain matin)? (après, après que / avant de, avant que / pendant que / dès que)

3. Qu'est-ce que tu as fait samedi dernier (la semaine dernière)? (après / avant de / en / quand / pendant que)
4. Qu'est-ce que tu feras pendant la première semaine des vacances? (avant de, avant que / après que, après / dès que / jusqu'à ce que / en)

Ensuite!

POUR PARLER DES PRODUITS ELECTRONIQUES

H. Vous participez à la révolution électronique? Parlez avec vos camarades de classe des produits électroniques que vous avez (ou que vous voudriez avoir) chez vous. Jusqu'à quel point est-ce que vous faites partie de la révolution microélectronique?

POUR COMMUNIQUER

Désigner un objet

Un adjectif utilisé comme substantif
Le rouge.
La verte.
Les moins chers.
Les plus grandes.
La première à gauche.

Un nom + une préposition de lieu
Le grand bâtiment au bout de la rue.
La vieille église derrière le marché.

Un nom + un participe passé utilisé comme adjectif
La grosse voiture stationnée devant la banque.
Le petit village caché dans la forêt.

Un nom + un pronom relatif
Les petits verres à vin que nous avons vus aux Galeries Lafayette.
La platine laser dont tu me parlais.

Un pronom démonstratif
Celui du milieu.
Celle d'en bas (d'en haut).
Ceux de gauche (de droite).

Vocabulary: The French often use the following slang expressions to designate people: young males — **un type, un gars, un mec**; young females — **une fille, une nana**; young children — **un(e) môme, un(e) gosse, un(e) gamin(e).**

Désigner une personne

Un adjectif utilisé comme substantif
La petite blonde.
Le barbu.
Le plus jeune.

Un nom + à + un trait physique ou un vêtement
Le vieux monsieur aux cheveux coupés en brosse.
La jeune femme au tailleur gris.

Un nom + ***en*** *+ une couleur*
La petite fille en vert.
Les joueurs en bleu.

Un nom + ***avec*** *+ un objet*
La vieille dame avec le filet.
L'homme avec des lunettes de soleil.

Un nom + un pronom relatif
La jeune femme qui a l'air allemande.
Le jeune couple que nous avons rencontré samedi.

I. A vous de choisir. Répondez aux questions suivantes à propos des photos et des images. Désignez la personne ou l'objet de votre choix à l'aide des structures suggérées dans la section **Pour communiquer.**

1. De qui voudriez-vous faire la connaissance? Avec qui voudriez-vous travailler? Avec qui n'aimeriez-vous pas passer du temps? Qui semble le/la plus âgé(e)? le/la plus jeune? le/la plus à la mode?

2. Laquelle de ces montres voudriez-vous acheter?

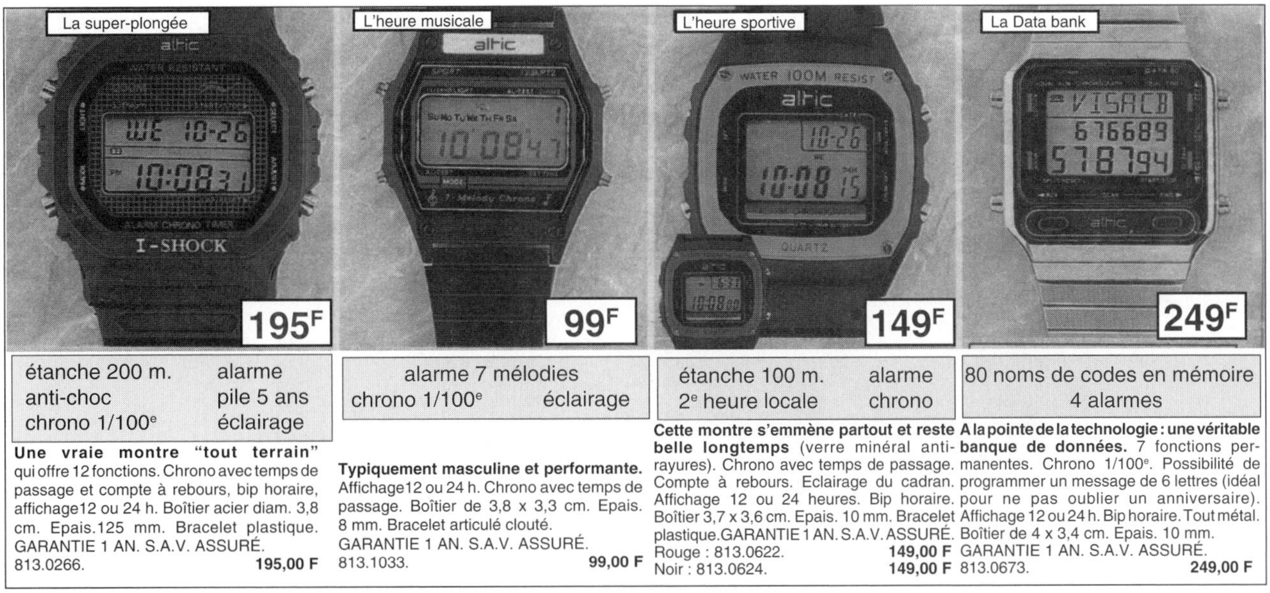

La super-plongée
I-SHOCK
195F
étanche 200 m. alarme
anti-choc pile 5 ans
chrono 1/100e éclairage
Une vraie montre "tout terrain" qui offre 12 fonctions. Chrono avec temps de passage et compte à rebours, bip horaire, affichage12 ou 24 h. Boîtier acier diam. 3,8 cm. Epais.125 mm. Bracelet plastique. GARANTIE 1 AN. S.A.V. ASSURÉ.
813.0266. 195,00 F
L'heure musicale
99F
alarme 7 mélodies
chrono 1/100e éclairage
Typiquement masculine et performante. Affichage12 ou 24 h. Chrono avec temps de passage. Boîtier de 3,8 x 3,3 cm. Epais. 8 mm. Bracelet articulé clouté.
GARANTIE 1 AN. S.A.V. ASSURÉ.
813.1033. 99,00 F
L'heure sportive
149F
étanche 100 m. alarme
2e heure locale chrono
Cette montre s'emmène partout et reste belle longtemps (verre minéral anti-rayures). Chrono avec temps de passage. Compte à rebours. Eclairage du cadran. Affichage 12 ou 24 heures. Bip horaire. Boîtier 3,7 x 3,6 cm. Epais. 10 mm. Bracelet plastique.GARANTIE 1 AN. S.A.V. ASSURÉ.
Rouge : 813.0622. 149,00 F
Noir : 813.0624. 149,00 F
La Data bank
249F
80 noms de codes en mémoire
4 alarmes
A la pointe de la technologie : une véritable banque de données. 7 fonctions permanentes. Chrono 1/100e. Possibilité de programmer un message de 6 lettres (idéal pour ne pas oublier un anniversaire). Affichage 12 ou 24 h. Bip horaire. Tout métal. Boîtier de 4 x 3,4 cm. Epais. 10 mm.
GARANTIE 1 AN. S.A.V. ASSURÉ.
813.0673. 249,00 F

3. Lequel de ces baladeurs voudriez-vous acheter?

295F
LECTEUR STÉRÉO
ET RADIO GO.FM.
69F
LECTEUR STÉRÉO
PILES OU SECTEUR
3 coloris au choix pour ce baladeur très sport à porter à la ceinture grâce à la place prévue à cet effet. Avance rapide, verrouillable et casque ajustable très léger. Fonctionne avec 2 piles type R6 ou sur secteur 220 V avec adapteur (adapteur et piles vendus page 843). Larg. 11, haut. 8,5, prof. 3,2 cm.
GARANTIE 1 AN. S.A.V. ASSURÉ.
Blanc : 743.5901 Bleu : 743. 5902
Rouge : 743.5903 169,00 F
Un baladeur complet, facile à s'offrir et qui s'emmène vraiment partout ! Radio 2 gammes à témoin d'émission FM stéréo, lecteur avec avance rapide et arrêt automatique fin de bande, casque stéréo ultra-léger livré. Fonctionne sur secteur 220V avec adapteur ou avec 2 piles type R6 (piles et adapteur vendus page 843). Haut. 13,5 cm, larg. 9,5 cm, épais 3,6 cm.
GARANTIE 1 AN. S.A.V. ASSURÉ.
743.0195 295,00 F
LECTEUR STÉRÉO. RADIO PO.FM.
ÉGALISEUR 3 BANDES
AUTO-REVERSE
3BAND
GRAPHIC EQUALIZER
KASUGA
KC 303
Il a mérité la mention Qualité Plus car c'est le plus complet et le plus performant de nos baladeurs. A la fois radio 2 gammes et lecteur de cassettes, il vous assure une restitution sonore de haute qualité grâce à son égaliseur, 3 bandes (100 Hz, 1 KHz, 10 KHz). Système auto-reverse avec sélecteur du sens de lecteur pour passer d'une face à l'autre sans manipulation. Avance et retour rapides verrouillables. Livré avec casque ajustable. Fonctionne avec 2 piles R6 ou sur secteur 220V avec adapteur (piles et adapteur vendus page 843). Dim. 15 x 9,5 x 4 cm.
GARANTIE 1 AN. S.A.V. ASSURÉ.
743.1434 595,00 F
LECTEUR
STÉRÉO
ÉGALISEUR
3 BANDES
199F
QUALITÉ
Plus
595F
Un son sur mesure avec ce baladeur stéréo doté d'un égaliseur 3 bandes (100 Hz, 1 KHz, 10 KHz). Il dispose en plus d'une avance rapide verrouillable, d'un système d'arrêt automatique fin de bande et d'une patte d'attache pour ceinture. Fonctionne avec 2 piles type R6 (vendues page 843). Livré avec casque ajustable. Dim. 11,5 x 9 x 4.5 cm. GARANTIE 1 AN. S.A.V. ASSURÉ.
743.1442 199,00 F

Le Québec: L'avenir d'une province

L'entrée de la province de Québec (alors le Haut-Canada) dans la Confédération canadienne en 1867 a provoqué une crise d'identité chez les habitants de la province, crise qui subsiste encore aujourd'hui. Refusant d'être Canadiens tout court (car désireux de retenir leur langue et leur culture), les habitants du Québec se trouvent pris entre deux désignations: sont-ils Canadiens français? sont-ils Québécois? Voici quelques dates-clés dans le déroulement de ce conflit socio-politique.

1960: le parti libéral québécois arrive au pouvoir — la province se modernise, se déchristianise, se «décolonise». On demande «l'égalité ou l'indépendance».

1967: Charles de Gaulle visite le Québec. Arrivant par le fleuve à la manière de Cartier et de Champlain, descendant de Québec à Montréal sur le Chemin du Roy sur la rive nord du Saint-Laurent, il lance le cri retentissant: «Vive le Québec libre!»

1980: le parti séparatiste est au pouvoir. Une loi est adoptée proclamant le français la seule langue officielle sur le territoire de la province. On organise un référendum sur la souveraineté, mais le «non» l'emporte: les Québécois refusent au Parti québécois le mandat de négocier avec le Canada anglais.

1990: le premier ministre Brian Mulroney (un Québécois anglophone) essaie de faire accepter par le Canada anglais l'accord du lac Meech, qui accorde au Québec le statut symbolique de société distincte, mais il ne réussit pas à faire l'unanimité des provinces. Le Québec se retrouve toujours à la recherche de son identité.

Questions Quel est l'état actuel des rapports entre le Québec et le Canada fédéral? Quel est le rôle de la langue espagnole aux Etats-Unis?

STRUCTURE: Comment présenter quelqu'un ou quelque chose

You have already learned the expressions **c'est** (**ce sont**), **voici, voilà,** and **il y a** — called **les présentatifs** in French. After a short review exercise with these basic **présentatifs,** you will learn additional ways to use them in order to introduce, emphasize, and explain people, places, and facts.

RAPPEL Les expressions c'est (ce sont), voici, voilà et il y a

Grammar: If you did not have a passing score on the **Repêchage** test in the **CC** or if you feel that you're still unsure about the use of these expressions, you should let your instructor know.

J. Qu'est-ce qu'il y a dans votre... ? Faites l'inventaire des contenants suivants en identifiant et en montrant quelques-uns des objets qui s'y trouvent.

1. votre sac à dos
2. votre portefeuille
3. vos poches

PRESENTATION C'est / Il est

Ça, **c'est** Janine. **C'est** ma meilleure amie. **C'est** elle qui habite à Rouen. **Elle est** très jolie, non?	*That's* Janine. *She's* my best friend. *She's* the one who lives in Rouen. *She's* very pretty, isn't she?
Tu as vu les portraits de François Ier? **Ils sont** dans le Salon Carré. **Ce sont** des exemples de l'art de la Renaissance.	Did you see the portraits of Francis the First? *They are* in the Salon Carré. *They are* examples of Renaissance art.

Generally, the expressions **c'est** and **ce sont** are used before a noun (**C'est Janine; Ce sont des exemples**) or a pronoun (**C'est elle/C'est lui**). The expressions **il (elle) est** and **ils (elles) sont** are usually used before an adjective (**Elle est très jolie**) or a preposition (**Ils sont dans le Salon Carré**).

There are, however, several exceptions:

1. Nouns of nationality, occupation, religion, social class, political allegiance

Elle est portugaise. **C'est** une portugaise.	*She's* (a) Portuguese.

Il est journaliste. **Il est** catholique.	*He's* a journalist. *He's* a Catholic.
Ils sont bourgeois. **Ce sont** des bourgeois.	*They're* middle-class people.
Elles sont conservatrices.	*They're* conservatives.

Unmodified nouns of nationality, occupation, religion, social class, and political allegiance may be treated as adjectives or as nouns. When treated as an adjective, they are introduced by **il(s)** or **elle(s) est (sont)** and are *not* preceded by an article. When treated as a noun, they are introduced by **c'est** or **ce sont** and require the use of an article.

However, when nouns of nationality, occupation, religion, social class, or political allegiance are modified, they must be treated as nouns, i.e., they are introduced by **c'est** or **ce sont** and are preceded by an article.

C'est la vieille Portugaise assise près de la porte.	*She's* the old Portuguese lady sitting near the door.
En effet, **c'est** un journaliste assez connu.	As a matter of fact, *he's* a fairly well known journalist.
Ce sont des anciens socialistes.	*They are* former Socialists.

2. Indefinite adjectives

Grammar: In conversation, the French often use **c'est** + *an adjective* to refer to specific objects. **C'est très joli, ta robe. / T'as vu le nouveau film d'Alain Tanner? C'est vraiment extraordinaire.**

C'est vrai.	*It (That) is* true.
Comment? Ils ne viennent pas? **C'est** impossible!	What? They're not coming. *That's* impossible!

Adjectives referring to an idea or to a previous sentence are introduced by **c'est.**

PRESENTATION Quelques constructions présentatives

Ce dont j'ai peur, moi, **ce sont** les loups.	*What* I'm afraid of *are* the wolves.
Ce qu'elle n'aime pas du tout, **c'est de** conduire la nuit.	*What* she doesn't like at all *is* driving at night.

To emphasize feelings about an activity or a thing in French, use an *indefinite relative pronoun* + **c'est** (**ce sont**). Place the preposition **de** before an infinitive.

Ce qui + *verbe* **Ce que** + *sujet* + *verbe* **Ce dont** + *sujet* + *verbe*	+ **c'est** (**ce sont**) (**de**)

Il a trois sœurs. **Celle que** je connais, **c'est** l'aînée. Elle s'appelle Régine.	He has three sisters. *The one* I know *is* the eldest. Her name is Régine.
Il y a beaucoup de bons magasins à Nice. **Ceux que** mes parents fréquentent, **ce sont** les plus chers de la ville.	There are lots of good stores in Nice. *The ones* my parents go to *are* the most expensive in the city.

To highlight a person in French, use a demonstrative pronoun and relative pronoun combination along with **c'est (ce sont).**

Celui (**celle, ceux, celles**) **qui** + *verbe*
Celui (**celle, ceux, celles**) **que** + *sujet* + *verbe*
Celui (**celle, ceux, celles**) **dont** + *sujet* + *verbe* (de)
+ **c'est** / **ce sont**

Il ne dit pas toujours la vérité, **c'est pour cela** que je ne veux pas sortir avec lui.	He doesn't always tell the truth, *that's why* I don't want to go out with him.
Elle n'a plus sa bourse, **c'est pourquoi** elle a un job cette année.	She no longer has her scholarship, *that's why* she has a job this year.

To highlight an explanation in French, use the expressions **c'est pourquoi, c'est pour cela, c'est pour cette raison.**

K. C'est qui,... ? En regardant les actualités à la télévision, en écoutant les informations à la radio, en lisant les journaux et les revues, on rencontre beaucoup de noms propres. Identifiez les gens suivants en vous basant sur les renseignements donnés et en distinguant entre **ce** et **il (elle, ils, elles).**

MODELE Neil Armstrong et Buzz Aldrin / astronautes / américains / les premiers à aller sur la lune.
Neil Armstrong et Buzz Aldrin, ils sont astronautes. (Ce sont des astronautes.) Ils sont américains. (Ce sont des astronautes américains.) Ce sont les premiers astronautes à aller sur la lune.

1. Yannick Noah / joueur de tennis / français / né au Cameroun / vainqueur des Internationaux de tennis de Roland-Garros en 1983
2. Evelyne Hébert / escaladeuse *(mountain climber)* / originaire de Toulon / femme qui n'a peur de rien
3. Pierre Amoyal / un des plus grands violonistes français / professeur de violon au Conservatoire de Paris / déçu par la politique du gouvernement à l'égard des artistes
4. Jacques Chirac / maire de Paris / ancien premier ministre de la France / gaulliste / un des principaux rivaux de Mitterrand
5. Franck Schott et Eric Rebourg / nageurs / (Franck) parisien / (Eric) de Canet / les grands espoirs de l'équipe de France aux championnats d'Europe
6. Simone Veil / femme politique / née à Nice / ancienne présidente de l'Assemblée européenne

L. Qu'en pensez-vous? Utilisez les adjectifs suggérés pour donner votre opinion sur les activités suivantes.

ADJECTIFS: **amusant, bon, cher, dangereux, difficile, ennuyeux, facile, fatigant, idiot, intéressant, marrant, pratique, ... ?**

MODELE faire de l'auto-stop *(hitchhike)*
Faire de l'auto-stop, c'est amusant, mais c'est dangereux.
(Faire de l'auto-stop, c'est idiot.)

1. manger au Macdo ou au Burger King
2. voyager à bicyclette
3. apprendre à parler français
4. aller en vacances avec sa famille
5. dormir à la belle étoile *(outdoors, under the stars)*
6. faire du ski de fond
7. jouer au bridge
8. porter un short et des sandales

M. A compléter. Complétez les phrases suivantes selon vos idées personnelles.

1. Ce que j'aime faire le week-end, moi, ...
2. Ce que je n'aime pas faire pendant les vacances, ...
3. Si j'avais un peu d'argent, ce que je voudrais acheter, ...
4. Quand je suis dans un grand magasin, ce qui me tente *(tempts)* le plus, ...
5. Ce qui m'ennuie le plus chez un professeur, ...
6. Ce dont j'ai le plus grand besoin actuellement, ...
7. Ce dont j'ai peur, moi, ...
8. Il y a beaucoup de nouveaux films. Celui que je voudrais voir, moi, ...
9. Parmi tous les acteurs (toutes les actrices) de cinéma, celui (celle) qui m'attire le plus, ...
10. De toutes les voitures neuves cette année, celle que je voudrais acheter, moi, ...
11. On est obligé de suivre un grand nombre de cours à l'université. Ceux dont j'ai surtout horreur, ...
12. De toutes les émissions à la télé, celles que j'aime le plus regarder, ...
13. A mon université, on (n') est (pas) obligé de..., c'est pourquoi...
14. Dans notre ville, il (n') y a (pas de)... , c'est pour cette raison...
15. Quand j'étais jeune, ... , c'est pour cela...

N. Ce que j'aime, moi, c'est de... Faites des petites discussions avec quelques camarades de classe sur les sujets suivants en essayant d'utiliser les constructions présentatives que vous venez d'apprendre.

1. la vie universitaire
2. les vacances
3. les études au lycée
4. la technologie

C'est à vous maintenant!

ECOUTEZ!

6-5

De retour de leur visite à la Villette, Martine et son frère Maurice essaient de convaincre leur grand-père de profiter du Minitel dont on va bientôt équiper sa maison.

If you have not done this listening exercise in class or if you would like to listen again to the conversation, you can work with this listening material on your own.

PARLONS!

O. C'est pas difficile du tout! Vous expliquez à des camarades de classe commment utiliser les appareils indiqués.

1. un ordinateur
2. un magnétoscope
3. un lecteur de disques compacts
4. un répondeur-enregistreur

Chapitre 18

«Qui n'avance pas recule.»

En avant!

LECTURE: «Scénario pour un monde» (Joël de Rosnay)

Joël de Rosnay is a scientist whose interests include applying his scientific expertise along with the insights offered by systems theory and computer science to the problems of the contemporary world.

Biochimiste et informaticien, Joël de Rosnay est actuellement directeur à la Cité des Sciences et de l'Industrie de la Villette. A la fin de son livre Le Macroscope, *publié en 1975, il décrit un scénario pour l'avenir, le monde futur tel qu'il l'imagine et tel qu'il le voudrait en tenant compte des évolutions possibles et plausibles du système actuel. Il appelle cette nouvelle forme d'organisation* ***l'écosociété,*** *le préfixe* ***éco*** *symbolisant la relation étroite entre l'économie et l'écologie. Voici des extraits de son scénario.*

— L'écosociété est décentralisée, communautaire, participative. La responsabilité et l'initiative individuelle existent vraiment. L'écosociété repose sur le pluralisme des idées, des styles et des conduites de vie.° Conséquence: égalité et justice sociale sont en progrès. Mais aussi, bouleversement° des habitudes, des modes de pensée et des mœurs.° Les hommes ont inventé une vie différente dans une société en équilibre. Ils se sont aperçus que le maintien d'un état d'équilibre était plus délicat que le maintien d'un état de croissance° continue. [...]

— Cette autre manière de vivre se traduit dans toutes les activités de la société: et surtout au niveau de l'organisation des villes, du travail, des rapports humains, de la culture, des coutumes et des mœurs. (Importance de l'intégration totale des télécommunications à la vie quotidienne.)

Les villes de l'écosociété ont été profondément réorganisées. Les quartiers les plus anciens sont rendus aux hommes, débarrassés° de l'automobile; l'air y est redevenu respirable et le silence y est respecté. Les voies piétonnières° sont nombreuses. Dans les rues, dans les parcs, les gens prennent leur temps.

life-styles
disruption
customs
growth
cleared
pedestrian

— Les villes nouvelles éclatent° en multiples communautés composées de villages interconnectés. C'est une société «rurale», intégrée par un réseau° de communication extraordinairement développé. Ce réseau permet d'éviter les déplacements inutiles. Beaucoup de gens travaillent chez eux.

— Dans les entreprises, de nombreux employés ne sont plus soumis à des horaires de travail rigoureux. L'extension des méthodes d'aménagement° du temps de travail a entraîné° une véritable «libération du temps». L'éclatement° des temps individuels et la désynchronisation des activités qui en résulte sont équilibrés par la comptabilisation° d'un «temps collectif» qui permet une meilleure répartition des tâches°; au niveau des entreprises et au niveau social. L'aménagement du temps porte aussi sur d'autres périodes de la vie; les vacances, l'éducation, la formation professionnelle, la carrière, la retraite.°

— L'écosociété catalyse le jaillissement° des activités de services. C'est la dématérialisation presque totale de l'économie. Une grande part des activités sociales se fonde sur les services mutuels, les échanges de services. Le brassage° des hommes et des idées est facilité par les réseaux de communication; l'effort intellectuel par l'informatique décentralisée.

— [...] L'enseignement mutuel° et l'assistance médicale mutuelle sont réalisés à grande échelle.° Mais, alors que la maîtrise de la mégamachine, sécrétée par les sociétés industrielles, exigeait une sur-éducation,° l'enseignement de l'écosociété est considérablement réduit.° Il est à la fois plus global, plus pratique et plus intégré à la vie. Par ailleurs,° on consomme moins de médicaments, on fait moins appel aux médecins et l'on ne se rend à l'hôpital que dans les cas exceptionnels. La vie est plus saine.° Les méthodes de prévention des maladies plus efficaces°; et l'on cherche plus à stimuler les défenses naturelles de l'organisme, qu'à agir de «l'extérieur» à coup de° substances chimiques.

— Le pétrole et l'énergie sont toujours largement utilisés dans l'écosociété, mais la stabilisation de la consommation d'énergie à un niveau° permettant une répartition° équitable des ressources, a entraîné de profondes modifications. Des programmes de mise en route de nouvelles centrales nucléaires ont été abandonnés. La décentralisation des moyens de transformation de l'énergie a conduit à l'exploitation de nouvelles sources. Mais ce sont surtout les économies d'énergie et la lutte° généralisée contre le gaspillage° qui ont permis de stabiliser la consommation en énergie. On a appris à utiliser l'énergie propre° des systèmes sociaux; énergie qui n'était jadis° libérée qu'en périodes de crise, de révolutions ou de guerres. [...]

— L'écosociété, c'est aussi l'explosion du qualitatif° et de la sensibilité.° L'exploration et la conquête de l'espace intérieur. Moins préoccupés par la croissance, produisant et consommant moins, les gens ont retrouvé le temps de s'occuper d'eux-mêmes et des autres. Les rapports humains sont plus riches, moins compétitifs. On respecte les choix et les libertés d'autrui.° Chacun est libre de poursuivre la recherche du plaisir sous toutes ses formes: sexuel, esthétique, intellectuel, sportif... La création individuelle et l'accomplissement personnel reviennent souvent dans les conversations. On admire le caractère unique et irremplaçable d'une œuvre artistique, d'une découverte scientifique et d'un exploit sportif.

— Les progrès scientifiques sont marqués par le prodigieux essor° de la biologie. Mais, d'une manière plus aiguë° que jamais, se posent les problèmes des rapports entre la science et la politique, la science et la religion, la science et la morale.° Une «bio-éthique» renforce la nouvelle morale de l'écosociété. Elle se fonde sur le respect de la personne humaine; oriente° et guide les choix. Car les hommes de l'écosociété disposent de redoutables° pouvoirs: manipulations hormonales et électroniques du cerveau,° manipulations génétiques, synthèses

explode
network
management, planning
brought with it / break-up
posting (accounting term)
division of work
retirement
outpouring
mixing
cooperative
on a large scale
overeducation
reduced
Moreover
healthy / efficient
with
level
sharing
struggle / waste
clean or distinctive
formerly
qualitative (as opposed to quantitative) / sensitivity
other people
rapid development
acute
ethics
points in the right direction
formidable, frightening
brain

embryo

revealed (by divine intervention) / irrigates (i.e., sustains) / underlies / enhances

solution

de gènes, action chimique sur l'embryon,° implantation d'embryon *in vitro,* choix des sexes, ou action sur les processus de vieillissement.

— Les relations entre l'homme et la mort ont évolué. La mort est acceptée, réintégrée à la vie. Les personnes âgées participent à la vie sociale; elles sont l'objet du respect et de la considération.

— Un sentiment religieux (une religion émergente, et non pas seulement révélée°) irrigue° toutes les activités de l'écosociété. Il sous-tend° et valorise° l'action. Il confère l'espoir que quelque chose peut être sauvé. Parce qu'il existe en chacun un pouvoir unique de création; et parce que l'issue° est dans la création collective.

Joël de Rosnay, *Le Macroscope.*
Paris: Editions du Seuil, 1975, extraits.

A. Le sens du texte. Résumez brièvement en vos propres mots les idées de Joël de Rosnay sur les sujets suivants.

1. les rapports entre hommes
2. l'organisation des villes
3. le travail
4. l'éducation
5. la santé physique et mentale
6. l'énergie
7. les sciences
8. l'individu

B. Discussion: «Le monde futur de Joël de Rosnay». Discutez des questions suivantes avec quelques camarades de classe.

1. Joël de Rosnay a imaginé ce «scénario pour un monde» pendant les années 70. Quelques vingtaines d'années après, lesquelles de ses prévisions *(predictions)* se sont déjà réalisées? Lesquelles vous semblent loin de se réaliser?
2. Lesquelles des idées de Joël de Rosnay voudriez-vous voir se réaliser? Pourquoi? Lesquelles de ses idées rejetez-vous? Pourquoi?
3. Selon de Rosnay, «le futur n'est jamais donné dans sa totalité; il ne peut être déterminé que par les choix des hommes appliqués à construire leur avenir». Selon vous, quels sont les choix les plus importants qui se présentent à nous en ce qui concerne la forme de notre avenir?

VOCABULAIRE POUR LA DISCUSSION

l'environnement
  la pollution

l'économie
  les riches / les pauvres
  la répartition des biens

la manipulation génétique

le SIDA *(Aids)*
  un vaccin contre...

D'un autre point de vue

LECTURE: «Un monde futuriste» (Claude Jasmin)

Dans sa nouvelle «Le Cosmonaute romantique», *l'écrivain québécois Claude Jasmin transporte ses lecteurs dans le monde de l'avenir. En racontant l'histoire de l'amour entre deux Montréalais du début du XXI*[e] *siècle, il nous donne sa vision d'une société à venir. Voici quelques extraits de cette nouvelle fantaisiste. Les astérisques (*)* *signalent des mots inventés par l'auteur pour parler de ce monde futur.*

Claude Jasmin (1930–) is a native of Montreal. He has written numerous novels *(La Corde au cou),* shorts stories, plays *(Le Veau dort)* as well as radio and TV scripts.

Tous les soirs, c'est la même chose, la même manie.° Après le travail, vers deux ou trois heures de l'après-midi, — ah! l'ancien «9 à 5» est bien fini! — Paulette saute dans le métro et file° vers les pistes aériennes. Comme je travaille sur une autre équipe, de onze à quatre heures, je ne peux pas l'empêcher° de se livrer° à son triste vice. Car c'est un vice: elle passe toutes les soirées... à Paris! Elle en est folle. Folle à lier.° On m'a dit qu'elle y bouquine,° qu'elle traîne° aux terrasses des anciens cafés littéraires, dans les bibliothèques visuelles, dans des caves à disques,° jusqu'à des heures impossibles, parfois trois heures du matin.

Elle ferait pire. Mais le dernier omnibus pneumatique pour Montréal, le Fusik 6, quitte Paris à cette heure-là. Alors, elle revient, elle n'a pas le choix. Il y a° que je l'aime et cette manie nous sépare. Je ne peux plus lui parler que le matin lorsqu'elle rentre aux bureaux de la compagnie. Elle m'étonne, elle apparaît pour l'heure d'entrée pile,° fraîche et en pleine forme. Oui, j'aime Paulette, sans trop savoir pourquoi. C'est mon type de femme. Je l'ai dans la peau.° C'est sans raison. Je l'aime.

Et je l'ai prouvé. Plus d'une fois. Pour son anniversaire, je lui ai offert un joli plusistor*. Ainsi, elle peut écouter toutes les émissions du globe. M'a-t-elle manifesté de la gratitude? Elle a fait: «Très gentil, ça. Je vais le montrer à mes copains parisiens... Dès ce soir!» Zut!

Et j'en fus quitte° pour aller encore me balader, tout seul, dans le vide cosmique. Je voudrais tant, que Paulette aime aussi la nature cosmique comme moi. Dans l'ionosphère,° le soleil est magnifique à examiner.

Je fais du temps supplémentaire à l'usine. Je fais des semaines de vingt heures parfois! Même de vingt-cinq heures certains mois d'hiver. La semaine dernière, la section que je dirige a réussi à sortir mille combinaisons pressurisées.° Ceci grâce à ma vaillance° de chef d'atelier. Je veux m'acheter, au plus tôt, un de ces petits engins° merveilleux, à pile° nucléaire, qui me conduirait partout dans l'ionosphère. Oui, avec un de ces Exik-2, je pourrais m'abandonner à ma manie à moi: les balades dans le vide cosmique. Et tant pis pour Paulette. Je finirai bien par me l'enlever° de la tête.

Je suis les cours du fameux Zimenov à la télévision, tous les mercredis matins, pendant que les ouvriers vont aux bains de vapeur° et au gymnase. Et bientôt, j'irai passer l'examen d'astronaute, grade 7, le plus haut degré chez les amateurs. Quand j'aurai mon certificat, je ferai une demande pour aller travailler sur les quais satellisés, dans les gares spatiales du côté de Vénus ou de Mars. Là où il y a de la vie!

Je m'exilerai loin d'elle.

obsession
goes off
prevent
to indulge in
Raving mad / browses for books / hangs out
discotheques
Il y a = C'est
on the dot
She's gotten under my skin.
I was left
upper atmosphere of the earth
pressurized suits
bravery
aircraft / battery
to get out of
steam

will be distressed
to take into account

Rendu là-haut, peut-être, découvrira-t-elle mon existence enfin et que je l'aimais. Elle aura du chagrin.° Saura ce que c'est que l'ennui. Et se décidera enfin à tenir un peu compte de° moi, de mon existence, de ma vie. Car c'est vite passé une vie: deux cents pauvres petites années. [...]

Paulette n'est pas du tout intéressée par ses voyages interplanétaires. Elle adore l'art du passé, de la «préhistoire» (les surréalistes, les cubistes); elle se plaît dans «ce Paris-de-musées». Par conséquent, quand le narrateur propose qu'ils aillent vivre tous les deux sur Mars, elle dit que c'est impossible.

wish

links, ties
woven / hard / tied up

Bref, elle a catégoriquement refusé de se lier à moi «pour le meilleur et le pire» comme disaient les vieux. Elle veut vivre à Paris. C'est là son idéal, son vœu° le plus cher. Eh bien, qu'elle y aille! Qu'elle y passe ses soirs et ses fins de semaines, sa vie entière. Moi, je n'ai plus qu'à essayer de me défaire de ces liens° que j'avais si patiemment tissés° entre nous deux. Ce sera long, pénible.° J'étais bien ficelé.° Mais je l'oublierai. Elle me rendra mes présents, mes cartes, mes billets doux. J'étais fou, ces cadeaux idiots: le plurimètre* comptable, la machine à peindre, le plusistor...

will take part in the experiments

father of psychoanalysis / would drool

Si j'arrive pas à l'oublier, je me prêterai aux expériences° du fameux souvenak* dont tout le monde parle. Il paraît que cette merveilleuse machine peut effacer jusque dans le subconscient toute trace de n'importe quel souvenir désagréable. Le père Freud° en baverait° de satisfaction!

Le narrateur prend donc son parti de quitter Paulette qui souffre de ce qu'il appelle «l'aliénation terrestre». Il va reprendre sa vie à lui.

straight out

faithful
maniac

Il faut maintenant que j'aille carrément° vers ma vraie nature. Le biologiste-psychologue de l'usine, lors de sa récente visite, m'a bien expliqué l'importance vitale d'être fidèle° à sa nature. Je n'ai pu m'empêcher de lui parler de ma grande Paulette. De son goût de forcenée° pour le passé, pour les vieilles cultures européennes. «C'est un cas», m'a-t-il dit en se frottant le bout du menton, «un cas intéressant, faudrait que je puisse l'examiner pour savoir si elle obéit vraiment à sa nature biologique!» Hein? Mais c'est trop tard.

Je regrette de n'être pas demeuré aux études plus de dix ans. Aujourd'hui je pourrais mieux participer aux nouvelles découvertes. Je pourrais m'inscrire comme chercheur° national dans les équipes de sondage interspatial.

researcher
tired
scientists
blinking

On en est tous las° de nos neuf planètes, de notre petit système solaire!

Des savants° parlent d'un certain point où se trouvent une centaine d'astres-soleils, étoiles clignotantes,° qui se refroidissent et se rallument à toutes les heures, dans un ordre précis. C'est, paraît-il, passionnant, le jour, la nuit, d'heure en heure! Ces petits soleils pivotent, gravitent autour d'une planète habitée baptisée «Lumi». Ses habitants sont des géants° sur-doués° mais immobiles. Ils sont plantés comme des arbres, avec des racines° qui croissent,° se multiplient. Etranges sédentaires forcés qui réfléchissent énormément. Ils auraient résolu tous les problèmes de la pensée moderne.

giants / gifted
roots / grow

from the Gaspay peninsula

Déjà, la télévision, à son émission, «Aujourd'hui», y a consacré plusieurs épisodes. Le professeur Martin, le grand savant gaspésien,° prédit qu'il s'agit de l'anti-homme dont il était tant question ces dernières années. Il serait impossible de les toucher! Au moindre contact, ce serait l'explosion. Il n'y aurait qu'à entretenir l'amitié! A moins d'inventer des antennes spéciales. Ne pas pouvoir se toucher! Serait-ce la solution?

Tiens, tiens! Pas besoin d'aller si loin, si haut. Voilà ce qui est arrivé entre Paulette et moi. On ne peut plus s'approcher sans exploser! Au moindre contact, paf! Tout nous sépare.

Il me reste à suivre les cours du soir pour l'embarquement. J'irai dans l'ionosphère. Oh! oui, à toute vitesse. Je suis peut-être d'essence anti! J'en ferais le pari.° Je vais pouvoir aller vivre en paix, enfin, avec une de ces anti-femmes. Sans pare-chocs° sans rien, tout nu avec une de ces géantes philosophes, sages comme on n'imagine pas. Et j'aurai, comme on dit, de nombreux petits anti-enfants. Adieu, ma belle Parisienne attardée°!

bet
fenders (protection)
behind the times

Claude Jasmin, «Le Cosmonaute».
Châtelaine (avril 1965).

C. Le sens du texte. Répondez aux questions suivantes sur les extraits de la nouvelle de Claude Jasmin, «Le Cosmonaute romantique».

1. Comment le monde du XXIe siècle diffère-t-il de notre monde?
2. Précisez l'opposition entre le narrateur et Paulette.
3. Comment interprétez-vous le titre «Le Cosmonaute romantique»?
4. A votre avis, la fin de la nouvelle est-elle optimiste ou pessimiste, positive ou négative? Expliquez.

D. Discussion: Scénarios pour un monde nouveau. Discutez des questions suivantes avec vos camarades de classe.

1. Dans quelle mesure le monde futuriste de Claude Jasmin illustre-t-il l'écosociété de Joël de Rosnay?
2. En quoi le monde futuriste de Claude Jasmin diffère-t-il de l'écosociété de Joël de Rosnay?
3. Quelle est votre attitude personnelle à l'égard de l'avenir et des changements qu'on prédit? Est-ce que vous vous identifiez davantage au narrateur? à Paulette? ni à l'un ni à l'autre? Pourquoi?

C'est à vous maintenant!

DISCUTONS!

E. Discussion: En voyageant vers l'avenir. Parlez des questions suivantes avec vos camarades de classe. Utilisez les stratégies et les expressions que vous avez apprises afin d'animer la discussion.

1. En écoutant parler vos parents et vos grands-parents, quels éléments de la vie passée regrettez-vous?
2. Le monde du XXIe siècle est en train de se construire actuellement. Quelles tendances, quelles inventions, quels scénarios vous semblent les plus prometteurs pour l'avenir? Lesquels vous semblent les plus dangereux?
3. Imaginez que vous et vos camarades êtes futurologues. Construisez votre scénario pour le monde de vos enfants et de vos petits-enfants.

Vidéo

The second segment of Program 6 of the **Vidéo** consists of interviews dealing with how the French view the past and the future.

ECOUTEZ ET REGARDEZ!

On a demandé à quelques Français: *Y a-t-il quelque chose dans le passé qui vous manque? Qu'est-ce que vous espérez pour l'avenir?* Comment répondriez-vous à ces questions?

Etienne de Planchard de Cussac
«L'avenir... passe par le développement des technologies de pointe.»

Ghislaine Pellicier
«Je trouve que la télévision, ça tue beaucoup de choses... On discute moins. Le repas, c'est moins lieu de rendez-vous qu'auparavant.»

Jean-Marie Onckel
«Ce qui me manque, c'est la paix qu'on avait dans le passé... Maintenant, il y a trop de voitures, trop de circulation.»

Monique Authier
«Je pense que chaque jour apporte une nouveauté; il faut en profiter.»

INDICE A Pour communiquer (Manuel de classe)

Accepter la suggestion ou l'invitation 30
Accepter une suggestion 156
Accueillir quelqu'un 89
Apprécier 38
Commander 38
Conseiller 207
Demander l'addition 38
Demander la permission 234
Demander l'avis 133
Demander l'avis à quelqu'un 68
Demander un service 234
Déconseiller 207
Décrire les personnes 182
Décrire ses liens avec les autres 181
Désapprouver les actions d'une autre personne 201
Désigner une personne 320
Désigner un objet 319
Dire ce qu'on ne veut pas faire 267
Dire ce qu'on veut faire 267
Dire qu'on a faim 38
Dire qu'on n'a pas faim 38
Dire qu'on se souvient (ou pas) de quelque chose ou de quelqu'un 188
Dire son enthousiasme 290
Dire son manque d'enthousiasme 290
Donner la permission 234
Donner son avis 68
Exprimer l'irritation et l'exaspération 262
Exprimer son accord 74
Exprimer son contentement 246
Exprimer son désaccord 75
Exprimer son mécontentement 246
Faire resservir 17
Fixer un rendez-vous 149
Indiquer ce qu'on aime faire 125
Indiquer ce qu'on n'aime pas faire 125
Inviter quelqu'un 30
Offrir à boire 17
Offrir à manger 17
Offrir un cadeau 10
Parler du fonctionnement de quelque chose 97
Porter un jugement favorable (défavorable, ambivalent) 133
Porter un jugement sur quelque chose 74
Pour demander des renseignements pratiques 309
Pour dire qu'on ne peut pas donner le renseignement demandé 309
Pour exprimer des réserves 296
Pour exprimer l'admiration 296
Proposer de faire quelque chose ensemble 30

Que dire quand on ne connaît pas le nom de quelque chose 90
Que répondre pour donner le nom ou la fonction de quelque chose 90
Refuser une suggestion 156
Régler les détails 30
Remercier 11
Se reprocher une action passée 201
Souhaiter quelque chose à quelqu'un 38
Suggérer 156

INDICE B Fiches lexicales (Manuel de préparation)

Pour décrire un logement 64
Pour lire la carte 29
Pour lire les publicités de logement 57
Pour parler de la nourriture 6
Pour parler de la table 15
Pour parler de la technologie 248
Pour parler de la vie universitaire 173
Pour parler de la ville 126
Pour parler de sa formation 157
Pour parler de ses rêves et de ses aspirations 209
Pour parler de son éducation 153
Pour parler de son état physique 128
Pour parler des conditions de travail 194
Pour parler des ennuis et des problèmes 204
Pour parler des études 167
Pour parler des livres, des films et d'autres distractions 107
Pour parler des loisirs 100
Pour parler des métiers et des professions 189
Pour parler des plats 37
Pour parler des produits électroniques 256
Pour parler du mobilier de la chambre 74
Pour parler du mobilier de la maison 80
Pour parler d'un monument historique 234
Pour parler d'un voyage 227

INDICE C Structures (Manuel de classe)

accepter (**de**) willingness, permission 298
à ce que/pour ce que willingness, before subjunctive 299
acheter present tense, spelling changes 41
à condition que future condition + subjunctive 153
adjectives demonstrative 184; possessive 184, 185, 187; *See* demonstrative and possessive adjectives; indefinite 239-243, 324; rules of agreement and placement of 100-101; summary of indefinite adjectives 243
adverbs of manner (**adverbes de manière**) 210-211; of place (**adverbe de lieu**) 211-212; of time (**adverbes de temps**) 208, 209, 292-293; affirmation **si** 128
afin de with infinitive 193; **afin que** with subjunctive 193
aimer past conditional 252; willingness 298
aller **futur antérieur** 271; past conditional 252; past infinitive 79
alors conjunction, expressing cause and effect 191
à moins que negative condition + subjunctive 153
ancien adjective, before or after the noun 101
appeler future form, spelling changes 152; present tense, spelling changes 41, 42
après adverb of time 209; **après que** + indicative, relationship of posteriority, conjunction 314, 315
à qui/dans quel/de quoi/à quel/de quel interrogative expressions with prepositions 129
articles definite 238; indefinite 238; partitive 238
asseoir (**s'**) past participle 136
assez adverbs of manner (invariable) 211
attendre future form 152; past infinitive 78; present participle 313
aucun/aucuns/aucune/aucunes indefinite adjectives and pronouns 243
aujourd'hui adverbs of time 292
au moment où conjunction of time 313; + indicative 313; simultaneity 315
auquel/à laquelle/auxquels/auxquelles relative pronouns 103, 104
aussi... que comparative 70, 71
aussitôt que conjunction of time 313, 315; + **futur antérieur** 272, 273; + future tense 230; + indicative, simultaneity 315; relationship of posteriority 315
autant... que comparative 71
autre/autres indefinite adjectives and pronouns 243
avant adverb of time 209; **avant de** + infinitive, relationship of anteriority, preposition 314, 315; **avant que** + subjunctive, relationship of anteriority, conjunction 314, 315
avoir present tense, irregular verbs 41, 43; past infinitive 78; past participle 135, 136; past subjunctive 78; present participle 314
avoir l'intention de **futur immédiat** 269

beaucoup mieux... que comparative 70; **beaucoup moins... que** comparative 70
bien (**mieux**) adverbs of manner (invariable) 211
bientôt adverb of time 209
boire present tense 44; past participle 135
brave adjective, before or after the noun 101

ça faisait... que with **imparfait** 160; **ça fait... que** with the present tense 46
ce/cette/ces demonstrative adjectives 184
ce à quoi relative pronouns 103, 104
ce dont **constructions présentatives** 324; relative pronouns 103, 104
ce jour-là adverbs of time 292
celui/celle/celles/celui-ci/ceux-ci/celui-là/celle-là demonstrative pronouns 184; + a relative pronoun (**+qui/que/dont/à qui/pour qui/avec qui/chez qui**) 186; with a negative meaning **celle-là/celui-là** 186
ce que/ce qui **constructions présentatives** 324; relative pronouns 103, 104
certain adjective, before or after the noun 101
certain/certaine/certains/certaines indefinite adjectives and pronouns 243
c'est indefinite adjective 324; **c'est (ce sont) les présentatifs** 323; **c'est / il,elle est, c'est pour cela/c'est pour cette raison/c'est pourquoi** presentative construction 323, 325
chaque/chacun/chacune indefinite adjectives and pronouns 243
cher adjective, before or after the noun 101; adverbs of manner (invariable) 211
choisir past infinitive 78; present participle 313
comme conjunction, expressing cause and effect 191
commencer present tense, spelling changes 43
comment dit-on... interrogative form, idiomatic expressions 130
comparative 70-71, 72, 73
compter **futur immédiat** 269

conditional present 250-251; past 250, 251-252; clauses (si... conditional) 250 (*see* **résumé des phrases conditionnelles** 253); with expression of politeness 251; to express doubt 251; to express possibility or eventuality 251; to make requests or suggestions 20
conjunction to express cause and effect 191, 192, 194; to express results and goals 192-193; to express future condition 153; to talk about end results and goals 192-194; use of **et, mais, parce que** 190 and preposition **pour** to link ideas 190
connaître past participle 135; present tense, irregular verbs 44
courir present tense 44; future form 153; past participle 135
couvrir past participle 136
craindre past participle 136; present tense, irregular verb 44
croire past participle 135; to express opinion 93

d'abord (premièrement) adverb of time 209
dans preposition of time 312
de/des/du partitive articles 238
dedans adverbs of place 212
de façon à/de façon à ce que conjunction, to state goal 193
dehors adverb of place 212
déjà adverb of time 209
demain adverb of time 292
demander (à... de...) willingness 299
de moins en moins comparative expression 72; **de moins que** comparative 71
demonstrative adjectives 184; pronouns 186: + a relative pronoun 186; with a negative meaning 186
de plus en plus comparative expression 72; **de plus que** comparative 71
depuis with present tense 45, 46; **depuis combien de temps** 45; **depuis quand** 45
depuis/depuis quand/depuis combien de temps with **imparfait** 159, 160
dernier adjective, before or after the noun 101
dès que conjunction of time 314, 315; + indicative, relationship of posteriority, simultaneity 315; + **futur antérieur** 272, 273; meaning of **quand**, future action 193
dessous/au-dessous (en dessous) adverbs of place 212
dessus/au-dessus (en dessus) adverbs of place 212
devoir conditional 20; present tense, irregular verb 41
différent adjective, before or after the noun 101
dire present tense 44; past participle 136; present participle 313
direct/indirect object pronouns before the verb, after the verb 34-35
direct object pronouns **me, te, le, la, nous, vous, les** 13, 33
disjunctive (or stress) pronouns **moi, toi, lui elle, nous, vous, eux, elles** 13, 14; after a preposition **avec toi, pour lui, chez eux, d'elles, à toi, à eux** 14; without a verb **moi, lui, toi** 14, 15; after the expressions **c'est** and **ce sont** 15, 16; for emphasis **moi, toi-même, lui et moi** 15
donc conjunction, expressing cause and effect 192
dont relative pronouns 101, 102, 104
dormir present participle 313
douter subjunctive, to express a doubt 92
drôle adjective, before or after the noun 101
duquel, de laquelle, desquels, desquelles relative pronouns 102, 104

écrire present tense 44; past participle 136
empêcher (de) willingness 299
en preposition of time 312; + present participle, simultaneity 313, 315; pronoun 34; pronoun expressions **s'en aller, en avoir assez, ne plus en pouvoir, en vouloir à (qqn) (de)** 35, 36; place order before and after the verb 35, 36
en attendant de + infinitive, relationship of anteriority, preposition, 314, 315; **en attendant que** + subjunctive, relationship of anteriority, conjunction 314, 315
enfin adverb of time 209
ennuyer (s'ennuyer) future form, spelling changes 152; present tense, spelling changes 42
ensemble adverbs of manner (invariable) 211
ensuite (puis) adverb of time 209
entretemps adverb of time 209
envoyer future form 153
espérer future form, spelling changes 152; present tense, spelling changes 42; to express future time 269; to express hope 93
essayer present tense, spelling changes 42; future form, spelling changes 152
et conjunction 190
étant donné que conjunction, expressing cause and effect 191
être present tense, irregular verb 41; past infinitive 78;
être en train de with present tense 45; with **imparfait** 159
être sur le point de with present tense 45; with **imparfait** 159
exagérer present tense, spelling changes 41
exiger (de) willingness 299

faire present tense, irregular verb 41; past infinitive 78; **futur antérieur** 271; present participle

313; **faire de son mieux** comparative expression 72; **faire mieux de** conditional 20
falloir present tense, irregular verb 41; past participle 135
faux adverbs of manner (invariable) 211
fuir present tense 44; past participle 136
futur antérieur 193, 271, 272, 273, 315
future tense 272, 273; irregular verbs 152-153; use of the future 270; verbs with spelling changes 152; with conjunctions to express a future condition 153
futur immédiat 269

geler present tense, spelling changes 42
grand adjective, before or after the noun 101

hier adverb of time 292

ici adverb of place 212
il est certain que subjunctive, to express certainty 92
il est douteux que subjunctive, to express a doubt 92
il est impossible que subjunctive, to express a doubt 92
il est nécessaire, il n'est pas nécessaire subjunctive 20
il est possible que subjunctive to express a doubt 92
il faut, il ne faut pas subjunctive 20
il se peut subjunctive, to express a doubt 92
il y a preposition of time 312; **les présentatifs** 323; **il y a... que** with the present tense 46; **il y avait... que** with **imparfait** 160
imparfait 135-141, 159, 160, 161, 162, 253; 135-137; uses of the **imparfait** 137-138; agreement of the past participles 137; outline of specific uses of the **imparfait** and the **passé composé** 139-140
imperative 20, 21
indefinite adjectives/pronouns 239-243, 244; indefinite words *see* **résumé de mots indéfinis** 243
indicative 315; with expressions of certainty and doubt 92
indirect object pronouns **me, te, lui, nous, vous, leur** 13
infinitive 19, 193, 298, 299, 300, 315; grammatical structures 299; infinitive and subjunctive: past infinitive 78-79; pronominal verbs 79; use with verbs that express willingness 298-299; verbs conjugated with **avoir** 78; verbs conjugated with **être** 79
insister (pour) willingness 299
interdire (**à... de...**) willingness 299
interrogative forms information questions 127; interrogative pronouns 127; interrogative expressions 128, 129; interrogative expressions and prepositions 129; the interrogation (**registres de langue**) 129; idiomatic expressions 130

je pense que subjunctive, to express certainty 92
je suis sûr(e) que subjunctive, to express certainty 92
jeter present tense, spelling changes 42; future form, spelling changes 152
joindre past participle 136
jusqu'à ce que + subjunctive, temporal prepositions and conjunctions 314, 315; and future action 193
juste adverb of manner (invariable) 211
là adverb of place 211, 212

là-bas adverb of place 211, 212
la plus... superlative 72; **le plus de... de** superlative 71
le/la/les definite articles 238; pronouns 33
le dernier superlative 94
le mien/la mienne/les miens/les miennes, le tien, le sien, le nôtre, le vôtre, le leur... possessive pronouns 185, 187
le moins... superlative 72; **le moins de... de** superlative 71
lendemain (le) adverb of time 292
le premier superlative 94
lequel, laquelle, lesquels, lesquelles relative pronouns 103, 104
le seul superlative 94
les présentatifs 323; **constructions présentatives** 324-325
lever present tense, spelling changes 42; **(se) lever** future form, spelling changes 152; **futur antérieur** 271
lire present tense 44; past participle 135
loin adverbs of place 212
longtemps adverb of time 209
lorsque conjunction of time 313; + future tense 270; + indicative 312, 315; + **futur antérieur** 272, 273

mais conjunction 190
ma moins... superlative 71
mal adverb of manner (invariable) 211
manger present tense, spelling changes 43
meilleur comparative of **bon** 70
même... que comparative 71
mettre present tense, irregular verb 41

mieux comparative of **bien** 70
moins... moins comparative expression 72; **moins... que** comparative 70, 71
mon/ma, ton/ta, son/sa, notre, votre, leur, mes, tes, ses, nos, vos, leurs possessive adjectives 184, 185, 187
mon plus... superlative 71
mourir past participle 136; future form 153

naître past participle 136
ne... pas/ne... jamais/ne... rien/ne... personne/ne... pas encore/ne... plus negative expressions 264; **ne... pas du tout/ne... aucunement/ne... point/ ne... guère/ne... nulle part/ne... que/ni... ni... ne/ ni... ni... (ne... pas [de]... ni [de]...)/ne... jamais/ ne... jamais rien/ne... jamais... personne** other negative expressions 264-266
negative statements negative expressions 264; other negative expressions 264-266
nettoyer present tense, spelling changes 42; future form, spelling changes 152
n'importe quel/n'importe lequel indefinite adjectives and pronouns 243; **n'importe où (quand, comment, quoi, qui)** indefinite pronouns 243
nouns of nationality 323, 324; of occupation 323, 324; of political allegiance 323, 324; of religion 323, 324; of social class 323, 324
nouveau adjective, before or after the noun 101
nulle part adverbs of place 212

offrir past participle 136
ordonner (à... **de...**) willingness 299
où, où est-ce que the interrogation (**registres de langue**) 129, 130
ouvrir present tense, irregular verb 43

parce que conjunction, expressing cause and effect 190, 191
partout adverb of place 212
passé composé 46, 135-141, 162, 252, 272, 315; irregular past participles 135-137; conjugated with **être** or **avoir** 135-137; uses of the **passé composé** and the **imparfait** 137-138; agreement of the past participles 137; outline of specific uses of the **passé composé** and the **imparfait** 139-140
passive voice 204-206; formation of the passive 205; alternatives to the passive 206
past conditional formation 251; conditional clauses (**si...** conditional) 252 (*see* **résumé des phrases conditionnelles** 253); to express possibility or eventuality 251; to express doubt 252
past infinitive 78-79, 315; with expressions of emotion 78; formation: verbs conjugated with **avoir**, with **être**, with pronominal verbs 78-79; past subjunctive 78
past participles 135-137; irregular past participles 135-136; agreement of the past participles 136-137; with passive voice 205
past subjunctive 78; past participle 136; present participle 314
pauvre adjective, before or after the noun 101
peindre past participle 136
peler present tense, spelling changes 42
pendant preposition of time 312; **pendant que** + indicative, simultaneity 312, 315; conjunction of time 313
penser **futur immédiat** 269; to express opinion 93
permettre (à... **de...**) willingness 298
plaire past participle 135
pleuvoir present tense, irregular 41; future form 153; past participle 135
plus... mieux comparative expression 72; **plus... plus** comparative expression 72; **plus... que** comparative 70, 71
plus-que-parfait 158-162, 253, 272, 315; the uses 158-160; with **si** 159
plutôt adverbs of manner (invariable) 211
possessive adjectives 184, 185, 187; pronouns 185, 187
pour preposition of time 312; **pour/pour que** preposition, to link ideas 190; **pour ce que, à ce que** willingness, subjunctive 299; **pour qui** relative pronouns 102, 104
pourquoi... ne... pas conditional 20
pourvu que future condition 153
pouvoir conditional 20; present tense, irregular verb 41
précédent with quantities of time 293
préférer to express willingness 298; with subjunctive and infinitive 298; future form, spelling changes 152
prendre present participle 313; present tense, irregular verb 41; past infinitive 78
prepositions of time 312; summary of temporal prepositions and conjunctions 315
près adverbs of place 212
present tense (**présent de l'indicatif**) 20, 41-46, 269-272; regular verbs (**-er, -ir, -re**) 41; irregular verbs 41-44; spelling changes 41-43; additional groups of irregular verbs 43-44; structures and expressions 45-46; verbs that do not fall into categories 44; to talk about future time 269; use 270, to express future actions 269; **futur immédiat** 269; the present and the future 271; the **futur antérieur** 269, 271, 272; participle 135, 313, 314, 315
prochain adjective, before or after the noun 101
pronominal verbs 204

pronouns possessive 185, 187; demonstrative 186; demonstrative + a relative 186 *(see* demonstrative and possessive pronouns); demonstrative and relative combination 325; direct object 33; indirect object 34; direct and indirect before the verb 34, after the verb 35, 36; **disjoints** (*see* disjunctive [or stress] pronouns); indefinite 239-243; indefinite relative 324; summary of indefinite pronouns 243; relative 101-105; summary of relative pronouns 104; interrogative 127; interrogative expressions 128 personal 13-16 (*see* subject pronouns, direct object pronouns, indirect object pronouns, and reflexive pronouns); subject 33; special 33; additional uses 33;
proposer (**à... de...**) willingness 299
propre adjective, before or after the noun 101
puisque conjunction, expressing cause and effect 191, 192

quand conjunction of time 313, 314, 315; + indicative 312, 314, 315; + future tense 270; + **futur antérieur** 272, 273
que/qu' relative pronouns 102, 104; interrogative pronouns 127; **que veut dire... /que signifie...** interrogative form, idiomatic expressions 130
quel/quelle/quels/quelles/lequel/laquelle/lesquels/lesquelles interrogative expressions 128
quelquefois adverb of time 209
quelque part adverbs of place 211, 212
quelques indefinite adjectives 243
quelqu'un/quelquechose/quelques-uns/quelques-unes indefinite pronouns 243
qu'est-ce que... /qu'est-ce que c'est... / c'est quoi... interrogative form, idiomatic expressions 130
qui/de qui relative pronouns 101, 102, 104; interrogative pronouns 127

recevoir present tense, irregular verbs 43, 44; past participle 135; future form 153
reflexive pronouns **me, te, se, nous, vous, se** 13
refuser (**de**) willingness 299
regarder past infinitive 78; present participle 313
rentrer past infinitive 79
résumé des phrases conditionnelles 253

sale adjective, before or after the noun 101
s'amuser past conditional 252
s'attendre à replaced by pronoun **y** 34
savoir present participle 314
se coucher past infinitive, past subjunctive 78; pronominal verbs, 79
seul adjective, before or after the noun 101
seulement/ne... que negative expressions 265
s'il vous (te) plaît imperative structure 20
s'intéresser à replaced by pronoun **y** 34
s'opposer (**à**) willingness 299
si affirmation adverb 128; clauses 250; future condition followed by present 153; + **imparfait** 253; + present 253; + **plus-que-parfait** 159, 253
sortir present tense, irregular verb 41; future 152; past infinitive 79
souhaiter willingness 298
souvent adverb of time 209
subject pronouns **je, tu, il, elle, on, nous, vous, ils, elles** 13, 33
subjunctive 19, 20, 77-80, 92-94, 153, 193, 298-300, 314-315; infinitive or present: with expressions of emotion 77, grammatical structures 299, expression + noun 300, with verbs expressing willingness 298-299; past subjunctive with helping verbs **avoir** and **être**, and **verbes pronominaux** 77-78; present: 193, 314, with expressions of necessity 19, with expressions of necessity in the negative form 19, 20; with expressions of certainty and doubt 92, 94; negative or interrogative forms of expressions of certainty 93; certain verbs of opinion (judgment) or hope 93; existence or absence of someone or something 94; with superlative 94-95
suggérer (**à... de...**) willingness 299
suivant with quantities of time 293
suivre past participle 136
superlative **le moins de... de, le plus de... de, mon plus..., ma moins... , la plus... , la plus... de** 71-72, 73

tant que and future action 193
tellement plus... que comparative 70
tenir future form 153; willingness 298; **tenir à** replaced by pronoun **y** 34
toujours adverb of time 209
tout/toute/tous/toutes indefinite adjectives and pronouns 243; **tout ce qui/tout ce que** indefinite pronouns 243; **tout de suite** adverb of time 209
très adverb of manner (invariable) 211
trop adverb of manner (invariable) 211
trouver to express opinion 93

un/une indefinite articles 238

valoir present tense, irregular verb 41; future form 153
veille (la) adverb of time 292

venir (de) with present tense 41, 43, 45; past infinitive 79; past participle 135; with **imparfait** 159
vivre present tense 44; past participle 135
voici **les présentatifs** 323
voilà **les présentatifs** 323; **voilà... que** with **imparfait** 160
voir present tense, irregular verb 43, 44
vouloir **futur immédiat** 269; to express future time 269; to express willingness 298; **vouloir bien** willingness 298

willingness expressions of willingness 298: degrees of willingness 298-299

y pronoun 33; indirect object pronoun 34; pronoun expressions **y être, ça y est, y compris** (invariable) 35; place order before and after the verb 35

CREDITS

Text and Realia

p. 5 *Journal français d'Amérique,* FrancePress, Inc.
p. 6 Gérard Mermet, *Francoscopie 1989.* Paris: © Librairie Larousse, 1989.
p. 7 Gilbert Quénelle, *La France j'aime.* Paris: © Hatier International, 1985.
p. 18 Rémy, *Le Sénégal aujourd'hui.* Paris: © Les Editions du Jaguar, p. 226.
p. 23 Marguerite Duras, *Moderato cantabile.* Paris: © Editions de Minuit, 1958, extraits.
p. 40 Courtesy of "Le Dakar" restaurant, 224, rue de Bourgogne, Orléans.
p. 49 Roland Barthes, *Mythologies.* Paris: © Editions du Seuil, 1957, pp. 74-79.
p. 52 Courtesy of Abdoul Khadre Beye, Professeur chef de département à l'Ecole Nationale de Formation Hôtelière et Touristique, Dakar
p. 60 Gérard Mermet, *Francoscopie 1991.* Paris: © Librairie Larousse, 1990, pp. 176-178.
p. 61 *(left)* G. Labrune, *La Géographie de la France.* Editions Nathan, 1988.
(right) Quid 1988, Paris: © Editions Robert Laffont.
p. 69 Jean Criaud, *Géographie du Cameroun.* Paris: © Les classiques africains, pp. 44-45.
p. 82 Christian Rochefort, *Les Petits enfants du siècle.* Paris: © Editions Bernard Grasset, 1961.
p. 91 *Passeport toutistique pour le Cameroun,* pp. 28, 98.
p. 99 *Passeport touristique pour le Cameroun,* p. 66.
p. 106 *(text)* Minelle Verdié, *L'Etat de la France et ses habitants.* Paris: © Editions La Deecouverte, 1987, pp. 21-27.
p. 111 Ferdinand Oyono, *Une vie de boy.* Paris: © Editions Julliard, 1956, pp. 57-64.
p. 118 Gérard Mermet, *Francoscopie 1991.* Paris: © Librairie Larousse, 1990, pp. 351-354.
p. 120 Courtesy of *Une semaine de Paris, Pariscope.*
p. 143 Albert Camus, «L'Ironie», *L'Envers et l'endroit.* Paris: © Editions Gallimard, 1958, extrait.
p. 155 *Vital,* no. 102, mars 1989, p. 27. Neuilly, France.
p. 166 Joseph Zobel, *La rue Case-nègres.* Paris: © Présence Africaine, 1948, pp. 221-223.
p. 174 Gérard Mermet, *Francoscopie 1991.* Paris: © Librairie Larousse, 1990, p. 140.
p. 176 G. Welcomme, C. Willerval, *Juniorscopie,* Paris: © Librairie Larousse, p. 131.
p. 177 Gérard Mermet, *Francoscopie 1991.* Paris: © Librairie Larousse, 1990, pp. 64-66.
p. 183 *Suisse,* de Dominique Fabre, coll. *Petite planète,* Paris: © Editions du Seuil, 1955, p. 13.
p. 189 Courtesy of Pro Helvetia. *Feuilles d'Information sur la Suisse.*
p. 196 Emilie Carles, *Une soupe aux herbes sauvages.* Paris: © Editions Robert Laffont, 1977, extraits.
p. 202 Courtesy of Pro Helvetia. *Feuilles d'Information sur la Suisse.*
p. 208 Courtesy of Pro Helvetia. *Feuilles d'Information sur la Suisse.*
p. 214 Michel Crozier, *La sociétee bloquée.* Paris: © Editions du Seuil, 1970, pp. 237-241.
p. 218 C.F. Ramuz, *Œuvres complètes.* © Marianne Oliveri-Ramuz, Edito Service. Genève, Editions Rencontre, 1967, Vol. III, pp. 1193-1200.
p. 226 Gérard Mermet, *Francoscopie 1991.* Paris: © Librairie Larousse, 1990, pp. 251-279.
p. 236 *PC Globe, French version,* PC Globe, Tempe, AZ.
p. 245 *Journal français d'Amérique,* FrancePress, Inc., 18-31 octobre 1991, pp. 4, 9.
p. 247 *PC Globe, French version,* PC Globe, Tempe, AZ.
p. 248 *PC Globe, French version,* PC Globe, Tempe, AZ.
p. 256 Georges Perec, *La Vie mode d'emploi.* Paris: © Hachette, 1978, pp. 101, 131, 132.
p. 263 *(top) Journal français d'Amérique,* FrancePress, Inc. 12 juillet-8 août 1991, p. 4.
(bottom) PC Globe, French version, PC Globe, Tempe, AZ.

p. 268 Gérard Mermet, *Francoscopie 1991*. Paris: © Librairie Larousse, 1990, p. 252.
p. 274 Philippe Labro, *L'étudiant étranger*. Paris: © Gallimard, 1986, pp. 160-163.
p. 277 Michel Tournier, *La goutte d'or*. Paris: © Gallimard, 1986, pp. 135-139.
p. 284 Guy Michaud et Alain Kimmel, *Nouveau Guide France*. Paris: © Hachette, 1990, p. 344.
p. 286 Gilbert Quénelle, *La France j'aime*. Paris: © Hatier International, 1985..
p. 302 Michel Butor, *La Modification*. Paris: © Editions de Minuit, 1957, extraits.
p. 328 Joël de Rosnay, *Le Macroscope. Vers une vision globale*.. Paris: © Editions du Seuil, 1975, extraits.
p. 331 Claude Jasmin, «Le Cosmonaute». *Châtelaine* (avril 1965).

Photos

p. 2 (T) © Stuart Cohen, (B) © 1992 Ulrike Welsch
p. 10 © Stuart Cohen
p. 12 © John Chiasson/GAMMA LIAISON
p. 16 © Stuart Cohen
p. 18 © 1992 Ulrike Welsch
p. 21 © 1992 Ulrike Welsch
p. 31 © 1992 Ulrike Welsch
p. 32 © John Chiasson/GAMMA LIAISON
p. 56 (T) © Stuart Cohen, (B) Ben Mathes/Photo Mathes
p. 58 © 1992 Ulrike Welsch
p. 59 (T) © Jim McGrath, (M and B) © Stuart Cohen
p. 64 (T) © Mark Antman/The Image Works, (B) © Bonnie McGrath
p. 65 (L) © Stuart Cohen, (R) © 1992 Ulrike Welsch
p. 76 (L) Tomas D.W. Friedman/Photo Researchers, Inc., (R) © 1976 Victor Englebert/Photo Researchers, Inc.
p. 91 © George Holton/Photo Researchers, Inc.
p. 114 (T) The Image Works, (B) Pierre Courtinard/Courtesy of French West Indies Tourist Board
p. 116 © Stuart Cohen
p. 117 (T) © Stuart Cohen, (M) Mark Antman/The Image Works, (B) © Stuart Cohen
p. 123 (L) © Stuart Cohen/Comstock, (R) © Stuart Cohen
p. 124 (TL) © Stuart Cohen/Comstock, (TR) © Stuart Cohen/Comstock, (B) © Stuart Cohen
p. 126 (L) Courtesy of French West Indies Tourist Board, (R) Kay Chernush/Courtesy of French West Indies Tourist Board
p. 132 © Stuart Cohen
p. 142 © Stuart Cohen/Comstock
p. 149 © Stuart Cohen
p. 151 Judy Gurovitz/Courtesy of French West Indies Tourist Board
p. 157 Kay Chernush/Courtesy of French West Indies Tourist Board
p. 170 © 1992 Ulrike Welsch
p. 172 © Stuart Cohen/Comstock
p. 173 (TL) © Bonnie McGrath, (TR) © Stuart Cohen/Comstock, (BL) © Stuart Cohen/Comstock, (BR) © Stuart Cohen
p. 183 Courtesy of Swiss National Tourist Office
p. 202 UPI/Bettmann
p. 208 © 1992 Ulrike Welsch
p. 222 (T) © Stuart Cohen, (B) © S. Chester/Comstock
p. 232 © Stuart Cohen
p. 234 © Stuart Cohen
p. 260 © Stuart Cohen/Comstock
p. 262 © 1992 Ulrike Welsch
p. 280 (T) © Stuart Cohen/Comstock, (B) © Raymond Stott/The Image Works
p. 282 Courtesy of French Government Tourist Agency
p. 283 (T) Courtesy of French Government Tourist Agency, (M) © Mark Antman/The Image Works, (B) Reuters/Bettmann
p. 288 (TL) © Stuart Cohen/Comstock, (TR) Courtesy of French Government Tourist Agency, (ML) Courtesy of French Government Tourist Agency, (MR) Courtesy of French Government Tourist Agency, (BL) © Mark Antman/The Image Works, (BR) GAMMA LIAISON
p. 291 Courtesy of the Gouvernement du Québec
p. 294 Courtesy of French Government Tourist Agency

p. 295 (TL) Courtesy of French Government Tourist Agency, (TR) © Stuart Cohen/Comstock, (ML, MR, BL, BR), Courtesy of French Government Tourist Agency
p. 297 Courtesy of Gouvernement du Québec
p. 309 © Stuart Cohen
p. 322 UPI/Bettmann

All video stills from the **Allons voir!** video by Bernard Petit Video
pp. 4, 5, 55, 113, 169, 221, 224, 225, 279, 334